Der Ausrufer der Oase (Foto: L. Stein)

VERÖFFENTLICHUNGEN
DES MUSEUMS FÜR VÖLKERKUNDE ZU LEIPZIG
HEFT 35



WALTER RUSCH/LOTHAR STEIN

# SIWA UND DIE AULAD ALI

DARSTELLUNG UND ANALYSE
DER SOZIALÖKONOMISCHEN, POLITISCHEN
UND ETHNISCHEN ENTWICKLUNG
DER BEVÖLKERUNG DER WESTLICHEN WÜSTE ÄGYPTENS
UND DES PROZESSES IHRER INTEGRATION
IN DEN ÄGYPTISCHEN STAAT
VON BEGINN DES 19. JAHRHUNDERTS BIS 1976

Mit 44 Abbildungen auf 32 Tafeln und 3 Karten

AKADEMIE-VERLAG · BERLIN
1988

HERAUSGEGEBEN VON DER DIREKTION
Redaktion: ROLF KRUSCHE

Umschlagentwurf: JÜRGEN FRANKE

ISBN 3-05-000581-5

ISSN 0075-8671

Erschienen im Akademie-Verlag, Leipziger Str. 3–4, DDR-1086 Berlin
Lizenz-Nr. 202 · 100/84/88
Printed in the German Democratic Republic
Gesamtherstellung: IV/2/14 VEB Druckerei „Gottfried Wilhelm Leibniz“,
4450 Gräfenhainichen/DDR · 6822
LSV 0705
Bestellnummer: 754 839 9 (2085/I/35)
03600

## Inhaltsverzeichnis

# Einleitung

Zu den zahlreichen Problemen, die in der gegenwärtigen Etappe der nationaldemokratischen Befreiungsbewegung in den Entwicklungsländern zu lösen sind, gehört die Überwindung ihrer multi-ethnischen Strukturen. Die Herausbildung von Nationalstaaten in Asien und Afrika erweist sich als langwieriger und komplizierter Prozeß, der unter anderem auch die Lösung der Probleme nationaler Minderheiten erfordert.

Die Verfasser der vorliegenden Studie – eine überarbeitete und geringfügig gekürzte Fassung ihrer gemeinsam erarbeiteten und an der Karl-Marx-Universität Leipzig 1982 unter gleichem Titel verteidigten Dissertation (B) – haben sich das Ziel gesetzt, derartige Probleme am konkreten Beispiel der Bevölkerung der Westlichen Wüste Ägyptens zu untersuchen. Im Mittelpunkt steht die Analyse der sozialökonomischen, politischen und ethnischen Entwicklung der Siwaner und der Aulad Ali-Beduinen, ihr Wechselverhältnis zueinander und der Prozeß der Integration beider nationaler Minderheiten in den ägyptischen Staat.

Auf Grund der relativ isolierten Lage ihres Siedlungsgebietes konnten sich bei beiden Ethnen zahlreiche Züge ihrer traditionellen Kultur und Lebensweise bis in die Gegenwart hinein erhalten, so daß es den Verfassern als wissenschaftlich lohnendes Vorhaben erschien, mit der Methode der Feldforschung an Ort und Stelle eine ethnographische Bestandsaufnahme durchzuführen und die sich vollziehenden Veränderungen durch Vergleiche mit der bisher vorliegenden wissenschaftlichen Literatur über die Bevölkerung des Untersuchungsgebietes zu beleuchten.

Diese Literatur wurde ausschließlich von bürgerlichen Autoren verfaßt, die vorwiegend bestimmte Einzelerscheinungen der Archäologie, Geschichte, Ethnographie, Ökonomie usw. behandelt haben, die Produktionsverhältnisse aber weitgehend unberücksichtigt ließen. Deshalb wurde dieser Frage spezielle Aufmerksamkeit geschenkt.

Die dazu vorgesehenen soziologischen Erhebungen konnten allerdings nicht wie geplant realisiert werden. Ursachen dafür waren zum einen die 1976 zunehmenden politischen Spannungen zwischen Ägypten und Libyen. Sie schufen im Untersuchungsgebiet eine Atmosphäre verstärkten Mißtrauens, was sich unter anderem darin äußerte, daß von den Behörden kaum Auskünfte zu den uns interessierenden wissenschaftlichen Problemen erteilt wurden.

Zum anderen war fast kein Interviewpartner unter den Siwanern und Aulad Ali bereit, konkrete Angaben über seine Besitzverhältnisse zu machen. Deshalb können die Eigentums- und Ausbeutungsverhältnisse zahlenmäßig nicht exakt belegt, sondern lediglich Aussagen zu ihrer generellen Entwicklung gemacht werden.

Die Verfasser haben sich darum bemüht, die Entwicklung der Bevölkerung der Westlichen Wüste Ägyptens, die in den bisherigen Veröffentlichungen zumeist nur sehr isoliert behandelt wurde, im Zusammenhang mit der historischen Entwicklung des gesamten nordostafrikanischen Raumes darzustellen und die einzelnen Erscheinungen in ihrer Komplexität und gegenseitigen Abhängigkeit zu erfassen. Auf diese Weise ist die erste zusammenfassende Darstellung der Ethnographie und Geschichte der Bevölkerung der ausgewählten Region entstanden.

Der Zeitraum für die vorliegende Untersuchung erstreckt sich von Beginn des

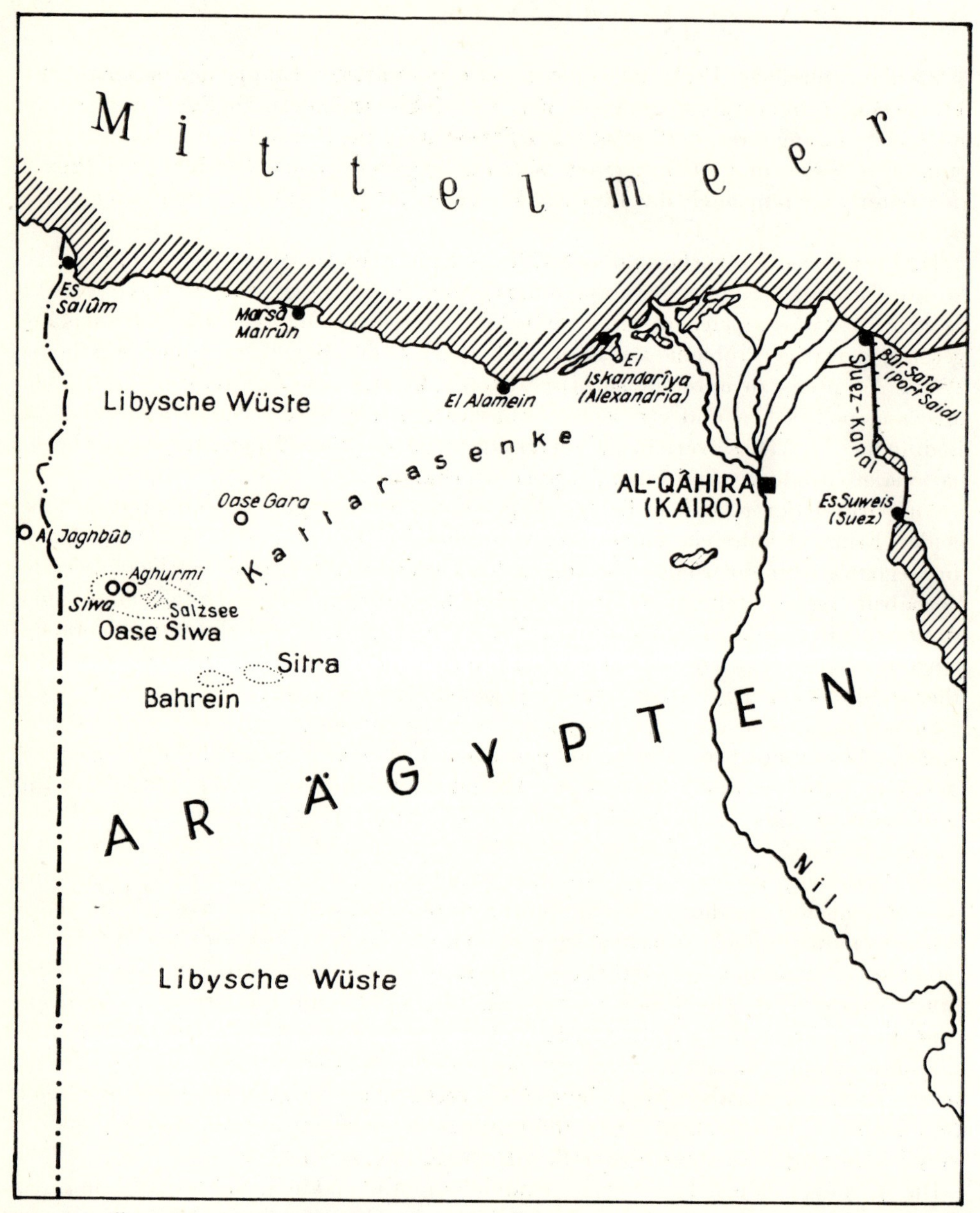


Karte 1: Übersichtskarte Arabische Republik Ägypten

19. Jh. bis zum Jahre 1976, als die beiden Verfasser ihre Feldforschungen in Siwa und im Gebiet der Aulad Ali abschlossen, die L. STEIN in den Jahren 1968 und 1969 begonnen hatte. Die davor liegende Periode wird im Kapitel I. lediglich in Auswertung überlieferter Berichte von griechischen, römischen und arabischen Geschichtsschreibern im Überblick dargestellt.

Das Kapitel II. beinhaltet eine ausführliche Analyse der sozialökonomischen, politischen und ethnischen Verhältnisse bei den Siwanern und Aulad Ali zu Beginn des 19. Jh. In den Kapiteln III. und IV. wird die Entwicklung beider Ethnen in den Perioden von der Regierungszeit Mohammed Alis bis zur ägyptischen Revolution respektive zwischen 1952 und 1976 untersucht, wobei dem Prozeß ihrer Integration in den ägyptischen Staat besondere Aufmerksamkeit geschenkt wird.

Wie unsere Untersuchungen ergaben, haben sich ökonomische und politische Veränderungen im Niltal zumeist mit deutlicher zeitlicher Verzögerung auf die Westliche Wüste ausgewirkt, zum Teil sogar überhaupt nicht. Dadurch weist die Periodisierung der historischen Entwicklung in diesem Gebiet Abweichungen gegenüber der des Niltals auf.

Die Untersuchung beruht auf dem von den Verfassern auf drei Forschungsreisen gesammelten Expeditionsmaterial[1] und auf einer Vielzahl von Literaturquellen, die im folgenden kurz charakterisiert werden sollen:

Die frühesten schriftlichen Aufzeichnungen über Siwa, damals „Soxet-ami“ bzw. „Amonium“ genannt, verdanken wir mehreren Schriftstellern des klassischen Altertums, wie Herodot, Diodor, Plutarch, Strabo und Pausanias. Diese Literatur vermittelt allerdings ein wenig präzises Bild von den uns interessierenden ethnischen und wirtschaftlichen Zuständen in der Oase. Sie berichten vielmehr über kriegerische Ereignisse und Wallfahrten prominenter Persönlichkeiten zum Amon-Orakel, von denen der Besuch Alexanders des Großen im Orakeltempel des Jupiter Amon nach der Eroberung von Ägypten im Winter 332/31 v. u. Z. wohl als bekanntestes Ereignis gelten darf.

Aussagekräftiger sind dagegen die Zeugnisse zahlreicher Ruinen antiker Bauwerke innerhalb der Oase, wie z. B. Tempelanlagen, Felsengräber und andere Sakralbauten, die zum Teil mit Inschriften und Wandgemälden versehen sind. Obwohl die archäologische Erforschung der Oase Siwa noch ganz am Anfang steht, erlauben die Lage und Verbreitung dieser Fundstätten die Schlußfolgerung, daß Siwa im Altertum eine wesentlich größere Ausdehnung und Einwohnerschaft hatte als in der Gegenwart.

Spärlich sind die Informationen über Siwa von der Zeitenwende bis etwa zum 10. Jahrhundert u. Z. Unterschiedliche Qualität haben auch die Berichte arabischer Reisender des Mittelalters über die Oase. Einige von ihnen verbreiteten offensichtlich phantastische Berichte, ohne selbst die Oase betreten zu haben. Glaubwürdiger erscheinen dagegen die Berichte bekannter arabischer Geographen wie al-Mas'udi (10. Jh.), al-Idrisi (12. Jh.), Ibn al-Wardi (14. Jh.) und al-Maqrizi (15. Jh.). Ihre Aufzeichnungen bezeugen die Islamisierung der Bewohner der Oase, die zu jener Zeit als „Wāḥ al-aqṣā“ („die entfernte Oase“) bzw. „Santariya“ bekannt war.

Die große Zahl europäischer Reisender, die uns wertvolle Nachrichten über Siwa vermitteln, wird angeführt von JOHANN MICHAEL WANSLEB, der in seiner „Beschreibung von Aegypten im Jahre 1664“ als erster Autor „Siba, im Land der Araber“

[1] Vgl. STEIN, 1970; RUSCH/STEIN, 1977 (a).

erwähnt, ohne selbst dahin gelangt zu sein. Diesen Ruhm kann der Engländer Browne für sich in Anspruch nehmen, der 1792 als erster Europäer der Neuzeit mit einer Handelskarawane Siwa erreichte.

Die seit Beginn des 19. Jh. immer zahlreicher werdenden Reisewerke und Abhandlungen, in denen Siwa erwähnt wird, lassen sich nach Motivationen, Inhalt und Art der Darstellung drei verschiedenen Perioden zuordnen:

1. Mit der Eroberung Siwas unter der Herrschaft Mohammad Alis im Jahre 1820 setzte die wissenschaftliche Erforschung der Oase ein. Gleichzeitig verursachte das Interesse der entwickelten kapitalistischen Staaten Europas, in erster Linie Englands, Frankreichs und Deutschlands, an einer kolonialen Expansion verstärkten Zustrom von Reisenden und Forschern nach Afrika und damit auch nach Siwa. Die Berichte aus dieser Periode von Hornemann (1798), Minutoli (1823), Jomard (1823), Cailliaud (1826), Scholz (1826), Hoskins (1837), St. John (1849) und Rohlfs (1875, 1885) enthalten aufschlußreiches Material zur Kenntnis der wirtschaftlichen, sozialen und natürlichen Verhältnisse in Siwa und im Nomadengebiet.

2. Nach Abschluß der kolonialen Eroberung Ägyptens durch Großbritannien werden in erster Linie die Aufzeichnungen von Regierungsbeamten veröffentlicht, die in Siwa bzw. in der Küstenregion ihren Dienst versehen, z. B. Hohler (1900), Stanley (1912), Belgrave (1923), Dumreicher (1931) und Campbell (1935). Als charakteristisches Beispiel aus dieser Periode sei Belgraves abwertende Schilderung der Oasenbewohner zitiert: „The Siwans are typically oriental. They are hospitable, dishonest, lazy, picturesque, ignorant, superstitious, cheerful, cunning, easily moved to joy or anger, fond of intrigue and ultra conservative. They are not immoral, they simply have no morals.“[2]

3. Nach der Erringung der staatlichen Unabhängigkeit Ägyptens treten folgerichtig immer mehr einheimische Wissenschaftler in den Vordergrund, die sich in ihren Veröffentlichungen mit der Erforschung bestimmter Erscheinungen in Siwa und bei den Aulad Ali befassen: Mitwalli (1951 und 1952), Draz (1954), Awad (1954 und 1959), Riad (1954), Abou Zeid (1959 und 1964), Fakhry (1944 und 1973) bis hin zu Ghonaim (1980).

Die in dieser Arbeit verwendete unterschiedliche Schreibweise arabischer Orts-, Stammes- und Personennamen, wie Djaghbub, Jarboub, Giarabub; Sanusi, Senoussi, Senussi; Marsa Matruh, Marsa Matrouh usw. erklärt sich aus der voneinander abweichenden phonetischen Umschrift in den zitierten englischen, französischen und deutschen Literaturquellen.

Es ist uns ein Herzensbedürfnis, an dieser Stelle unseren zahlreichen arabischen und berberischen Gastgebern und Gewährsleuten vielmals zu danken, die uns während des Aufenthaltes in Siwa, Gara und im Beduinengebiet tatkräftig geholfen haben. Unser Dank gilt auch dem Ministerium für Hoch- und Fachschulwesen der DDR und dem Ministerium für Hochschulwesen der Arabischen Republik Ägypten, die unsere Forschungsreise ermöglichten. Wir bedanken uns sehr herzlich bei den Mitarbeitern der in Ägypten tätigen DDR-Institutionen für ihre vielfältige Unterstützung, die wesentlich dazu beitrug, kritische Situationen im Verlauf unserer Expedition zu bestehen und den Gesamterfolg des Studienaufenthaltes zu sichern. Zu besonderem

[2] Belgrave, 1923, S. 149.

Dank verpflichtet für wertvolle fachliche und methodische Hinweise sind wir Altmagnifizenz Prof. Dr. sc. Dr. h. c. Rathmann, Prof. Dr. sc. Voigt, Prof. Dr. sc. Haikal (alle Karl-Marx-Universität Leipzig) und Prof. Dr. Markov (Lomonossow-Universität Moskau). Bei Frau Gerda Maron und Frau Vera Guschke bedanken wir uns für die aufgewendete Mühe bei der Durchsicht und Reinschrift des Manuskripts.

# I. Überblick über die ethnisch-historische Entwicklung im Untersuchungsgebiet vom Altertum bis zum Ende des 18. Jahrhunderts

## *1. Altertum*

Nach dem heutigen Wissensstand der archäologischen Forschung gilt es als erwiesen, daß die Sahara seit dem mittleren Paläolithikum von Menschen besiedelt war, die auf Grund eines feuchteren Klimas in einer steppenartigen Umwelt als Jäger und Sammler unter urgesellschaftlichen Verhältnissen ihren Lebensunterhalt fanden.[3]

Während des sich über lange Zeiträume hinweg vollziehenden Prozesses der allmählichen Austrocknung der Sahara zogen sich die frühen Saharabewohner einesteils in die Küstenregionen des Nordens bzw. die fruchtbare Landschaft des Niltals und -deltas zurück und anderenteils in die zahlreichen Oasen, die als wasserreiche Lebensinseln in der lebensfeindlichen Umwelt verblieben waren.[4]

Es gilt als gesichert, daß die ethnische Zugehörigkeit der in den Oasen lebenden Bevölkerung einheitlich war: Es waren die Vorfahren des heute als „Berber" bezeichneten Ethnos. In den frühesten erhaltenen ägyptischen Urkunden werden sie als „Temehu" oder „Tehemu" bezeichnet: Sie waren hellhäutig, trugen eine von den Bewohnern des Niltals abweichende Kleidung und Frisur und sprachen ihre eigene Sprache.[5] Diese berberische Bevölkerung wurde in der Folgezeit auch unter dem Begriff „Libyer" subsumiert und bildete ohne Zweifel den Grundstock der eingesessenen Bewohner der Oase Siwa, die erst spät in den ägyptischen Urkunden namentlich erwähnt wird.[6]

Seit der Ramessidenzeit stand Siwa „unter lockerer Abhängigkeit" vom Niltal[7], der Anbau von Datteln – daher die damalige Bezeichnung Soxet-am(i) = „Wald der Palmen" bzw. „Palmenfeld" für diese Oase[8] – und von anderen Fruchtbäumen unter Anwendung der künstlichen Bewässerung (?) bildete die Grundlage des Wirtschaftslebens. Leider fehlen bisher jegliche Hinweise auf die damals verwendeten Arbeitsgeräte, ebenso lassen sich keine Aussagen über die Besitzverhältnisse und sozialen Beziehungen innerhalb der Oasengemeinschaft machen.[9]

Für die Annahme eines relativ späten Beginns des ägyptischen Einflusses in Siwa spricht die Tatsache, daß hier bisher keine Denkmäler aus dem Alten oder Neuen Reich gefunden worden sind. Das älteste vorhandene Baudenkmal in Siwa, der

[3] Hamdan, 1961, S. 119f.

[4] Monod und Toupet, 1961, S. 241; Yoshimoto, 1968, S. 53.

[5] Fakhry, 1973, S. 72ff.; Kees, 1955, S. 72f.; Steindorff, 1904, S. 66ff. Nach Auskunft von F. Hintze enthält eine Stele aus der 11. Dynastie „Berbernamen".

[6] Helck-Otto, 1956, S. 252.

[7] Ebenda, S. 253.

[8] Mitwally, 1952, S. 121.

[9] Vgl. dazu: Kabo, 1976, S. 255ff.

Orakeltempel von Aghurmi, wurde während der Herrschaftsperiode des Königs Amasis in der 26. Dynastie errichtet.[10]

Es ist jedoch mit großer Wahrscheinlichkeit anzunehmen, daß ideologische und kulturelle Einflüsse aus dem Niltal, insbesondere die Übernahme des Amon-Kultes, bereits vor dieser Zeit wirksam geworden sind. Der Bau des Orakeltempels in Siwa setzt das Vorhandensein des Amon-Kultes als herrschende Religionsform im Niltal auch in der Vorstellungswelt der Oasenbewohner voraus. Denn der Zweck des imposanten Tempelbaues, so geht es aus den erhaltenen Inschriften hervor, war eben die Verehrung des ägyptischen Hauptgottes Amon und die Befragung seines Orakels, das für einen langen Zeitraum in bezug auf die damals bekannte Ökumene „weltweite“ Bedeutung erlangte.

In der folgenden Periode wurde Siwa als „Amonium“ bzw. „Amoncion“ weithin bekannt.[11] Der Verkehr zwischen der relativ abgelegenen Oase und dem Niltal erfolgte aller Wahrscheinlichkeit nach mit Eselskarawanen, die in tagelangen Wüstenmärschen die 300 km lange Strecke von der Mittelmeerküste nach Soxet-am/Siwa zurücklegten.[12]

Dieser Handelsverkehr verstärkte sich offensichtlich nach der Gründung der griechischen Kolonie Kyrene/Cyrenaika um 630 v. u. Z. „Die Stadt blühte schnell auf, die neuen Ansiedler knüpften mit den umwohnenden Libyern Handelsbeziehungen an, die sich tief ins Innere erstreckten. Auch nach der zwölf Tagesreisen vom Meere entfernten Oase Siwa, von der wohl schon in früherer Zeit die Libyer Datteln und Salz geholt hatten, sandten die Griechen ihre Karawanen aus.“[13]

Mit diesen Handelsbeziehungen war auch ein kultureller Austausch verbunden. So lernten die Kyrener in Siwa den Widdergott Amon kennen, erbauten ihm in Kyrene einen Tempel und setzten ihn dem ihnen vertrauten Gott Zeus gleich: „Man gab seinem Bildnis geradezu den Kopf des Zeus, nur daß man ihm noch die sich um die Ohren windenden Hörner des heiligen Amonwidders als besondere Kennzeichen verlieh.“[14] Offenbar bedingt durch die geschickten Manipulationen der im Orakeltempel tätigen Priester festigte sich der Ruf des Amonorakels in Siwa als „politischer Ratgeber“ – wie es aus heutiger Sicht genannt werden könnte – in einer Weise, daß es „bereits in der Mitte des sechsten Jahrhunderts (v. u. Z.) zu den berühmtesten Orakeln der griechischen Welt“[15] gehörte.

Bekannte Staatsmänner und Feldherren der damaligen Zeit entsandten ihre Abordnungen nach Siwa oder begaben sich persönlich dorthin, um das Orakel über den Ausgang der von ihnen geplanten politischen oder militärischen Aktionen zu befragen. So um das Jahr 550 v. u. Z. der lydische König Croesus[16], dessen Gesandtschaft nach Herodots Bericht das Orakel des Amon konsultierte, um die Haltung des Lydier-Reiches gegenüber König Cyrus von Persien zu eruieren, der seinen Machtbereich gerade erheblich ausdehnte.

[10] Fakhry, 1973, S. 77f.

[11] Vgl. Steindorff, 1904, S. 73.

[12] Vgl. Falls, 1913, S. 279.

[13] Steindorff, 1904, S. 72.

[14] Ebenda, S. 73.

[15] Ebenda.

[16] Ebenda.

[17] Fakhry, 1973, S. 81.

Cyrus' Sohn und Thronfolger, Cambyses, eroberte 525 v. u. Z. Ägypten und hegte u. a. den Plan, das Amonorakel zu liquidieren. Er schickte eine Streitmacht aus von angeblich 50000 Mann mit dem Befehl, „to attack the Ammonians, reduce them to slavery, and burn the oracle of Zeus“. Nach den Angaben Herodots ist diese Armee auf dem Marsch nach Siwa in der Wüste verschollen.[18] Historische Begebenheit und Legende sind in Berichten dieser Art untrennbar miteinander verwoben.

Zu den prominenten Persönlichkeiten der Antike, die das Amonorakel bemühten, zählt auch der athenische General Cimon, Sohn des Miltiades, der um 450 v. u. Z. die Insel Zypern mit seiner Flotte belagerte. Da die Inselbewohner der Eroberung widerstanden, entsandte er eine Abordnung nach Siwa, um den Ausgang der Kriegshandlung zu erfahren. Die Priester jedoch verweigerten jegliche Auskunft und schickten die Emissäre unverrichteter Dinge zurück, bei ihrer Rückkehr erfuhren sie, daß General Cimon inzwischen verstorben war.[19]

Der berühmte griechische Poet Pindar (518–438 v. u. Z.) widmete in seinem letzten Lebensjahr dem Orakel einen Hymnus auf einer dreiseitigen Stele, die mehrere Jahrhunderte lang im Amon-Tempel von Aghurmi aufbewahrt wurde, wo sie Pausanias, der 160 n. u. Z. in Siwa weilte, noch besichtigen konnte und darüber einen Bericht schrieb.[20]

Von den zahlreichen antiken Wallfahrern zum Orakel von Siwa seien noch Lysander (405 v. u. Z.), der General aus Sparta, und Eubotas (408 v. u. Z.), ein bekannter Olympionike, genannt, über deren Reisen sowohl Diodor als auch Pausanias Kunde geben.[21]

Der zweifellos bedeutendste Besucher des Amonorakels war Alexander der Große, der im Jahre 331 v. u. Z. mit großem Troß in Siwa erschien, um auf dem Höhepunkt seiner Macht sich von den Tempelpriestern als Sohn des Amon feiern zu lassen.[22] Auf diese Weise „verifizierte“ er den Ruf seiner göttlichen Abkunft, der ihm als erfolgreichem Eroberer vorauseilte. Das Bedauerliche an den zweifellos interessanten und detaillierten Nachrichten über prominente Siwa-Besucher ist der Umstand, daß sie so gut wie nichts über die Gastgeber – über die Lebensverhältnisse der berberischen „Amonier“ – enthalten.

Etwa um die gleiche Zeit, in der sich die eben geschilderten, auf die lokale Geschichte der Oase bezogenen Ereignisse abspielten, erfolgte in Ägypten und dem übrigen Nordafrika die Einführung des Dromedars. MURRAY[23] bezeichnet diese Tatsache sicher mit Recht als eine „ökonomische Revolution“, setzte sie doch neue Maßstäbe für die verkehrsmäßige Erschließung und ökonomische Nutzung der ausgedehnten Trockenräume an der Peripherie der Sahara; Handel und Transport wurden in bis dahin unbekanntem Ausmaß stimuliert, und die Oasen erlangten im Laufe der folgenden Jahrhunderte eine neue Bedeutung als Zentren des Transsahara-Handels.

[18] Ebenda.

[19] Ebenda, S. 82f.

[20] Ebenda; vgl. auch: DAURE, 1976, S. 23; BOECKH, 1821, S. 9.

[21] FAKHRY, 1973, S. 83f.

[22] Callisthenes, der persönliche Historiograph Alexanders, berichtete darüber in romantisch-mystischer Weise. Vgl. FAKHRY 1973, S. 86ff.; STEINDORFF 1904, S. 74. – Die Orakelstimme soll wie Vogelgezwitscher geklungen haben. Vgl. CAMPBELL, 1935, S. 245; STEINDORFF, 1904, S. 74ff.

[23] MURRAY, 1950, S. 19.

Der Verkehr mit den subsaharischen Gebieten Afrikas wurde damit erstmalig auch außerhalb des Niltals ermöglicht. Einen wesentlichen „Nebeneffekt" der Einführung des Dromedars erwähnt MURRAY[24]: „This new importation certainly made the desert more habitable – by man; but it was at the expense of the wild fauna, for the new beast required a lot of grazing."

Die Kamelherden erreichten den afrikanischen Kontinent in Begleitung ihrer beduinischen Besitzer, abwandernder Teile arabischer Nomadenstämme, die zunächst in kleinen Gruppen nach neuen Weidegründen westlich von Sinai suchten. Eine massenweise Einwanderung arabischer Stämme erfolgte bekanntermaßen erst wesentlich später im Gefolge des islamischen Siegeszuges und hatte für die politische und kulturelle Situation des gesamten nordafrikanischen Raumes umwälzende Bedeutung.[25] Nach diesem vorausschauenden Exkurs in die Geschichte Nordafrikas richten wir den Blick wieder auf die Oase in der Zeit nach dem Besuch Alexanders von Mazedonien.

Eine Reihe von Anzeichen – speziell die zahlreichen sakralen Ruinenstätten an der Peripherie des heutigen Siedlungsraumes der Siwa-Oase und in den heute unbewohnten Oasen Aredj, Sitra u. a. – sprechen dafür, daß das „Amonium" während der sogenannten Ptolemäer-Periode seine größte Ausdehnung und vermutlich auch stärkste Bevölkerungsdichte hatte.[26]

In den beiden letzten Jahrhunderten vor der Zeitenwende erhielt der gesamte nordostafrikanische Raum starke und vielfältige Impulse aus dem griechisch-römischen Kulturbereich. Insbesondere sind die ingenieurtechnischen Leistungen auf dem Gebiet der Bewässerungstechnik hervorzuheben, die spürbare ökonomische Veränderungen in den nordafrikanischen Trockengebieten mit sich brachten.[27] Zisternen, Tiefbrunnen und unterirdische Galerie-Systeme (Foggaras)[28] wurden in großer Anzahl längs der Mittelmeerküste und in den Oasen geschaffen, wodurch eine erhebliche Steigerung der landwirtschaftlichen Produktion erzielt wurde. Die Bewässerungsanlagen sind teilweise bis heute in Gebrauch bzw. wieder funktionsfähig gemacht worden. Man bezeichnete den libysch-ägyptischen Mittelmeerraum in jener Zeit geradezu als „Kornkammer Roms".[29]

Gegen Ende der Ptolemäerzeit hatte sich der römische Einfluß auch im nordafrikanischen Raum immer stärker durchgesetzt. Das Ansehen des Amonorakels war im Niltal bis zur Bedeutungslosigkeit herabgesunken, während es in Siwa, wenn auch in abgeschwächter Form, noch praktiziert wurde. Als Strabo um 23 v. u. Z. Ägypten besuchte, vermerkt er in seinem Bericht, daß das Orakel fast völlig verschwunden sei[30]. Neue Formen religiöser Praxis waren an die Stelle des Amonkultes getreten.

Die archäologische Erforschung Siwas ist leider über ihre ersten Schritte noch nicht hinaus, und vieles ist bereits durch Raubgrabungen für immer verlorengegangen. Doch schon allein die Tatsache, daß – abgesehen von den prachtvollen architektonischen Anlagen im Zentrum der Oase, beispielsweise auf dem Djebel Mauta – auch in abgelegenen Gebieten Tempelbauten und Katakomben errichtet wurden (Qasr Rumi

[24] Ebenda.

[25] Vgl. HERZOG, 1963, S. 94; Geschichte der Araber, Bd. 1, 1971, S. 211ff.

[26] FAKHRY, 1944, S. 65f.; 1973, S. 88f.

[27] FIETZ, 1972, S. 143; MURRAY, 1950, S. 20; STANLEY, 1911, S. 314.

[28] HAMDAN, 1961, S. 139; LACKANY, 1960, S. 8.

[29] HOHLER Report, 1900, S. 7.

[30] FAKHRY, 1973, S. 88f.

im Nordwesten, Abu Awwal im Südosten) und heute unbewohnte Oasen wie al-Aredj, Bahren, Sitra im Südosten und Djirba, Umm Ghazlan und Siata im Nordwesten damals offensichtlich besiedelt waren, läßt gewisse Rückschlüsse auf den damaligen Entwicklungsstand zu, der zumindest in quantitativer Hinsicht höher war als in der Gegenwart.[31]

Speziell die Grabanlage des Si-Amun im Komplex des Djebel al-Mauta gestattet einen Einblick in die ethnische und religiöse Situation in Siwa vor der Zeitenwende: Dieser „Si-Amun", der zur sozialen Oberschicht der Oase gehörte und dessen Lebensgeschichte in guterhaltenen farbigen Wandgemälden dokumentiert ist, war nach FAKHRYS Urteil „a Greek who immigrated to Egypt from Greece or more likely Cyrene, married an Egyptian lady and adopted the Egyptian religion."[32] An seiner Kleidung und Haartracht ist unschwer seine griechische Herkunft zu erkennen, während seine Frau in der charakteristischen Kleidung Altägyptens auftritt. Si-Amun opfert den Göttern Isis und Osiris; auch Hathor, Horus und die Himmelsgöttin Nut sind neben anderen klassischen ägyptischen Gottheiten vertreten.

Dieses Beispiel verdeutlicht den Grad des hellenistischen Einflusses in der Oase und die führende Rolle der zeitgenössischen Ideologie, die aus dem Niltal übernommen worden war, wobei die wesentlichste Frage nach den sozialökonomischen Verhältnissen auf Grund des heutigen Forschungsstandes offen bleiben muß. Unbestritten dürfte sein, daß Siwa um die Zeitenwende der östlichste Konzentrationspunkt der Berberkultur war, die wesentlich aus dem griechisch-römischen Mittelmeerraum sowie aus dem ägyptischen Niltal beeinflußt wurde.[33]

## 2. *Mittelalter*

Die Geschichte dieser Region im Mittelalter ist geprägt durch das Eindringen des Islam. Insgesamt sind die Nachrichten über diese historische Periode relativ ungesichert. Umstritten ist beispielsweise die Frage, ob das Christentum in Siwa Fuß gefaßt hat. Einige Autoren wie SCHOLZ, WINLOCK und FAKHRY[34] äußern sich in diesem Sinne. Sie verweisen auf die nachweisliche Verbreitung des Christentums im Küstengebiet und setzen die Beibehaltung der Verbindung zwischen Küste und Oase als gegeben voraus. Einen exakten Nachweis, etwa christliche Inschriften oder andere schlüssige Anhaltspunkte, hat man bis heute in Siwa nicht auffinden können. STEINDORFF weist darauf hin, „daß das Amonium, wie auch andere Oasen der Libyschen Wüste, ein Verbannungsort war, daß Bischöfe und Presbyterianer dorthin als Gefangene geschickt wurden . . .".[35]

Über die Verhältnisse in der Oase während der ersten Jahrhunderte unserer Zeitrechnung liegen ebenfalls keine überlieferten Nachrichten vor; erst nach dem Aufkommen des Islam und der massenhaften Einwanderung arabischer Stämme nach Nord-

[31] Ebenda, S. 125ff.; STANLEY, 1911, S. 314; STEINDORFF, 1904, S. 125ff.; STEIN/RUSCH, 1978, Karte S. 15.

[32] FAKHRY, 1973, S. 192; vgl. auch: S. 173ff.; STEINDORFF, 1904, S. 123.

[33] Vgl. BATES, 1914, S. 90; HERZOG, 1963, S. 89; LAOUST, 1932, S. V.

[34] FAKHRY, 1973, S. 90ff.; SCHOLZ, 1822, S. 81f.; WINLOCK, 1934, S. 60f.

[35] STEINDORFF, 1904, S. 78. Das gleiche berichtet auch SIMPSON, 1929, S. 198.

afrika – am bekanntesten ist die Wanderung der Beni Hilal und Beni Sulaim, die Mitte des 11. Jh. von der Arabischen Halbinsel eintrafen – hören wir wieder von Siwa; diesmal unter dem Namen Santariya[36] oder auch Waḥ al-aqsa, „die entlegene Oase".[37]

Mit dem siegreichen Vormarsch des Islam als neuer Religionsform etwa im 11. Jahrhundert, nachdem anfänglich verschiedene vorangegangene Eroberungsversuche fehlgeschlagen waren, entwickelten sich in Siwa ganz neue Verhältnisse hinsichtlich der ökonomischen, verkehrsmäßigen und auch der politischen Situation. Es begann die Zeit der erweiterten Handelsbeziehungen durch den aufkommenden Karawanenverkehr mit dem subsaharischen Afrika, der, wie bereits oben vermerkt, durch die Einführung des Dromedars ermöglicht wurde. Durch diesen Transsaharahandel wurde Siwa ein Zentrum des Transitverkehrs, ohne daß der traditionelle Warenaustausch auf der Grundlage der von allen Oasenbauern erzeugten Produkte dadurch beeinträchtigt wurde.

Als eine Folge des Sklavenhandels gelangten „billige Arbeitskräfte" nach Siwa,[38] die zur weiteren sozialen Differenzierung der einheimischen Bevölkerung beitrugen. Leo Africanus hebt im 16. Jh. den Anteil der „schwarzen Bewohner" in Siwa ausdrücklich hervor und charakterisiert die herrschende Oberschicht als „reich und geizig".[39] Nach einer Angabe al-Yaqubis wird „Santariya" von einem „Berberstamm aus Barqa" bewohnt.[40]

Eine logische Folge des aufblühenden Handels in der Oase waren wiederholte Überfälle räuberischer Nomaden, die von dem Wohlstand der siwanischen Händler-Bauern angelockt wurden. Als Abwehrmaßnahme errichteten die Siwaner festungsartige Wohnburgen sowohl im östlichen Teil der Oase (dem heutigen Siwa-Stadt) als auch in Aghurmi. Die Akropolis des Orakeltempels wurde zu einem kaum zu erobernden Kastell umfunktioniert.

Diese Wehranlagen der Siwaner machten den angreifenden Arabern offenbar nicht wenig zu schaffen, und sie brachten zur eigenen Rechtfertigung phantasievolle Berichte in Umlauf.[41] Dessen ungeachtet müssen aber einige der Raubzüge gegen die Oasenbewohner erfolgreich für die Nomaden verlaufen sein, denn mehrere Quellen berichten von einem erheblichen Rückgang der Einwohnerzahl im Mittelalter. So erfahren wir von St. John: „In the fifteenth century we find Siwa at a very low ebb indeed, the Berber population having dwindled down to six hundred, whilst the other tribes had, no doubt, diminished in an equal or greater proportion."[42] Vermutlich bezieht er sich auf eine Angabe des arabischen Geographen Al-Maqrizi, in dessen Bericht es heißt: „Heute ist Santariah ein sehr kleines Land, in dem kaum sechshundert Leute wohnen ... ihr Dialekt ist der Siwische, der dem von Zanata

[36] Steindorff, 1904, S. 79.
[37] Schubarth-Engelschall, 1967, S. 50.
[38] White, 1899, S. 157.
[39] Schubarth-Engelschall, 1967, S. 45ff.
[40] Steindorff, 1904, S. 80.
[41] Al-Maqrizi, zitiert bei Steindorff, 1904, S. 78f., erreicht entgegen seinen sonst als seriös betrachteten Berichten hier einen Gipfelpunkt phantasievoller Übertreibung, die darauf schließen läßt, daß er seine diesbezüglichen Informationen nur vom Hörensagen gewonnen hat. Vgl. auch Mitwally, 1952, S. 127.
[42] St. Joḥn, 1849, S. 148; vgl. auch: Fakhry, 1973, S. 39.

verwandt ist. Man sieht dort Gärten mit Palmen, Feigen-, Öl- und anderen Bäumen, Weinstöcke gibt es in Menge."[43]

Abgesehen von der nicht völlig gesicherten Verläßlichkeit dieser Informationen scheint der Dattelexport während des Mittelalters unvermindert weitergegangen zu sein, denn ein deutscher Reisender, JOHANN MICHAEL WANSLEB, berichtet im 11. Kapitel seiner „Beschreibung von Aegypten im Jahr 1664", das er „Von dem Lande Siba" überschreibt, vom Dattelhandel mit der Oase: „Siba, im Lande der Araber, liegt gegen Westen von Aegypten; man kann in zwey Monaten von Alexandrien dahin reisen. Jedes Jahr um Weihnachten kommt von daher eine Kafila von etwa dreihundert Kamelen mit Datteln, deren sehr viele dort wachsen, beladen, in Alexandria an. Sie lagern sich vor dem Thor . . . geben den Zehenden und verkaufen sie wohlfeil."[44] Dieses ist die erste Erwähnung der Oase Siwa in der neuzeitlichen europäischen Literatur und darf als zuverlässige Information gelten.

Der erste Europäer der Neuzeit, der Siwa aus eigener Anschauung kennenlernte, war der Engländer BROWNE, der mit einer Karawane arabischer Kaufleute am 24. Februar 1792 Alexandria verließ und westwärts durch die Wüste ziehend am 9. März nach Siwa gelangte, wo er sich drei Tage aufhielt. Wie aus STEINDORFFS Kommentar zu dieser Reise hervorgeht, war es BROWNE's Reiseschilderung, die den englischen Geographen JOHN RENNEL veranlaßte, in seinem Werk „Geographical System of Herodotus" den Nachweis zu erbringen, „daß die Oase Siwe nichts anderes sei, als die seit Jahrhunderten verschollene Oase des Jupiter Amon".[45]

Bereits sechs Jahre später gelangte der junge Leipziger Astronom und Geograph FRIEDRICH HORNEMANN im Auftrag der Londoner „Afrikanischen Gesellschaft" nach Siwa, wo er am 21. September 1798 mit einer zurückkehrenden Pilgerkarawane als Muslim verkleidet eintraf.[46] In seinem Tagebuch bezeichnete der damals sechsundzwanzigjährige HORNEMANN Siwa als „kleinen, unabhängigen Staat"[47], eine Charakteristik, die der Schotte J. A. ST. JOHN 1849 in seinem Reisebericht „Adventures in the Libyan Desert and the Oasis of Jupiter Amon" aufgreift. Es erscheint wahrscheinlich, daß während des Mittelalters, als Ägypten seine Selbständigkeit durch Unterwerfung und Eingliederung in das Osmanische Reich verloren hatte, Siwa für mehrere Jahrhunderte relativ unabhängig war, ein Zustand, der erst zu Beginn des 19. Jh. gewaltsam geändert wurde.

[43] STEINDORFF, 1904, S. 80.

[44] WANSLEB, 1794, S. 46. Kafila = Karawane (arab.).

[45] STEINDORFF, 1904, S. 93f.

[46] Ebenda.

[47] HORNEMANN, 1802, S. 42, 44.

# II. Die ethnischen und sozialökonomischen Verhältnisse im Untersuchungsgebiet zu Beginn des 19. Jahrhunderts

## *1. Siwa*

### 1.1. Die Bevölkerung der Oase

#### 1.1.1. Demographische Entwicklung

Über die Bevölkerungszahl Siwas im Altertum sind wir nicht unterrichtet. Auf Grund der gegenüber heute beträchtlich ausgedehnteren Besiedlung der Oase kann jedoch mit einiger Sicherheit angenommen werden, daß sie bedeutend höher gewesen sein dürfte als in der Gegenwart. In der darauffolgenden Periode war sie dann stark rückläufig, was allein schon aus der Aufgabe zahlreicher Siedlungsplätze innerhalb der Siwa-Senke sowie der ursprünglich ebenfalls besiedelten Nachbaroasen ersichtlich wird.

Die Dezimierung der Oasenbevölkerung, deren mögliche Ursachen bereits im vorigen Kapitel erwähnt wurden, erreichte ihren Höhepunkt offensichtlich am Ende des ersten Jahrtausends unserer Zeitrechnung. Darauf jedenfalls weisen sowohl das „Siwa-Manuskript" wie auch Bemerkungen des arabischen Geographen AL-MAQRIZI hin, die beide von FAKHRY zitiert werden.

Auf Grund der zahlreichen archäologischen Fundstellen im Westteil der Oase gelangt FAKHRY zu dem Schluß, daß Maragi in römischer Zeit sehr dicht besiedelt gewesen sein muß: „It seems that this district continued to flourish after Roman times. Al-Maqrizi, who compiled his famous works in the 15th century, referred to it in one of his books, Al-Khitat, stating that the 'town' of Maraqiyah (the land of al-Maraqi) stands at the edge of the frontier of Egypt, after which begins the land of Intablus ('Pentapolis' is meant; this name was sometimes given to the Land of Barqah (Barca) in Libya) at a distance of two barids (i.e. 24 miles) from the town of Santariyah. He describes it as a large country with many palm trees, cultivated lands and flowing springs, its fruits were of very good quality. He says further that emmer wheat was grown with great success, and its inhabitants grew rice and had many gardens. In the 10th century (the Muslim month of Shawwal, year A.H. 304, i.e. the year A.D. 922), according to al-Maqrizi, the people of Maraqiyah deserted their district and immigrated to Alexandria in fear of attacks of the ruler of Barqah who occupied their territory; thereafter, he adds, it greatly deteriorated although up until his day it was still populated."[48]

Diese Angaben AL-MAQRIZIS korrespondieren sowohl inhaltlich als auch zeitlich mit denen der Siwa-Handschrift, über die es bei FAKHRY heißt, daß „Siwa had suffered severely at the hands of the raiders of Arab and Berber Bedouin, and the inhabitants were reduced to a mere forty men (circa year A.H. 600), whereas the whole population was approximately 200 people at the beginning of the 13th century. Consequently we can say that Siwa saw its worst days of decline in the period between the 9th and 12th centuries, and that it began to revive only in the 13th when the forty remaining men decided to build a fortress at Shali, the present site of the Town of Siwa, to protect

[48] FAKHRY, 1973, S. 127f.

themselves from the raids. The inhabitants of Shali, who were living now in some security, began to prosper and their numbers increased."[49] Die Bevölkerungszahl soll nach AL-MAQRIZI im 15. Jh. bereits wieder 600 betragen haben.[50] Und CLINE vermerkt schließlich: „The population of Siwah and El Garah seems to have fluctuated widely within the last thousand years. Idrisi in the middle of the 12th century says that Santariah was 'small', an adjective which he would hardly have applied to a town of Siwah's present size."[51]

Ungeachtet der Frage nach der Exaktheit der zitierten Quellen unterstützen sie dennoch die Annahme, daß die Bevölkerung Siwas in den ersten Jahrhunderten nach der Zeitenwende stark zurückgegangen war und erst seit dem Mittelalter wieder zunahm. Die Angaben europäischer Reisender aus dem 19. Jh. weichen zwar stark voneinander ab und bewegen sich zwischen 2500 und 8000, liegen damit aber insgesamt beträchtlich über der von Al-MAQRIZI. Die niedrigste Schätzung stammt von DROVETTI aus dem Jahre 1820, die höchste von MINUTOLI aus dem gleichen Jahr. Ein Jahr zuvor hatte CAILLIAUD die Bevölkerung Siwas mit 5000 angegeben, während HAMILTON sie 1852 auf 4000 bezifferte.[52]

Nach SCHOLZ soll im Jahre 1822 allein die Zahl der Männer 3000 überstiegen haben. HORNEMANN (1802) und ROHLFS (1869) dagegen schätzten die Zahl der „wehrfähigen Männer" auf 1500 bzw. 1400. ROHLFS multiplizierte diese Angabe mit vier und kam so auf eine Gesamtbevölkerung von 5600. GRÜNAU schließlich bezifferte die Bevölkerung der Oase 1899 auf insgesamt 7140 Personen, 2300 männliche und 4800 weibliche.[53]

Die abgerundeten Zahlen lassen unschwer erkennen, daß es sich bei allen um sehr grobe Schätzwerte handelt. Dennoch kann mit größter Wahrscheinlichkeit angenommen werden, daß die Angaben von MINUTOLI, auf die sich offenbar auch BURCHHARDT (1893) bezieht, und GRÜNAU zu hoch gegriffen waren.[54] Denn sie liegen doch erheblich über dem Ergebnis der ersten offiziellen Volkszählung vom 1. Juni 1897, die eine Einwohnerzahl von 5200 ergab, 3000 Männer und 2200 Frauen.[55] STEINDORFF, der sie als einziger Autor detailliert wiedergibt, kommentierte ihr Ergebnis mit den Worten: „Schon die glatt abgerundeten Zahlen erwecken den Verdacht, daß die Zählung keine allzu peinliche ist. Vor allem sind die außerhalb Siwes und Aghurmis wohnenden Amonier ... nicht mit gezählt worden."[56] Der HOHLER Report, ein offi-

[49] Ebenda, S. 95f.

[50] Ebenda, S. 95.

[51] CLINE, 1936, S. 7.

[52] CAILLIAUD, 1826, S. 81; HAMILTON, 1856, S. 303; MINUTOLI, 1824, S. 101; STEINDORFF, 1904, S. 106.

[53] GRÜNAU, 1899, S. 280; HORNEMANN, 1802, S. 20f.; ROHLFS, 1869, S. 228; STEINDORFF, 1904, S. 106; SCHOLZ, 1822, S. 80.

[54] BURCHHARDT, 1893, S. 397; vgl. auch: CLINE, 1936, S. 7.

[55] STEINDORFF, 1904, S. 107.

[56] Ebenda. Das Resultat dieser ersten offiziellen Zählung widerlegt zugleich die im 19. Jh. von verschiedenen Reisenden geäußerte Ansicht, daß die Zahl der in Siwa lebenden Frauen die der Männer stets beträchtlich überstiegen haben soll. „Auffallend grösser, wenn man den Angaben des Mudir trauen darf, ist in Siuah die Zahl der Frauen ... Der Mudir glaubte, dass auf ein männliches Individuum drei weibliche kämen", berichtet beispielsweise ROHLFS, 1875, S. 184. Eine Ansicht, der sich u. a. auch WHITE, 1899, S. 145 anschloß. Vgl. auch CLINE, 1936, S. 8; STEINDORFF, 1904, S. 107.

ziöses Dokument aus dem Jahre 1900, nimmt unverständlicherweise auf diese Zählung keinen Bezug; in ihm wird lediglich festgestellt, daß die Gesamtbevölkerung Siwas auf 5–6000 Menschen geschätzt wird, unter ihnen rund 1300 Männer.[57]

### 1.1.2. Ethnische Entwicklung

Wie bereits ausgeführt, ist die Oasenbevölkerung ihrer Herkunft nach berberischen Ursprungs. Darauf weist nicht nur ihre Sprache, sondern auch ihr anthropologischer Typus hin. „Die heutigen Bewohner der Amonsoase gehören zu dem großen hellfarbigen Libyervolke", stellte z. B. STEINDORFF fest, „das das ganze nördliche Afrika bewohnt und dem auch die Kabylen Algeriens, das Wüstenvolk der Tuareg, die Berber in Tripolis und Marokko zuzuweisen sind. Bereits im Altertum waren diese Gegenden von den Libyern besiedelt, die zweifellos als die Vorfahren der heutigen Bevölkerung zu betrachten sind. Die alten Ägypter . . . haben auf ihren Bildern alle diese libyschen Völker durch die blasse, fast weiße Färbung des eigentümlich tätowierten Körpers, durch Haartracht und Kleidung deutlich von den anderen, ihnen bekannten Völkerfamilien zu scheiden gewußt, und ebenso scharf trennen sie sich noch heute in Wuchs und Hautfarbe von den dunkelfarbigen Bewohnern des Niltals, von den schwarzen Sudannegern und den semitischen Arabern. Allerdings ganz rassenrein haben sich die Libyer nur in den Gebirgsländern Nordafrikas erhalten; . . . und es ist sicherlich auch in der Amonsoase der Typus der alten Bevölkerung durch fremde Elemente stark beeinflußt worden."[58]

Denn die Entwicklung in der Oase vollzog sich nicht – wie wiederholt in der Literatur behauptet – isoliert von der im nordostafrikanischen Raum, sondern sie wurde im Gegenteil stark von ihr mitgeprägt. Waren es im Altertum vorwiegend pharaonische, griechische und römische Einflüsse, so dominierten seit dem frühen Mittelalter arabisch-islamische Einflüsse.

Die engsten Kontakte unterhielten die Oasenbewohner jedoch stets zu ihren unmittelbaren Nachbarvölkern, den Beduinen und libyschen Berbern. Die im nächsten Abschnitt zu behandelnden Herkunftslegenden der einzelnen siwanischen Clans belegen, daß zahlreiche Angehörige dieser Ethnen im Laufe der Jahrhunderte in der Oase ansässig wurden und sich allmählich mit der einheimischen Bevölkerung vermischten.

Wie die Physis vieler Siwaner beweist, gelang das offenbar auch manchen durch den Karawanenhandel aus dem Sudan und anderen subsaharischen Gebieten nach Siwa gelangten Sklaven.[59] Im allgemeinen jedoch wurden Heiraten mit ihnen vermieden, so daß es noch heute eine zahlenmäßig große Gruppe ehemaliger Sklavennachkommen gibt, die sich im Laufe der Zeit zwar sprachlich und kulturell den Siwanern angeglichen haben, die aber auf Grund der gesellschaftlichen Isolierung ihr ursprüngliches Aussehen über Generationen noch so rein bewahrt haben, daß ihr Herkunftsgebiet sicherlich noch zu bestimmen wäre.

Wie die ehemaligen Sklaven wurden auch alle übrigen in der Oase ansässig gewordenen Angehörigen fremder Ethnen kulturell und sprachlich von den alteingesessenen Oasenbewohnern assimiliert. Eine Ausnahme hiervon bilden lediglich die im vorigen Jahrhundert im Westteil der Oase seßhaft gewordenen Schahibat, eine Stammesgruppe der Aulad Ali, die im weiteren Verlauf der Untersuchung noch behandelt werden.

[57] HOHLER Report, 1900, S. 16f.; vgl. ferner: HOSKINS, 1837, S. 197; LITTLE, 1926, S. 15.

[58] STEINDORFF, 1904, S. 107f.

[59] FAKHRY, 1973, S. 29; GRÜNAU, 1899, S. 275; SCHOLZ, 1822, S. 83f.; STEINDORFF, 1904, S. 108.

Mit Sicherheit ist anzunehmen, daß die Oasenbevölkerung zahlreiche kulturelle Elemente von den benachbarten Ethnen, besonders aber von den Zuwanderern übernahm, wie sie auch einen beträchtlichen Wortschatz aus dem Arabischen in ihren Berberdialekt, das Siwanische, integrierte. „When we examine the Siwi vocabulary", bemerkt CLINE dazu „we find that more than half of its words have been taken from the Semitic tongue and it seems necessary to assume a long period of such influence, during which Arabic words were fitted into Berber syntax and grammatical structure, before the Siwans began to learn Arabic as a distinct idiom."[60] Das aber erfolgte erst seit Ende des vorigen und im Verlaufe dieses Jahrhunderts. Bis 1820 soll es in Siwa überhaupt nur eine Familie gegeben haben, deren Angehörige des Arabischen mächtig waren und sich als Dolmetscher betätigten.[61]

## 1.2. Die traditionellen sozialen Organisationsformen

### 1.2.1. Das Clan-System

Über die ursprünglichen, d. h. gentilgesellschaftlichen sozialen Organisationsformen der Siwaner bestehen noch manche Erkenntnislücken. Das liegt u. a. daran, daß sie bisher kaum untersucht und beschrieben wurden; vor allem aber hatten sie auf Grund des seit langer Zeit sich vollziehenden sozialökonomischen Differenzierungsprozesses im vorigen Jahrhundert ihre Bedeutung und ihren Charakter bereits weitgehend eingebüßt bzw. verändert und sind heute kaum mehr als bloße Verwaltungseinheiten.

Die tabellarische Übersicht über die in der Literatur erwähnten, auf genealogischem Prinzip organisierten sozialen Einheiten der Oasenbewohner hat folgendes Aussehen[62]:

*Die „Stammes"–Struktur der Siwaner*

| STEINDORFF Stamm/Familie | STANLEY gentes | CLINE gentes/sections | FAKHRY families | STEIN „Stamm" |
|---|---|---|---|---|
| ÖSTLICHE SIWANER (Sharqiin – al-šargiya – al-Takhsib) | | | | |
| *Adadsa* | Adelsa | *Ladadsa* (*Adadsa*) | al-Adadisah | |
| Hamoudat | | | | al-Hamudat |
| Charamtah | | Sharamta | | al-Šaramta |
| Gawasis | | Joasis | | al-Ǧuasis |
| | | Dra'at | | |
| *Haradine* | Haddadeen | *Hedadiin* | al-Haddadin | al-Hadadiyin |
| Asakra | | Lasaraka | | |
| Makhalif | | Makhalif | | |
| *Zatayen* | Zoraiyeen | *Zenayyin* | Zanayin | al-Ḏanayin |
| Awadna | | | | |
| Eouniat | | | | |
| Hamadat | | Lahmadat | | |
| | | Izhamat | | |
| | | Lhebeirat | | |
| | | Awlad Hussein | | |
| | | *Oran* | | |
| | | *Aweinat* | | |

[60] CLINE, 1936, S. 8f.

[61] FAKHRY, 1973, S. 35; FALLS, 1910, S. 27.

[62] CLINE, 1936, S. 13f.; FAKHRY, 1973, S. 29; STANLEY, 1911, S. 40; STEINDORFF, 1904, S. 107.

| Steindorff<br>Stamm/Familie | Stanley<br>gentes | Cline<br>gentes/sections | Fakhry<br>families | Stein<br>„Stamm“ |
|---|---|---|---|---|
| | | WESTLICHE SIWANER (Gharbiin – al-ġarbiya – al-Lafayah) | | |
| *Awlad Moussa* | Aulad Musa | *Tarwa n Musa* | Awlad Musa | (al-Huwatna wa Aulad Musa) |
| Kezarat | | Legrazat | | |
| Rawaghe | | Rawaja | | |
| | | Lhwatna | | |
| | | Ba'akara | | |
| *Chahayim* | Shagayeen | *Shehaim* | al-Shahayim | (al-Šahaim und |
| *Saragna* | Sarahna | *Serahana* | al-Saraqinah | al-Sirahna) |
| | | AGHURMI | | |
| Samayine | | *Samayyin* | | |
| Abadneh | | | | |
| Kacharna | | *Kesharna* | | |
| Hanadid | | | | |
| | | *Jeiri* | | |
| | | *Bauna* | | |
| | Aghourmi | | | Aghurmi |
| | | | al-Baʿawinah | |
| | | | | (Shahibat) |
| | | | | (al-Qara) |

Die Übersicht weist eine weitgehende Übereinstimmung hinsichtlich der Hauptgruppen aus. Bei diesen, von Steindorff als „Stämme“, von Cline und Stanley als „gentes“ und von Fakhry als „families“ bezeichneten Einheiten handelt es sich unserer Ansicht nach um Clans/Gentes, bei ihren Untergruppen – von Steindorff als „Familien“, von Cline als „sections“ bzw. „sub-gentes“ bezeichnet – um die in der englischsprachigen ethnographischen Literatur gewöhnlich als Sub-Clans bzw. Lineages bezeichneten verwandtschaftlichen Einheiten. Bei Stanley und Fakhry finden letztere keine Erwähnung. Unter den Bewohnern Aghurmis ermittelte Steindorff vier „Familien“, aber keinen „Stamm“, während Cline diese Einheiten ebenfalls als „gentes“ bezeichnet.

Die folgende, auf den Ergebnissen des Zensus von 1897 beruhende Aufstellung Steindorffs vermittelt ein Bild von der ungefähren Mitgliederzahl der einzelnen verwandtschaftlichen Einheiten zur damaligen Zeit[63]:

| Stamm | Familie | Männer | Frauen | Gesamtzahl |
|---|---|---|---|---|
| *Ost-Siwe* | | | | |
| Adadsa | Hamoudat | 370 | 250 | 620 |
| | Charamtah | 200 | 120 | 320 |
| | Gawasis | 140 | 100 | 240 |
| Haradine | Asakra | 200 | 140 | 340 |
| | Makhalif | 240 | 160 | 400 |

[63] Steindorff, 1904, S. 107; vgl. auch Cline, 1936, S. 14.

| Stamm | Familie | Männer | Frauen | Gesamtzahl | |
|---|---|---|---|---|---|
| Zatayen | Awadna | 190 | 150 | 340 | |
| | Eouniat | 160 | 120 | 280 | |
| | Hamadat | 270 | 210 | 480 | 3020 |
| *West-Siwe* | | | | | |
| Awlad Moussa | Kezarat | 420 | 320 | 740 | |
| | Rawaghe | | | | |
| Chahayim | | 150 | 130 | 280 | |
| Saragna | | 360 | 280 | 640 | 1660 |
| *Aghurmi* | | | | | |
| | Samayine | | | | |
| | Abadneh | 300 | 220 | 520 | 520 |
| | Kacharna | | | | |
| | Hanadid | | | | |

Über Herkunft bzw. Ursprung der einzelnen sozialen Einheiten liegen nur spärliche und zudem widersprüchliche Informationen vor. So schreibt Fakhry lediglich sehr allgemein: „The inhabitants of Siwa love to tell their visitors that they are descended from Arab Bedouin and that some of the original tribes came from North Africa, or sometimes from Arabia. On one occasion, a Siwan boasted to me that his great-great-grand-father came from Makkah (Mecca). In fact, the original inhabitants of Siwa are one of the branches of the Berber group from the tribes of Zanatah, who mixed with Arab Bedouin from different tribes from the west.“[64]

Stanley erfuhr von seinem Gewährsmann, ʿAmr Msellim u. a., daß die Adelsa und Haddadeen „both have their origin from a tribe of Arabs in Tripoli called Mehameen. From the Mehameen also are the Sarahna (from the family of Mansur) and the Aulad Abu Ameera and El Henady. The Abu Ameera came from Akaba, the Henady from Minia. Some of the people also came from Djalo and Awidjla; some also from Aulad Suliman in Tripoli; some from Behga, near Minia; and some barbarians from the Sudan. Others of the people of Siwah are of the original Christian stock, and yet others of the Aulad Baghi in Tripoli.“[65] Die ausführlichsten Informationen über die Ursprungslegenden hat Cline aufgezeichnet. Eine Übersicht über die Ergebnisse wird im Anhang wiedergegeben.[66]

Nicht festzustellen ist, inwieweit die einzelnen Überlieferungen den realen historischen Tatbeständen entsprechen. Ungeachtet dessen sind sie ein Hinweis darauf, daß die Oasenbevölkerung offensichtlich nicht einheitlicher Herkunft ist, sondern sich ursprünglich aus heterogenen Bevölkerungselementen verschiedener ethnischer und sprachlicher Abstammung rekrutierte, die zu unterschiedlichen Zeiten aus einzelnen Gebieten Nordafrikas und der Arabischen Halbinsel nach Siwa einwanderten, hier ansässig wurden und im Laufe der Zeit in die vorhandene Sozialstruktur integriert wurden.

64 Fakhry, 1973, S. 29.

65 Stanley, 1911, S. 40. Bei Abu Ameera und El Henady handelt es sich offensichtlich um Sub-Clans.

66 Cline, 1936, S. 13ff. Siehe Anhang D.

Letzteres traf nicht nur auf die freiwilligen Zuwanderer zu, sondern ebenso auch auf die Sklaven bzw. deren Nachkommen. Trotz ihrer besonderen gesellschaftlichen Stellung wurden auch sie formell in die Familien ihrer Eigentümer adoptiert. Darauf weisen u. a. die drei Beispiele in der Übersicht hin, die CLINE mit den Worten kommentiert: „Members of the subgentes which were originally Negro or Jewish, when asked to what gens they belong, will usually respond with the name of a larger unit. A man of the Barni section, for example, though he keeps Barni as his family name, will say that he belongs to the Rawaja or to the Tarwa'n Musa. This indicates that such off-color families found a social advantage in tucking themselves under the name of a more respected group."[67]

Aus der unterschiedlichen Herkunft der Siwaner ergibt sich, daß zwischen den Angehörigen der Clans ursprünglich nicht in jedem Fall reale, sondern lediglich rein fiktive verwandtschaftliche Bande bestanden. Und dieser Fakt war offenbar auch die Ursache dafür, daß es innerhalb der Oasengemeinschaft nicht, wie zwischen gentilgesellschaftlichen Einheiten sonst allgemein üblich, zur Herausbildung von festen Heiratsregeln gekommen ist, die Clans nicht exogam waren.[68] Als ethnische und sprachliche Gemeinschaft aber waren die Siwaner streng endogam. Heiraten mit umwohnenden Beduinen wurden in der Regel ebenso vermieden wie die mit Sklaven, wobei im ersten Fall wohl vorwiegend ethnische, gegenüber den Sklaven überwiegend soziale Gründe den Ausschlag gegeben haben dürften.

### 1.2.2. „Östliche" und „Westliche"

Bemerkenswert ist, daß zwischen den siwanischen Gentes eine Zweiteilung existierte. „Siwah town is divided into two antagonistic factions", heißt es dazu bei CLINE, „sharply localized, that of the West, called tukhsib in Siwi and El Gharbiin – 'the Westerners' – in Arabic, and that of the East, called Lefaiah in Siwi and Esh Sharqiin – 'the Easterners' – in Arabic . . . At the beginning of the 19th century the town clung to the limestone hill and to a small area of flat ground east of it – the hill now called simply 'adrar inshalinagh', the hill of our town. If we think of the hill as a saddle, which in shape it much resembles, facing southeast, the Sharqiin held the pommel and the southeastern part, while the Gharbiin occupied the hollow and the adjoining slopes on the northwestern eminence. The two factions are separated only by a narrow street, crossing the hollow of the saddle."[69]

Außer den gesonderten Wohnvierteln verfügten beide „Fraktionen" über separate Dattelhöfe, über „special places for eating garlic, for quarrying tombstones, and for burial"[70], wie auch ihre Gärten getrennt voneinander in verschiedenen Teilen der Oase lagen.[71] Heiraten zwischen „Östlichen" und „Westlichen" sollen früher vermieden worden sein.[72] Und selbst beim Gebet in der in der Wohnburg von Siwa-Stadt gelegenen alten Moschee waren beide Fraktionen ursprünglich anscheinend vonein-

[67] Ebenda, S. 14f.

[68] Ebenda, S. 15.

[69] Ebenda, S. 11; vgl. auch: FAKHRY, 1973, S. 28f.; STEINDORFF, 1904, S. 109; WHITE, 1899, S. 150.

[70] CLINE, 1936, S. 12.

[71] Ebenda, STEINDORFF, 1904, S. 109f.; WHITE, 1899, S. 150.

[72] STEINDORFF, 1904, S. 109.

ander getrennt. Zumindest schreibt FAKHRY, daß ihr Inneres in zwei große Räume geteilt war, „one for each of the two rival fractions of the city."[73]

Die „Östlichen" umfaßten die Gentes der Zanayin, al-Adadisah und al-Haddadin, während die Awlad Musa, al-Saraqinah und al-Shahayim die „Westlichen" bildeten,[74] zu denen sich in der Regel auch die Bewohner Aghurmis rechneten.[75] Zwischen beiden „Fraktionen" bestand traditionell eine starke Rivalität, die sich früher nicht selten in blutigen Fehden entlud.[76] Dabei soll es nach FAKHRY eine festgelegte „Schlachtordnung" gegeben haben, die von ihm ausführlich beschrieben wird und die von beiden Seiten stets streng eingehalten wurde.[77]

Der wohl bekannteste dieser Zusammenstöße war den Überlieferungen nach die sogenannte Schlacht von al-Ramlah, die nach FAKHRY im Jahre 1712 ausgetragen wurde. Ausgangspunkt soll ein nicht beizulegender Streit über die Verbreiterung einer Gasse in der Wohnburg gewesen sein. Nachdem sich die beiden „Fraktionen" gegenseitig heimlich Schaden in den Gärten zugefügt hatten, kam es schließlich zum offenen Kampf, in dem die „Östlichen" die „Westlichen" aus der Stadt vertrieben und deren Wohnungen plünderten.[78]. Nach drei Tagen gestatteten die Sieger den Vertriebenen die Rückkehr unter folgenden vier Bedingungen: „The first condition was that from that day on, whenever a carawan arrived at Siwa, bringing merchandise for sale, the Westerners must keep away until the Easterners had obtained all that they wanted to buy. The second condition was to forbid any Westerner to buy or sell anything directly; this had to be done through one of the Easterners. The third was no less humiliating because it stipulated that if an Easterner and a Westerner wanted to cross a bridge over a canal at the same time, the Westerner was obliged to give priority to the Easterner; if he did not abide by this rule, he was considered an aggressor and had to be punished. The fourth condition was more peculiar. The hatiyah of Khamisah was owned by Easterners and Westerners, whose gardens were very close. The condition stated that if one of the Western zaggalah was singing in a garden, while doing his work there, and stopped, then one of the zaggalah of the Easterners should begin to sing and then finish his song; the Westerner was not allowed to sing once more. These conditions were respected and never broken for fifteen years."[79] Danach brachen die gewaltsamen Auseinandersetzungen erneut aus. Wie die nachfolgenden Ereignisse zeigten, nahmen sie in dem Maße an Heftigkeit und Häufigkeit zu, in dem sich die sozialökonomische Differenzierung zuspitzte, wobei sich zugleich ihr sozialer Inhalt veränderte. Darüber wird in anderem Zusammenhang noch näher zu sprechen sein.

Ungeklärt ist die Frage nach dem Ursprung und Alter der Teilung. Keiner der bisherigen Deutungsversuche führte zu einem befriedigenden Ergebnis. So muß beispielsweise die u. a. von STANLEY und CLINE wiedergegebene Behauptung siwanischer Informanten, die Teilung sei auf den erwähnten Streit um die Straßenverbreiterung zu-

[73] FAKHRY, 1973, S. 20.

[74] CLINE, 1936, S. 13ff.; FAKHRY, 1973, S. 29; STEINDORFF, 1904, S. 107.

[75] FAKHRY, 1973, S. 29; STEINDORFF, 1904, S. 110.

[76] CLINE, 1936, S. 11f.; HOHLER Report, 1900, S. 18; HOSKINS, 1837, S. 199; STEINDORFF, 1904, S. 109f.; WHITE, 1899, S. 150.

[77] FAKHRY, 1973, S. 29; vgl. auch HOSKINS, 1837, S. 199; HOHLER Report, 1900, S. 18.

[78] FAKHRY, 1973, S. 30f.

[79] Ebenda, S. 33.

rückzuführen, ebenso als unzutreffend abgelehnt werden, wie die von einigen Reisenden geäußerte Ansicht, daß sie Resultat der Spaltung der Siwaner in zwei rivalisierende islamische Sekten ist.[80] Ihr Ursprung ist in jedem Fall älteren Datums, zumal die Sekten erst im vorigen Jahrhundert in der Oase Fuß faßten. Außerdem ist ihre Anhängerschaft keineswegs identisch mit der Zugehörigkeit zu einer der beiden „Fraktionen"; eine Tatsache, auf die bereits STEINDORFF aufmerksam machte.[81] Zugleich wies er darauf hin, daß auch ROHLFS' Erklärungsversuch jedes wissenschaftlichen Beweises entbehre. Er schreibt: „Rohlfs meint, daß die Scharqijin (Lifajin) die wahren Ureinwohner der Oase seien, während die Gharbijin, wie der Name das schon andeute, erst später von Westen eingewandert seien. Eine solche Vermutung klingt ja ganz verständig, ist aber leider durch nichts zu begründen, da die Bezeichnung ‚Östlich' und ‚Westlich' sich auf die Sitze der beiden Parteien auf dem Berge von Siwe bezieht und mit ihrer Herkunft sicherlich nichts zu schaffen hat."[82]

CLINE äußerte zu diesem Problem folgenden, allerdings auch nicht weiter bewiesenen Gedanken: „Each faction comprises several gentes; and the fact that no gens is common to both, though the gentes are not identified with any special neighborhoods within the factions, might suggest that the dual division preceded or was coeval with the division into gentes." Und er fährt fort: „The superiority of the Sharqiin in numbers, their better position for defence, and their affiliation with the ʿAweinat – traditionally the oldest gens in Siwah – indicate that if one faction is the older it must be that of the East."[83]

Bei HERZOG lesen wir schließlich: „Für die Berbergesellschaft ist (oder war zumindest auf dem Lande) eine Zweiteilung charakteristisch. In Marokko wird eine solche Hälfte Leff, in Algerien Soff genannt. Gellner sieht in ihnen ‚famous moities', die wesentlich dazu beitragen, in Ethnen mit segmentärer Struktur durch zwei etwa gleich mächtige Lager einigermaßen Frieden zu bewahren. Das waren und sind keine Vorläufer politischer Parteien, vielmehr Zusammenschlüsse für die Erledigung von Tagesanliegen, Rechtsfragen, weiterreichenden wirtschaftlichen oder personellen Anliegen und früher gewiß auch von Fehden oder Feldzügen."[84]

Ob die vom Autor wiedergegebene Erklärung GELLNERS zutreffend ist, erscheint uns zumindest fraglich. Jedoch vermögen wir diese ungeklärte Frage im Rahmen dieser Studie ebenfalls nicht zu lösen. Dazu sind weitere Spezialuntersuchungen erforderlich. Bedeutungsvoll ist aber immerhin die Tatsache, daß die gleiche Zweiteilung der Gentes auch für andere Berber-Gemeinschaften des westlichen Nordafrika typisch ist. Das ist zumindest ein Hinweis dafür, daß beide Fraktionen offenbar gleichen Ursprungs sind, ihr Ursprung, wie von einigen Autoren angenommen, also nicht in Siwa zu suchen ist, womit zugleich ihr hohes Alter bewiesen wäre.

## 1.3. Wirtschaft

### 1.3.1. Natürliche Umweltbedingungen

Die Oase Siwa ist ein Teil der großen nördlichen Depression in der Libyschen Wüste, die sich von der Qattara-Senke im Osten bis zur Djaghbub- und Kafra-Senke im Westen erstreckt und durch ein rund 300 km breites, 200 m hohes Kalksteinplateau vom Mittel-

[80] CLINE, 1936, S. 11.
[81] STEINDORFF, 1904, S. 110. [82] Ebenda.
[83] CLINE, 1936, S. 11f. [84] HERZOG, 1979, S. 590.

meer getrennt wird.[85] Ihre offiziell festgelegten Grenzen werden fixiert durch folgende Koordinaten: 25° 16′ bis 26° 6′ östlicher Länge und 29° 7′ bis 29° 21′ nördlicher Breite. Damit hat die Oase eine Ost-West-Ausdehnung von rund 82 km; ihre Nord-Süd-Ausdehnung schwankt zwischen 28 km im Osten und 9 km im Westen, wobei sie sich im Mittelteil an einigen Stellen bis auf 1,5 km verengt. Ihr Areal umfaßt eine Fläche von etwa 750 Quadratkilometern.[86]

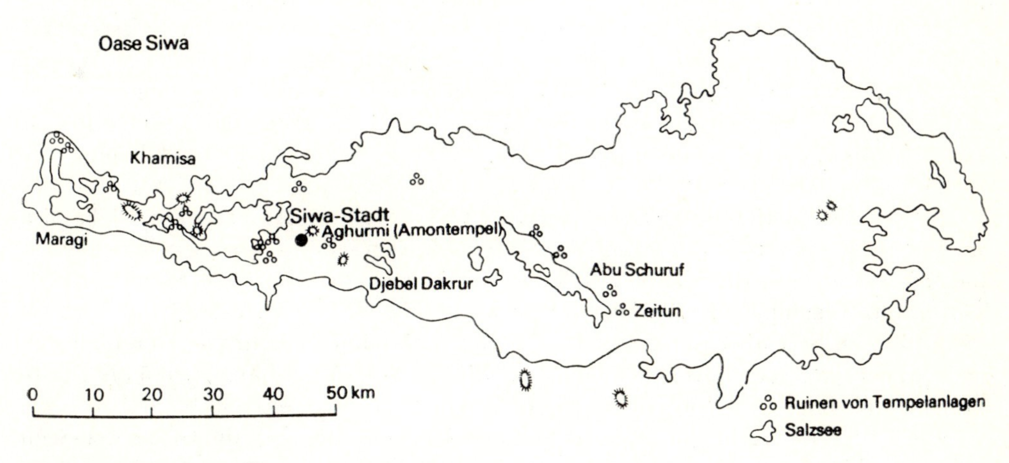


Karte 2: Die Oase Siwa

Begrenzt wird die Siwa-Senke im Süden und Südwesten von einer ausgedehnten Sanddünenzone, im Nordwesten, Norden und Osten durch eine Kette steil aufragender Kalksteinfelsen. Sie wie auch die vereinzelt aus der Oase aufragenden Felsmassive bildeten ursprünglich mit dem Libyschen Hochplateau ein geschlossenes Massiv, ehe sie durch die Erosion, welche die Senke hervorbrachte, von ihm getrennt wurden.[87]

Die beiden größten Felsmassive innerhalb der Oase sind die nordwestlich von Siwa-Stadt gelegenen Berge Djebel Amilal, „der weiße Berg", und Djebel Gari. Von der gleichen Art, aber niedriger, sind der Doppelhügel innerhalb der Stadt, der an ihrem Nordrand gelegene Gräberberg Djebel Mauta, der Burgberg von Aghurmi und schließlich der einige Kilometer südöstlich von ihm sich erhebende Bergrücken des Djebel Dakrur.[88] Die ansonsten sehr flache, langgestreckte Siwa-Senke liegt im Durchschnitt 17 m, an den tiefsten Stellen bis zu 30 m unter dem Meeresspiegel.[89]

Ihr Boden wird durch ein Gemisch aus den Zerfallsprodukten von Sand- und Kalkstein gebildet, in dem der Anteil des Sandes (59 %) gegenüber dem des Tons (6,9 %) bei weitem überwiegt.[90] Außerdem enthält der Boden einen relativ hohen Prozentsatz

[85] Al-Izz, 1971, S. 3f., 74, 222; Ghonaim, 1980, S. 17.
[86] Al-Izz, 1971, S. 222; Fakhry, 1973, S. 17; Ghonaim, 1980, S. 17.
[87] Al-Izz, 1971, S. 222ff.; Bagnold, 1935, S. 101; Cline, 1936, S. 7; Murray, 1953, S. 92; Steindorff, 1904, S. 101.
[88] Al-Izz, 1971, S. 225; Stein/Rusch, 1978, S. 49; Steindorff, 1904, S. 101.
[89] Al-Izz, 1971, S. 222; Cline, 1936, S. 7; Hohler Report, 1900, S. 9; Steindorff, 1904, S. 98ff.
[90] Hamdan, 1961, S. 139; Mitwally, 1951, S. 125; Worsley, 1930, S. 3.

löslicher Substanzen, vornehmlich Kochsalz und Gips[91], die für die ungewöhnliche Härte des kultivierten Bodens verantwortlich sind und in weiten Teilen der Oase den Anbau selbst alkaliresistenter Kulturen unmöglich machen. Deshalb ist ihr Ausschwemmen durch Bewässerung eine Grundvoraussetzung für die Gewinnung von anbaufähigem Land.[92]

Außerhalb der Kulturzonen, die heute nur einen sehr geringen Teil des Gesamtareals ausmachen, besteht die Oase aus Sandzonen und aus großen Salzseen, die von ausgedehnten, braunen Salzsümpfen, den Sabachen, umgeben sind. Die Salzseen verdanken ihre Existenz den zahlreichen, unablässig sprudelnden Quellen, deren Wasser sich in den tiefer gelegenen Teilen der Oase sammelt.[93] Da sowohl das ungenutzt abfließende Quellwasser wie vor allem aber das aus den Kulturzonen abgeführte Brackwasser salzhaltig ist, ist der Salzgehalt in den Seen enorm hoch. Im Khamisa-See beispielsweise beträgt er 31,9 ‰.[94]

Gegenwärtig existieren vier Salzseen in der Oase: die Seen Al-Maragi und Khamisa im Westen, deren Größe auf 9 km² respektive 4 km² geschätzt wird, sowie der Siwa- und der Zeitun-See, die sich westlich bzw. östlich an das um Siwa-Stadt gelegene Kulturland anschließen.[95] Während Al-Izz die Fläche des Siwa-Sees mit 32 km², die des Zeitun-Sees aber nur mit 16 km² angibt, bezeichnet Fakhry letzteren als den größten, der nach seinen Angaben eine Ausdehnung von 25 km Länge und 5 km Breite erreicht und sich damit von Djebel Dakrur bis nach Zeitun erstreckt.[96]

Diese Differenz ergibt sich offensichtlich aus der Tatsache, daß die Größe der Seen nicht nur über längere Zeiträume hinweg, sondern selbst innerhalb eines jeden Jahres bemerkenswerten Veränderungen unterworfen ist, abhängig von den jeweiligen klimatischen Bedingungen. In den Wintermonaten steigt das Wasser in den Sümpfen und Seen beträchtlich an, und letztere erreichen ihre maximale Ausdehnung. Mit zunehmender Verdunstung in den Frühlings- und besonders Sommermonaten sinkt der Wasserstand dann rapide ab, und die ohnehin sehr flachen Seen trocknen an vielen Stellen ganz aus, wobei dicke Salzkrusten zurückbleiben.[97] An einigen geschützten Stellen der Uferzonen kristallisiert das Salz in reiner Form in fingerdicken und fingerlangen Stücken von weißer Farbe aus, das als Speisesalz in der Vergangenheit eine bedeutende Rolle spielte.[98]

Der klimatische Jahreszyklus in Siwa ist dem in südeuropäischen Breiten ähnlich. Von November bis Februar bestimmen Ausläufer der zu dieser Zeit an der Mittelmeerküste herrschenden Regenperiode das Wetter in der Oase. Kühle Winde lassen die

91 Vgl. Anhang F: Analyse der 1976 in Siwa gesammelten Mineralien.

92 Bagnold, 1935, S. 100; Ghonaim, 1980, S. 62ff.; Mitwally, 1951, S. 121, 125; Murray, 1953, S. 92; Worsley, 1930, S. 3.

93 Al-Izz, 1971, S. 223; Bagnold, 1935, S. 100; Cline, 1936, S. 7; Ghonaim, 1980, S. 53f.; Fakhry, 1973, S. 36; Mitwally, 1951, S. 125; Worsley, 1930, S. 3.

94 Worsley, 1930, S. 3; vgl. auch: Ghonaim, 1980, S. 62; Hamdan, 1961, S. 138; Murray, 1953, S. 92.

95 Al-Izz, 1971, S. 223; Fakhry, 1973, S. 17; Ghonaim, 1980, S. 53f.; Steindorff, 1904, S. 101.

96 Al-Izz, 1971, S. 223; Fakhry, 1973, S. 17.

97 Ghonaim, 1980, S. 53f.; Hohler Report, 1900, S. 9; Hornemann, 1802, S. 35f.; Steindorff, 1904, S. 101.

98 Hohler Report, 1900, S. 9; Steindorff, 1904, S. 106.

Temperaturen tagsüber selbst bei sonnenklarem Himmel kaum auf 25° ansteigen und drücken sie in den Nachtstunden z. T. in die Nähe des Gefrierpunktes. Für die Monate März bis Mai ist ein ständiger Wechsel zwischen dem Einfluß kühler und feuchter Luftmassen aus dem Norden und heißer, trockener Festlandsluft aus dem Westen und Süden charakteristisch, wobei letztere zunehmend an Einfluß gewinnen. Sind während dieser Zeit Tagestemperaturen über 40° im Schatten schon keine Seltenheit, so werden sie ab Mai zur Regel. Die ausgedehnte Sommerperiode ist absolut niederschlagslos; aber auch im Winter und Frühjahr sind die Niederschläge im allgemeinen wenig ergiebig, zumal ein Teil der Feuchtigkeit wieder verdunstet, bevor sie die ausgedörrte Oberflächenkruste zu durchdringen vermag. Das Jahresmittel der Niederschläge liegt bei 9,9 mm.[99]

In dieser extrem vegetationsfeindlichen Umwelt gedeihen außerhalb des bewässerten Kulturlandes neben verwilderten Dattelbüschen nur auf wenigen, meistenteils in den Morastzonen gelegenen Flächen kümmerliche Tamarisken und braunes, hartes Wüstengras, das lediglich während einiger Wochen im Frühjahr frische grüne Triebe aufweist, sowie in einigen Uferzonen der Salzseen das binsenartige „Halfa-Gras“, von den Einheimischen „Samar“ genannt.[100]

„Die eigentliche Lebensader der Oase bilden die zahlreichen Thermalquellen, die an vielen Stellen aus dem Boden hervorsprudeln. Wie man Ägypten als ein Geschenk des Nils bezeichnet hat, so kann mit gleichem Recht Siwa als ein Geschenk seiner Quellen gelten. Wo sie den Boden bewässern, herrscht Leben und Fruchtbarkeit, wo sie aufhören, Tod und Öde.“ Mit diesen Worten charakterisierte STEINDORFF die ausschlaggebende Bedeutung, die das Quellwasser für die Existenz von Leben nicht nur in Siwa, sondern generell für eine Wüstenlandschaft besitzt.[101]

Die Angaben über die Gesamtzahl der in Siwa vorhandenen Quellen, von denen jede ihren speziellen Namen trägt, differieren stark. STEINDORFF, der selbst keine Zahlen angibt, stellte dazu fest: „Die Zahl dieser Quellen wird von den verschiedenen Reisenden verschieden angegeben; Maqrizi spricht von 40, Rohlfs nennt über 30, andere Reisende sogar 150.“[102]

Die 1912 von STANLEY veröffentlichte „List of the principal springs in Siwa“ enthält die Namen von 77 Quellen, die bis auf eine Ausnahme alle zur Bewässerung genutzt wurden. CLINE gibt eine Aufstellung von insgesamt 88 Quellen- bzw. Garten-Namen, die nach ihm in der Regel identisch sind.[103]

FAKHRY schreibt in seinem 1944 erschienenen Buch über die Oase: „Siwa is the gift of its springs. According to the ancient writers, it had a thousand springs, nowadays their number is about 200, of which about 80 are important.“ 1973 behauptet der gleiche Autor, daß 281 Quellen bekannt seien. Und GHONAIM beziffert ihre Zahl auf etwa 300.[104]

Nicht alle Quellen werden landwirtschaftlich genutzt; eine nicht konkret zu be-

[99] FB STEIN/RUSCH, 1976, S. 396; FAKHRY, 1973, S. 18f.; GHONAIM, 1980, S. 25ff.; STEINDORFF, 1904, S. 102f.

[100] BAGNOLD, 1935, S. 100; HOHLER Report, 1900, S. 15.

[101] STEINDORFF, 1904, S. 101; vgl. auch: HOHLER Report, 1900, S. 14; MITWALLY, 1951, S. 122; WORSLEY, 1930, S. 2.

[102] STEINDORFF, 1904, S. 101.

[103] CLINE, 1936, S. 25; STANLEY, 1912, S. 19ff.

[104] FAKHRY, 1944, S. 2; 1973, S. 22; GHONAIM, 1980, S. 48.

stimmende Anzahl liegt in Gebieten außerhalb des Kulturlandes, und ihr ungenutzt abfließendes Wasser stellt ein ernstes Problem für die Oase dar.[105] Die Quellen, deren Schüttungsmenge sehr unterschiedlich ist, werden von wasserhaltigen Schichten im Nubischen Sandstein gespeist, der durch die Aushöhlung der Siwa-Senke nur rund 20 m unter der Oberfläche liegt und daher relativ leicht angebohrt werden kann. Das ursprünglich reine Wasser, dessen Herkunft noch umstritten ist, sickert auf seinem Weg in der Tiefe durch stark salzhaltige Schichten, laugt diese aus und besitzt daher einen – von Quelle zu Quelle unterschiedlichen – Salzgehalt, der zu einer zunehmenden Versalzung der Oase führt. Ihr ist nur durch eine sorgfältige Entwässerung des bewässerten Bodens zu begegnen.[106]

Wie notwendig diese Maßnahme ist, belegt die Tatsache, daß im Laufe der Jahrhunderte große Gebiete der Oase, die noch deutliche Spuren einer ursprünglichen Kulturlandschaft erkennen lassen, seit langem wegen völliger Versalzung landwirtschaftlich nicht mehr genutzt werden können.[107] Ursache hierfür sind u. a. die ungenutzten Quellen. Viele der in den heutigen Ödlandgebieten ehedem vorhandenen sind mit der Zeit verlandet, die dennoch beträchtliche Zahl der weiterhin existierenden aber schafft erhebliche Probleme für den Erhalt der Kulturlandschaft in der Oase.[108] Ihr ungenutzt abfließendes Wasser setzt den Versalzungsprozeß des Ödlandes fort und verursacht eine zunehmende Ausdehnung der Salzseen, so daß diese in den Wintermonaten zu einer ernsten Gefahr für den Fortbestand der ihnen am nächsten gelegenen Palmgärten werden. Zugleich führen sie zu einer Anhebung des Grundwasserspiegels, wodurch die Entwässerung des kultivierten Landes insgesamt weiter erschwert wird.[109]

Um welche Dimensionen es sich dabei zum Teil handelt, verdeutlicht das Beispiel der im östlichen Ödlandgebiet gelegenen Ain Qureshit-Quelle, „the largest spring in Siwa and one of the largest and most important springs in all the oases".[110] In jeder Minute ergießen sich aus dieser Quelle mehr als 135000 Liter Wasser in einem Sturzbach ungenutzt in den Zeitun-See und erweitern ständig seine Wasseroberfläche, während in ihrer Umgebung Hunderte von Hektar ursprünglich kultivierten Landes versalzt sind und brachliegen.[111]

Obwohl die ständig sprudelnden Quellen das Leben in der Oase erst ermöglichen und in den Anbauzentren Wasser mitunter knapp ist, stimmt bezüglich der ungenutzten Quellen in den ausgedehnten Ödlandzonen die auch von anderen Autoren geteilte Ansicht Fakhrys, Siwas größtes Problem liege nicht im Wassermangel, sondern im Gegenteil an einer zu reichlichen Wassermenge, für die kein entsprechendes Abwässerungssystem vorhanden ist.[112]

105 Fakhry, 1973, S. 22f.; Ghonaim, 1980, S. 109; Stanley, 1912, S. 13.

106 Al-Izz, 1971, S. 210ff.; Bagnold, 1935, S. 99f.; Fakhry, 1973, S. 22f.; Ghonaim, 1980, S. 43ff.; Hamdan, 1961, S. 138f.; Murray, 1953, S. 91f.; Stanley, 1912, S. 13; Worsley, 1930, S. 2.

107 Fakhry, 1973, S. 22f., 36; Ghonaim, 1980, S. 108f.; White, 1899, S. 143.

108 Fakhry, 1973, S. 22, 36; Ghonaim, 1980, S. 108f., 169.

109 Fakhry, 1973, S. 22, 36; Ghonaim, 1980, S. 62, 169; Murray, 1953, S. 92.

110 Fakhry, 1973, S. 22.

111 Fakhry, 1973, S. 22f.; Ghonaim, 1980, S. 109.

112 Fakhry, 1973, S. 22; vgl. auch: Ghonaim, 1980, S. 108f., 169; Hamdan, 1961, S. 138f.; Murray, 1953, S. 92.

### 1.3.2. Bodenbau

Das geographische Milieu bestimmte seit jeher den Hauptnahrungserwerb der Oasenbewohner; weder Jagd und Sammeln, noch Viehzucht waren bei einer Dauerbesiedlung einer größeren Gemeinschaft als Hauptwirtschaftsform denkbar. Einzig möglich war ein intensiver Bodenbau, der unter den gegebenen Umweltbedingungen nur als Bewässerungsbodenbau betrieben werden konnte und dessen Grundlage die natürlichen Quellen bildeten. Über die Größe der im 18. Jahrhundert bebauten Fläche liegen keine Angaben vor.[113] Jedoch können wir mit einiger Gewißheit annehmen, daß sie kleiner war als die gegenwärtig kultivierte. Und diese macht weniger als 10 % des Gesamtgebietes der Oase aus.[114]

Die noch heute praktizierten Anbaumethoden wurden offensichtlich bereits vor Jahrhunderten entwickelt und haben sich seitdem kaum grundlegend geändert. Das gesamte kultivierte Land ist mit einem engen Netz von Bewässerungskanälen überzogen und in etwa 5×5 m große Beete eingeteilt, die jeweils gesondert bewässert werden können.[115]

Das Zentrum eines Gartens (Hattiya) bildet in der Regel eine Quelle, deren Kapazität auch die Größe der Anbaufläche bestimmt. Allerdings enthält ein jeder Garten stets auch Brachflächen. Um einer Bodenerschöpfung vorzubeugen, bepflanzt man die nicht mit Dauerkulturen bestellten Beete normalerweise jährlich nur einmal und nutzt anschließend das Wasser zur Bestellung der erholten Brache.[116]

Damit das Wasser auch auf die von der jeweiligen Quelle entfernter gelegenen Flächen gelangen kann, muß es über ihr natürliches Niveau aufgestaut werden, um ein entsprechendes Gefälle zu erreichen. Dafür nutzt man den natürlichen Druck aus, mit dem das Wasser aus der Tiefe emporsprudelt, und umgibt die Quellen mit entsprechend hohen Einfassungen, innerhalb derer das Wasser auf die erforderliche Höhe angestaut werden kann. Dadurch entfällt für die Oasenbauern die mühselige mechanische Anhebung des Wassers mit Wasserrädern oder Pumpen, wie sie in den anderen Oasen und im Niltal praktiziert wird.[117]

In der Regel bestehen die Einfriedungen aus breiten aufgeschütteten Erdwällen.[118] Die bedeutendsten Quellen aber wurden bereits im Altertum mit aus großen Quadern gemauerten Einfassungen umgeben. So z.B. die Ain Musa, die Ain Ben Lif sowie die bereits von Herodot beschriebene Ain Guba, die damals unter der Bezeichnung „Sonnenquelle" neben dem Orakeltempel als berühmteste Sehenswürdigkeit der Oase galt.[119]

Durch die kreisförmigen Einfassungen werden Brunnen geschaffen, deren Durch-

[113] Die älteste diesbezügliche Angabe stammt aus der Feder von Diodor, derzufolge „das Fruchtland je 50 Stadien (etwa 9,25 km) lang und breit gewesen sein soll". (Steindorff, 1904, S. 100) Die nächste Angabe machte erst wieder Steindorff, S. 100f.: „Das inmitten der Oase, um die Dörfer Siwe und Aghurmi gelegene Kulturland wurde von uns auf 15–20 Quadratkilometer abgeschätzt, und viel größer dürfte es auch nicht werden, wenn man die übrigen Palmgärten der Oase hinzurechnet."

[114] Vgl. Ghonaim, 1980, S. 78.

[115] Bagnold, 1935, S. 100; Hohler Report, 1900, S. 14f.; Hornemann, 1802, S. 20; Stein/Rusch, 1978, S. 56.

[116] Hohler Report, 1900, S. 14.

[117] Bagnold, 1935, S. 100; Cline, 1936, S. 26; Hohler Report, 1900, S. 14.

[118] Cline, 1936, S. 26.

[119] Beadnell, 1909, S. 8; Steindorff, 1904, S. 101f.

messer und Tiefe sich zwischen 15 und 30 m bewegt und deren Rand sich in der Regel etwa einen Meter über das Niveau der Gartenfläche erhebt. Hat das Wasser in diesen Brunnen die erforderliche Stauhöhe erreicht, wird es durch die in ihre Umfassungen eingelassenen verschließbaren Abflußöffnungen (Ilmugyar) in die Hauptkanäle (Lifhill zuwar) geleitet, von wo aus es durch Nebenkanäle (Lifhill ahqiq) auf die einzelnen Beete (Mirbutt) gelangt.[120]

Die Regulierung des Wasserlaufs in den jeweils gewünschten Abschnitt des Bewässerungsnetzes erfolgt durch Schleusen in Form durchbohrter Steine oder auch nur durch provisorische Erdaufschüttungen an den betreffenden Abzweigstellen. Alle quadratischen Beete sind mit flachen Erdwällen umgeben, die ein seitliches Abfließen des Wassers verhindern und die Flächen von den Nebenkanälen abgrenzen. Verschließbare Durchbrüche ermöglichen die Bewässerung eines jeden einzelnen Beetes, so daß jeder Pflanzenart eine auf ihr Wachstum abgestimmte Wassermenge zugeführt werden kann. Nur die Dattelpalmen werden anders kultiviert. Jeweils 4–6 von ihnen pflanzt man kreisförmig um große, muldenartige Vertiefungen, in die das Wasser geleitet wird.[121]

Neben den Bewässerungskanälen durchziehen das kultivierte Land in größeren Abständen tieferliegende Entwässerungsgräben (Inizz), durch die das Brackwasser in die Salzseen abgeleitet und so einer Versalzung des Bodens vorgebeugt wird.[122]

Da das Quellwasser keinerlei Nährstoffe enthält, sind die Ernteerträge wesentlich abhängig von einer regelmäßigen Düngung des Bodens. Hierfür standen im vorigen Jahrhundert ausschließlich organische Stoffe zur Verfügung. Neben pflanzlichen Überresten und Küchenabfällen „Siwan gardeners also make use of what excrement they can collect, animal and human. The latrine of each house . . . (is) opened at the proper seasons to admit the garden-boys with their hoes and their baskets“.[123]

Für die Düngung der Dattelpalmen hingegen nutzt man fast ausschließlich die wildwachsende Wüstenpflanze Aghul (Alhagi maurorum). Mit diesem stachligen Kraut, das nach Steindorff auch ein beliebtes Kamelfutter ist, werden die erwähnten Dunggruben gefüllt; seine Verfallsprodukte gelangen mit dem Wasser an die Wurzeln der Palmen. Eine Grubenfüllung reicht etwa zwei Jahre zur Düngung aus, sorgfältig arbeitende Bauern aber erneuern sie jährlich.[124]

Bis heute verrichten die Siwaner alle Arbeiten im Bodenbau mit nur zwei Arbeitsgeräten: mit der eisernen Hacke (Torit), die der Bodenbearbeitung dient, und der Stielsichel (Amdjir), mit der alle Erntearbeiten ausgeführt werden.[125]

Die Hacke besteht aus einem 10–15 kg schweren, leicht nach innen gebogenen rechteckigen Eisenblatt von etwa 50 cm Länge und 30 cm Breite und einem kräftigen Stiel aus Olivenholz, der nicht viel länger ist als das Blatt und fast parallel zu diesem verläuft.[126] Auf Grund des kurzen Stiels kann man mit diesem Gerät nur in gebückter

[120] Hamdan, 1961, S. 139; Hohler Report, 1900, S. 14; Stein/Rusch 1978, S. 57.

[121] FB Stein/Rusch, 1976, S. 389, 415; Stein/Rusch, 1978, S. 64.

[122] Bagnold, 1935, S. 100; Fakhry, 1973, S. 22; Stein/Rusch, 1978, S. 57.

[123] Cline, 1936, S. 26.

[124] Ebenda; FB Stein/Rusch, 1976, S. 415; Hohler Report, 1900, S. 33; Steindorff, 1904, S. 105.

[125] Cline, 1936, S. 27; Hohler Report, 1900, S. 14; Stein/Rusch, 1978, S. 74; White, 1899, S. 143.

[126] Cline, 1936, S. 27; Stein/Rusch, 1978, S. 57, Abb. S. 74.

Haltung arbeiten; jedoch wird dadurch die Wucht vergrößert, mit der es ins Erdreich eindringt, und damit eine tiefe Bodenauflockerung ermöglicht. Durch ihre gekrümmte, breite Blattfläche eignet sich die Hacke zugleich zum Ausheben der Be- und Entwässerungsgräben. Die Handhabung der schweren Hacke erfordert bei den in der Sahara vorherrschenden Hitzegraden enorme körperliche Anstrengungen. Jedoch ist ihr hohes Gewicht unbedingt notwendig, da die sehr harte Oberflächenkruste mit leichteren Hacken nicht zu bearbeiten wäre.

Diese Bodenbeschaffenheit ist auch eine der Ursachen dafür, daß der Pflug keine Anwendung in der Oasenwirtschaft gefunden hat „in spite of its use by the coastal Bedawin, by Berber peoples to the west, and by the Egyptians from ancient times to the present".[127] Aber mit tierischer Kraft ist dieses Arbeitsgerät in der Oase nicht fortzubewegen – ganz davon abgesehen, daß Kamele und Wasserbüffel, die als Zugtiere in dieser Region zur Verfügung stehen, in der Oase nicht gehalten werden können. Eine weitere Ursache für das Fehlen des Pfluges, auf die bereits CLINE hinwies[128], ist das traditionelle Anbausystem. Die kleinen Beete, in die das gesamte Kulturland eingeteilt ist, schließen den Gebrauch des Pfluges aus; sein Einsatz würde eine grundlegende Änderung des bis heute angewandten Anbau- und damit auch des Bewässerungssystems voraussetzen.

Für die Ernte wie für die meisten Pflegearbeiten in den Gärten nutzen die Siwaner die Stielsichel. Sie besteht aus einem schmalen, gezähnten, etwas konvex geformten Eisenblatt von rund 20 cm Länge und einem ca. 50 cm langen Stiel aus Olivenholz, der mit dem Blatt eine Gerade bildet.[129] Große, aus Palmblättern geflochtene Körbe zum Transport des Dunges und des Erntegutes vervollständigen die Ausrüstung der siwanischen Gärtner.[130]

Während die Dattelpalme bereits seit alters her die wichtigste Anbaukultur der Siwaner ist, erlangten die Oliven ihre heutige Bedeutung als Exportkultur offenbar erst im Verlaufe dieses Jahrhunderts. Zwar wurden sie auch vordem schon angebaut, dienten wie die übrigen Kulturen aber lediglich zur Deckung des Eigenbedarfs. Denn in keinem der Berichte aus dem 19. und frühen 20. Jahrhundert wird die Frucht als Exportkultur erwähnt.[131]

Einige dieser Berichte enthalten Angaben über den Bestand an Dattelpalmen in dieser Periode. ST. JOHN bezifferte ihn im Jahre 1849 auf 86000. Im HOHLER Report heißt es: „A census of the number of palms has been held several times during the past fifty years; the last took place in 1869 and 1871, and fixed the number at 89,000, but this is ... below the truth ... The latest estimate, made by Mustapha Bey, in 1896, gives 110,000 Saidi, 4,000 Farahi, 500 Ghazali and 46,000 Werry (=160500 – d. Verf.) as the approximate numbers."[132]

Auf diese Schätzung beziehen sich offensichtlich auch GRÜNAU und STEINDORFF, die 1899 bzw. 1904 übereinstimmend feststellen, daß nach der zeitlich von ihnen nicht näher bestimmten „letzten offiziellen Zählung" die Anzahl der fruchttragenden Pal-

[127] CLINE, 1936, S. 27.

[128] Ebenda.

[129] CLINE, 1936, S. 27f.; STEIN/RUSCH, 1978, Abb. S. 11, 74.

[130] CLINE, 1936, S. 28; STEIN/RUSCH, 1978, Abb. S. 144/45.

[131] Vgl. FAKHRY, 1944, S. 3; FALLS, 1910, S. 26; HAMDAN, 1961, S. 139; HOHLER Report, 1900, S. 32ff.

[132] HOHLER Report, 1900, S. 33; ST. JOHN, 1849, S. 134.

men 162888 betragen haben soll.[133] Und auch FALLS scheint von dieser Quelle auszugehen, wenn er in seinem 1910 erschienenen Buch schreibt, daß die Oase im ganzen „weit über 200 000 Palmen (zählt), wovon als fruchttragend 160 000 in Betracht kommen".[134]

Demgegenüber behauptet STANLEY im gleichen Jahr, daß „no census of Siwan palms had been made for over 40 years; the number was then returned as 89,000 . . . The Siwans admit that they have probably increased by 25 % in the meanwhile"[135] was einer Zahl von etwa 110 000 entspräche.

Über den Bestand an Olivenbäumen gibt es nur wenige Angaben, die sich zudem offensichtlich alle auf die gleiche, von den Autoren nicht erwähnte Quelle beziehen. Denn sowohl der HOHLER Report von 1900 als auch FALLS (1910) und FAKHRY (1944) geben ihn übereinstimmend mit rund 40000 an.[136] Allerdings revidierte FAKHRY diese Angabe in seinem 1973 erschienenen Buch auf lediglich 25000.[137]

Allein schon aus den abgerundeten Zahlen wird ersichtlich, daß es sich bei allen Angaben nur um sehr oberflächliche Annäherungswerte handelt, die nicht Resultat exakter Erhebungen sind. Hinzu kommt, daß die Oasenbevölkerung seit 1820 nach ihrem Besitz an Dattelpalmen besteuert wurde, was STEINDORFF zu folgender, gewiß nicht unberechtigter Feststellung veranlaßte: „Da aber nach der Anzahl der Palmen, die ein Bewohner besitzt, die Steuern bemessen werden, und jedenfalls auch ein Siwi danach strebt, der Regierung nicht all sein Besitztum zu verraten, so mag wohl bei dieser Veranlagung mancher Fruchtbaum unterschlagen und in Wirklichkeit die Zahl der Palmen viel größer sein" als in den offiziellen Statistiken ausgewiesen.[138]

Sowohl bei Datteln als auch bei Oliven unterscheidet man zahlreiche Sorten, die sich durch Aussehen, Größe und Geschmack der Früchte unterscheiden und je nach deren Qualität verschieden genutzt werden.[139]

Außer den beiden Hauptkulturen bauen die Siwaner eine Vielzahl von Früchten und Gemüsearten für den Eigenbedarf an. Die wichtigsten sind: Feigen, Aprikosen, verschiedene Zitrusfrüchte, Maulbeeren, Granatäpfel, Pfirsiche, Birnen und Weintrauben, sowie Bamia, Auberginen, Bohnen, Kohl, Mulukhiya, Kartoffeln, Tomaten, Zwiebeln, Gurken, Kürbisse, Rettich, Dill, Kresse, Rizinus, Knoblauch, Pfeffer, Pfefferminze und Henna zur Gewinnung des begehrten roten Farbstoffs.[140] Ferner werden in der Literatur erwähnt: Zuckerrohr, Baumwolle, Mais, Sonnenblumen und Feigenkaktus. Im Gegensatz zu den vorgenannten aber sind sie nicht allgemein verbreitet und daher kaum von Bedeutung.[141]

133 GRÜNAU, 1899, S. 276; STEINDORFF, 1904, S. 103f.

134 FALLS, 1910, S. 24.

135 STANLEY, 1910, S. 12.

136 FAKHRY, 1944, S. 3; FALLS, 1910, S. 26; HOHLER Report, 1900, S. 34.

137 FAKHRY, 1973, S. 27.

138 STEINDORFF, 1904, S. 104; vgl. auch: HOHLER Report, 1900, S. 35f; WHITE, 1899, S. 155.

139 CLINE, 1936, S. 24; FAKHRY, 1973, S. 27; FALLS, 1910, S. 26; FB STEIN/RUSCH, 1976, S. 418; HOHLER Report, 1900, S. 33ff.; HOSKINS, 1837, S. 204; MINUTOLI, 1824, S. 89; STEINDORFF, 1904, S. 104.

140 FAKHRY, 1973, S. 27f.; FB STEIN/RUSCH, 1976, S. 414; HOHLER Report, 1900, S. 15; STEINDORFF, 1904, S. 105.

141 FAKHRY, 1944, S. 3; FB STEIN/RUSCH, 1976, S. 414; HOHLER Report, 1900, S. 15.

Zu Beginn des vorigen Jahrhunderts bauten die Siwaner auch noch die überwiegende Menge des von ihnen benötigten Getreides selbst an, nämlich Weizen, Gerste und Hirse. Diese Getreidearten gedeihen in der Oase sehr gut, jedoch erfordert ihr Anbau einen erheblichen Arbeitsaufwand.[142] Früher soll darüber hinaus auch Reis in Siwa in größerem Umfang angebaut worden sein, wie das in anderen Oasen der Westlichen Wüste heute noch geschieht. Jedoch war das Aufkommen an dieser Kultur zu Beginn des vorigen Jahrhunderts nur noch gering, am Ende des Jahrhunderts war sein Anbau vollständig eingestellt worden.[143]

In zweifacher Hinsicht schließlich ist der Anbau von Luzerne (Birsim) von Bedeutung. Angesichts des Mangels an natürlichen Weidegründen in der Oase bildet sie neben Datteln die Futterbasis für die Haustiere und fehlt daher in keinem Garten. Zugleich ist diese mehrjährige Pflanze – eine Anpflanzung bleibt etwa fünf Jahre hindurch ertragreich – ein wertvoller Stickstofflieferant für den Boden. Sie wird daher meist als Erstbepflanzung auf gerade urbar gemachten Flächen wie auch als Zwischenfrucht auf den Getreide- und Gemüsebeeten genutzt.[144]

In jeder Hattiya dominieren Dattelpalmen und Olivenbäume. Dazwischen stehen regellos einige der übrigen Fruchtbäume, und auf den im Schatten der hohen Palmen angelegten Beeten werden Gemüse und Futterpflanzen angebaut.[145] Eine Regel besteht dabei nur insofern, als an den Rändern der Gärten, wo der Salzgehalt des Bodens durch das abfließende Brackwasser bereits ziemlich hoch ist, wie auch in der näheren Umgebung der Salzseen nur die gegen Salz unempfindlicheren Dattelpalmen und Feigenbäume angebaut werden.[146] Die für den Getreideanbau vorgesehenen Flächen werden außerhalb der baumbestandenen Gärten angelegt, da das Getreide Sonne benötigt.[147]

Die Gärten sind zumeist von über zwei Meter hohen Einfriedungen umgeben. In einigen Fällen sind diese aus Salztonerde gemauert, meistens jedoch werden sie aus abgestorbenen Dattelpalmwedeln errichtet. Dazu werden die langen, holzigen Stengel in die Erde eingegraben und die senkrecht aufragenden, dicht aneinandergereihten und gegeneinander jeweils etwas versetzten Wedel mit waagerecht dazwischengelegten Wedeln so dicht miteinander verbunden, daß auch diese Zäune den Blick ins Innere der Hattiya verwehren.[148] In den heißen Sommermonaten spielt sich hier das Leben vieler siwanischer Familien ab. Sie verlassen für diese Zeit ihre festen Behausungen und übersiedeln in die leichten, ebenfalls aus Palmwedeln errichteten Hütten in den schattigen Gärten.[149]

Der gesamte Lebensrhythmus der Oasenbauern wird in erster Linie vom Jahreszyklus des Pflanzenwuchses bestimmt. Die Hauptarbeiten fallen im Frühjahr an, wenn die Datteln bestäubt werden müssen, sowie gegen Ende des Sommers, wenn die

[142] Fakhry, 1944, S. 3; FB Stein/Rusch, 1976, S. 375; Hohler Report, 1900, S. 15; White, 1899, S. 143.

[143] Fakhry, 1944, S. 3; 1973, S. 127; Hohler Report, 1900, S. 15.

[144] FB Stein/Rusch, 1976, S. 414; Hohler Report, 1900, S. 15; Steindorff, 1904, S. 105.

[145] Hamdan, 1961, S. 139; Hohler Report, 1900, S. 15.

[146] Bagnold, 1935, S. 100; Hohler Report, 1900, S. 14, 34; Worsley, 1930, S. 4.

[147] Hohler Report, 1900, S. 15; Mitwally, 1951, S. 131; Stein/Rusch, 1978, Abb. S. 59.

[148] Fakhry, 1973, S. 26.

[149] Steindorff, 1904, S. 103.

Erntezeit für Datteln und Oliven beginnt, die sich bis in den Januar/Februar hineinzieht.[150] In den übrigen Monaten des Jahres sind vor allem umfangreiche Pflegearbeiten in den Gärten zu verrichten, wie: Düngung der Nutzflächen, Jäten und Lokkern des harten Erdreiches, Ausästen der Fruchtbäume, Abholzen überalterter Baumbestände, Ausbesserung der Palmstrohzäune sowie Instandhaltungsarbeiten an den Be- und Entwässerungsgräben und den Quellen, insbesondere ihre Säuberung vom Schlick der Algen und anderen Verunreinigungen. Die Reinigung der Quellen erfolgt in Gemeinschaftsarbeit jährlich einmal während der Sommermonate.[151] Außerdem sind in dieser Zeit die Beete für den Anbau von Gemüse und Getreide vorzubereiten, eine Arbeit, über die FAKHRY bemerkt: „Planting vegetables or crops, especially barley and wheat, needs much effort from the labourers because they have to hoe deeply, sometimes to the depth of one metre, in order to get fresher soil and remove the salt which accumulates on the surface and is disastrous for the young plants."[152]

Ihr Hauptaugenmerk richten die Oasenbauern jedoch auf die Pflege der Dattelpalmen. In den Wintermonaten werden die Bäume von den abgestorbenen Wedeln befreit, überalterte Palmen gefällt und die Bewässerungsgruben mit Wüstenkraut aufgefüllt. Im März/April müssen die weiblichen Dattelpalmblüten künstlich bestäubt werden. Denn da die männlichen Palmen keine Früchte tragen, sind sie aus ökonomischen Gründen bis auf einige Tausend dezimiert worden, so daß eine Bestäubung auf natürlichem Wege kaum erfolgt. Diesen Prozeß müssen die Oasenbauern künstlich vornehmen, indem sie in der Blütenstaude einer jeden weiblichen Palme einen Zweig der männlichen Pollenstände befestigen.[153]

Die Hauptarbeitsperiode fällt in die Erntemonate September bis Januar/Februar. In dieser Zeit muß jede Palme erneut bestiegen werden, um die schweren Fruchtstände mit der Stielsichel abzutrennen.[154] Die Datteln, die sich nach einigen Tagen der Trocknung leicht von den Stauden abschütteln lassen, werden in großen Flechtkörben zu den oft kilometerweit entfernten „Dattelhöfen" innerhalb der Siedlungen geschafft. Bis in unser Jahrhundert hinein erfolgte dieser Transport ausschließlich auf den Rücken der Esel, wobei im Durchschnitt der Ertrag einer Palme einer Eselladung entspricht.

Die Lagerhöfe (Mesatih), von denen es seit alters her in Siwa-Stadt drei, in jeder anderen Siedlung je einen gibt, sind große freie Plätze, die mit über 2 m hohen Mauern aus Salztonerde umgeben sind. Innerhalb dieser Höfe besitzt jeder Oasenbauer seinen eigenen Platz, auf dem er seine Datteln und Oliven bis zum Verkauf oder Eigenverbrauch lagert.[155]

Ein Teil der Dattelernte wird in der Sonne getrocknet, anschließend auf den Lagerhöfen zu großen Haufen aufgeschüttet und sorgfältig – nach Sorten getrennt – gelagert. Der andere Teil, hierbei handelt es sich vor allem um die Saidi-Datteln, wird in frischem Zustand in große Flechtkörbe gepreßt. In der dadurch entstehenden kompakten Masse (Agwa) bleibt trotz längerer Lagerungszeit ein gewisser Feuchtigkeits-

[150] FB STEIN/RUSCH, 1976, S. 415; HOHLER Report, 1900, S. 33.

[151] BRECCIA, 1929, S. 11; HOHLER Report, 1900, S. 14; STEIN/RUSCH, 1978, S. 57.

[152] FAKHRY, 1973, S. 25f.

[153] CLINE, 1936, S. 26; FB STEIN/RUSCH, 1976, S. 415.

[154] FB STEIN/RUSCH, 1976, S. 415; HOHLER Report, 1900, S. 33.

[155] HOHLER Report, 1900, S. 11; MINUTOLI, 1824, S. 89; SCHOLZ, 1822, S. 82; SIMPSON, 1929, S. 119; STEIN/RUSCH, 1978, Abb. S. 85.

grad erhalten; zudem verhindert diese Konservierungsart einen Befall durch den „Dattelwurm", der häufig in den getrockneten Datteln anzutreffen ist.[156]

Die Dattelhöfe in Siwa-Stadt und Aghurmi unterstehen bis heute besonderen Wächtern. Es sind alte Männer, die durch die Erhebung einer Mietgebühr pro Lagerplatz entlohnt werden. Ihre Aufgabe ist es, darüber zu wachen, daß kein Unbefugter ohne Bezahlung Datteln vom Lagerhof wegträgt. Damit achten sie auf die Einhaltung eines offenbar bereits seit Jahrhunderten bestehenden ungeschriebenen Gesetzes, nach dem jedermann die Dattelhöfe betreten und ohne Bezahlung nach Belieben von den Früchten kosten kann. Die Datteln aber, die aus dem Tor getragen werden, müssen bezahlt werden.[157]

Das Leben der Oasenbauern hängt im bedeutenden Maße von den Dattelpalmen ab. Ihre Früchte spielen eine dominierende Rolle in der Ernährung von Mensch und Tier als Bestandteil der täglichen Nahrung, und sie sind die wichtigste Exportkultur. Bis zum Ende des 19. Jh. fungierten sie zudem als einzig bekanntes Zahlungsmittel, als „finanzielle Grundlage für allen Handels- und Tauschverkehr".[158] Aber auch die Palmen selbst sind dem Menschen in vielerlei Hinsicht von großem Nutzen: ihre Stämme sind unentbehrlich beim Hausbau; ihre grünen Blätter liefern das Rohmaterial zum Flechten von Matten, Körben, Tellern und anderem Haushaltsgerät; die trockenen Palmenwedel werden in großen Mengen zur Herstellung von Zäunen benötigt und sind als Brennmaterial im Haushalt sehr gefragt; die Bastfasern des Palmenstammes dienen zur Herstellung haltbarer Seile.[159]

Der weiße Kern des Stammes (Djumar), auch „Palmkohl" genannt, fehlt als besondere Delikatesse bei keinem Hochzeitsmahl. Seine Gewinnung allerdings bedeutet, den Baum zu opfern.[160] Und schließlich liefert die Dattelpalme den besonders von jungen Männern geschätzten Palmwein (Lagbi), der durch Anzapfen der männlichen Bäume in der Krone gewonnen wird. Wird dieses Verfahren behutsam durchgeführt, so erholt sich der Baum wieder und kann bis zu sechsmal angezapft werden.[161]

Die Olivenbäume, die nur jedes zweite Jahr Früchte tragen, benötigen besseren Boden als die Palmen. Ihre Pflege ist jedoch nicht so arbeitsaufwendig. Sie beschränkt sich auf die Bewässerung und die gelegentliche Düngung mit scharfem Ziegenmist und die Ausästung. Die Ernte der Früchte allerdings, die ebenfalls in den Monaten Oktober bis Januar erfolgt, erfordert ähnlich große Anstrengungen. Die hohen, ausladenden Bäume müssen mit Leitern bestiegen und die unzähligen kleinen Früchte vorsichtig abgestreift werden.[162]

Im vorigen Jahrhundert wurde das Erntegut getrocknet, um im Verlaufe des Jahres in den einheimischen Ölmühlen (Tamasmart) verarbeitet zu werden. Die Ölgewinnung in diesen altertümlichen Mühlen, von denen noch mehr als ein Dutzend in verschiedenen Siedlungen der Oase erhalten sind, ist mit schwerer körperlicher

[156] Maugham, 1950, S. 78; Minutoli, 1824, S. 89; Simpson 1929, S. 119; Stein/Rusch, 1978, Abb. S. 85.

[157] Scholz, 1822, S. 83.

[158] Falls, 1910, S. 24.

[159] Fakhry, 1973, S. 27; FB Stein/Rusch, 1976, S. 415; Hohler Report, 1900, S. 32f.

[160] Fakhry, 1973, S. 26; Hohler Report, 1900, S. 33.

[161] Fakhry, 1973, S. 27; Hohler Report, 1900, S. 32f.; Pacho, 1827, S. 358; Stein Rusch, 1978, S. 53, 55; White, 1899, S. 142.

[162] FB Stein/Rusch, 1976, S. 382; Hohler Report, 1900, S. 34.

Arbeit verbunden und erfordert mehrere Arbeitsgänge: Die gewaschenen Oliven müssen zunächst unter häufigem Umrühren in der Mühle zerquetscht werden. Die Mühle besteht aus einem schweren steinernen Mahlstein in einer mächtigen Wanne aus Sandstein. Über ein Göpelwerk wird er durch Menschenkraft in Bewegung gesetzt. Der Olivenbrei (Tafsurt) wird anschließend in Ziegenhaardecken gepackt und zu kubusförmigen „Kissen" geformt. Mehrere dieser „Kissen" werden – übereinandergeschichtet mit einem Druckbrett beschwert – unter die Presse (Mekbis) gelegt und gleichzeitig ausgepreßt.[163]

Das Öl, das nach übereinstimmenden Angaben von ausgezeichneter Qualität ist, wird ohne weitere Verarbeitung verbraucht. In erster Linie nutzt man es zur Speisezubereitung an Stelle von Butter, doch wird auch eine nicht unbeträchtliche Menge von den Frauen für die Festigung ihrer kunstvollen Zopffrisuren benötigt. Früher wurden mit dem Öl auch die Tonlämpchen gefüllt. Die Rückstände aus der Ölgewinnung (Kuzba) finden als Ölkuchen Verwendung; sie werden teils als Kraftfutter an die Haustiere verfüttert, teils dienen sie als Brennmaterial für kalte Wintertage.[164]

In welcher Form die „Ölmüller" im 19. Jh. vergütet wurden, ist nicht mehr festzustellen. 1976 betrug ihr Arbeitslohn ein Fünftel des erzeugten Öls, von dem sie einen Teil als Pacht an die Eigentümer der Mühlen abführen mußten.[165]

Die übrigen in der Oase angebauten Früchte werden als Frischobst direkt vom Baum verbraucht und nicht weiter verarbeitet, ebenso wie auch bei den Gemüsearten eine Vorratswirtschaft unbekannt ist. Sie können je nach Bedarf das ganze Jahr über angebaut werden.

Lediglich der Getreideanbau ist saisonbedingt. Hirse und Reis benötigen in ihrer Wachstumsperiode ein heißes Klima; ihre Aussaat erfolgt daher im Juni, die Ernte im November respektive Dezember/Januar. Gerste und Weizen hingegen gedeihen in der Oase am besten in den Wintermonaten; sie werden im November ausgesät und im April bzw. Mai geerntet. Der Drusch des Getreides erfolgt bis heute durch Esel, die so lange über das auf einer ebenen Fläche im Freien ausgebreitete Erntegut getrieben werden, bis es ausgedroschen ist. Anschließend trennt man durch Worfeln die Spreu von den Körnern.[166]

Mit Ausnahme einiger Erntearbeiten ist der Oasenbodenbau mit schwerer körperlicher Arbeit verbunden. Das trifft insbesondere zu auf die Hauptarbeiten, die nur mit der schweren Eisenhacke zu bewältigende Bodenbearbeitung einschließlich der Anlage und Instandhaltung des Be- und Entwässerungssystems sowie auf die Pflege und das Abernten der Dattelpalmen, wozu stets die hohen, rauhen Stämme erklommen werden müssen.

Die für diese Arbeiten erforderlichen großen physischen Anstrengungen waren offensichtlich ausschlaggebend dafür, daß der Bodenbau in Siwa ausschließlich von Männern betrieben wird. Unseren Beobachtungen zufolge müssen die Knaben bereits vom frühen Kindesalter an ihren Vätern bei der Gartenarbeit helfen und sich so auf ihre spätere Haupttätigkeit vorbereiten. Ihre Aufgabe besteht zunächst darin,

[163] Fakhry, 1973, S. 27; FB Stein/Rusch, 1976, S. 380f.; Hohler Report, 1900, S. 34; Mitwally, 1951, S. 140; Stein/Rusch, 1978, Abb. S. 80/81.

[164] Fakhry, 1944, S. 3; FB Stein/Rusch 1976, S. 380f.; Hohler Report, 1900, S. 34; Mitwally, 1951, S. 140; Rohlfs, 1885, S. 126; Stein/Rusch, 1978, S. 74.

[165] FB Stein/Rusch, 1976, S. 380f.

[166] Hohler Report, 1900, S. 15; Mitwally, 1951, S. 130f.

Futter für die Haustiere zu schneiden, bei leichteren Erntearbeiten zu helfen und die Esel beim Transport des Erntegutes zu führen. Zugleich werden sie bereits frühzeitig dazu angehalten, sich im Erklimmen der Palmen zu üben, denn jeder Bauer ist froh, wenn er im fortgeschrittenen Alter diese Kraft und Geschicklichkeit verlangende und auch nicht ganz gefahrlose Tätigkeit Jüngeren überlassen kann.

Von jedem Jüngling im Alter von 15 bis 16 Jahren wird erwartet, daß er alle erforderlichen Arbeiten im Bodenbau selbständig auszuführen versteht und eine Hattiya allein bearbeiten kann.

### 1.3.3. Viehzucht

Die Oasenbauern betreiben auch Viehzucht, die allerdings zu keiner Zeit die ökonomische Bedeutung des Bodenbaus erreichte. Das hat seine Ursache in den extremen Umweltbedingungen. Insbesondere die daraus resultierende Futterknappheit – in der Oase mangelt es an natürlichen Weidegründen und auch dem Anbau von Grünfutter sind Grenzen gesetzt – sowie die Verseuchung der Oase durch bestimmte Schadinsekten beeinträchtigen die Viehhaltung in hohem Maße. Hinzu kam im vorigen Jahrhundert, daß die Unterbringungsmöglichkeiten für die Tiere in den dicht besiedelten Wohnburgen nur sehr begrenzt waren. Traditionell werden in Siwa Esel und Ziegen sowie Kaninchen, Hühner und Tauben gehalten.[167]

Eine Ausnahmestellung unter diesen Haustieren nimmt der Esel ein; als Reit- und Lasttier – und seit den dreißiger Jahren dieses Jahrhunderts auch als Zugtier – ist er bis heute das einzige „Transportmittel" der Oasenbewohner und daher für das Wirtschaftsleben unentbehrlich. Jeder Bauer besitzt wenigstens eines, die Reicheren mehrere dieser Tiere.[168] Die Gesamtzahl der Esel in Siwa gab MINUTOLI 1825 mit 1500 und der HOHLER Report aus dem Jahre 1900 mit über 1000 an.[169] Ihre Zucht kann in der Oase kaum systematisch betrieben werden, da sich Esel hier nur sehr schwer fortpflanzen. Sie werden deshalb vorwiegend aus Oberägypten, vor allem aus der Gegend um Assiut, von den Beduinen nach Siwa gebracht.[170] Die Ernährung der Esel erfolgt fast ausschließlich mit den in den Gärten angebauten Futterpflanzen und Datteln.[171] Einige reiche Siwaner hielten früher auch Pferde, mit denen sie zuweilen ausritten, „for sport or display", wie CLINE 1936 vermerkt. Ökonomische Bedeutung besaßen sie nicht.[172]

Ziegen werden in Siwa in erster Linie ihrer Milch wegen gehalten. Bis in dieses Jahrhundert hinein waren sie überhaupt die einzige Milchquelle, über die die Oasenbewohner verfügten. Gegenüber den anderen Haustieren haben sie den Vorteil, daß sie selbst in den kargen Wüstengraszonen an den Rändern der Salzsümpfe noch Futter finden. Allerdings reicht dieses häufig nicht aus, so daß die Tiere insbesondere in den Sommermonaten noch einer Zusatzfütterung bedürfen.[173]

167 CLINE, 1936, S. 30; FB STEIN/RUSCH, 1976, S. 392; HOHLER Report, 1900, S. 15; HOSKINS, 1837, S. 194; STEINDORFF, 1904, S. 105.
168 CLINE, 1936, S. 30; FB STEIN/RUSCH, 1976, S. 392, 395; HOHLER Report, 1900, S. 15.
169 HOHLER Report, 1900, S. 15; HOSKINS, 1837, S. 194.
170 HOHLER Report, 1900, S. 15; STEINDORFF, 1904, S. 105; WHITE, 1899, S. 144.
171 FAKHRY, 1973, S. 27; FB STEIN/RUSCH, 1976, S. 395; STEINDORFF, 1904, S. 105.
172 CLINE, 1936, S. 30; HOHLER Report, 1900, S. 15. 1976 gab es in der Oase ein Pferd und einen Maulesel, die ausschließlich als Zugtiere genutzt wurden (FB 1976, S. 392.)
173 FB STEIN/RUSCH, 1976, S. 393, 399.

Über die Gestaltung des Weideaustriebes liegen für das vorige Jahrhundert keine Berichte vor. Man kann jedoch davon ausgehen, daß er ähnlich wie in der Gegenwart organisiert war, zumal die Gesamtzahl der Ziegen auf Grund der eingangs erwähnten besonderen Bedingungen in der Oase damals noch bedeutend geringer gewesen sein dürfte als heute.[174] Aber auch in der Gegenwart besitzt jede Familie in der Regel nur wenige Ziegen. Da ihr individueller Weideaustrieb unrationell wäre und sie diesen schon allein arbeitskräftemäßig gar nicht ermöglichen könnten, bilden die Tiere tagsüber Gemeinschaftsherden, von denen es 1976 in jeder Siedlung eine, in Siwa-Stadt mehrere gab.[175]

Jede dieser Herden untersteht ein bis zwei Lohnhirten. Sie treiben die Ziegen allmorgendlich aus den einzelnen Gehöften zusammen und suchen mit ihnen tagsüber die oft kilometerweit entfernten Weidegründe auf; „at sunset they drive them to the central square of the town, from which the goats disperse and go to their masters' yards without driving".[176]

Für ihre Tätigkeit erhalten die Hirten pro Jahr und Tier eine festgesetzte Entlohnung. Außerdem steht ihnen während des Weidegangs die Milch von denjenigen Tieren zur freien Verfügung, die von ihren Besitzern durch ein Halsband besonders gekennzeichnet sind. Für Tierverluste sind die Hirten nicht verantwortlich. Deshalb läßt man die Jungtiere zunächst auch nicht mit auf die Weiden, da sie in dem häufig durch Buschwerk sehr unübersichtlichen Gelände leicht verlorengehen könnten.[177]

Während Hühner, Tauben und Kaninchen, die überwiegend von Küchenabfällen leben, offensichtlich bereits seit Jahrhunderten in der Oase heimisch sind, scheinen Gänse und Enten, die man heute ebenfalls auf vielen Höfen antrifft, erst in den letzten Jahrzehnten in Siwa Verbreitung gefunden zu haben.[178]

Das jedenfalls läßt sich aus einer Bemerkung STEINDORFFS schließen, die dieser über seinen Besuch in der Oase um die Jahrhundertwende machte: „Eine zoologische Merkwürdigkeit sondergleichen waren ein paar Gänse, die sich auf einem der zahlreichen Teiche herumtummelten. Sie waren einmal von einer Karawane aus Alexandria mitgebracht worden und wurden nun hier von jung und alt mit derselben Bewunderung angestaunt, wie etwa in einem unserer zoologischen Gärten ein Marabu oder ein Flamingo."[179] Die Richtigkeit dieser Annahme wird dadurch erhärtet, daß in keinem der früheren Reisewerke über Siwa Gänse oder Enten Erwähnung finden und sie selbst bei CLINE noch fehlen, der 1936 alle bis dahin publizierten Angaben über die Viehzucht in der Oase zusammenfaßte.[180]

Schafe wurden und werden von den Oasenbauern nur selten gehalten, obwohl sie bis in die Gegenwart ihr bedeutendster Fleischlieferant sind. Aber ihre Zahl war offensichtlich stets so gering, daß sie in vielen Quellen nicht erwähnt werden. Andere Autoren vermerken, daß Schafhaltung in der Oase kaum betrieben wird.[181] Auch

[174] 1825 wurde der Gesamtbestand an Ziegen in der Oase auf rund 300 geschätzt (HOSKINS, 1837, S. 194).

[175] FB STEIN/RUSCH, 1976, S. 393.

[176] CLINE, 1936, S. 30; vgl. auch: FB STEIN/RUSCH, 1976, S. 393.

[177] CLINE, 1936, S. 30; FB STEIN/RUSCH, 1976, S. 393.

[178] CLINE, 1936, S. 30; FB STEIN/RUSCH, 1976, S. 392; HOHLER Report, 1900, S. 15; STEINDORFF, 1904, S. 106.

[179] STEINDORFF, 1904, S. 106.

[180] CLINE, 1936, S. 30.

[181] Vgl. z. B. CLINE, 1936, S. 30.

1976 fehlten sie im Hauptsiedlungsgebiet fast völlig, während sie in den Herden der an der Peripherie ansässigen Aulad Ali einen nicht unbeträchtlichen Prozentsatz ausmachten. – Beweis dafür, daß ihre Haltung in Siwa durchaus möglich ist.[182]

Wenn diese Möglichkeit von den Oasenbauern dennoch bisher kaum genutzt wurde, so ist die Ursache dafür offensichtlich in der Futterknappheit im Hauptsiedlungsgebiet zu suchen. Denn die von den Gemeinschaftsherden von hier aus täglich zu erreichenden Wüstengraszonen bieten nur einer begrenzten Anzahl von Tieren Weidemöglichkeiten, wie auch der Futteranbau in den Gärten nur in beschränktem Umfang möglich ist. Und dieses begrenzte Futterreservoir setzen die Oasenbauern in erster Linie für die Ernährung der Milchtiere ein, während die als Schlachttiere benötigten Schafe von den Beduinen erworben werden. Die wenigen an der Peripherie der Oase lebenden Bauern hingegen besitzen in der Regel auch einige Schafe, da die ausgedehnten Wüstengraszonen ihnen hier eine ausreichende Futterbasis bieten.[183]

Kamele, die die Oasenbauern alljährlich ebenfalls in größerer Zahl als Schlachttiere von den Beduinen erwerben[184], sind in Siwa nicht heimisch geworden. Ausschlaggebend hierfür waren u. a. gleichfalls Umweltfaktoren. So bemerkt beispielsweise STEINDORFF: „Rinder und auch Kamele sollen nur schlecht fortkommen und sehr bald eingehen; auch auf die Gesundheit unserer Kamele hat der Aufenthalt in Siwa sehr schlecht eingewirkt. Daran mag vielleicht das Futter, das Trinkwasser oder der feuchte Boden, gegen den die Kamele sehr empfindlich sind, schuld sein, vor allem aber wird eine gefährliche Bremse dafür verantwortlich gemacht . . . Grau von Farbe, von der Größe einer Honigbiene, soll sie für Menschen und Tiere ein unausstehlicher Quälgeist sein und durch ihre Stiche namentlich den Kühen verhängnisvoll werden.“[185] Und White stellt fest: „Camels come in any number but they do not live and thrive in Siwa. Apart from the restricted pastures, all animals suffer from the vicious bite of a large grey fly (not the tsétsé, of course) which makes life unendurable for beasts.“[186]

Stärker noch als durch die Fliege wurde die Entwicklung des Rinderbestandes in Siwa dadurch behindert, daß für diese Tiere mit Ausnahme einiger Flächen in den Randzonen der Oase keine natürlichen Weidegründe vorhanden sind, sie also fast ausnahmslos nur im Stall gehalten werden können und auf das Futter aus den Gärten angewiesen sind. Setzte letzteres der Zahl der Rinder bereits enge Grenzen, war die Unterbringung der Tiere im vorigen Jahrhundert ein noch größeres Problem. Denn in den engen Wohnburgen, in denen die Oasenbevölkerung damals noch ausschließlich lebte, war kaum Platz für sie vorhanden.

Aus diesen Gründen war früher der Bestand an Rindern nur sehr gering. Noch 1936 schrieb CLINE: „Nowadays they have very few cattle, but Hamilton tells us that within the lifetime of a Siwan sheikh whom he knew they had possessed many. Stanley reports about thirty head, and Belgrave about a hundred – small, but giv-

[182] FB STEIN/RUSCH, 1976, S. 391, 393.

[183] Ebenda.

[184] Vgl. FB STEIN/RUSCH, 1976, S. 399; MITWALLY, 1951, S. 148.

[185] STEINDORFF, 1904, S. 105f.

[186] WHITE, 1899, S. 144, vgl. auch: CLINE, 1936, S. 30; HOHLER Report, 1900, S. 15; HOSKINS, 1837, S. 194; WHITE, 1899, S. 144.

ing very good milk."[187] Und der HOHLER Report von 1900 registrierte lediglich „a few head of cattle".[188]

Obwohl die Haustiere vor allem als Milch- und Dunglieferanten für die Oasenbauern von großer Bedeutung sind, spielte die Viehhaltung insgesamt gesehen in ihrem Wirtschaftsleben im Vergleich zum Bodenbau dennoch stets nur eine untergeordnete Rolle. Infolge ungünstiger Umweltbedingungen, insbesondere des begrenzten Futterreservoirs im Hauptsiedlungsgebiet, erlangte sie zu keiner Zeit den Umfang, der erforderlich gewesen wäre, den Fleischbedarf zu decken. In dieser Hinsicht sind die Siwaner von den Nomaden abhängig, von denen sie bis heute den Großteil ihres Schlachtviehs beziehen.[189]

### 1.3.4. Handwerk

Den Berichten zufolge wurden in Siwa im vergangenen Jahrhundert folgende handwerkliche Tätigkeiten ausgeübt: Schmieden, Holzbearbeitung, Flechten, Töpfern, Weben und Sticken. Damit waren die Bewohner in der Lage, die Mehrzahl der von ihnen benötigten Haushalts- und Gebrauchsgegenstände selbst anzufertigen.[190]

Das Schmiedehandwerk soll seit alters her in wenigen Familien erblich sein und wird ausschließlich von Männern betrieben. Ihre Tätigkeit beschränkt sich bis heute fast ausschließlich auf die Anfertigung der für den Bodenbau benötigten Produktionsinstrumente Hacke und Stielsichel. Das Eisen muß aus dem Niltal eingeführt werden. Von dort beziehen die Schmiede auch ihre Handwerkszeuge – Amboß sowie verschiedene Hämmer und Zangen. Infolge des Rohstoffmangels werden alte Geräte häufig wieder umgeschmiedet. Die für den Schmiedeprozeß notwendige Holzkohle stellt sich jeder Schmied aus Olivenholz selbst her.[191] Auch Silberschmiede waren in der Oase ansässig, die den traditionellen, unikalen „Siwaschmuck" für die Frauen aus Silber anfertigten. Er wurde u. a. von SCHIENERL und FAKHRY ausführlich beschrieben.[192]

Die Holzbearbeitung beschränkte sich im wesentlichen auf die Herstellung von Türen, Holzschlössern (Tabitt) und Fensterläden. Diese Arbeiten scheinen ebenfalls bereits seit langem von nur wenigen männlichen Spezialisten ausgeführt worden zu sein.[193]

Die Flechterei hingegen wird in der Oase bis heute von beiden Geschlechtern ausgeübt. Als Rohmaterial dienen ihnen Palmenblätter, insbesondere die jungen Triebe der männlichen Bäume, sowie Binsen. Den Männern obliegt die Anfertigung der großen Transport- und Dattelkörbe sowie der Sitzmatten, während die Frauen die

187 CLINE, 1936, S. 30.

188 HOHLER Report, 1900, S. 15; vgl. ferner: HOSKINS, 1837, S. 194; WHITE, 1899, S. 144.

189 Vgl. FB STEIN/RUSCH, 1976, S. 409; HOHLER Report, 1900, S. 15; STEINDORFF, 1904, S. 105; WHITE, 1899, S. 144.

190 Im folgenden wird nur ein zusammenfassender Überblick über die handwerklichen Tätigkeiten und ihre Produkte gegeben. Detaillierte Beschreibungen finden sich u. a. bei CLINE, 1936.

191 STEIN/RUSCH, 1978, Abb. S. 79; STEINDORFF, 1904, S. 113.

192 FAKHRY, 1973, S. 45; SCHIENERL, 1977. Vgl. ferner: STEIN/RUSCH, 1978, Abb. S. 92, 107–110; STEINDORFF, 1904, S. 113.

193 STEIN/RUSCH, 1978, S. 29; STEINDORFF, 1904, S. 113.

feineren, vorwiegend im Haushalt benötigten Flechterzeugnisse anfertigen.[194] Dabei wenden sie unterschiedliche Herstellungstechniken an. Die Männer flechten aus den schmalen Palmblättern zunächst lange, ca. 5 cm breite Streifen, die sie anschließend in Band- bzw. Spiralwulsttechnik mit einer „Ahle“ aus Olivenholz und Palmblattstreifen zu Matten oder Körben zusammennähen. Die Frauen hingegen wenden ausschließlich die Flechttechnik an. Aus dem unterschiedlich gefärbten Rohmaterial stellen sie farbenfreudige, dekorative Schalen, Teller, Deckel, Körbchen und Matten in verschiedenen Formen und Größen her. Die Ränder werden meistenteils noch mit schmalen Streifen aus rotem Leder eingefaßt.[195] Diese kunstvoll verzierten Erzeugnisse veranlaßten Cline zu der Feststellung: „Many women display great skill in this art, sewing coils finer than those of the famous baskets of the Sudan.“[196]

Eine große Rolle spielte bis vor wenigen Jahrzehnten auch noch die Töpferei, die ausschließlich von Frauen ausgeübt wurde. Sie stellten in erster Linie Tongefäße zum Kochen und zur Aufbewahrung von Speisen und Flüssigkeiten her, wie Kochtöpfe, Schalen, Krüge, Teller usw. Aber auch Zeremonialgefäße für Räucherwerk, Öllampen, Back- und Bratöfen sowie große Feuerschalen für die Beheizung der Wohnräume in den kalten Wintermonaten wurden aus Ton gefertigt.[197]

Da die Töpferscheibe in Siwa unbekannt war, formten die Töpferinnen aus einem Klumpen vorbereiteten Tons einen Rohling des anzufertigenden Produktes, den sie in Treibtechnik so lange mit ihren Händen bearbeiteten, bis er das gewünschte Aussehen erreicht hatte. Die fertig modellierte Form ließ man anschließend bis zur völligen Austrocknung im Schatten stehen, ehe sie mit einem Stein poliert und mit der Öffnung nach unten über einem Olivenholzfeuer gebrannt wurde. Bestimmte Töpfereierzeugnisse – insbesondere die Räuchergefäße (Timigmart) – wurden vor dem Brennen außerdem mit dekorativen Strichmustern verziert, wozu man rötliche Ockerfarbe benutzte.[198]

Auch Spinnen und Weben wurde früher von den siwanischen Frauen ausgeübt[199], jedoch waren sie von allen handwerklichen Tätigkeiten dem zunehmenden Handel mit dem Niltal offensichtlich als erste zum Opfer gefallen. Der Import von Kleidungsstücken bzw. Stoffen scheint bereits im vorigen Jahrhundert so bedeutend gewesen zu sein, daß kaum ein Autor die Weberei noch als einheimisches Handwerk erwähnte. Eine handwerkliche Tätigkeit hat sich dabei allerdings noch erhalten, nämlich die Stickerei. Bis zum heutigen Tag verzieren die siwanischen Mädchen und Frauen ihre Gewänder und Tücher mit überaus reichen, farbenprächtigen Seidenstickereien und Perlmutterplättchen.[200]

[194] Cline, 1936, S. 38; Hohler Report, 1900, S. 15; Stein/Rusch, 1978, S. 74, Abb. S. 59, 72, 75, 85, 144, 160; Steindorff, 1904, S. 112f.

[195] Ebenda.

[196] Cline, 1936, S. 38; vgl. auch: Stein/Rusch, 1978, Abb. S. 160; Steindorff, 1904, S. 112.

[197] Cline, 1936, S. 36f.; Stein/Rusch, 1978, S. 74, Abb. S. 75, 102, 106; Steindorff, 1904, S. 113.

[198] Cline, 1936, S. 36f.; Stein/Rusch, 1978, S. 74, Abb. S. 106; Steindorff, 1904, S. 113.

[199] Cline, 1936, S. 33; Steindorff, 1904, S. 113.

[200] Stein/Rusch, 1978, S. 74, Abb. S. 30, 111.

### 1.3.5. Arbeitsteilung

Innerhalb der siwanischen Gesellschaft besteht eine klar abgegrenzte Arbeitsteilung zwischen den Geschlechtern, die sich offensichtlich bereits vor Jahrhunderten herausgebildet hatte. Auf Grund der schweren Arbeitsbedingungen im Bodenbau wie auch in der Viehhaltung waren diese Produktionszweige und damit der Nahrungserwerb ausschließlich Aufgabe der Männer. Die Frauen kümmerten sich um Haushalt und Kinder und übten die oben genannten handwerklichen Tätigkeiten aus. Daran hat sich bis in die Gegenwart nichts Wesentliches geändert.

Neben der natürlichen gab es in Siwa auch eine gesellschaftliche Arbeitsteilung, obwohl deren Ausprägung innerhalb einer so kleinen Gemeinschaft naturgemäß von vornherein enge Grenzen gesetzt waren.

Die wenigen einheimischen Schmiede, Silberschmiede, Tischler und – nach STEINDORFF – auch Schneider arbeiteten in ihren Werkstätten auf Bestellung, d. h. für den Markt.[201] Auch die Herstellung von Dattelkörben und Sitzmatten wurde fast nur noch von männlichen Spezialisten ausgeführt. Dabei handelte es sich – wie auch gegenwärtig noch – fast ausschließlich um landlose ältere Männer, die ihre ursprüngliche Tätigkeit als Arbeiter in den Gärten der Reichen nicht mehr ausüben konnten und sich deshalb auf diese Weise ihren Lebensunterhalt verdienen mußten.[202]

Töpferei, Flechterei und Sticken hingegen wurden zum Zweck der Deckung des Eigenbedarfs offensichtlich noch von allen oder zumindest den meisten Frauen ausgeübt, obwohl es auch unter ihnen sicherlich bereits einige Spezialistinnen gab, die darüber hinaus Artikel für den Markt herstellten wie Töpfereierzeugnisse für die Oasenbewohner, Flechterzeugnisse vor allem für die Beduinen.[203]

### 1.3.6. Handel

Über die Entwicklung des Handels der Oasenbewohner mit der Außenwelt, der im 19. Jh. eine bedeutende Rolle in ihrem Wirtschaftsleben spielte, liegen uns nur spärliche Angaben vor. Dennoch beweisen sie, daß er bereits eine lange Tradition besitzt, die bis ins Altertum zurückreicht.

Allein der Export von Salz muß damals immerhin so bedeutend gewesen sein, daß er bei den Chronisten des Altertums Erwähnung fand. STEINDORFF schreibt über ihn: „Schon im Altertum war es (das Salz – Verf.) sehr geschätzt und bildete einen wichtigen Handelsgegenstand. In Körbchen, die aus Palmblättern geflochten waren, wurde es von den Priestern nach Ägypten gebracht und dem Könige oder sonstwem zum Geschenk gegeben. ‚Sein Korn ist lang, und öfter ist es vorgekommen, daß einige davon mehr als drei Fingerbreit hatten; auch ist es rein, wie Kristall. Dasselbe gebrauchen die Ägypter und alle, die gegen die Gottheit nicht gleichgültig sind, bei den Opfern, weil es reiner als Meersalz ist‘ (Arrian, Anabasis 3,4). Sogar an den persischen Hof soll zusammen mit Nilwasser das amonische Salz geschickt worden sein, um dort auf der Tafel des Großkönigs zu prangen."[204]

Dennoch scheinen Datteln von jeher den ersten Platz im Handel der Siwaner einge-

201 HOHLER Report, 1900, S. 14; STEINDORFF, 1904, S. 112f.

202 STEIN/RUSCH, 1978, S. 72, 74; STEINDORFF, 1904, S. 113, 116.

203 Vgl. STEINDORFF, 1904, S. 112 f.

204 STEINDORFF, 1904, S. 106; vgl. auch: BELGRAVE, 1923, S. 159; CLINE, 1936, S. 22; HOHLER Report, 1900, S. 9.

nommen zu haben, worauf nicht zuletzt die Bezeichnungen für die Oase in der Pharaonenzeit hinweisen. Das bedeutet, daß trotz der seinerzeit wesentlich größeren Bevölkerungszahl in der Oase schon damals ein Mehrprodukt an Datteln erzeugt wurde.[205]

Auf welche Weise sich im Altertum der Handel mit dem Niltal wie auch mit den heute libyschen Gebieten und insbesondere den Ansiedlern von Kyrene vollzog, ist nicht überliefert. Sicherlich ist aber die von MITWALLY geäußerte Vermutung zutreffend: „It is most probably that prior to the introduction of the camel, donkeys were used along the tracts of the desert. The ass goes back in Egypt to the fourth mill. B.C.“[206] Selbst im vorigen Jahrhundert sollen die Siwaner gelegentlich noch eigene Eselskarawanen mit Datteln in das Niltal entsandt haben, so daß anzunehmen ist, daß diese Form des Handelskontaktes auch bereits vor dem 11. Jh. durch die Oasenbauern betrieben wurde.

Von diesem Zeitpunkt an übernahmen die in Nordafrika eingewanderten Nomaden mit ihren Kamelen zunehmend den Karawanentransport in diesem Raum und entwickelten Handelsbeziehungen zu den Oasenbauern, deren Basis vermutlich schon damals der Austausch von Schlachtvieh gegen Datteln bildete.

Neben diesen bilateralen Austauschbeziehungen zwischen Seßhaften und Nomaden entwickelte sich im Mittelalter der Transsaharahandel, für den Siwa ein bedeutender Stützpunkt wurde.[207] Dadurch gelangten neben Handelsgütern vor allem Sklaven in die Oase, die Veränderungen sowohl in den sozialökonomischen Verhältnissen als auch auf kulturellem Gebiet auslösten. Die kulturellen Fremdeinflüsse auf die Siwaner wurden noch verstärkt durch den Umstand, daß die neuen Handelswege zugleich auch zu Pilgerrouten der islamisierten Völker nach Mekka wurden.[208]

Mehrere, noch zu Beginn unseres Jahrhunderts benutzte Karawanenwege verbanden Siwa mit dem Niltal und Libyen. Nach Alexandria, das in etwa 15 Tagen erreicht werden konnte, gab es zwei Hauptrouten: Die eine führte von der Oase aus über die 300 km nördlich gelegene Küstensiedlung Mersa Matruh, die die Karawanen nach 7–8 Tagen erreichten, und von dort weitere 300 km entlang der Küste, die andere über die rund 120 km nordöstlich von Siwa gelegene kleine Oase Gara und entlang der Qattara-Senke, von deren östlichem Endpunkt aus die Karawanen ihren Weg über die Küstenorte Dabba bzw. Hammam nahmen.[209]

Der erste Teil der letztgenannten Route wurde auch von den nach Kairo gehenden Karawanen genutzt. Von der Qattara-Senke aus zogen sie über Wadi al-Natrun in das Dorf Kirdasah, einem bereits im Altertum berühmten Handelsstützpunkt in unmittelbarer Nähe der Pyramiden von Gizeh, das sie von Siwa aus ebenfalls in rund 15 Tagen erreichen konnten.[210] Eine weitere Verbindung zwischen Siwa und dem Niltal führte über die kleinen Oasen Aredj, Sitra und Bahren zur Oase Bahriyah und von dort zu den Ortschaften Minya und Assiut.[211]

205 Vgl. MITWALLY, 1952, S. 122.

206 Ebenda.

207 Vgl. u. a. FAKHRY, 1944, S. 3; SCHOLZ, 1822, S. 83; WHITE, 1899, S. 148, 156.

208 HOHLER Report, 1900, S. 42.

209 FAKHRY, 1973, S. 14f.; FALLS, 1913, S. 277; HOHLER Report, 1900, S. 42; SIMPSON, 1929, S. 100; STANLEY, 1911, S. 324.

210 FAKHRY, 1973, S. 15; HOHLER Report, 1900, S. 42; WHITE, 1899, S. 156f.

211 FAKHRY, 1973, S. 15.

Die 310 km nordwestlich von Siwa gelegene Küstenniederlassung Sallum, heute Grenzort zwischen Ägypten und Libyen, erreichten die Kamelkarawanen in sechs Tagen, die weiter westlich gelegenen Orte Tebruk, Barka und Benghasi in 10–12, 15–16 bzw. 18–20 Tagen.[212] Zur rund 160 km entfernten westlichen Nachbaroase Djaghbub schließlich gab es zwei verschiedene Routen, die beide in drei bis vier Tagen zu bewältigen waren.[213]

Diesen Weg über Djaghbub wählte auch die Mehrzahl der von Siwa aus nach Kufra ziehenden Karawanen, die dorthin zwischen 25 und 30 Tagen unterwegs waren. Es gab zwar eine nur 12 Tagesmärsche lange direkte Verbindung zwischen beiden Oasen, jedoch führte sie – im Gegensatz zu allen übrigen genannten – durch eine absolut wasserlose Wüstenzone und wurde daher nach Möglichkeit gemieden.[214]

Im Mittelalter scheinen diese Handels- und Pilgerrouten recht unsicher gewesen zu sein; es soll häufig zu Überfällen auf die sie benutzenden Karawanen gekommen sein.[215] Auch die Beziehungen zwischen Siwanern und Beduinen wurden in dieser Periode wiederholt belastet durch Raubüberfälle der Nomaden auf die relativ reiche Oasenbevölkerung, so daß sich ständig Zeiten friedlichen Handels mit kriegerischen Auseinandersetzungen abwechselten.

Darauf weisen u. a. die in dieser Zeit von den Siwanern errichteten stark befestigten Wohnburgen hin sowie ihre Sicherheitsvorkehrungen im Handel mit den Beduinen, die sie noch bis in unser Jahrhundert hinein sorgsam einhielten. Die Überfälle der Beduinen beeinträchtigten nicht nur die Entwicklung friedlicher Austauschbeziehungen negativ; sie sollen nach einigen Überlieferungen vor allem eine starke Dezimierung der Oasenbevölkerung zur Folge gehabt haben, was naturgemäß mit einem starken Rückgang der Produktion und damit Prosperität verbunden gewesen sein wird. Sicher geht man in der Annahme nicht fehl, daß diese Verhältnisse eine der Ursachen, wenn nicht die Hauptursache, dafür waren, daß die im Altertum so berühmte Oase im Mittelalter wieder in die „Vergessenheit" zurückfiel.

Wann und vor allem wodurch diese Periode der allgemeinen Stagnation ihr Ende fand, läßt sich heute nicht mehr eindeutig ermitteln. Gesichert ist jedoch, daß sich Siwa bereits lange vor dem 19. Jahrhundert zu einem bedeutenden Handels- und Karawanenzentrum entwickelt hatte. Die wichtigsten Handelspartner der Oasenbewohner waren die Aulad Ali. Zu ihnen bestanden nicht nur stabile Austauschbeziehungen, sondern die Beduinen ermöglichten mit ihren Kamelen auch den Großteil des Austausches der Oase mit dem Niltal.[216]

Daneben kamen im vorigen Jahrhundert ägyptische Händler noch mit eigenen Eselskarawanen in die Oase. So erlebte St. John bei seinem Aufenthalt in Siwa im Jahre 1848, daß „. . . a turbaned man came up in a blue shirt, and we at once recognised the Egyptian. He proved to be an Arab merchant from the Said or Upper Egypt, engaged in grain trade. We learned that he crossed the desert once every season with a supply of wheat, rice, and beans, which he disposed of in small parcels".[217] Scholz, der 28 Jahre vor St. John in der Oase weilte, konnte ebenfalls feststellen,

[212] Fakhry, 1973, S. 15; Stanley, 1911, S. 324.

[213] Stanley, 1911, S. 324; White, 1899, S. 132f.

[214] Stanley, 1911, S. 324.

[215] Vgl. Bates, 1914, S. 104f.; Minutoli, 1824, S. 80.

[216] Vgl. Falls, 1910, S. 25; St. John, 1849, S. 113; White, 1899, S. 156.

[217] St. John, 1849, S. 113.

daß „Araber aus Alexandria und Kairo, oder die Beduinen" hierher zum Handeln kämen.[218]

Der HOHLER Report schließlich schilderte die Situation im Karawanenhandel ausgangs des vorigen Jahrhunderts folgendermaßen: „By far the greater number of caravans belong to the Aulad Ali tribe, and come from Alexandria and the north coast; they export as much as 7.000 camel-loads of date per annum, 315 loads are purchased by the Er Rabaa, a tribe which travel from Cairo and Ghizeh; these bring supplies of the cloth manufactured at Kerdasa. Donkeys and horses are principally imported from Upper Egypt by way of the oases, by the Gawazy tribe. Finally, large caravans belonging to the Fowakher, Harabi und Barasi tribes arrive, though not regularly, from Tripoli."[219] Hinzu kamen um 1800 noch die zahlreichen Karawanen, die auf ihrem Wege nach Ägypten in der Oase Station machten.

Und schließlich entsandten damals auch reiche Siwaner gelegentlich noch eigene Eselskarawanen mit Datteln in das Niltal bzw. nach Libyen, um sie dort auf eigene Rechnung gegen andere Waren einzutauschen. So berichtete HOSKINS im Jahre 1837: „The commerce of Siwah is maintained by caravans from the east and west . . .; and the proprietors, also, of the Oasis export great quantities of this fruit (Datteln – die Verf.) on their asses." Und bei MITWALLY heißt es: „Arkell obtained information from natives of Fezzan, who told him that the people of Siwa regularly make up donkey caravans with which they travel as far as Zwila and Mursuk."[220] Wenn es den Verfassern auch höchst fraglich erscheint, ob die Oasenbauern sich selbst jemals aktiv am Transsaharahandel beteiligten, so weist doch auch diese Information darauf hin, daß sie früher mit eigenen Eselskarawanen Fernhandel betrieben.

Zu Beginn des vorigen Jahrhunderts vollzog sich der Handel zwischen den Oasenbewohnern und ihren Partnern noch ausschließlich auf der Basis eines Produktenaustausches.[221] Für Datteln, getrocknete Oliven und Olivenöl sowie handwerkliche Produkte, insbesondere Flechterzeugnisse, erhielten sie von ihren Haupthandelspartnern, den Aulad Ali, vor allem Schlachtvieh, getrocknetes Kamelfleisch und Wollteppiche aus eigener Produktion.[222] Darüber hinaus lieferten die Beduinen wie auch die anderen nach Siwa kommenden Karawanen den Oasenbewohnern eine Vielzahl anderer Produkte, insbesondere Reis, Weizen, Gerste, Zucker, Tee, Tabak, Bohnen, gesalzenen Fisch, Streichhölzer, Wachs, Schießpulver, Silberschmuck, Seife sowie verschiedene Haushaltsgeräte und Stoffe. Von den aus den subsaharischen Gebieten kommenden Karawanen erwarben sie vor allem Sklaven.[223]

Dieser Austausch wurde in der Hauptsache zur Zeit und unmittelbar nach Abschluß der Dattel- und Olivenernte abgewickelt, also in den Monaten November bis Februar. In diesen Monaten soll die Zahl der in Siwa anwesenden Beduinen die der Einheimischen zuweilen beträchtlich überstiegen haben, so daß gewisse Sicherheits-

[218] SCHOLZ, 1822, S. 83; vgl. auch: WHITE, 1899, S. 156f.

[219] HOHLER Report, 1900, S. 34; vgl. auch: FAKHRY, 1944, S. 3; HOSKINS, 1837, S. 203; STEINDORFF, 1904, S. 116; WHITE, 1899, S. 156.

[220] HOSKINS, 1837, S. 203; MITWALLY, 1952, S. 122.

[221] FALLS, 1910, S. 24; SCHOLZ, 1822, S. 83; SIMPSON, 1929, S. 119; ST. JOHN, 1849, S. 113.

[222] CLINE, 1936, S. 22; FAKHRY, 1944, S. 3; FALLS, 1913, S. 277; HOHLER Report, 1900, S. 34; HOSKINS, 1837, S. 203; SCHOLZ, 1822, S. 83; STEINDORFF, 1904, S. 112, 116.

[223] FAKHRY, 1944, S. 3; FALLS, 1910, S. 26; HOHLER Report, 1900, S. 34; SCHOLZ, 1822, S. 83; ST. JOHN, 1849, S. 113; STEINDORFF, 1904, S. 113.

vorkehrungen der Oasenbauern für ihren eigenen Schutz sicherlich nicht unbegründet waren, zumal die Beduinen des öfteren versucht haben sollen, sie zu überwältigen und sich ihrer Ernte gewaltsam zu bemächtigen.[224]

Zu diesen Sicherheitsvorkehrungen gehörte u. a., daß sich die Beduinen mit ihren Karawanentieren nur an einem bestimmten umzäunten Platz nördlich von Siwa-Stadt aufhalten durften[225], vor allem aber waren sie vor Betreten der Oase verpflichtet, ihre Waffen in einem speziellen Gebäude unterzubringen, wo sie bis zu ihrem Abzug sicher verwahrt wurden.[226]

Auf Grund der seit langem sowohl unter den Oasenbewohnern als auch unter den Aulad Ali bestehenden großen Besitzunterschiede, die an anderer Stelle näher analysiert werden, wird sich der Austausch zwischen diesen beiden Gemeinschaften im wesentlichen jeweils nur auf die Angehörigen der reichen Oberschicht beschränkt haben; nur sie verfügten über ein ausreichend umfangreiches Mehrprodukt, um einen lohnenden Handel betreiben zu können.

Dabei hatten sich feste Austauschbeziehungen zwischen einzelnen Partnern auf beiden Seiten herausgebildet, d. h., jeder wohlhabende Siwaner hatte seinen festen Kunden bzw. Kundenkreis unter den Beduinen. Und dieser deckte bei ihm nicht nur seinen Eigenbedarf an landwirtschaftlichen und handwerklichen Erzeugnissen, sondern übernahm zugleich auch den Transport der von ihm nicht selbst benötigten Datteln und Oliven auf die öffentlichen Märkte im Niltal.[227] Hier tauschte er sie gegen Waren ein, deren er selber bedurfte bzw. die sein siwanischer Partner bei ihm bestellt hatte und die er ihm bei seinem nächsten Aufenthalt in der Oase überbrachte. Zu Beginn des vorigen Jahrhunderts fand dieser Austausch im Niltal noch vorwiegend oder sogar ausschließlich auf traditionellen öffentlichen Handelsplätzen statt.[228]

Obwohl die Oasenbevölkerung trotz der für die Viehzucht erschwerenden Umweltbedingungen in der Lage gewesen wäre, durch Bodenbau, Viehhaltung und Handwerk alle lebensnotwendigen Produkte selbst zu erzeugen, ist der Handel für sie – wie zu Beginn dieses Abschnittes hervorgehoben – stets von eminenter Bedeutung gewesen, konnte doch nur über ihn das erzeugte Mehrprodukt an Datteln und Oliven realisiert werden.

Deshalb besaß der Handel in Siwa eine lange Tradition. Über seine Entwicklung in den frühesten Perioden liegen uns bisher kaum Informationen vor. Seit dem Mittelalter haben sich auf der Basis des Austausches von Schlachtvieh gegen Datteln und handwerkliche Erzeugnisse enge Handelsbeziehungen zwischen Nomaden und Oasenbauern entwickelt. Sie wurden zwar zunächst durch kriegerische Überfälle von seiten einiger Nomadengruppen häufig gestört, gewannen aber dennoch zunehmend für beide Ethnen an Bedeutung und führten schließlich zu einer gegenseitigen ökonomischen Abhängigkeit voneinander.

[224] Falls, 1913, S. 277; Hohler Report, 1900, S. 34; Scholz, 1822, S. 82; Simpson, 1929, S. 119; White, 1899, S. 157.

[225] Cline, 1936, S. 23; Scholz, 1822, S. 82; St. John, 1849, S. 108.

[226] Falls, 1913, S. 278; Hohler Report, 1900, S. 34.

[227] Simpson, 1927, S. 119.

[228] Falls, 1910, S. 25.

## 1.4. Siedlungs- und Wohnweise

In der unterschiedlichen Siedlungsweise spiegelt sich die wechselvolle Geschichte der Oasenbevölkerung wider. Wie bereits festgestellt, waren im Altertum nicht nur ihre heute – bis auf Gara – unbewohnten kleineren Nachbaroasen, sondern Siwa selbst in weit ausgedehnterem Maße als in der Gegenwart besiedelt, wovon Siedlungsüberreste in heute vorwiegend unbewohnten Ödlandgebieten der Oase Zeugnis ablegen. Da ihre genaue archäologische Untersuchung noch aussteht, sind detaillierte Beschreibungen noch nicht möglich. Die Überreste lassen jedoch den Schluß zu, daß die Wohnbauten damals offensichtlich aus dem gleichen, auch heute noch verwendeten Material errichtet worden sind. Lediglich für die sakralen Bauten nutzte man große, quadratisch zugehauene Sandsteinblöcke.[229]

Die frühen Ansiedlungen wurden um die Zeitenwende, spätestens jedoch im frühen Mittelalter verlassen. Um diese Zeit gab die vermutlich schon stark dezimierte Oasenbevölkerung die offene und daher kaum zu verteidigende Flächenbesiedlung auf und zog sich auf einige Hügel zurück, auf denen sie befestigte Wohnburgen anlegte. Solche Wehrsiedlungen wurden auf dem Tempelberg von Aghurmi, dem Doppelhügel in Siwa-Stadt sowie in Gara errichtet. Auf diesen Hügeln, die sich z. T. mit schroffen Steilabfällen von beträchtlicher Höhe aus der Ebene erheben, erbauten die Oasenbewohner ihre Wohnhäuser.

Als Baumaterial diente ihnen die stark salz- und gipshaltige Tonerde aus den Sabachen, die, nachdem sie ausgetrocknet ist, eine betonartige Festigkeit besitzt. Auf einem Fundament aus nebeneinandergelegten Palmstämmen, mit denen man das Niveau des häufig unebenen, felsigen Untergrundes auszugleichen versuchte, zogen die Bauleute, rittlings auf der Mauer sitzend, diese aus feuchtem Lehm und dazwischengefügten Salztonerdebrocken Abschnitt für Abschnitt empor.[230]

Da sie dazu außer ihren bloßen Händen keinerlei Werkzeuge oder andere Hilfsmittel benutzten, erhielten alle Gebäude ein eigentümliches Aussehen, das Cline folgendermaßen beschreibt: „The Siwans build all their houses on a more or less rectangular ground-plan, but it was not until recently that they learned to produce that box-like regularity, with straight walls and sharp corners, which up-to-date Egyptians expect. The rounded corners of the older structures and the gentle upward slope of their walls gave the town a plastic appearance that was far more attractive.“[231]

Die von Cline erwähnte aufwärtige Neigung der Außenwände war ein weiteres typisches Kennzeichen der traditionellen siwanischen Häuser. Da sie in der Regel mehrstöckig waren, wurden ihre Mauern aus Stabilitätsgründen an der Basis entsprechend stark gebaut und verjüngten sich nach oben hin, woraus sich ihre konische Form erklärt, die besonders bei den Minaretts der Moscheen sichtbar wird.[232]

Die rohen Wände wurden abschließend außen und innen mit feuchtem Lehm glatt verputzt – „to give a smooth and finished surface. Sometimes a layer of reed was employed as a base for this plaster on the interior walls“.[233] Die Decken wurden durch eine einfache Lage unbehauener, meist halbierter Dattelpalmstämme gebildet, deren

229 Vgl. Fakhry, 1973, S. 123ff.; Steindorff, 1904, S. 117ff.

230 Cline, 1936, S. 34; Hohler Report, 1900, S. 10; Steindorff, 1904, S. 116.

231 Cline, 1936, S. 35; vgl. auch: Hohler Report, 1900, S. 10.

232 Hohler Report, 1900, S. 10; Stein/Rusch, 1978, Abb. S. 91, 99.

233 Cline, 1936, S. 35.

Enden in der Regel über die Außenwände herausragen. Darüber legte man eine dicke Schicht Palmwedel, auf die der eigentliche Fußboden aus gestampftem Ton aufgetragen wurde.[234]

Da die Frauen viele ihrer Hausarbeiten im Freien auf den Dächern der Häuser verrichten und diese in den heißen Sommermonaten z. T. auch als Schlafplatz dienen, werden die Außenwände gewöhnlich bis zu Mannshöhe über die Dächer hinausgezogen, um vor den Blicken Neugieriger geschützt zu sein.[235]

Die Räume erhellt man durch in die Außenwände eingelassene, sehr kleine runde oder rechteckige Öffnungen, die gewöhnlich zu je drei – zwei unten, eine in der Mitte darüber – angeordnet sind und nicht verschlossen werden können. Seltener waren größere, ebenfalls rechteckige Fensteröffnungen mit vierteiligen, separat zu öffnenden Holzluken.[236]

Die schmalen, niedrigen Hauseingänge wurden durch Türen aus Palmholzplanken verschlossen, „two or three inches thick, held together by bundles of light palmsticks running through them from edge to edge, or, more rarely, by external strips of wood nailed across the planks".[237] Sie waren mit großen Schlössern aus Olivenholz, Tabitt genannt, versehen, wie sie überall im arabischen und nordafrikanischen Raum üblich waren.[238]

An die Häuser „lehnen sich meist nach der Straße zu offene, aus Palmenstämmen und Lehmpfeilern errichtete Vorbauten, die mit Palmenzweigen überdeckt sind und in denen sich rohe Lehmbänke befinden . . . Bisweilen sind diese Dulelen über die Straße weg von einem Haus zum anderen geführt, so daß schattige Durchgänge entstehen"[239], teils sind sie aber auch separat errichtet. Unter ihren schattenspendenden Dächern treffen sich die Männer besonders während der Hitze des Tages.[240]

Die an den äußeren Rändern der besiedelten Hügel errichteten Häuser wurden derart angeordnet, daß ihre der Ebene zugewandten Außenwände eine geschlossene, hohe Mauer rings um den Hügel bildeten, die nur durch kleine Fenster unterbrochen wurde. An den Stellen, wo schroff abfallende Steilhänge nicht vorhanden waren – wie etwa am östlichen, dem heutigen Marktplatz zugewandten Abschnitt des Doppelhügels in Siwa-Stadt –, zog man die Außenwände der Häuser von der Ebene aus hoch, wodurch sie eine Gesamthöhe von 70 und mehr Metern erreichten.[241]

In die durch diese hohen, festungsartigen Mauern geschützten Wohnburgen führte ursprünglich jeweils nur ein Eingang, der an einer besonders schwierig zugänglichen und daher gut zu bewachenden Stelle in die Umfriedungsmauer eingeführt war. Nach einem steilen Anstieg erreichte man das äußere, aus starken, zusammengefügten Dattelpalmstämmen gebildete Palisadentor, das von innen mit einem schweren Holzriegel verschlossen werden konnte. Hatte man dieses Hindernis passiert, mußte man einen schmalen, aus den Felsen gehauenen, steilen und überbauten Treppengang

[234] CLINE, 1936, S. 34; STEINDORFF, 1904, S. 116.
[235] STEIN/RUSCH, 1978, Abb. S. 25.
[236] CLINE, 1936, S. 35; HOHLER Report, 1900, S. 10; STEINDORFF, 1904, S. 116.
[237] CLINE, 1936, S. 35.
[238] Ebenda; HOHLER Report, 1900, S. 10.
[239] STEINDORFF, 1904, S. 117.
[240] CLINE, 1936, S. 35.
[241] CLINE, 1936, S. 34.

emporsteigen, an dessen Ende sich ein zweites, ähnlich konstruiertes Tor befand, ehe man endlich das Innere der Wohnburg erreicht hatte.[242]

Die Tore, die früher nach Einbruch der Dunkelheit stets geschlossen gehalten wurden, waren ursprünglich Tag und Nacht mit Wachen besetzt. Ihre Hauptaufgabe bestand darin, jedem Unbefugten das Betreten der Wohnburg zu verwehren, sowie das Herannahen von Fremden unverzüglich zu signalisieren und gegebenenfalls die Tore zu schließen. Zugleich hatten sie ein ständiges Feuer zu unterhalten, von dem sich jeder bedienen konnte, dessen Herdfeuer einmal erloschen war, anstatt es mit zeitraubenden Methoden wieder selbst entfachen zu müssen.[243]

Die Wohnburgen waren so sicher, daß sie bei dem im Mittelalter vorhandenen Entwicklungsstand der Waffen für die Beduinen militärisch uneinnehmbar waren. Auch einer längeren Belagerung vermochten ihre Einwohner standzuhalten. In mühseliger Arbeit hatten sie innerhalb ihrer Siedlungen Brunnen in das Felsgestein getrieben, durch die sie mit einer ausreichenden Menge Trinkwasser versorgt wurden.[244] Zudem soll es in der Wohnburg auf dem Doppelhügel auch ein gemeinsames Vorratslager gegeben haben, in dem Notvorräte für einen solchen Fall aufbewahrt wurden.[245]

Da ihrer flächenmäßigen Ausdehnung enge Grenzen gesetzt waren, „the Siwan villages became sheer-walled fortresses of mud which the increasing pressure of population forced upwards house on house to form airless anthills of passages and donjon dwellings."[246] Durch die enge Bebauung der Hügel mit zum Teil 8- bis 10-stöckigen Häusern entstanden im Laufe der Zeit für Uneingeweihte schier unentwirrbare Labyrinthe, besonders auf dem großen Doppelhügel in Siwa-Stadt, dessen Wohnburg STEINDORFF treffend mit den Worten beschreibt: „Man kann sich nichts Eigenartigeres, Merkwürdigeres denken, als dieses mit Häusern dicht besetzte, einem großen Ameisenhaufen gleichende Felsennest, in dem ein Teil der Amonier seit Jahrhunderten seine Wohnstätte hat. Freilich ist der frühere festungsartige Charakter der Stadt ... jetzt zum Teil verschwunden. Damals war nur der östliche der beiden Kalksteinhügel mit Wohnhäusern bebaut, die sich nach Westen zu in dem zwischen beiden Hügeln liegenden Sattel fortsetzen; der Westberg trug kein Wohnhaus. Die hohen Außenmauern mit den kleinen Schießscharten gleichenden Fenstern ... ragen ... noch wie einstmals und geben der Stadt ein fremdartiges Gepräge, das sie von jeder ägyptischen Stadt völlig unterscheidet. Die Häuser haben sich jetzt auch nach dem Westberge und vielfach am Fuße des Burghügels entlang ausgedehnt. Im Innern sieht es aber wohl heute noch ebenso aus wie vor hundert Jahren ... Enge, winklige Gassen führen allmählich in Schneckenwindungen den Berg hinauf; die oberen sind als Treppen aus dem Felsen herausgehauen und so schmal, daß man nicht die Arme ausstrecken kann. Da die Gassen an vielen Stellen mit Palmenstämmen überdacht oder die Häuser zu beiden Seiten durch Galerien verbunden sind, so herrscht oft am hellen, sonnendurchglänzten Tage hier solche Finsternis, daß man keine Hand vor Augen sehen kann und sich vorsichtig zurecht tasten muß, um nicht mit dem Kopfe gegen irgendeine Wand zu sto-

[242] CLINE, 1936, S. 35.; STEIN/RUSCH, 1978, Abb. S. 153.
[243] STEINDORFF, 1904, S. 115.
[244] Ebenda, S. 116.
[245] CLINE, 1936, S. 35
[246] BAGNOLD, 1935, S. 110; vgl. auch STEINDORFF, 1904, S. 116.

ßen. Erst oben auf der Höhe wird es wieder Tag, und glücklich dem dunklen Labyrinth entronnen, begrüßen wir freudig das Licht."[247]

Die enge Bebauung des Doppelhügels hatte die Einwohner schließlich dazu gezwungen, einige weitere Ausgangstore in die Stadtmauer einzulassen, um den entfernter vom Haupttor Siedelnden die Möglichkeit zu geben, rascher in ihre Gärten zu gelangen.[248]

Jedes Haus wurde in der Regel nur von den Angehörigen einer (Groß-)Familie bewohnt und bei Heirat der Söhne je nach Bedarf und Notwendigkeit weiter aufgestockt.[249] Die zu ebener Erde gelegenen Räumlichkeiten dieser „Hochhäuser" dienten in erster Linie Wirtschaftszwecken. Hier befanden sich die Vorrats- und teilweise auch die Küchenräume, vor allem aber wurde in ihnen das Vieh untergebracht. Auf Grund der dichten Bebauung der Wohnhügel bestand selten eine Möglichkeit für die Anlage separater Viehhöfe. So waren die Bewohner gezwungen, ihre Haustiere – die aus Sicherheitsgründen nachts ebenfalls innerhalb der schützenden Trutzburgen gehalten werden mußten – in den Wohnhäusern unterzubringen. Zudem fand in der untersten Etage der Häuser der Reichen z. T. auch deren Dienerschaft ein Unterkommen.[250]

Die einzelnen Stockwerke waren durch schmale, aus Salztonerde errichtete Treppen miteinander verbunden. Das erste Stockwerk war in der Regel den Männern vorbehalten. Hier befand sich der Empfangsraum des Hausherrn, in dem er sich mit seinen männlichen Gästen aufzuhalten pflegte. Die darüberliegenden Etagen durften dagegen von den Gästen nicht betreten werden. Sie dienten den einzelnen Kleinfamilien als Wohnung und waren Domäne der Frauen.[251]

Alle Wohnräume waren mit großen Binsen- und Palmstrohmatten ausgelegt, die sowohl zum Sitzen als auch als Schlafstellen benutzt wurden und daher niemals mit Schuhen betreten werden durften. Das Mobiliar beschränkte sich auf wenige rohgezimmerte Holztruhen zur Unterbringung von Wertgegenständen und Kleidungsstücken sowie auf etwa 30–40 cm hohe, kleine Tische, auf denen das Essen serviert wurde. Die Wände zierten gelegentlich bunte selbstgefertigte Flechtteller.[252]

### 1.5. Materielle Kultur

Auch der übrige Bestand an Gütern der materiellen Kultur war relativ gering. Er beschränkte sich neben Kleidung und Schmuck im wesentlichen auf die Produkte des einheimischen Handwerks: Flecht- und Töpfereierzeugnisse. Tongefäße verschiedener Form und Größe dienten den Frauen zur Zubereitung der Speisen sowie zur Aufbewahrung von Flüssigkeiten, während in den geflochtenen Tellern, Schüsseln, Körben etc. feste Nahrungsmittelvorräte aufbewahrt wurden.[253]

Die Hauptnahrung der Oasenbewohner bildeten Datteln, ungesäuertes Fladenbrot und Reis, wozu in Olivenöl zubereitete Gemüsebeilagen aus eigener Produktion und gelegentlich Fleisch gegessen wurde.[254]

[247] Steindorff, 1904, S. 114f.
[248] Ebenda, S. 115; White, 1899, S. 189.
[249] Steindorff, 1904, S. 115.
[250] Stein/Rusch, 1978, S. 139.
[251] Ebenda, S. 79.
[252] Steindorff, 1904, S. 116.
[253] Ebenda. [254] Ebenda, S. 112.

Die gewöhnliche Kleidung der Männer bestand im vorigen Jahrhundert aus Hemd und Hose aus Baumwollstoff; darüber trug man eine kurzärmlige, aus Kamelhaar gewebte Weste (Gibbe) sowie ein weites, weißes Obergewand (Galibiye) aus Schafwolle, das wie ein großes Tuch um den ganzen Körper gelegt wurde. Das kahl rasierte Haupt bedeckte entweder der in Nordafrika weitverbreitete Tarbusch oder eine kleine weiße Baumwollkappe. Die meisten Männer gingen barfuß, nur Reiche trugen Ledersandalen (Bulghe), die man aus Tripolis importierte.[255]

Die Frauen trugen reich bestickte Kleider aus bunten Baumwollstoffen sowie lange, eng anliegende blaue Hosen aus gleichem Material. An den Füßen trugen viele rote Ledersandalen, die ebenfalls von der Küste bezogen wurden. Außerhalb des Hauses hüllte sich jede Frau von Kopf bis Fuß in ein blaues, gestreiftes Obergewand, hinter dem sie beim Herannahen einer männlichen Person stets ihr Gesicht verbarg – eine Sitte, die die Frauen noch bis in die Gegenwart hinein streng befolgen.[256]

Zu festlichen Anlässen legten Frauen und Mädchen ihren reichen Silberschmuck an: Armreifen, verschiedene Arten von Halsketten und Ohrringen sowie für jeden Finger einen unterschiedlich geformten Ring. „However, the most essential and very typical silver ornaments of the Siwans are two – a circular silver bar which they call in the Siwan language aghraw, and which is used by all the well-to-do females. The unmarried girls hang from it a decorated disk, which they call adrim in the Siwan tongue. The second important ornament is the ti'laqayn, which hangs at each side of the head; it has silver chains ending with sleigh-bells, attached to crescent-like ornaments. The number of chains at each side varies between five and nine.“[257]

## 1.6. Eigentums- und Produktionsverhältnisse

### 1.6.1. Das „Wasserrecht“ und die herrschende Oberschicht der „Wassereigentümer“

Über die Besitzverhältnisse innerhalb der siwanischen Gesellschaft und das Ausmaß der sozialökonomischen Differenzierung zu Beginn des 19. Jh. liegen uns keine konkreten Angaben vor. Bis auf eine Ausnahme fehlen sie auch für die Gegenwart fast völlig. Die Ausnahme bildet eine Studie Mitwallys über die Ökonomie der Oasenbevölkerung Ägyptens. Obwohl sie aus Erhebungen aus den Jahren um 1930 beruht, müssen wir ihre Ergebnisse sowie die übrigen spärlichen Bemerkungen zu dieser Problematik aus unserem Jahrhundert in die folgenden Untersuchungen einbeziehen, um das Wesen der Eigentumsverhältnisse in der Oase überhaupt deutlich machen zu können. Dieses methodische Vorgehen ist insofern legitim, als wir der Auffassung sind, daß die von Mitwally beschriebenen Eigentumsverhältnisse sich von denen am Ausgang des 18. Jh. zwar quantitativ, nicht aber qualitativ unterschieden.

1802 schrieb Hornemann: „Jeder Einwohner besitzt einen Garten, oder mehrere, nach Maßgabe seines Vermögens.“ Und an anderer Stelle vermerkte er: „Man sprach viel von dem Reichthume der Einwohner, und ich glaube wirklich, daß es verschiedene wohlhabende Männer unter ihnen geben muß.“[258] Diese spärliche Information ist

[255] Ebenda.
[256] Ebenda.
[257] Fakhry, 1973, S. 45; vgl. auch: Stein/Rusch, 1978, Abb. S. 92, 107.
[258] Hornemann, 1802, S. 19, 23.

alles, was in den Quellen des 19. Jh. zur Frage der Besitzverhältnisse in der Oase enthalten ist.

Erst bei STEINDORFF finden sich wieder einige Hinweise darauf. In seinem Reisewerk spricht er mehrfach von „Reichen" bzw. „Wohlhabenden"[259], an einer Stelle auch von „Großgrundbesitzern"[260], ohne allerdings Basis und Quellen ihres Reichtums näher zu bezeichnen oder zu untersuchen, sieht man einmal von der Bemerkung ab, daß Scheich Habun über einen großen Besitz an Palmen und Grund und Boden verfügte.[261]

Dieser Mangel trifft auch auf die 1973 erschienene Monographie FAKHRYS zu, in der die Eigentumsverhältnisse an den wichtigsten Produktionsmitteln ebenfalls nicht untersucht werden. Dennoch erwähnt der Autor wiederholt das Vorhandensein von reichen „Garten-" bzw. „Landbesitzern"[262], wie er auch häufig von Reichen und Armen spricht und Beispiele für ihren beträchtlich unterschiedlichen Lebensstandard anführt.[263]

1923 konstatierte BELGRAVE: „The population is divided into two classes, the one consisting of the Sheikhs, merchants and landowners, the other of servants and labourers. The former class is an all-powerful minority. There is no middle class."[264] Allerdings vermißt man auch bei ihm – wie auch noch bei einer Reihe anderer, hier nicht näher erwähnter Autoren – eine konkrete Untersuchung der Besitzverhältnisse.

Während die Besitz- und Eigentumsverhältnisse in der Literatur direkt kaum Erwähnung finden, sind aber immerhin Informationen häufiger, die Aufschluß über das Vorhandensein und die Auswirkungen der sozialökonomischen Differenzierung geben. Sie finden sich hauptsächlich im Zusammenhang mit der Beschreibung der politischen Verhältnisse – die weiter unten behandelt werden – sowie der Lebensweise der Oasenbewohner.

Dafür einige Beispiele: Bezüglich der Wohnweise wird im HOHLER-Report festgestellt: „From outside, the houses of the elders and rich can be distinguished, as they are painted white with lime."[265] Neben dieser äußeren Kennzeichnung unterschieden sich die Wohnungen der Reichen von denen der Masse der Bevölkerung vor allem dadurch, daß sie weitaus größer und geräumiger waren[266] und über eine komfortablere Innenausstattung verfügten.[267] Zu dieser zählten u. a. Bettstellen, metallenes Küchengerät und andere aus dem Niltal eingeführte Gegenstände[268], insbesondere aber zahlreiche, von den Beduinen erworbene Schafwollteppiche und -decken und zum Teil sogar kostbare Orientteppiche[269], die bis auf den heutigen Tag als eine Art Statussymbol des Reichtums der Familie angesehen werden. Überdies verfügten nur die Besitzer von Gärten über die bereits an anderer Stelle beschriebenen Sommerunterkünfte, in denen sie die heiße Jahreszeit mit ihren Familien verbrachten.[270]

[259] STEINDORFF, 1904, u. a. S. 62, 103, 111f.
[260] Ebenda, S. 108.
[261] Ebenda, S. 62.
[262] FAKHRY, 1973, S. 26, 30, 41.
[263] Ebenda, S. 45ff.
[264] BELGRAVE, 1923, S. 150.
[265] HOHLER Report, 1900, S. 11. [266] STEINDORFF, 1904, S. 64.
[267] HOHLER Report, 1900, S. 19; STEINDORFF, 1904, S. 64, 116.
[268] HOHLER Report, 1900, S. 19.
[269] Ebenda; STEINDORFF, 1904, S. 64. [270] STEINDORFF, 1904, S. 103.

Die Hauptnahrung der Masse der Siwaner beschränkte sich vorwiegend auf Datteln. Fleisch konnte von ihnen, wenn überhaupt, dann nur zu ganz besonderen Anlässen erworben werden. Die Reichen hingegen konnten es sich häufig leisten. Sie verfügten auch über ausreichende Mengen an verschiedenen Gemüse- und Obstsorten aus ihren großen Gärten sowie andere Nahrungsmittel.[271]

Einige Autoren wollen in Erfahrung gebracht haben, daß „the poor eat cats and dogs . . . as well rats and jerboas, which abound and crows; also the small fish which are caught in the lakes and water courses."[272] Und nach CAILLIAUD sollen sie aus Fleischmangel selbst halbverendete Haustiere noch geschlachtet und nicht nur deren Fleisch, sondern auch die meisten Innereien und teilweise sogar die Haut verzehrt haben.[273] Diese Aussage deckt sich mit einer Beobachtung STEINDORFFS, der berichtet: „So sah ich dort einmal, wie eine Kamelstute ein totes Junges zur Welt gebracht hatte. Sofort wurde dieses zerteilt und verkauft."[274]

Schon rein äußerlich unterschieden sich die Angehörigen der Oberschicht von der Masse der Siwaner. Im Gegensatz zu letzteren trugen sie Sandalen und aus importierten Geweben hergestellte prunkvolle Gewänder.[275] Zudem soll der Silberschmuck ihrer Frauen nicht weniger als zehn Pfund gewogen haben.[276]

Im Zusammenhang mit der Beschreibung des Jahres- und Lebensbrauchtums wiesen insbesondere MAHMUD MOHAMED und FAKHRY wiederholt darauf hin, daß die Reichen auf Grund ihres Besitzes in der Lage waren, diese Ereignisse mit wesentlich höherem ökonomischen Aufwand und damit mit beträchtlich größerem öffentlichen Aufsehen zu begehen, als es die Mehrzahl der Siwaner vermochte.[277]

Eines der markantesten, in der Literatur jedoch kaum erwähnten Unterscheidungsmerkmale zwischen den Angehörigen der reichen Oberschicht und der Masse der Oasenbewohner aber war im vorigen Jahrhundert genau wie noch heute, daß erstere von jeglicher manueller Arbeit befreit waren, während die Männer aus den ärmeren Bevölkerungsschichten selbst bis ins hohe Alter hinein zum Lebensunterhalt ihrer Familien beitragen mußten – die Mehrzahl von ihnen im Dienst der Reichen.

Ungeachtet der teilweise unterschiedlichen Aussagen in Detailfragen – beispielsweise bezweifelt CLINE[278], daß die Siwaner jemals Hundefleisch gegessen haben – belegen die zitierten Quellen insgesamt dennoch ziemlich eindeutig, daß zu Beginn dieses Jahrhunderts innerhalb der siwanischen Gesellschaft eine beträchtliche Reichtumsdifferenzierung existierte, die zu Unterschieden in praktisch allen Sphären des Lebens geführt hatte. Diese Tatsache allein spricht schon für die Annahme, daß sie bereits seit langer Zeit bestanden haben muß.

Die Bezeichnung der Wohlhabenden als „Grundbesitzer" oder „Landbesitzer" sowie die Feststellung, daß sie große Gärten besaßen, weist darauf hin, daß dieser Personenkreis über mehr Grundbesitz verfügte als die Masse der Oasenbevölkerung. Zwar ist

[271] CLINE, 1936, S. 21; HOHLER Report, 1900, S. 19; STEINDORFF, 1904, S. 112; WHITE, 1899, S. 152f.

[272] HOHLER Report, 1900, S. 19; vgl. auch: CLINE, 1936, S. 21.

[273] CAILLIAUD, 1826, Bd. 1, S. 98f.

[274] STEINDORFF, 1904, S. 112.

[275] Ebenda.

[276] FAKHRY, 1973, S. 45.

[277] Ebenda, S. 55; MAHMUD MOHAMED, 1917, S. 2, 5, 8, 18.

[278] CLINE, 1936, S. 21.

dies eine durchaus richtige Beobachtung, doch waren aber trotz dieser Tatsache – im Gegensatz zu den sonst in Agrargesellschaften allgemein üblichen Verhältnissen – in Siwa nicht der Boden Ausgangspunkt der Besitzdifferenzierung, sondern die Quellen. Und diese Besonderheit in der gesellschaftlichen Entwicklung ist von der Mehrzahl der Autoren offenbar nicht erkannt worden.

Das Vorhandensein von Wasser ist eine Grundvoraussetzung für das Leben in der Wüste; es bildet die Existenzgrundlage und damit zugleich das bedeutendste Produktionsmittel einer jeden Oasenbevölkerung. Daraus ergibt sich, daß für die Beurteilung des Charakters der Produktionsverhältnisse innerhalb der Oasengesellschaften weniger die Verfügungsgewalt über den Grund und Boden ausschlaggebend ist – der zumeist ja im Überfluß vorhanden ist –, sondern vielmehr die über die Quellen.

Im vorigen Jahrhundert waren diese in Siwa ausnahmslos Privateigentum; ein Gemeineigentum an Quellen bestand nicht. Ob es das überhaupt jemals gegeben hat und, wenn ja, wer die besitzenden Einheiten gewesen sind, kann zur Zeit noch ebenso wenig beantwortet werden wie die damit im Zusammenhang stehende Frage nach dem Alter des Privateigentums an Wasser. Da die Dattelpalme als Hauptkultur und damit Dauerkultur mit der Möglichkeit der Erzeugung eines hohes Mehrproduktes bereits seit dem Altertum angebaut wurde, ist es immerhin denkbar, daß sich individuelle Eigentumsrechte bereits in dieser Periode herausgebildet haben könnten; aber zu beweisen ist eine solche Hypothese bisher nicht.

Ungeachtet dessen deutet die Ausgeprägtheit und Kompliziertheit der zu Beginn des 19. Jh. in der Oase existierenden Eigentums- und Ausbeutungsverhältnisse im allgemeinen und das private Wassereigentum, das „Wasserrecht“, im besonderen darauf hin, daß sie sich offensichtlich schon lange vordem herausgebildet haben müssen.

Wie noch ausführlicher darzustellen sein wird, waren nur wenige Quellen Eigentum von jeweils lediglich einer einzigen Person; in der Regel teilen sich mehrere in die Eigentumsrechte an einer Quelle. Aus diesem Grunde gibt es bis heute für jede ein „Quellenverzeichnis“, das Defter el-Ain, in dem die – meistenteils sehr unterschiedlichen – Wasseranteile der einzelnen Eigentümer exakt fixiert sind, und in dem auch jede Besitzänderung festgehalten wird.[279]

Da die Quellen unabhängig von Tages- und Jahreszeit stets gleichbleibend ergiebig sind, erfolgt die Verteilung des Wassers auf der Basis von Zeiteinheiten. Die größte dieser Einheiten wird Wadjba genannt; sie umfaßt die Zeit zwischen Sonnenaufgang bis Sonnenuntergang bzw. von Sonnenuntergang bis Sonnenaufgang, also jeweils 12 Stunden. Eine Wadjba unterteilt man in 8 Tomn, also etwa 1,5 Stunden, und 1 Tomn nochmals in 12 Kamha, womit 1 Kamha demnach der Zeit von rund 7,5 Minuten entspricht.[280]

Auf der Basis dieser Zeiteinheiten „each of the owners is entitled, in turn, to use the whole flow of the well for a time in proportion to his share in the water“.[281] Jedem Wasserbesitzer ist bekannt, zu welchem Zeitpunkt und wie lange er jeweils das Wasser

[279] FB Stein, 1969, S. 587ff.

[280] Mitwally, 1951, S. 123. Der Autor schreibt zwar „... the Wagba is divided into 8 ‘tomn’ and the ‘tomn’ into 24 ‘Kamha’“, in der anschließenden Beispieltabelle geht aber auch er von der von uns genannten Teilung, also ein Tomn = 12 Kamha, aus. Eine der zahlreichen Ungenauigkeiten in dieser ansonsten verdienstvollen ersten ökonomischen Studie der traditionellen siwanischen Wirtschaft, die bedauerlicherweise etliche Ergebnisse in Frage stellen muß.

[281] Mitwally, 1951, S. 122.

der Quelle entsprechend den ihm zustehenden Anteilen nutzen darf. Sollte er einmal diesen Zeitpunkt verpassen, so muß er warten, bis der gesamte Zyklus der Wasserentnahme vorbei ist und die Reihe wieder an ihn kommt.[282]

Dieser Fall tritt in der Praxis jedoch kaum ein, denn erfahrene Wasserfunktionäre, „who are skilled in dividing the time by observing sun by day and stars by night“[283], überwachen die Einhaltung des festgelegten Turnus der Wasserentnahme. Sie fungieren zugleich als „Schiedsrichter“ in allen Streitfällen, die das Wasserrecht betreffen, und ihre Entscheidungen sind bindend.[284]

Die Gesamtheit der Wasseranteile an einer Quelle bzw. die sie repräsentierende Gesamtstundenzahl eines Zyklus ist abhängig von ihrer Ergiebigkeit und der Beschaffenheit des sie umgebenden Bodens. Zwar behauptet MITWALLY, daß „the number of days that will form the rotation . . . never exceeds 10 days (this suits the date palm)“[285]. Das im Anschluß daran von ihm selbst angeführte Beispiel der einzelnen Wasseranteile an der „Ain Tamzough“ aber weist einen Zyklus von insgesamt 390 Stunden oder 16 $^1/_4$ Tagen aus.[286] Darin aber ist die Zeit noch nicht einmal enthalten, die für den regelmäßigen Anstau der Quelle benötigt wird. Rechnet man diese hinzu, kommt man bei der genannten Quelle sicherlich auf einen Zyklus von über 20 Tagen.

MITWALLY stellte ferner fest: „An odd number of ‘Amela’ (Wadjba – die Verf.) is invariably chosen to form the rotation of irrigation, so that those share holders who draw their water at night during one rotation can take it during the day time during the next one. This is necessary because in summer the day is longer than night and people who receive their share by day would accordingly get more water than those receiving it at night.“[287] Inwieweit diese Feststellung zutreffend ist oder ob die Veränderung des Zyklus nicht allein schon durch die Anstauzeiten erreicht wird, kann von den Verf. nicht beurteilt werden.

Wie zu Beginn dieses Abschnitts festgestellt, teilen sich in der Regel mehrere Personen in das Eigentum an einer Quelle; bei den größten z. T. fünfzig und mehr.[288] MITWALLYS Studie enthält eine Übersicht über die Wasseranteile an der „Ain Tamzough“. Sie ist die einzige ihrer Art, die unseres Wissens nach bislang in der Literatur veröffentlicht wurde, und soll deshalb an dieser Stelle ungekürzt wiedergegeben werden[289]:

„The following table compiled from the record book of ‘Ain Tamzough’ shows the distribution of water rights among the owners of the well.

| Owners | Wagba | Tomn | Kamha | In terms of hours & minutes | |
|---|---|---|---|---|---|
| 1 | 5 | 1 | 8 | 62 | 30 |
| 2 | 5 | 2 | 8 | 64 | |
| 3 | 5 | — | 8 | 61 | |
| 4 | 4 | 3 | — | 52 | 30 |
| 5 | 2 | 4 | — | 30 | |

[282] FB STEIN, 1969, S. 589.
[283] HOHLER Report, 1900, S. 14.
[284] Ebenda.
[285] MITWALLY, 1951, S. 122.
[286] Ebenda, S. 123.
[287] Ebenda, S. 122.
[288] Ebenda, S. 142.
[289] Ebenda, S. 123.

Fortsetzung der Tabelle

| Owners | Wagba | Tomn | Kamha | In terms of hours & minutes | |
|---|---|---|---|---|---|
| 6 | 1 | 6 | – | 21 | |
| 7 | 2 | – | – | 24 | |
| 8 | 1 | 4 | – | 18 | |
| 9 | 1 | 2 | – | 15 | |
| 10 | – | 6 | – | 9 | |
| 11 | – | 5 | – | 7 | 30 |
| 12 | – | 3 | – | 4 | 30 |
| 13 | – | 3.5 | – | 5 | 15 |
| 14 | – | 1 | – | 1 | 30 |
| 15 | – | 1.5 | – | 2 | 15 |
| 16 | – | 1 | – | 1 | 30 |
| 17 | – | 1 | – | 1 | 30 |
| 18 | – | 2 | – | 3 | |
| 19 | – | 1 | – | 1 | 30 |
| 20 | – | 1 | – | 1 | 30 |
| 21 | – | 0.5 | – | | 45 |
| 22 | – | 0.5 | – | | 45 |
| 23 | – | 1 | – | 1 | 30“ |

Diese Übersicht weist aus, daß sich zum Zeitpunkt der Erhebung insgesamt 23 Eigentümer in die Quelle teilten. Sie verdeutlicht zugleich auch die große Differenziertheit zwischen der Größe der einzelnen Anteile, denn sie reichte von 64 Stunden bis zu lediglich 45 Minuten innerhalb eines Gesamtzyklus von über 20 Tagen.

Die Teilung der Eigentumsrechte an den Quellen resultiert ursächlich wohl aus dem auch von den Siwanern übernommenen islamischen Erbfolgerecht, demzufolge das hinterlassene Erbgut eines verstorbenen Familienoberhauptes zu gleichen Teilen auf dessen Söhne aufzuteilen ist. Zum anderen aber ist sie Folge und Resultat des sozialökonomischen Differenzierungsprozesses. Basierend auf der rechtlich anerkannten freien Verfügungsgewalt des Individuums über sein persönliches Eigentum wurde das Wasser „the most cherished individual property, alienable, to be hired and can be hypothecated“.[290] Unter Ausnutzung ihrer ökonomischen wie außerökonomischen Position vermochten sich die Angehörigen der reichen Oberschicht zunehmend die Wasseranteile der ärmeren Oasenbauern anzueignen, wodurch sie Anteile an vielen Quellen erwarben.

Mitwally erklärt die Teilhaberschaft der Reichen an verschiedenen Quellen damit, daß „the individuals are inclined to have their shares of water divided among as many wells as possible rather than to have them all from one well. The fact that the wells are liable to stop flowing or their flows to decrease, either through the chocking of channels or the accumulation of sand in the outlet, makes the people careful so as not to keep ‘all their eggs in one basket’“[291] – eine unserer Ansicht nach reichlich idealistische Interpretation, die die sozialökonomische Differenzierung völlig außer acht läßt bzw. negiert.

Im Gegensatz zu den Quellen spielte der Boden im sozialökonomischen Differenzierungsprozeß keine oder kaum eine Rolle. Denn da seine Kultivierung ganz von dem

[290] Hamdan, 1961, S. 139.
[291] Mitwally, 1951, S. 142.

zur Verfügung stehenden Wasser abhing und er zudem im Überfluß vorhanden war, kam es in Siwa nicht eigentlich zur Ausbildung eines individuellen Grundeigentums.

Deshalb wurde den Bodenbesitzverhältnissen in der Literatur auch kaum Beachtung geschenkt. Den spärlichen Angaben darüber aber ist immerhin zu entnehmen, daß jeder Oasenbauer faktisch solange ein zeitlich unbegrenztes, uneingeschränkt vererbbares und auch veräußerliches Verfügungsrecht über allen von ihm bestellten Boden, einschließlich der zeitweilig zur Erholung brachliegenden Gemüse- bzw. Getreideanbauflächen, besitzt, solange dieser noch erkenntliche Züge der Nutzung – und sei es nur das Abernten der Dauerkulturen – aufweist. Alles übrige Land ist Gemeinschaftseigentum und kann von jedem uneingeschränkt genutzt werden; dieses Recht schließt das Recht auf die Urbarmachung jeder beliebigen Brachfläche ein, wodurch diese automatisch in individuellen Besitz übergeht.[292]

Über die zahlenmäßige Stärke der Schicht der siwanischen Wassereigentümer gibt es nach Kenntnis der Verfasser bisher nur erst eine veröffentlichte Aussage, und zwar von Mitwally. Alle anderen Quellen lassen diese Frage außer acht. Generell muß zu diesem Problem festgestellt werden, daß in Siwa weder Kinder noch Frauen, die bis zum heutigen Tag vom eigentlichen Produktionsprozeß konsequent ausgeschlossen sind, irgendwelche Eigentumsrechte an den Hauptproduktionsmitteln besitzen können. Diese Möglichkeit beschränkt sich ausnahmslos auf die männliche Bevölkerung, die etwa ein Drittel der Gesamtbevölkerung ausmacht und die zumindest zu Beginn unseres Jahrhunderts im wesentlichen noch identisch war mit der Zahl der im Bodenbau Tätigen.

Und ihre Zahl betrug nach der Volkszählung aus dem Jahre 1927 insgesamt 1126 Personen.[293] Mitwally, dessen Studie wir dieses Ergebnis entnahmen, schreibt: „About 200 persons or 5 % of the population are known to possess land, while the rest own nothing whatever and are employed by the landlords for the cultivation of their land.“[294]

Diese Angabe – die zwar von keinem anderen Autor bestätigt wurde, nach Ansicht der Verf. aber dem ungefähren Ausmaß der Besitzdifferenzierung in den zwanziger Jahren unseres Jh. annähernd entsprochen haben konnte – kann jedoch nicht automatisch auf die Verhältnisse zu Beginn des vorigen Jahrhunderts übertragen werden. Denn es ist anzunehmen, daß zu diesem Zeitpunkt die Zahl der Wassereigentümer – um diese handelte es sich ja bei den von Mitwally als „landlords“ Bezeichneten – noch größer gewesen ist und sich erst im Verlaufe des seitdem verstärkt einsetzenden Differenzierungsprozesses reduziert hat.

Und noch eine Bemerkung muß zur Angabe Mitwallys gemacht werden: Sie enthält keinen Hinweis auf die Differenziertheit zwischen den Wasserbesitzern selbst, die – wie u. a. das oben zitierte Beispiel der Eigentumsanteile an der „Ain Tamzough“ zeigt – ganz offensichtlich bereits sehr beträchtlich gewesen sein muß.

Mit Sicherheit können wir davon ausgehen, daß damals wie heute der überwiegende Teil der Wassereigentümer über eine kaum größere Gartenfläche verfügte, als zum Unterhalt der eigenen Familie erforderlich war. Sie wurde von ihnen selbst bzw. ihren Söhnen allein, ohne fremde Hilfe, bearbeitet und brachte ihnen kaum nennenswerte Mehrerträge.

[292] Ebenda.
[293] Ebenda, S. 146.
[294] Ebenda, S. 142f.

Nur ein zahlenmäßig kleiner und im Zuge der sozialen Differenzierung ständig geringer werdender Teil der Wassereigentümer verfügte über ein den Eigenbedarf beträchtlich übersteigendes Wasserreservoir. Dieser Teil repräsentierte die eigentlich „Reichen“ der Oase, die es infolge ihrer Verfügungsgewalt über den Großteil des wichtigsten Produktionsmittels vermochten, die Masse der „wasserlosen“ Oasenbewohner auszubeuten und sich dadurch in den Besitz des in Siwa erzeugten Mehrproduktes zu bringen.

Aus den Ausführungen von Mitwally ist nicht ersichtlich, ob die 200 „landlords“ in der von ihm angegebenen Zahl von 1126 im Bodenbau tätigen Personen enthalten sind, jedoch ist es anzunehmen. Zieht man sie von der Gesamtzahl ab und nochmals eine etwa gleich große Anzahl von Männern, die in den Gärten ihrer Väter beschäftigt waren, so blieben immerhin noch rund 6–700 „wasserlose“ und damit von den Reichen beschäftigte männliche Oasenbewohner – ein Verhältnis, das, bezogen auf die unterschiedlichen Volkszählungsergebnisse von 1927 und 1966, dem von den Verf. für 1976 ermittelten in etwa entspricht.

Selbst wenn man berücksichtigt, daß sich dieses für die zwanziger Jahre unseres Jahrhunderts ermittelte Verhältnis seit Beginn des 19. Jh. nicht unwesentlich zuungunsten der Besitzlosen verändert hat, bleibt dennoch die Tatsache, daß ihre Zahl auch zu diesem Zeitpunkt bereits beträchtlich war. Unter ihnen ließen sich zwei soziale Gruppen unterscheiden: die Zaggala und die Sklaven.

### 1.6.2. Die Zaggala

Fakhry übersetzt diesen Begriff aus der siwanischen Sprache als „club-bearers“, Cline mit „warriors“.[295] Diese beiden Autoren sind die einzigen, die nähere Ausführungen über die Zaggala gemacht haben, so daß wir uns hauptsächlich auf ihre Angaben stützen müssen. „The zaggalah are the unmarried labourers in the service of the landowners. This group of youth who took care of the gardens and fields during the day, were a kind of militia and night guards“, stellt Fakhry in einer Fußnote fest[296] und führt an anderer Stelle weiter aus: „These are a special class of the inhabitants whose duty was, and still is, to work in the fields and gardens of the rich landowners during the day. A number of them were supposed to constitute a body of guards for the oasis during the night. A group of them were also chosen to be in attendance on the heads of the families and the rich landowners.“[297] Und Cline charakterisiert diese Gruppe folgendermaßen: „The Zaggalah – men and boys who work as servants, cultivate the soil, and band together for recreation – form the most clearly defined occupational class ... (They) are usually unmarried ... Besides working in the gardens, the zaggalah were the main fighting force.“[298]

Aus diesen und den folgenden Ausführungen geht hervor, daß es sich bei den Zaggala um die unverheirateten Männer unter den Oasenbewohnern handelte. Sie wurden in der Mehrzahl zur Bearbeitung der Gärten eingesetzt, einige von ihnen waren als Diener in den Haushalten der Reichen tätig. Darüber hinaus oblag ihnen bis ins vorige Jahrhundert die Verteidigung der Wohnburgen gegen räuberische Übergriffe

[295] Cline, 1936, S. 18; Fakhry, 1973, S. 40.
[296] Fakhry, 1973, S. 30.
[297] Ebenda, S. 40f.
[298] Cline, 1936, S. 17ff.

von seiten der Nomaden; auch fungierten sie offensichtlich als eine Art Exekutivorgan. Man soll sie mit dem Vollzug der Strafen an Personen betraut haben, die gegen die bestehenden Rechtsnormen verstoßen hatten und dafür verurteilt worden waren.[299] Die Art der Strafen wird allerdings nicht erwähnt.

Über die Entlohnung der Zaggala schreibt FAKHRY: „The rich person who engages a zaggal to work for him is responsible for all his meals the year round, clothes him with a shirt of cotton with short sleeves in the summer, and a shirt with long sleeves, a woolen hand-woven tunic, which they called a gibbeh, and a turban-cloth in winter. At the end of the year he must give him forty bushels of the best variety of dates (the saidi) and twenty bushels of barley for his services."[300] Diese Angaben stimmen mit denen von CLINE und MITWALLY überein.[301]

Übereinstimmung herrscht in der Literatur auch darüber, daß es im vorigen Jahrhundert den unverheirateten Männern streng untersagt war, sich nachts innerhalb der Wohnburg aufzuhalten. Sobald ein Junge das Pubertätsalter erreicht hatte, mußte er – ungeachtet der gesellschaftlichen Stellung seines Vaters – das elterliche Haus verlassen und sich bis zu seiner Verheiratung außerhalb der Mauern der Wohnburg eine Unterkunft suchen.

Und dieser Regelung, die von mehreren Reisenden erwähnt wird, hatte auch jeder geschiedene bzw. verwitwete Mann Folge zu leisten.[302] Zwar durften sie tagsüber auch weiterhin Verwandte und Freunde in der Wohnburg aufsuchen, bei Sonnenuntergang jedoch hatten sie diese unverzüglich zu verlassen.[303] Als Grund für diese Einschränkung gegenüber den Unverheirateten nimmt FAKHRY an, daß man ihnen keine Gelegenheit geben wollte, zu den in der Wohnburg lebenden Frauen und Mädchen Beziehungen aufzunehmen.[304] Die Glaubwürdigkeit dieser Annahme wird bestärkt durch den in mehreren Berichten erwähnten Fakt, daß es unverheirateten Frauen streng untersagt war, sich in den Unterkünften der Zaggala aufzuhalten oder an ihren geselligen Zusammenkünften teilzunehmen.[305]

Viele der unverheirateten Männer lebten entweder in Palmstrohhütten in den Gärten, zumal wenn diese weit entfernt von den Ansiedlungen gelegen waren, oder richteten sich ihre Nachtlager in den zahlreich in der Oase anzutreffenden Felsengräbern ein.[306] Während FAKHRY nur diese beiden Unterkunftsmöglichkeiten für die Zaggala erwähnt, behaupten andere Autoren, daß sich ein Teil von ihnen auch feste Häuser am Fuße der Wohnburg errichtete, wodurch im Laufe der Zeit ein regelrechtes „Junggesellendorf" entstanden sei.[307] So schreibt beispielsweise CLINE: „Before and during the 19th century, when Siwah stood in constant danger from Arab raids, the unmarried men lived in a little village by themselves at the base of the hill."[308]

299 FAKHRY, 1973, S. 41.

300 Ebenda.

301 CLINE, 1936, S. 17; MITWALLY, 1951, S. 145.

302 Vgl. u. a. CLINE, 1936, S. 18; FAKHRY, 1973, S. 40; GRÜNAU, 1899, S. 275; ST. JOHN, 1849, S. 155.

303 FAKHRY, 1973, S. 41; ST. JOHN, 1849, S. 155.

304 Ebenda.

305 Vgl. CAILLIAUD, 1826, Bd. 1, S. 91f.; CLINE, 1936, S. 18.

306 CLINE, 1936, S. 18; FAKHRY, 1973, S. 41.

307 GRÜNAU, 1899, S. 275.

308 CLINE, 1936, S. 18.

Ähnlich äußerten sich u. a. auch CAILLIAUD, GRÜNAU und ST. JOHN.[309] In dieser Siedlung sollen die Zaggala auch eigene „Clubhäuser“ unterhalten haben.[310] Hier wie auch in den Gärten trafen sie sich nach der Tagesarbeit zur geselligen Unterhaltung, in deren Mittelpunkt Gesang, Musik und Tanz stand. Dabei sollen sie – entgegen den Abstinenzforderungen des Koran – gelegentlich auch dem berauschenden Lagbi kräftig zugesprochen haben.

FAKHRY berichtet aus eigenem Erleben über diese Zusammenkünfte: „The Zaggalah ... spent their leisure time in drinking an intoxicating drink, Lagbi, ... singing and dancing and indulging in all kinds of pleasures which suited their age and temperament. Under such circumstances it is not surprising that homosexuality was common among them ... I attended, on many occasions, the parties of some of these groups, either in the day in the gardens, or in the evenings in the town square, or inside one of the houses. The parties held during the day were generally quiet ... Their gayest parties are those held in the evenings, when they get very drunk and begin to dance in a circle. Each one puts a girdle around his waist and another above his knees and moves round and round ... It does not take long before the onlookers observe that some of the dancers come very close to those in front of them and the dance turns into erotic movements.“[311]

Nicht nur FAKHRY, sondern – wie dieser meint – „in almost every book or article written about Siwa, the author refers to the homosexuality of the inhabitants.“[312] In der Tat scheint diese Erscheinung unter den Zaggala früher verbreitet gewesen zu sein, was nicht zuletzt dadurch unterstrichen wird, daß sie noch bis in unser Jahrhundert hinein regelrechte „Ehekontrakte“ miteinander schlossen, was STEINDORFF zu dem Kommentar veranlaßte: „Darin sieht man durchaus nichts Verachtenswertes, das sorgfältig verheimlicht werden müsse; im Gegenteil wurden bis vor nicht allzu langer Zeit derartige Heiraten unter Männern ganz öffentlich mit großem Gepränge gefeiert.“[313]

FAKHRY vermerkt in einer Fußnote: „Up to the year 1928, it was not rare that some kind of a written agreement, which was sometimes called a ‘marriage contract’ was made between two males ... The celebration of marrying a boy was accompanied by great pomp and banquets, to which many friends were invited. The money paid as mahr (i. e. dowry) for a boy, and the other expenses were much more than what was spent when marrying a girl.“[314]

Jedoch waren diese gleichgeschlechtlichen Beziehungen der Zaggala untereinander weder eine spezielle „Charaktereigenschaft“ der Siwaner, wie es einige, besonders ägyptische, Autoren ihren Lesern in der offenkundigen Absicht zu suggerieren versuchten, dadurch die Oasenbevölkerung insgesamt zu diskreditieren, noch waren sie allein auf die Auswirkungen des Lagbi-Genusses zu reduzieren, wie das u. a. von FAKHRY behauptet wird. Unserer Ansicht nach waren sie in erster Linie Ausdruck und Folge der gesellschaftlichen Verhältnisse und der daraus resultierenden diskriminierenden sozialen Bedingungen, unter denen die Zaggala besonders im vergangenen Jahrhundert

309 CAILLIAUD, 1826, Bd. 1, S. 91f.; ST. JOHN, 1849, S. 155.
310 FAKHRY, 1973, S. 42.
311 Ebenda, S. 41–43.
312 Ebenda, S. 43.
313 STEINDORFF, 1904, S. 111.
314 FAKHRY, 1973, S. 43.

zu leben gezwungen wurden. Denn es handelte sich bei ihnen keinesfalls, wie man auf den ersten Blick vermuten könnte, nur um einen „Altersklassenverband", dessen Mitgliedschaft zeitlich begrenzt wurde durch Pubertät und Heirat. An eine derartige, für zahlreiche afrikanische Ethnen in der Periode der entwickelten Gentilgesellschaft und deren Zerfall typische soziale Organisationsform erinnert lediglich die Tatsache, daß die Zaggala – oder zumindest die überwiegende Mehrheit von ihnen – unverheiratet waren. Im vorigen Jahrhundert bildeten sie eindeutig eine soziale Schicht innerhalb der siwanischen Gesellschaft, deren Stellung dadurch bestimmt wurde, daß sie über keine Produktionsmittel verfügten und daher gezwungen waren, ihren Lebensunterhalt im Dienste der Wassereigentümer zu verdienen.

Fakhry macht die Einschränkung, daß die unverheirateten Söhne reicher Familien nicht zu den Zaggala zu rechnen seien, sondern daß es sich bei diesen ausschließlich nur um die Söhne der „wasserlosen" Siwaner handelte.[315] Obwohl, wie wir gleich zeigen werden, gewisse Unterschiede zwischen ihnen in der Tat bestanden, kann man unserer Meinung nach dieser Auffassung dennoch nicht zustimmen, da sie vor allem die herrschenden streng patriarchalischen Familienverhältnisse unberücksichtigt läßt.

Grundlage dieser Verhältnisse bildete der Islam und insbesondere seine Rechts- und Moralvorstellungen, die die Oasenbewohner zusammen mit dem Glauben im Mittelalter übernommen hatten. Diese fordern u. a. von den Kindern unbedingten Gehorsam gegenüber dem und bedingungslose Unterordnung unter das Familienoberhaupt. Diese Forderung schließt für sie die Pflicht ein, bereits von frühester Jugend an, ihrem jeweiligen Alter angemessen, zum Unterhalt der Familie beizutragen. Über ihre Arbeitsergebnisse verfügt ausschließlich das Oberhaupt, das auch seine Verwendung bestimmt.

Unter diesen islamisch-patriarchalischen Verhältnissen, die natürlich auch das Leben in den Familien der Wohlhabenden bestimmten, waren selbst die Söhne der Reichsten zumindest bis zu ihrer Heirat genauso besitzlos und damit ökonomisch abhängig wie die Söhne der Armen und deshalb wie diese zur Arbeit für ihr Familienoberhaupt gezwungen. Das bestätigen u. a. Forschungsergebnisse der Verfasser, wie auch ein von Cline erwähntes Beispiel, nach dem der angesehene Scheich Muhammed Tomi vor seiner Heirat als Diener bei einem reichen Bruder tätig war.[316] Und schließlich mußten die unverheirateten Söhne der Wohlhabenden genauso außerhalb der Wohnung nächtigen wie ihre ärmeren Altersgenossen. Dennoch bestanden beträchtliche Unterschiede zwischen ihnen. So konnten die Söhne reicher Familien in deren eigenen Gärten arbeiten, während sich die ärmeren bei „fremden" Wassereigentümern verdingen mußten, wobei sie es offenbar immerhin noch als Vorzug ansahen, wenn diese wenigstens ihrem eigenen Clan angehörten.[317]

Während die Mehrheit der Zaggala kaum mehr auf materielle Unterstützung von zu Hause rechnen konnte und daher völlig oder doch weitgehend von ihren jeweiligen Herren abhängig war, hatten die erstgenannten auch weiterhin an dem wesentlich höheren Lebensstandard ihrer Familien teil. Das gab ihnen u. a. die Möglichkeit, großzügige Beiträge zu den häufig stattfindenden geselligen Vergnügungen der Zaggala zu

[315] Ebenda, S. 41.
[316] Cline, 1936, S. 17.
[317] Fakhry, 1973, S. 41.

leisten bzw. diese allein auszurichten, wodurch zweifellos ihr Ansehen und Einfluß unter ihnen wuchs und sie zu deren Wortführern avancierten.[318] Diese Position wurde noch dadurch gestärkt, daß in den Gärten ihrer Familien außer ihnen ja auch alle übrigen Zaggala beschäftigt waren, gegenüber denen sie eine Art Aufseher- bzw. Anführerfunktion ausübten.

Ein bedeutender Unterschied zwischen ihnen bestand schließlich hinsichtlich der Dauer dieses speziellen Abhängigkeitsverhältnisses, das ja mit der Heirat des betreffenden Zaggala beendet wurde. Die reichen Wassereigentümer gestatteten ihren bzw. deren Söhnen normalerweise schon zwischen dem 15. und 18. Lebensjahr eine eigene Familie zu gründen. Die Entscheidung über den Zeitpunkt lag ja allein bei ihnen.[319]

Zwar mußten die Verheirateten in der Regel auch weiterhin in ihren Gärten tätig sein, erlangten durch die Heirat aber einen höheren gesellschaftlichen Status. Denn durch diesen Schritt wurden sie künftig als vollwertige Mitglieder der Gemeinschaft akzeptiert und erhielten alle damit verbundenen Rechte. Darin eingeschlossen war u. a. das Recht, in der Wohnburg zu siedeln und an den öffentlichen Ratsversammlungen teilzunehmen.[320] Durch die Teilnahme an diesen Sitzungen hatten sie die Möglichkeit, durch aktives und geschicktes Auftreten öffentliches Ansehen zu erringen und sich damit für die Übernahme der gesellschaftlichen Funktionen ihrer Oberhäupter nach deren Ableben zu empfehlen.[321]

Derart günstige Perspektiven gab es für die Mehrheit der Zaggala am Anfang des vorigen Jahrhunderts nicht mehr. Im Gegenteil. Ihre ökonomische Lage ausnutzend, vermochten es die Angehörigen der reichen Oberschicht in zunehmendem Maße, das Heiratsalter der von ihnen beschäftigten Zaggala immer weiter hinauszuschieben und sie so länger in ihren Diensten zu halten – nach Fakhry z. T. sogar schon bis zum 40. Lebensjahr.[322]

Dabei kam den Reichen sicherlich der Umstand zugute, daß die Zahl der männlichen Oasenbewohner die der weiblichen überstieg. Und da die Familienoberhäupter natürlicherweise bestrebt waren, ihre Töchter in ökonomisch möglichst wohlsituierte Familien zu verheiraten, war es für die ärmsten Zaggala schwer, überhaupt eine Frau zu finden. Zudem behinderte ihre Aussiedlung aus der Wohnburg eine Kontaktaufnahme zu den unverheirateten Mädchen.

Aber auch nach der Heirat änderte sich die Lage der Masse der Zaggala kaum. Zwar wurden sie vom Status her dadurch ebenfalls vollberechtigte Mitglieder der Gemeinschaft und durften in der Wohnburg siedeln. Auf Grund ihrer durch die Besitzlosigkeit an Produktionsmitteln bestimmten ökonomischen Position aber blieben sie von den Reichen abhängig. Um ihrer und ihrer Familien Lebensunterhalt zu verdienen, mußten sie sich entweder Wasseranteile pachten oder aber weiterhin als Gartenarbeiter tätig bleiben. Dafür wurde ihnen häufig eine bestimmte Anzahl Fruchtbäume in den von ihnen zu bearbeitenden Gärten zugewiesen, deren Erträge ihnen für die Dauer ihrer Tätigkeit als Entlohnung zur freien Verfügung standen.[323]

Auf diese Weise sicherten sie sich zwar ihre Existenz, hatten aber kaum die Mög-

[318] Cline, 1936, S. 19; Fakhry, 1973, S. 41.
[319] Fakhry, 1973, S. 41.
[320] Cline, 1936, S. 18f.; Fakhry, 1973, S. 41; Hornemann, 1802, S. 21.
[321] Hornemann, 1802, S. 21.
[322] Fakhry, 1973, S. 41.
[323] Rusch/Stein, 1977 (b), S. 74.

lichkeit, in die Oberschicht aufzusteigen. Denn die von ihnen erarbeiteten geringen Mehrerträge flossen in der Regel über den Handel bzw. in Form von Pacht- oder Kreditzinsen fast vollständig wieder in die Taschen der Reichen. Daher gelang es ihnen faktisch niemals, eigene Eigentumsrechte an Quellwasser zu erwerben und sich aus der Abhängigkeit von den reichen Wassereigentümern zu lösen. Die Folge dessen war u. a., daß sich eine wachsende Zahl von Oasenbauern gezwungen sah, selbst noch nach ihrer altersbedingten Aufgabe der Gartenarbeit durch andere Tätigkeiten – u. a. der Flechterei – auch weiterhin zum Lebensunterhalt ihrer Familien beizutragen.[324]

Diese Ausführungen dürften bewiesen haben, daß es sich bei den Zaggala zu Beginn des 19. Jh. nicht um eine gentilgesellschaftliche „Altersklasse“ handelte, sondern um eine zahlenmäßig starke soziale Schicht, die dadurch charakterisiert war, daß ihre Angehörigen über keine Produktionsmittel verfügten und daher gezwungen waren, ein Abhängigkeitsverhältnis zu den Wassereigentümern einzugehen, das in vielen Fällen allerdings noch durch verwandtschaftlich-gentile Bindungen verschleiert wurde. Die Zaggala bildeten im vorigen Jahrhundert eindeutig die Hauptproduktivkraft in der Oase.

Völlig abwegig ist die von CLINE wiedergegebene Information: „When questioned as to membership in the zaggalah, my informant replied, ‘Whoever wants some fun’“.[325] Er interpretiert also die Zaggala als eine Art „Vergnügungsclub“, dessen Mitgliedschaft der subjektiven Entscheidung des Einzelnen oblag. Eine derartige Interpretation wird nicht nur durch die vorgenannten Tatsachen ad absurdum geführt, sondern auch durch die folgende Bemerkung FAKHRYS: „With time“, schreibt er, „the rich owners depended entirely on the zaggalah, not only for hard work in the fields and gardens, but also in their fights. In the middle of the 17th century, the zaggalah had become a powerful group and acquired the right to have their voice heard in any dispute concerning the gardens, or in the fights which often occured between the two factions of the town. In more than one place in the Siwan Manuscript we read that the council of the heads of the families had to change their decisions, or their agreements with others, because their own zaggalah did not consider them acceptable.“[326]

Diese Ausführungen sowie das in den Anmerkungen zitierte konkrete Beispiel einer derartigen Kontroverse[327] deuten darauf hin, daß es offenbar schon vor dem 19. Jh. zu sozialen Spannungen und Auseinandersetzungen zwischen den Zaggala und den reichen Wassereigentümern gekommen war. Ursache dafür können nur die Arbeits- und Lebensbedingungen gewesen sein, unter denen erstere bereits damals zu existieren gezwungen waren. Anders ist dieser Widerstand kaum zu erklären, zumal unter den in Siwa herrschenden streng islamisch-patriarchalischen Verhältnissen.

[324] STEIN/RUSCH, 1978, S. 74.
[325] Cline, 1936, S. 17.
[326] FAKHRY, 1973, S. 41.
[327] FAKHRY, 1973, S. 41f., berichtet über die Kontroverse, die er offenbar dem Siwa-Manuskript entnahm, folgendes: „The following story shows that they (die Zaggala – die Verf.) were far from being under control. In the early years of the 18th century (circa 1705) a number of Bedouin women of doubtful character, under the leadership of one of their number, settled at Siwa and pitched their tents at the foot of the hill at a spot known nowadays as al-Manshiyah. This was during the season of selling the dates, when many caravans arrive in the oasis and business flourishes. They succeeded in giving many of the Bedouin ‘a home away from home’, and managed also to attract

### 1.6.3. Die Sklaven und ihre Nachkommen

Den Zaggala in sozialer Hinsicht am nächsten standen die Sklaven. Sie waren ebenfalls ausnahmslos ohne Eigentum an Produktionsmitteln, und ihre Nachkommen stehen bis auf den heutigen Tag auf der untersten Stufe innerhalb der Oasengemeinschaft.[328] Das mag auch die Tatsache erklären, daß ihnen trotz ihrer nicht unbedeutenden Zahl in der Literatur kaum Beachtung geschenkt wurde.

Die Ansiedlung von Sklaven schwarzafrikanischer Herkunft in der Oase erfolgte seit dem Mittelalter, als Siwa sich zu einem bedeutenden Rastplatz zwischen dem Niltal respektive der Mittelmeerküste und den subsaharischen Ländern entwickelte. Informationen über die Zahl der auf diesem Wege nach hier gelangten Schwarzafrikaner fehlen vollständig. In den veröffentlichten Quellen finden sich lediglich zwei Angaben über die Zahl der in Siwa lebenden Sklaven bzw. deren Nachkommen. Die erste stammt von ROHLFS, der aus dem Jahre 1869 berichtete: „Die Siuahner selbst gaben mir die Zahl der waffenfähigen Männer auf 600 Mann und 800 männliche Sklaven für die ganze Bevölkerung an“, und MITWALLY bezifferte die Zahl der Sklavennachkommen 1936 auf 500.[329]

Die Angaben lassen unschwer erkennen, daß es sich nur um sehr vage Schätzwerte handelt, die auf Grund fehlender Informationen weder zu bestätigen noch zu korrigieren sein werden, zumal sich etliche der Sklaven im Laufe der Zeit mit der einheimischen Bevölkerung mischten. Dennoch bestätigen sie den Gesamteindruck, den die Verfasser während ihres Aufenthaltes in der Oase von der gegenwärtigen anthropologischen Bevölkerungszusammensetzung gewinnen konnten: Ihr Anteil an der Gesamtbevölkerung im vorigen Jahrhundert muß beträchtlich gewesen sein. Daraus folgt, daß sie damals eine bedeutende Produktivkraft repräsentierten, die durch ihre Arbeit im Dienst der Oberschicht zweifellos wesentlich den Differenzierungsprozeß beschleunigt haben dürfte.

Trotz dieser Tatsache aber trat die Sklaverei in Siwa unserer Ansicht nach stets nur in Form der patriarchalischen Haussklaverei auf. Die Sklaven wie auch ihre Nachkommen waren zwar persönlich unfrei und konnten noch bis zum Ende des 19. Jh. von ihren Eigentümern nach Gutdünken verkauft werden[330], ansonsten aber glichen die Bedingungen, unter denen sie arbeiten und leben mußten, im wesentlichen denen der Zaggala. Sie wurden vorwiegend zur Bearbeitung der Gärten eingesetzt, im fortgeschrittenen Alter auch als Diener im Haushalt beschäftigt.[331] Auch ihnen war die Ansiedlung in der Wohnburg verwehrt, sie mußten gleich den Zaggala entweder in den Katakomben oder auch in den Gärten nächtigen.

some of the zaggalah who used to go there to enjoy their evenings. After the season, the shaykhs were forced to agree that the women continue to live where they were, because they thought that this would make their labourers happier and, in the meantime, help to ease the minds of the married Siwans. With the passing of time, the leader of this group of women had become very powerful and the majority of the zaggalah were under her influence. On more than one occasion, the proud, conservative shaykhs had to ask her to help them, when there were difficulties between some of the shaykhs and their zaggalah.“

328 Vgl. RUSCH/STEIN, 1977 (b), S. 73.

329 ROHLFS, 1871, Bd. 2, S. 124; MITWALLY, 1951, S. 143.

330 FB STEIN, 1969, S. 613.

331 Vgl. FB STEIN/RUSCH, 1976, S. 471.

Wie bereits an anderer Stelle erwähnt, wurden die Sklaven in die jeweilige verwandtschaftliche Einheit ihrer Eigentümer „adoptiert“, was allerdings an ihrer niedrigen gesellschaftlichen Stellung nichts änderte. Für sie gab es keinerlei Aufstiegsmöglichkeiten, und Heiraten mit ihnen werden bis heute gemieden.[332] Zumindest von seiten der wohlhabenden Siwaner; denn die große Zahl der Mischlinge unter der Oasenbevölkerung beweist, daß die gesellschaftliche Isolierung der Sklaven nicht absolut war, daß offenkundig die ärmeren Siwaner dennoch Verbindungen mit ihnen eingingen. Auch die Tatsache, daß die Lieder und Tänze der Zaggala zahlreiche Elemente schwarzafrikanischen, insbesondere sudanesischen Ursprungs aufweisen, zeugt von einem intensiveren Kontakt zwischen beiden ausgebeuteten Schichten.

### 1.6.4. Die verheirateten Frauen

Eine besondere soziale Schicht innerhalb der Oasengemeinschaft bilden bis in die Gegenwart schließlich noch die verheirateten Frauen. Ihnen obliegt die Bewältigung aller im Haushalt anfallenden Arbeiten, angefangen von der Nahrungszubereitung, der Versorgung und Beaufsichtigung der Kleinkinder bis hin zur Ausübung der ihnen vorbehaltenen handwerklichen Tätigkeiten. Am Hauptproduktionszweig, dem Bodenbau, haben sie auf Grund der besonderen Produktionsbedingungen in der Oase hingegen keinen Anteil, sind damit also selbst keine unmittelbare Produktivkraft.[333]

Diese Tatache ist sicherlich der Hauptgrund wie auch die Voraussetzung für ihre außergewöhnlich zu nennende gesellschaftliche Stellung, die dadurch charakterisiert wird, daß die siwanischen Frauen von der von den Männern repräsentierten Öffentlichkeit völlig ausgeschlossen sind. Vom Tag ihrer Hochzeit an sind sie zahlreichen Restriktionen unterworfen, die darauf gerichtet sind, sie fortan von jeglichem Kontakt zur Männerwelt fernzuhalten – außer zu den engsten Familienmitgliedern.[334]

Die überwiegende Zeit verbringen die Frauen im Innern der Häuser bzw. in den durch hohe Mauern vor ungebetenen Blicken geschützten Dach- und Hofräumen. Männlichen Besuchern ist lediglich der von den Frauen strikt gemiedene Empfangsraum des Hausherrn zugänglich, alle anderen Räumlichkeiten dürfen von ihnen nicht betreten werden.[335] Allerdings sind die Frauen nicht ausschließlich in ihre vier Wände verbannt. Sie dürfen ihre Männer in die Gärten begleiten, deren hohe Umfriedungen sie ebenfalls vor Vorübergehenden verbergen. An einigen Wasserläufen bzw. Quellen sind aus Palmstroh geflochtene, kabinenartig angeordnete Schirmwände aufgestellt, hinter denen die Frauen sich selbst wie auch ihre Wäsche waschen. Es ist ihnen auch erlaubt, sich gegenseitig zu besuchen.[336]

Fakhry bemerkt dazu: „It is not very common to meet an adult Siwan grown-up woman in the street, because they rarely leave their houses expect to visit relatives, attend a funeral or a wedding, or to join in the festivities at the birth of a child.“[337]

[332] Rusch/Stein, 1977 (b), S. 73.
[333] Stein/Rusch, 1978, S. 74, 93.
[334] Ebenda, S. 93.
[335] Ebenda, S. 79.
[336] Belgrave, 1923, S. 148; Fakhry, 1973, S. 47; Stein/Rusch, 1978, S. 93.
[337] Fakhry, 1973, S. 47; vgl. auch: Belgrave, 1923, S. 148.

Wie wir beobachten konnten, waren diese Begegnungen gar nicht so selten, denn die Frauen besuchten nicht nur Verwandte, sondern auch befreundete Gefährtinnen. Allerdings bewegten sie sich dabei nach Möglichkeit auf Nebenwegen, so daß ihr Erscheinen auf den Hauptverkehrswegen oder gar öffentlichen Plätzen in der Tat nur eine Ausnahme war.

Außerhalb des Hauses dürfen sich Frauen grundsätzlich nur tief „verschleiert" bewegen. Begegnen sie einem Mann, „they pull the milayah together over their faces, leaving only a small hole for one or both eyes, since they never use veils."[338] Diese noch heute allgemein geübte Praxis scheint im vorigen Jahrhundert offensichtlich noch strenger gehandhabt worden zu sein. Denn ROHLFS berichtet in seinen Aufzeichnungen: „... als eigenthümlich bemerkte ich, dass sie wie die Frauen in Centralafrika niederhocken und ihr Gesicht abwenden, sobald sie einem Mann begegnen."[339] Eine Erscheinung, die selbst BELGRAVE noch bei seinem Aufenthalt in der Oase beobachten konnte.[340]

Der Ausschluß der Frauen aus der Öffentlichkeit erstreckt sich u. a. auch darauf, daß der Besuch der Moscheen nur den Männern vorbehalten ist. Generell ist es Aufgabe der Männer bzw. der Kinder, alle außerhalb des Hauses anfallenden Arbeiten zu erledigen, einschließlich der Einkäufe in den nur von Männern bedienten Läden.[341] Allerdings will BELGRAVE erfahren haben, daß „the merchants' wives attend to the lady customers. There is a side door in every shop which leads to an upper room, and here the Siwan ladies buy their clothes, served by the wife or mother of the merchant. Their purches are mainly 'kohl' for darkening the eyes, henna for ornamenting fingers and hands, silver ornaments, soft scarlet leather shoes and boots, blue cotton material manufactured at Kerdassa, near Gizeh, grey shawls, silks for embroidery, dyes for colouring baskets ... Some of the merchants' wives sell charms and amulets besides clothes."[342]

Der Ausschluß der Frauen vom öffentlichen Leben hat – ähnlich wie bei den Zaggala – dazu geführt, daß sie im Verkehr untereinander im Laufe der Zeit ihr eigenes geselliges Leben entwickelt haben, das eigenständig und separat neben dem der Männer verläuft.[343] Die Kommunikation zwischen den Frauen ist zumindest ebenso rege wie die der Männer untereinander. Sie sitzen zusammen, wann immer ihre Zeit es ihnen erlaubt. Besonders intensiv aber betreiben sie gemeinsam die Vorbereitung und Durchführung von Jahres- und Familienfesten.

Davon konnten sich die Verfasser bei ihrem Aufenthalt in der Oase mehrfach überzeugen. Während sich beispielsweise die Männer eines Tages anläßlich der Einsetzung eines neugewählten Scheichs zu einer Party in seinem Garten vereinten, gab dessen Frau zur gleichen Zeit innerhalb des Hauses einen „Empfang" für die Frauen.[344]

In Gara wurden wir Zeuge einer Hochzeit, die die traditionelle Gliederung der Oasengesellschaft besonders deutlich veranschaulichte: Sechs Tage lang wurde dieses Ereignis von den verheirateten Männern, den Frauen und den Zaggala getrennt

[338] FAKHRY, 1973, S. 47; vgl. auch: STEIN/RUSCH, 1978, S. 93.

[339] ROHLFS, 1871, Bd. 2, S. 125.

[340] BELGRAVE, 1923, S. 149.

[341] FAKHRY, 1973, S. 47; STEIN/RUSCH, 1978, S. 76, 93.

[342] BELGRAVE, 1923, S. 140f.

[343] STEIN/RUSCH, 1978, S. 93f, 140ff.

[344] Ebenda, S. 92 f.

voneinander gefeiert. Dazu trafen sich erstere ständig im Empfangszimmer des Vaters des Bräutigams; in einem Nebenraum des gleichen Hauses vereinten sich nach der Tagesarbeit in den Gärten die Zaggala, während das Haus des Brautvaters in dieser Zeit den Frauen vorbehalten war.[345]

Die Männer „feierten" im wesentlichen durch die gemeinsame Einnahme aller Mahlzeiten und endlose Gespräche, die nur alle vier Stunden durch das Gebet in der Moschee unterbrochen wurden. Eigentliche Träger bzw. Ausführende des mit der Hochzeit verbundenen Brauchtums waren die Zaggala und die Frauen[346] – eine Tatsache, die generell zu beobachten ist.

Insbesondere die Frauen sind es, die die traditionellen Sitten und Gebräuche der Oasenbewohner wie auch ihre siwanische Sprache bis heute bewahren und pflegen. Denn infolge ihrer Isolierung bilden die Jahres- und Familienfeste und das damit verbundene Brauchtum nicht nur die Höhepunkte in ihrem Alltagsleben, sondern die erzwungene Abgeschiedenheit hält sie auch weitgehend von direkten Fremdeinflüssen fern, die bis in die jüngste Zeit ja fast ausschließlich durch männliche Besucher in die Oase getragen wurden. Das ist zugleich auch die Hauptursache dafür, daß die Siwanerinnen – mit Ausnahme derjenigen, die eine Schulbildung genossen haben –, nicht oder kaum des Arabischen mächtig sind und untereinander sowie mit den Kindern ausschließlich in ihrer Muttersprache verkehren.[347]

Trotz ihres relativ unabhängigen und eigenständigen gesellschaftlichen Lebens ist die siwanische Frau insgesamt gesehen dennoch sehr diskriminierenden Bedingungen unterworfen. Grundlage dafür bildet ihre ökonomische Lage; denn mit Ausnahme ihrer Kleidung und ihres Schmucks sowie der von ihr für den Eigenbedarf im Haushalt selbst hergestellten handwerklichen Erzeugnisse verfügt sie über keinerlei persönliches Eigentum und ist deshalb vom Mann ökonomisch abhängig und folglich weitgehend rechtlos.

Sie wird von diesem faktisch als dessen Besitz angesehen, über den er nahezu willkürlich verfügen und von dem er sich auch nach Belieben trennen kann – was, folgt man den Aussagen früherer Reiseberichte, recht häufig vorkommt bzw. vorgekommen sein soll. Hingegen scheint – den gleichen Quellen zur Folge – das dem Mann nach dem Islam zustehende Recht der Heirat mehrerer Frauen auch in der Vergangenheit nur selten praktiziert worden zu sein.[348]

Daß die bei der Mehrzahl der auf ähnlicher gesellschaftlicher Entwicklungsstufe stehenden arabischen und afrikanischen Völker allgemein weit verbreitete Polygamie in Siwa keine oder zumindest doch kaum eine Bedeutung erlangte, ist sicherlich nur zum Teil aus dem ungünstigen Verhältnis zwischen den Geschlechtern zu erklären, obwohl auch dieser Fakt dabei eine gewisse Rolle gespielt haben mag; zumindest im Fall der ärmeren Schichten. Entscheidend aber dürfte nach unserer Ansicht gewesen sein, daß die siwanische Frau nicht in den Hauptproduktionsprozeß einbezogen ist, ein Umstand, der auch ihre extreme Absonderung aus der Öffentlichkeit überhaupt erst ermöglichte.

Trotz der Tatsache, daß sie alle kaum über eigenes persönliches Eigentum verfügen, besteht im Verhältnis der siwanischen Frauen zueinander dennoch keine Gleich-

[345] Ebenda, S. 140ff.

[346] Ebenda.

[347] Ebenda, S. 93f.

[348] Fakhry, 1973, S. 44, 58.

heit. Im Gegenteil, zwischen ihnen gab und gibt es zum Teil sogar recht beträchtliche Unterschiede, die durch den jeweiligen Besitz ihrer Ehemänner bestimmt werden. So ist beispielsweise die Arbeitsbelastung der Frauen in reichen Familien lange nicht so hoch wie die der Masse ihrer Gefährtinnen, die alle im Haushalt anfallenden Arbeiten allein bewältigen müssen und daher weniger Freizeit für gesellige Aktivitäten haben.

Die reichen Familienoberhäupter aber beschäftigen junge, unverheiratete Mädchen aus den ärmeren Schichten, die ihren Frauen bei der Hausarbeit helfen bzw. diese ganz übertragen bekommen. Sie werden zu den gleichen Bedingungen wie die Hausdiener eingestellt, d. h. sie werden u. a. voll verpflegt, erhalten für ihre Tätigkeit am Jahresende aber wesentlich weniger Produkte als die Zaggala, nämlich lediglich „... 16 sa'a of dates, 5 sa'a of wheat, 3 sa'a of barley, and her clothing".[349]

Auch in der Tracht, im Besitz an Kleidung und vor allem an Silberschmuck werden die Unterschiede zwischen den Frauen deutlich. Denn unter dem uniformen Obergewand, das sie in der Öffentlichkeit verhüllt, tragen sie bei gegenseitigen Besuchen ihre besten Gewänder und möglichst zahlreichen Schmuck, mit dem sie ihren Wohlstand demonstrieren und die übrigen Frauen zu übertreffen bemüht sind.[350]

Und schließlich sind die Frauen reicher Wassereigentümer unter ihren Gefährtinnen in der Regel tonangebend, zumal sie neben mehr Freizeit auch über größere materielle Mittel zur reicheren Ausgestaltung von Zusammenkünften verfügen. Wie bei den Zaggala, spiegelt sich also auch im Verhältnis der Frauen zueinander die beträchtliche eigentumsmäßige Differenziertheit der Oasengemeinschaft wider.

### 1.7. Soziale Organisation

Wie an anderer Stelle der Arbeit bereits erwähnt, war die Oasenbevölkerung in Clans bzw. Gentes und Lineages bzw. Sub-Gentes gegliedert. Im folgenden soll untersucht werden, welche Bedeutung diese noch aus der Gentilperiode stammenden verwandtschaftlichen Einheiten bei dem im vorigen Jahrhundert in Siwa erreichten sozialökonomischen Entwicklungsstand noch besaßen.

Zu diesem Problem schrieb Cline 1936 u. a.: „Membership in the gentes descends in the male line ... Between gentes there are no occupational differences, no stigma of inferiority, and no conditions for marriage – exogamous or otherwise – ... Members of the same gens have various informal obligations toward each other. At a wedding the men of the bridegroom's gens show their friendliness by helping to prepare the house where the couple will reside. They whitewash its interior, and decorate it outside by white bands around the doors and windows. When a man has died, the members of his gens refrain from festivities of any sort for about a month."[351]

Dieses mehr als dürftige Untersuchungsergebnis ist die einzig direkte Aussage in der Literatur über die Rolle der siwanischen Gentes. Und diese Tatsache spricht wohl eindeutig dafür, daß die verwandtschaftlichen Einheiten zu Beginn unseres Jahrhunderts zwar noch existierten, ihren gentilgesellschaftlichen Charakter und ihren ursprünglichen Inhalt jedoch weitgehend eingebüßt hatten. Hauptursache dafür war

[349] Cline, 1936, S. 17.
[350] Fakhry, 1973, S. 45.
[351] Cline, 1936, S. 14f.

ganz offensichtlich, daß weder die Gentes, noch die Lineages über ein Gemeineigentum an Quellwasser verfügten. Jedenfalls fehlt jeglicher diesbezügliche Hinweis. Lediglich ihre Begräbnisplätze waren noch Gemeineigentum aller ihrer Mitglieder.[352]

Nach CLINE allerdings sollen die Gentes darüber hinaus selbst noch in den zwanziger Jahren dieses Jahrhunderts Gemeinschaftsgärten besessen haben. Er schreibt: „The only definite instances of gens property which I discovered are those of graveyards and gardens. A piece of land on the southern borders of the Oasis belongs to the Hedadiin, to be used as a cemetery for poorer members of the gens. Another cemetery, between this land and Jebel Dakrur, is held by the Serahana in the same way. The 'Asi gens hold all of Jebel Dakrur as a burying-ground. My informant said that recently one gens sold a garden to another, and that money derived from the sale was distributed among the needy members, just as the produce of the garden had been."[353]

CLINE ist der einzige Autor, der die Existenz dieser Gemeinschaftsgärten erwähnt. Und obwohl seine Information keinerlei Anhaltspunkt darüber enthält, ob und aus welchen Quellen diese Gärten bewässert wurden, noch welchen Umfang sie im Verhältnis zum übrigen kultivierten Land hatten, ist sie dennoch von einiger Bedeutung. Sie weist darauf hin, daß die Gentes möglicherweise auch in Siwa ursprünglich über weit mehr Gemeineigentum an Boden verfügten, wie das im vorigen Jahrhundert der Fall war, und vielleicht sogar einmal über Quellen bzw. Quellenanteile.

Diese Annahme ist umso wahrscheinlicher, als wir in der kleinen Nachbaroase Gara bis in die Gegenwart hinein das Nebeneinanderbestehen von Großfamilien- und Genteseigentum an Gärten und Quellen vorfanden. Im Gegensatz zu Gara aber war diese Form des Gemeinschaftseigentums der Gentes für Siwa selbst zu Beginn des 19. Jh. keinesfalls mehr dominierend. An ihre Stelle waren hier seit langem die Großfamilien als wasserbesitzende Einheiten und damit als ökonomisch selbständige Produktions- und Konsumtionskollektive getreten.

Die patriarchalischen Großfamilien umfaßten jeweils ihr Oberhaupt, dessen Frau bzw. Frauen, alle seine männlichen Nachkommen sowie deren Familien, also normalerweise drei bis vier Generationen, die im vorigen Jahrhundert stets eine Wohn- und Lebensgemeinschaft bildeten.

Das Oberhaupt genoß absolute Autorität innerhalb dieser verwandtschaftlichen Gemeinschaft. Es verfügte eigenmächtig über ihr Eigentum, entschied über den Einsatz der Arbeitskraft der Familienmitglieder sowie über ihre Arbeitsergebnisse und vertrat die Familie gegenüber der Oasengemeinschaft. Nach seinem Ableben teilten sich seine Söhne in das Eigentum und gründeten damit faktisch jeder eine neue Großfamilie. Der älteste von ihnen übernahm in der Regel außerdem seine Funktionen innerhalb des Clans bzw. der Verwaltung der Oase.[354]

Die Beziehungen zwischen den einzelnen, einen Clan bildenden Großfamilien waren nicht mehr geprägt durch Gleichberechtigung und gegenseitige Unterstützung, wie das für die Gentilperiode charakteristisch war, sondern sie wurden im vorigen Jahrhundert eindeutig bestimmt durch die sich aus den unterschiedlichen Eigentumsverhältnissen ergebenden Ausbeutungs- und Abhängigkeitsverhältnisse.

[352] Ebenda, S. 16.
[353] Ebenda.
[354] Ebenda.

Dennoch war die Institution der Gentes zu diesem Zeitpunkt keineswegs verschwunden, wenngleich sie vorwiegend nur noch außerökonomische Bedeutung besaß. An der Spitze einer jeden Gens stand ein von allen ihren verheirateten männlichen Mitgliedern gewähltes Oberhaupt, der Scheich.[355] Ihm oblag die Regelung der Beziehungen zwischen den Mitgliedern seiner Gemeinschaft – wie z. B. die Beilegung von Streitigkeiten zwischen ihnen, die Leitung sozialer und religiöser Zeremonien usw. – wie ihre Vertretung gegenüber den anderen Gentes.[356]

Die Wahl in diese Funktion erfolgte auf Lebenszeit. So schreibt beispielsweise CLINE: „The sheikh retains his position for life.“ Und er belegt diese Feststellung mit der Tatsache, daß „Sheikh Muhammad Tomi of the Tarwa n Musa went insane several years ago, but the gens did not elect a new leader till he had died, when they chose his son ‘Abd er Rahman Tomi.“[357] Und STANLEY berichtet: „The sheikh of the Sarahna has been chosen from the same family for 200 years, and the new Sheikh is Omran, son of old Mohamed, and little more than a boy, who was elected unanimously in January last.“ Diese Funktion bekleidete er auch noch Ende der zwanziger Jahre.[358]

Beide Zitate weisen nicht nur darauf hin, daß die Wahl der Gentes-Oberhäupter – zumindest in den letzten beiden Jahrhunderten – auf Lebenszeit erfolgte, sondern daß, um mit den Worten CLINES zu sprechen „this headmanship tends to descend in one family“.[359] Und zwar in der reichsten, oder zumindest in einer der reichen Großfamilien der jeweiligen Gens. „The position of Sheikh of each tribe is hereditary“, heißt es bei SIMPSON, „and the families of the Sheikh are, in nearly all cases, very rich.“ Auch andere Autoren berichten vom Reichtum der Gentesoberhäupter.[360]

Nicht mehr zu rekonstruieren ist, ob sich die Scheichs ursprünglich auf Grund ihrer gesellschaftlichen Stellung in den Besitz der Quellen zu bringen vermochten, oder ob sie erst infolge dieses Besitzes im Laufe der Zeit einen erblichen Anspruch auf dieses Amt geltend machen konnten. Im vorigen Jahrhundert war ganz offensichtlich letzteres der Fall. Zu dieser Zeit wurden sie auf Grund ihres Reichtums in ihre Funktion gewählt, die sie auch vermittels ihrer ökonomischen wie außerökonomischen Macht bis zu ihrem Tode zu behaupten vermochten. Dies geschah vor allem deshalb, weil viele ihrer Gensmitglieder ökonomisch bereits auf sie angewiesen und von ihnen abhängig waren. Denn die Gentes verfügten ja über kein oder zumindest kein nennenswertes Gemeineigentum mehr, an dem sie hätten teilhaben können. So waren vor allem die „wasserlosen“ Familien gezwungen, reiche Wassereigentümer zu Oberhäuptern ihrer Gentes zu wählen. Ärmere Familienoberhäupter hätten ihnen weder die benötigte materielle Unterstützung zu geben vermocht, noch den mit diesem Amt verbundenen ökonomischen Verpflichtungen nachkommen können. Bis heute wird von den Gentesoberhäuptern nicht nur großzügige Gastfreundschaft und die Ausrichtung großer Festessen zu besonderen Anlässen erwartet, sondern auch die Unterstützung von in Not geratenen Mitgliedern.[361]

355 Ebenda; HOHLER Report, 1900, S. 30; SIMPSON, 1929, S. 69; ST. JOHN, 1848, S. 157; WHITE, 1899, S. 191f.

356 CLINE, 1936, S. 16.

357 Ebenda. 358 Ebenda.

359 Ebenda.

360 SIMPSON, 1929, S. 69; vgl. auch: HORNEMANN, 1802, S. 21; STEINDORFF, 1904, S. 62.

361 STEIN/RUSCH, 1978, S. 77f., 92f.

Belgrave berichtete beispielsweise, daß sich die Armen Siwas schon lange vor dem Freitagsgebet an einer der Moscheen bzw. am Grabmal eines Vorfahren des betreffenden Scheichs, der ein Almosen darzubringen gedachte, versammelten. „Then the sheikh arrives, fat and prosperous, holding an umbrella, and followed by some stout servants carrying huge bowls heaped with boiled rice spotted with dark-colored lumps of camel flesh. The dishes are set down before the people, men and woman sitting apart, with a servant standing near each dish to keep order and prevent free fights.“[362] Die Verköstigung der Armen am Grab des Vorfahren des betreffenden Scheichs veranlaßte Cline zu der Vermutung, daß sie ursprünglich wohl nur den Armen der eigenen Gens gegolten hat.[363]

Neben diesen und ähnlichen gelegentlichen Almosen an die Ärmsten bestand die „Hilfe“ der Gentesoberhäupter, wie überhaupt der reichen Wassereigentümer, im vorigen Jahrhundert jedoch offensichtlich vor allem darin, daß sie ihren ärmeren Gentesmitgliedern Arbeit in ihren Gärten bzw. Haushalten gaben und ihnen Kredite auf ihre zu erwartenden Ernten in Form von Nahrungsmitteln und anderen lebensnotwendigen Gütern gewährten, wodurch sie sie in Abhängigkeit von sich brachten.

Einigen Quellen zufolge erhielten die Gentesoberhäupter gewisse „Abgaben“. Während White lediglich feststellt, daß diese Funktionäre von den „Siwanern“ gewählt wurden, „who . . . recompense them . . . by free contributions in kind“[364], schränken Hoskins und Cline die Abgaben auf die Wassereigentümer ein. Bei ersterem heißt es: „They received no pay from this appointment, but each proprietor himself bound to give the chiefs a few measures of dates and some of his finest fruit.“ Und Cline schreibt: „The sheikhs received voluntary tributes of dates and other produce from the owners of gardens.“[365]

Den Zitaten ist zu entnehmen, daß es sich bei diesen „Abgaben“ offensichtlich nicht um genau fixierte Zahlungen handelte, auf die die Oberhäupter einen Anspruch erheben konnten, wie sie andererseits aber auch nicht mehr zur Bildung eines Gemeinschaftsfonds für alle Gensmitglieder dienten. Vielmehr scheinen sie den Charakter von Geschenken gehabt zu haben, mit denen die Wohlhabenden ihren Respekt und ihre Loyalität gegenüber den Gentesoberhäuptern zum Ausdruck brachten. Aber wie auch immer, die genannten ökonomischen Aufwendungen bestritten die Gentesoberhäupter im vorigen Jahrhundert im wesentlichen aus dem Mehrprodukt ihrer eigenen Wirtschaften und damit natürlich in erster Linie auch zum eigenen Nutzen.

Wenn trotz dieser sozialökonomischen Verhältnisse die Gentes im vergangenen Jahrhundert noch vorhanden waren, so hatte das sicherlich mehrere Ursachen. Eine ist gewiß durch die geringe Zahl der Oasenbewohner sowie in den besonderen Umweltbedingungen begründet, die eine räumliche Aufsplitterung der Siedlungseinheit der Gentes ausschloß. Vor allem aber bildeten die Gentes noch bis in dieses Jahrhundert hinein die Basis der Verwaltung in der Oase.

Im 19. Jh. oblag die Verwaltung der Oase einem Rat, dem Majlis al-Agwad.[366] Dieser war jedoch nur für die Einwohner der Wohnburg auf dem Doppelhügel zuständig; die Bewohner Aghurmis regelten ihre Angelegenheiten selbständig unter

[362] Belgrave, 1923, S. 243f. [363] Cline, 1936, S. 17.

[364] White, 1899, S. 191.

[365] Cline, 1936, S. 16; Hoskins, 1837, S. 198.

[366] Fakhry, 1973, S. 98.

Leitung eines eigenen Scheichs.[367] Über die Zusammensetzung dieses Rates liegen unterschiedliche Angaben vor. Die älteste stammt von dem englischen Reisenden BROWNE, der nach seinem Besuch Siwas im Jahre 1792 berichtete: „Die Regierung ist in den Händen von vier bis fünf Scheichs, von denen drei zu meiner Zeit Brüder waren.“[368] HORNEMANN, der drei Jahre später in der Oase weilte, schrieb: „Den alten Gesetzen und Einrichtungen zufolge sollte die Regierung nur in den Händen von zwölf Scheiks seyn, von denen immer zwey dieselbe wirklich verwalten; seit einigen Jahren haben sich aber noch zwanzig andere wohlhabende Männer zu Scheiks aufgeworfen.“[369]

MINUTOLI will erfahren haben, daß 1820 an der Spitze der Oase ein religiöser Führer, sein Assistent sowie zwei weitere Scheichs standen. Hingegen berichtet CAILLIAUD, daß die Verwaltung in dieser Zeit in den Händen von 12 Scheichs gelegen habe, von denen sechs ihre Funktion auf Lebenszeit innehatten, während die übrigen sechs jedes Jahr erneut gewählt wurden. CAILLIAUD fügte hinzu, daß die Gesamtzahl der Scheichs in der Oase, einschließlich aller Dörfer, 21 betragen haben soll. Auf diesen Angaben basieren offensichtlich auch die fast gleichlautenden Ausführungen von HOSKINS und WHITE.[370]

ST. JOHN spricht von 12 Scheichs, während es im HOHLER Report heißt: „The Assembly of Sheikhs is composed at present of thirteen members, one being elected by each family.“ Und STANLEY schließlich berichtete, daß dieser Rat bei seinem Besuch in der Oase im Jahre 1910 aus acht Mitgliedern bestand, die er namentlich aufführt.[371]

Die z. T. beträchtlichen Unterschiede zwischen den einzelnen Angaben veranlaßten CLINE zu der Feststellung: „The government seems to have varied somewhat within the last hundred and fifty years.“[372] Sie resultierten zum einen sicherlich aus ungenauen Beobachtungen und Nachforschungen. Zum anderen aber waren sie offensichtlich Widerspiegelung und Ergebnis des im vorigen Jahrhundert in der siwanischen Gesellschaft vor sich gehenden Zerfallsprozesses der gentilgesellschaftlichen Organisation, in dessen Verlauf sich die reichen Wassereigentümer auch im außerökonomischen Bereich immer erfolgreicher gegenüber ihren Gentilgenossen durchzusetzen und alle Machtpositionen zu erobern vermochten.

Nicht nur aus diesen Gründen ist die Ermittlung der tatsächlichen Größe und Zusammensetzung des „Scheich-Rates“ zu Beginn des 19. Jh. kaum mehr möglich, sondern auch, weil in der Literatur weder die Frage beantwortet wird, welche Gentiloberhäupter traditionell einen Anspruch auf einen Sitz im Rat besaßen, noch die nach dem Verhältnis zwischen den Gentes- und ihren Lineagesoberhäuptern.

Wie die Untersuchung der gentilgesellschaftlichen Organisationsformen zeigte, herrscht in der Literatur Übereinstimmung darüber, daß die Einwohner der Wohnburg von Siwa-Stadt sechs verschiedenen Gentes angehörten. Ihre Oberhäupter werden mit Sicherheit im Rat vertreten gewesen sein und waren offenbar identisch mit dem von CAILLIAUD als ständige Mitglieder dieses Gremiums klassifizierten Personen-

[367] CAILLIAUD, 1826, Bd. 1, S. 89f.
[368] BROWNE, 1800, S. 33.
[369] HORNEMANN, 1802, S. 21.
[370] CAILLIAUD, 1826, Bd. 1, S. 89f.; HOSKINS, 1837, S. 197; MINUTOLI, 1825, S. 100; WHITE, 1899, S. 191ff.
[371] HOHLER Report, 1900, S. 30; ST. JOHN, 1849, S. 154; STANLEY, 1912, S. 45.
[372] CLINE, 1936, S. 16.

kreis. Mehrere Autoren berichten von 12 Ratsmitgliedern. Diese Zahl deckt sich mit der von STEINDORFF ermittelten Anzahl der Lineages in der Wohnburg. Da die Gentesoberhäupter zugleich auch jeweils einer Lineage vorstanden, geht man wohl in der Annahme nicht fehl, daß neben ihnen auch die übrigen Lineages-Oberhäupter im Rat vertreten waren.

Versammlungsort dieses Gremiums war ein freier Platz nahe dem am Nordrand des Schutzwalls gelegenen Haupttor der Wohnburg, dem Bab al-Inshal, der mit Bänken aus Salztonerde unter einem schattenspendenden Sonnendach ausgestattet war.[373] Hier trafen sich seine Mitglieder, die Agwad, zu ihren täglichen Beratungen, deren Gegenstand Fragen von allgemeinem Interesse waren, d. h. Probleme, die über die internen Belange einer einzelnen Gens hinausgingen und die ganze Wohngemeinschaft betrafen. So oblag dem Rat die Organisierung der Verteidigung der Wohnburg wie auch ihre Bebauung. FAKHRY erwähnt Beispiele, daß er sich mit Plänen zur Verbreiterung von Gassen befaßte und vor 1820 streng darauf achtete, daß sich keine siwanische Familie außerhalb der Befestigungsmauern ansiedelte.[374]

Seine Hauptaufgabe aber bestand zweifellos in der Aufrechterhaltung von Ruhe und Ordnung in der Wohnburg, was die Regelung der Beziehungen zwischen den Gentes und die Beilegung von Streitigkeiten ebenso einschloß wie die Aburteilung aller derjenigen Personen, die gegen das friedliche Zusammenleben der Gemeinschaft verstoßen hatten. Dieses Gremium fungierte also gleichzeitig als Gericht.[375] Die Rechtsprechung erfolgte offensichtlich nach traditionell überkommenen Rechtsnormen, die seit der Übernahme des Islams stark vom islamischen Recht beeinflußt und modifiziert worden waren. In der älteren Literatur über Siwa wird kaum über einzelne Rechtsnormen oder konkrete Rechtsfälle berichtet. HORNEMANN stellt lediglich fest: „Gerechtigkeit wird nach dem alten Herkommen und nach den allgemeinen Begriffen von Recht und Unrecht gehandhabt. Die Strafe besteht immer in der Entrichtung einer gewissen Menge Datteln; hat z. B. jemand den anderen geschlagen, so muß er ihm nach Befinden der Umstände von zehn zu funfzig Koffas oder Körbe voll Datteln geben."[376]

Und CLINE faßt die sehr spärlichen Informationen aus dem vorigen Jahrhundert zu dieser Problematik wie folgt zusammen: „If one Siwan murdered another, the latter's family could exact a wergeld of 1,400 Spanish dollars or demand the life of the murderer. The sheikhs must apprehend the culprit, but they could neither judge nor punish him. They turned him over to the family of his victim, who dealt with him as they pleased and might torture him to death. Thieves had their hands amputated; a seducer received eighty lashes with an oxhide whip and must marry the girl or provide for her child. Fixed fines in dates, imposed for crimes such as theft, went to support the mosques and the religious ascetics, or to console strangers who had been robbed by the Bedawin. If the culprit could not pay the fine, the authorities took him out of the village, laid him face down on the ground, and the gatekeepers thrashed his lower back with a stick or heavy thongs while they poured water and salt on the bruises. A culprit might pay half the fine and submit to stripes for the other half."[377]

[373] FAKHRY, 1973, S. 17f.; HORNEMANN, 1802, S. 21.
[374] FAKHRY, 1973, S. 17f., 20, 30.
[375] Vgl. CLINE, 1936, S. 16f.
[376] HORNEMANN, 1802, S. 21.
[377] CLINE, 1936, S. 16f.

Diesen wenigen Informationen ist immerhin zu entnehmen, daß Straftaten im wesentlichen mit Bußzahlungen, Tod, körperlichen Züchtigungen oder Verstümmelungen geahndet wurden, je nach Schwere des begangenen Deliktes. Zugleich weisen sie darauf hin, daß durch entsprechend hohe Bußzahlungen andere Straftaten abgelöst werden konnten bzw. bei Armut des Verurteilten statt Bußzahlungen körperliche Züchtigungen Anwendung fanden – ein Beweis mehr für die bereits vorhandene reichtumsmäßige Differenzierung innerhalb der siwanischen Gesellschaft. Eine Kollektivhaftung der gesamten Gens für Straftaten ihrer Mitglieder bestand offensichtlich nicht.

Übereinstimmung herrscht in den älteren Quellen darüber, daß die Sitzungen des Rates der Scheichs öffentlich waren. Jeder verheiratete Siwaner hatte nicht nur das Recht, an ihnen teilzunehmen. Er durfte sich auch aktiv in die Diskussion der anstehenden Probleme einschalten. „Ich wohnte verschiedene Male ihren Rathsversammlungen bey", berichtete Hornemann, „und fand, daß hier, (wie in allen Volksversammlungen dieser Art), zum Durchsetzen eines Vorschlages, eine durchdringende Stimme, Anhang, und thätige Fäuste erforderlich waren." Und Cailliaud will erfahren haben, daß der Rat seine Sitzungen öffentlich abhielt und des öfteren gezwungen war, seine Entscheidungen durch die Intervention von Personen, die nicht diesem Gremium angehörten, zu modifizieren.[378]

Weitgehend unbeantwortet bleibt dennoch bei allen Autoren die Frage, welchen tatsächlichen Einfluß die Meinung der „Volksmassen" auf die Entscheidungen des Rates im vergangenen Jahrhundert noch besaß. Die in der Literatur geschilderte Art und Weise der Durchführung der Ratssitzungen legt die Vermutung nahe, daß ihr ursprünglich ein weitaus stärkeres Gewicht zukam, ja, daß in einer früheren Phase der gesellschaftlichen Entwicklung möglicherweise alle Fragen von öffentlichem Interesse in einer Art „Volksversammlung" diskutiert und entschieden wurden.

Mit wachsender ökonomischer Macht verstand es die sich zur besitzenden und damit herrschenden Schicht formierende Gentilaristokratie dann jedoch immer erfolgreicher, sich gegenüber der Masse der Oasenbevölkerung durchzusetzen und den Rat in ein seinen Interessen dienendes Machtorgan umzufunktionieren, das den „Volkswillen" in zunehmendem Maße ignorierte. Zugleich aber wurden seine Entscheidungen immer häufiger von einzelnen Mitgliedern diktiert, geriet der Rat seinerseits immer stärker unter den Einfluß der reichsten Gentes-Oberhäupter.

Neben der sozial-ökonomischen Differenzierung, die die Grundlage für diese gesellschaftlichen Veränderungen bildete, dürften zwei Faktoren diesen im einzelnen nicht mehr nachvollziehbaren Prozeß beeinflußt haben: Zum einen die Verbreitung des mit dem Islam und seinen Rechtsvorstellungen verbundenen streng patriarchalischen Autoritätsdenkens, das die besondere Stellung der Gentiloberhäupter ideologisch untermauerte und rechtfertigte, zum anderen der Umstand, daß der Rat offensichtlich bereits seit seiner Herausbildung in zwei „Fraktionen" gespalten war, deren Zugehörigkeit durch die traditionelle Teilung der siwanischen Gesellschaft in „Östliche" und „Westliche" bestimmt wurde. War das Zusammenleben zwischen diesen beiden Gruppierungen in der Gentilperiode vermutlich im wesentlichen friedlicher Natur, wurde es mit dem Einsetzen der sozial-ökonomischen Differenzierung immer stärker von Rivalitäten und Machtkämpfen bestimmt, die vor allem dem Verhältnis zwischen

[378] Cailliaud, 1826, Bd. 1, S. 89f.; Hornemann, 1802, S. 21.

den Ratsmitgliedern ihr Gepräge gaben, und zwar sowohl zwischen beiden Fraktionen als auch innerhalb derselben.

Im Zuge dieser Auseinandersetzungen vermochte sich in beiden „Fraktionen" das jeweils einflußreichste Gensoberhaupt allmählich eine Führungsrolle zu erobern und schließlich als deren „Sprecher" im Rat aufzutreten. Anfänglich werden diese zweifellos hart umstrittenen Positionen sicherlich noch häufiger personellen Veränderungen unterworfen gewesen sein, da anzunehmen ist, daß ihre Behauptung zunächst weniger vom Besitz, als vielmehr noch weitgehend von der Persönlichkeit und dem individuellen Durchsetzungsvermögen ihrer Träger abhängig gewesen ist. Das waren Eigenschaften, die nach vorliegenden Berichten auch im vorigen Jahrhundert noch eine bedeutende Rolle im Rat gespielt haben. Erst mit der Herausbildung ökonomischer Abhängigkeitsverhältnisse in größerem und dauerhaftem Ausmaß dürfte der Reichtum der betreffenden Gentesoberhäupter zum bestimmenden Kriterium für ihre Stellung im Rat geworden sein.

Wie diese Entwicklung im Detail auch immer verlaufen sein mag – am Ende des 18. Jh. war die Position beider „Fraktionssprecher" bereits derart institutionalisiert, daß sie HORNEMANN zu der schon oben zitierten Feststellung veranlaßte, die Verwaltung der Oase läge zwar in den Händen eines 12 Mitglieder umfassenden Rates, daß von ihnen aber immer nur „zwey dieselbe wirklich verwalten". Diese Beobachtung fand in späteren Berichten ihre Bestätigung.

Nicht nur innerhalb der beiden Fraktionen konkurrierten die einflußreichsten Gentesoberhäupter um eine Führungsrolle, sondern sie strebten offensichtlich zugleich auch die individuelle Vorherrschaft über den gesamten Rat und damit die Oase an; Bestrebungen, die bei ihren Fraktionsmitgliedern im eigenen Interesse Unterstützung und Rückhalt gefunden haben dürften. Ausdruck dieser Machtkämpfe war u. a., daß es im Rat immer häufiger zu ernsthaften Meinungsverschiedenheiten gekommen zu sein scheint, die in gewalttätigen Auseinandersetzungen zwischen „Westlichen" und „Östlichen" endeten und das Verhältnis zwischen beiden Gruppierungen zunehmend aggressiver gestalteten. Diese Schlußfolgerung ergibt sich selbst aus den wenigen Informationen, die in den Quellen über die Periode vor dem 19. Jh. enthalten sind. Übereinstimmend berichten sie davon, daß es in dieser Zeit wiederholt zu Kämpfen unter der Oasenbevölkerung gekommen war[379] wobei ihre Verfasser in der Regel weder die Ursachen dieser Konflikte nennen, noch nach einer Erklärung für sie suchen.

Lediglich FAKHRY erkannte offensichtlich einen Widerspruch zwischen dieser Erscheinung und der Notwendigkeit der gemeinsamen Abwehr fremder Eindringlinge[380], wenn er u. a. feststellt: „In spite of all the disagreements and sometimes enmities, they were one in the face of any outside danger, such as when they were attacked by Bedouin."[381] Jedoch vermochte auch er diesen Widerspruch nicht zu erklären.

Daß diese inneren Konflikte ausschließlich oder doch zumindest vorwiegend durch die Machtkämpfe innerhalb der Oberschicht ausgelöst wurden, ist vor allem aus den Ereignissen zu schließen, die sich um die Wende vom 17. zum 18. Jh. in der Oase zugetragen haben sollen, und über die FAKHRY – gestützt auf die „Siwa-Handschrift" – ausführlicher berichtet. Den schriftlichen Überlieferungen zufolge soll es nach zahl-

[379] Vgl. FAKHRY, 1973, S. 29ff., 97f.
[380] Ebenda, S. 29ff.
[381] Ebenda, S. 33.

reichen Kämpfen dem Führer der „östlichen Fraktion" im Jahre 1697 gelungen sein, eine gewisse Alleinherrschaft über die Oase zu erringen. Darüber hinaus heißt es bei FAKHRY: „The manuscript details the constant feuds between the Easterners and the Westerners, with emphasis on the deeds and personalities of the Easterners, to whom belonged the family of Musallim, composers of this work over several generations. Detailed local records begin with the year 1697 when Ibrahim Baghi, the head of the family of al-Zanayin, had become the leader of all the agwad and ruled Siwa more or less as a local prince. During the time of his authority (1697-1711) Siwa flourished and its inhabitants felt secure in their oasis and the trade caravans increased. After his death in the year 1711, no other chief could fill the vacancy and the old rivalry between the two factions of the oasis caused wars between them. Unsettled conditions in Siwa prevailed for more than a century."[382]

Selbst unter Berücksichtigung der vom Autor konstatierten einseitigen Berichterstattung der „Siwa-Handschrift" dürfte der überlieferte Fakt dennoch unbestritten bleiben, daß es dem Fraktionsoberhaupt der „Östlichen" am Ende des 17. Jh. gelungen war, eine dominierende Stellung im Rat zu erobern und sie über einen längeren Zeitraum zu behaupten. Obwohl Einzelheiten über seine Position und Entscheidungsgewalt nicht überliefert sind, beweist allein schon der Fakt an sich, daß bereits in dieser Periode die gesellschaftlichen Voraussetzungen für eine derartige Entwicklung gegeben waren. Zu ihrer Realisierung bedurfte es seinerzeit allerdings offensichtlich noch einer außergewöhnlichen Persönlichkeit, die in der Lage war, die konkurrierenden Kräfte im Rat ihrer Führung zu unterwerfen. Denn nach Ibrahim Baghi gelang das bis ins 19. Jh. zunächst keinem anderen Ratsmitglied.

Statt dessen traten die Konflikte innerhalb der herrschenden Oberschicht, die Baghi offensichtlich mehrere Jahre hindurch zu unterdrücken vermocht hatte, wieder offen auf und führten schon ein Jahr nach seinem Tod erneut zu gewaltsamen Auseinandersetzungen zwischen den „Östlichen" und den „Westlichen". Äußerer Anlaß dafür war der bereits erwähnte, nicht beizulegende Streit um die Verbreiterung einer Gasse in der Wohnburg. Läßt schon die Geringfügigkeit dieser Angelegenheit vermuten, daß sie offensichtlich nicht eigentlich Ursache, sondern nur auslösendes Moment für die erbittert geführten Kämpfe war, so wird diese Annahme durch weitere Fakten in den Überlieferungen aus jener Zeit erhärtet.

So soll sich beispielsweise das Oberhaupt der Wohnburg von Aghurmi in diesen Auseinandersetzungen traditionsgemäß der schwächeren westlichen Fraktion nur unter der Bedingung angeschlossen haben, „that they swear on the Koran that none of them would run away, but fight on. He said that with their new enmity and unjust attitude, one of the two parties must be eliminated and so they must go on fighting until all of them died, or their enemies were killed; the winning party would enjoy living alone and in peace".[383] Eine Bedingung, die nur erklärt werden kann mit der Heftigkeit der sozialen Auseinandersetzungen, die sich damals in der Oase vollzogen und das Zusammenleben beider Bevölkerungsgruppierungen zunehmend belasteten.

Noch deutlicher aber kommt ihr Charakter unseres Erachtens in den „Friedensbedingungen" zum Ausdruck, die die siegreichen „Östlichen" ihren Gegnern diktierten

[382] Ebenda, S. 97f.
[383] Ebenda, S. 32.

und die wir bereits an anderer Stelle zitierten. Durch sie vermochten es die Sieger, den Handel mit den Beduinen, der für die Realisierung des in der Oase erzeugten Mehrproduktes von großer Bedeutung war, weitgehend zu monopolisieren und die „Westlichen" damit ökonomisch empfindlich zu benachteiligen. – Eine Entscheidung über den Streit, der der eigentliche Anlaß für die Kämpfe im Jahre 1712 gewesen sein soll, fand bei den überlieferten „Friedensbedingungen" hingegen nicht einmal Erwähnung! Nach FAKHRY konnte die östliche Seite diese Sonderstellung gegenüber ihren Widersachern 15 Jahre hindurch behaupten, ehe „1727 new disagreements and new arrangements arose".[384] Über sie wie auch über folgende Konflikte liegen jedoch keine näheren Angaben vor.

Neben der Konkurrenz aus den eigenen Reihen hatte sich die Gentilaristokratie einer zunehmenden Opposition von Seiten der Zaggala zu erwehren. In einem anderen Zusammenhang wurde bereits die allgemeine Feststellung FAKHRYS zitiert, daß der Scheich-Rat auf Grund des Widerstandes letzterer des öfteren gezwungen war, getroffene Entscheidungen zu revidieren. Der gleichen Quelle zufolge sollen sich im Zusammenhang mit den Auseinandersetzungen 1712 die Zaggala der „Östlichen" gegen eine Entscheidung ihrer Ratsfraktion gewandt haben, wie auch von nicht näher bezeichneten Differenzen zwischen Scheichs und Zaggala aus dem Jahre 1805 berichtet wird.[385]

Die Nachrichten über derartige Konflikte in jener Zeit sind zwar sehr spärlich, dennoch braucht u. E. ihr Wahrheitsgehalt nicht angezweifelt zu werden. Sie waren ganz offensichtlich Folge der sich damals in der Oase vollziehenden gesellschaftlichen Veränderungen. In dem Maße nämlich, wie sich die ehemaligen Gentiloberhäupter die Verfügungsgewalt über die Reichtümer der Oase anzueignen vermochten und sich zur herrschenden Oberschicht formierten, setzte die Ausbeutung der Masse der Bevölkerung ein und wurde begleitet von einem schrittweisen Abbau ihrer gentildemokratischen Rechte.

Hiervon wurden zunächst besonders die jungen, unverheirateten Männer, die Zaggala, betroffen, denn sie konnte die Gentilaristokratie am ehesten ihren Interessen unterwerfen. Der Grad ihrer Abhängigkeit und Ausbeutung wird anfangs bei den einzelnen recht unterschiedlich gewesen sein. Im Laufe der Entwicklung jedoch näherte sich ihre gesellschaftliche Stellung immer mehr an. Sie wurde dadurch bestimmt, daß sie selbst – wie bereits erwähnt – über keinerlei Eigentum am wichtigsten Produktionsmittel, dem Wasser, verfügten und daher gezwungen waren, sich in den Dienst der Wasserbesitzer zu stellen. Auf der Basis dieser Gemeinsamkeiten formierten sich die Zaggala allmählich zu einer starken sozialen Schicht, die neben der der persönlich Unfreien, der Sklaven, zur entscheidenden Produktivkraft in der Oase wurde.

Analog der Oasengemeinschaft waren auch die Zaggala in eine „östliche" und eine „westliche" Fraktion geteilt, über deren Bedeutung es bei CLINE heißt: „They do not group themselves on the basis of clan, but those of the Sharqiin do not affiliate with those of the Gharbiin. A death in one of the fractions, for example, dampens the sport of the zaggalah in the fraction for several weeks, but those of the opposite party will dance and sing as they please."[386] Trotz dieser Teilung entwickelten sie sich zu einer

[384] Ebenda, S. 33.
[385] Ebenda, S. 30, 42.
[386] CLINE, 1936, S. 18; vgl. auch: FAKHRY, 1973, S. 30, 33.

starken sozialen Kraft, die zunehmend in Opposition zur Gentilaristokratie und ihrem Machtorgan, dem Rat der Scheichs, geriet, in dem sie nicht vertreten waren und wo ihre Interessen durch den Machtanspruch der Oberschicht immer weniger Berücksichtigung fanden.

Es ist anzunehmen, daß die unverheirateten Männer auch in der Gentilperiode kaum direkten Einfluß auf die Entscheidungen des Rates nehmen konnten. Solange dessen Mitglieder jedoch als gewählte Vertreter ihrer jeweiligen Gentilgruppe deren Interessen in diesem Gremium vertraten, gab es auch für die Zaggala kaum Anlaß zur Opposition. Sie entwickelte sich erst in dem Maße, in dem die Ratsmitglieder ihre gentilgesellschaftlichen Funktionen zunehmend im eigenen Interesse auszunutzen und die Zaggala auszubeuten begannen, und zwar nicht nur als Arbeitskraft in ihren Gärten, sondern auch als Streitmacht in den kriegerischen Auseinandersetzungen, mit denen sie ihre egoistischen Machtansprüche durchzusetzen versuchten.

Diese Bestrebungen mußten zwangsläufig immer stärker den Unwillen der Zaggala hervorrufen und ihren gemeinsamen Widerstand herausfordern. Wenn sie dadurch die gesellschaftliche Entwicklung in der Oase letztlich auch nicht aufhalten konnten, so erreichten sie es dennoch immerhin – folgt man den spärlichen Informationen über die sozialen Konflikte zwischen ihnen und der zur Herrschaft gelangten Gentilaristokratie in jener Zeit –, daß letztere von einigen ihrer allzu überspitzten Pläne Abstand nehmen mußten und damit an einer allzu raschen Machtentfaltung auf Kosten der Ausgebeuteten gehindert wurden.

Trotz der durch die oben dargestellte sozialökonomische Differenzierung ausgelösten und die Entwicklung zunehmend bestimmenden sozialen Auseinandersetzungen stand die Oasenbevölkerung stets geschlossen gegen äußere Bedrohungen und verteidigte ihre Unabhängigkeit erfolgreich. Denn bis 1820 war Siwa – um mit den Worten von Hornemann aus dem Jahre 1802 zu sprechen – „ein kleiner, unabhängiger Staat, der den Groß-Sultan für seinen Oberherrn anerkennt, aber ihm keinen Tribut bezahlet“.[387]

## *2. Das Nomadengebiet*

### 2.1. Wirtschaftsverhältnisse

#### 2.1.1. Natürliche Umweltbedingungen

Das Wohngebiet der Aulad Ali befindet sich im wesentlichen am Nordrand der Libyschen Wüste, im sogenannten „Sahl al-Šimal“ (arab. „nördlicher Küstengürtel“), dessen Vegetation ausreicht, um den Herdentieren der Beduinen die nötige Nahrungsgrundlage zu sichern. Die Vegetationszone erstreckt sich von der Mittelmeerküste bis maximal 60 km ins Landesinnere. Je nach der Jahreszeit und der Menge des im Winter gefallenen Regens sowie nach den vorherrschenden Bodenverhältnissen und der Höhenlage ist die Vegetation unterschiedlich. Die Weidequalität nimmt im direkten Verhältnis zu den Niederschlagsmengen nach Süden erheblich ab. Aber auch

[387] Hornemann, 1802, S. 18.
[388] Vgl. Karte, Anhang C.

in west-östlicher Richtung besteht ein merkliches Gefälle zwischen den jährlichen Niederschlagsmengen.[389]

Die Beduinen selbst bezeichnen die Landschaftszonen ihres Wohngebietes von Norden nach Süden mit folgenden Termini[390]:

1. Nuğola – vegetationslose Strandregion
2. Ramis – Dünen im Küstenbereich, harte Dünengräser, kaum nutzbar für Weidezwecke
3. Sibta – Tonboden, gute Schafweide
4. Tarif – Sandboden am Rande des Sahel
5. Lubsat – kalkiger Boden mit guten Weidebedingungen nach der Regenzeit
6. Deffa – reine Wüste, ohne Vegetation
7. Wadi – zwischen diesen Zonen und oft quer hindurch verlaufen Täler, die nur zur Regenzeit episodisch Wasser führen; an ihrem Grund gedeihen häufig gute Weidepflanzen, in günstigen Lagen sogar Strauch- und Baumvegetation.

Entsprechend dem geringen Pflanzenbestand ist in dieser Region auch die Tierwelt nur relativ spärlich vertreten: abgesehen von Insekten wie Heuschrecken, Zikaden, Sandflöhen, Skorpionen, Spinnen und Fliegen, die jahreszeitlich bedingt auftreten, kommen vor allem Kriechtiere vor wie Schlangen, Eidechsen, Warane, Chamäleons und – im unmittelbaren Küstengebiet – Frösche. Von den Mollusken sind Schnecken erwähnenswert, weil sie sich nach den Regenfällen rasch vermehren und von den Beduinen zu Nahrungszwecken gesammelt werden; es handelt sich dabei um Helix desertorum mit weißem Gehäuse (arab. bsiweya).[391] An Säugetieren gibt es vor allem Gazellen und Hasen als Jagdtiere, während die Vogelwelt im Herbst und im Frühjahr mit zahlreichen Zugvögeln vertreten ist, ferner mit Falken und anderen Greifvögeln; im 18. Jh. wurden noch Strauße gejagt.[392]

Das Klima dieser Region zeichnet sich infolge der Nähe des Meeres durch eine hohe Luftfeuchtigkeit aus (durchschnittlich 80%); die Jahresdurchschnittstemperatur liegt bei 27 Grad; Minimumtemperatur: +2 Grad, Maximum +43 Grad.[393] Die Niederschläge fallen hier – wie auch im übrigen Mittelmeerraum – vorwiegend in den Monaten November bis März, sie sind aber nach Menge und Ort unterschiedlich. Das langjährige Mittel beträgt 150 mm, wodurch die Wanderbewegungen der Hirtennomaden in erster Linie begründet sind.[394]

### 2.1.2. Bedingungen der Nomadenviehzucht: Wasser und Weide

Mit Ausnahme der Bewohner mehrerer bereits im Altertum gegründeter Küstenstädte wie Kyrene und Paraetonium werden die Bewohner des Küstengebietes bereits in den Berichten des Mittelalters als nomadische Viehzüchter beschrieben.[395] Dieser speziali-

[389] Ali, 1952, S. 5f.; Ghonaim, 1980, S. 38; Migahid/Abd el Rahman, 1953, S. 59ff.; Montasir, 1954.

[390] FB Stein, 1969, S. 649.

[391] Ebenda, S. 651, 653.

[392] Murray, 1950, S. 21.

[393] Lackany, 1960, S. 32.

[394] Vgl. Ali 1952, S. 5f.

[395] Herzog, 1963, S. 94; Kahle, 1913, S. 365; Schubarth-Engelschall, 1967, S. 20, 34ff.

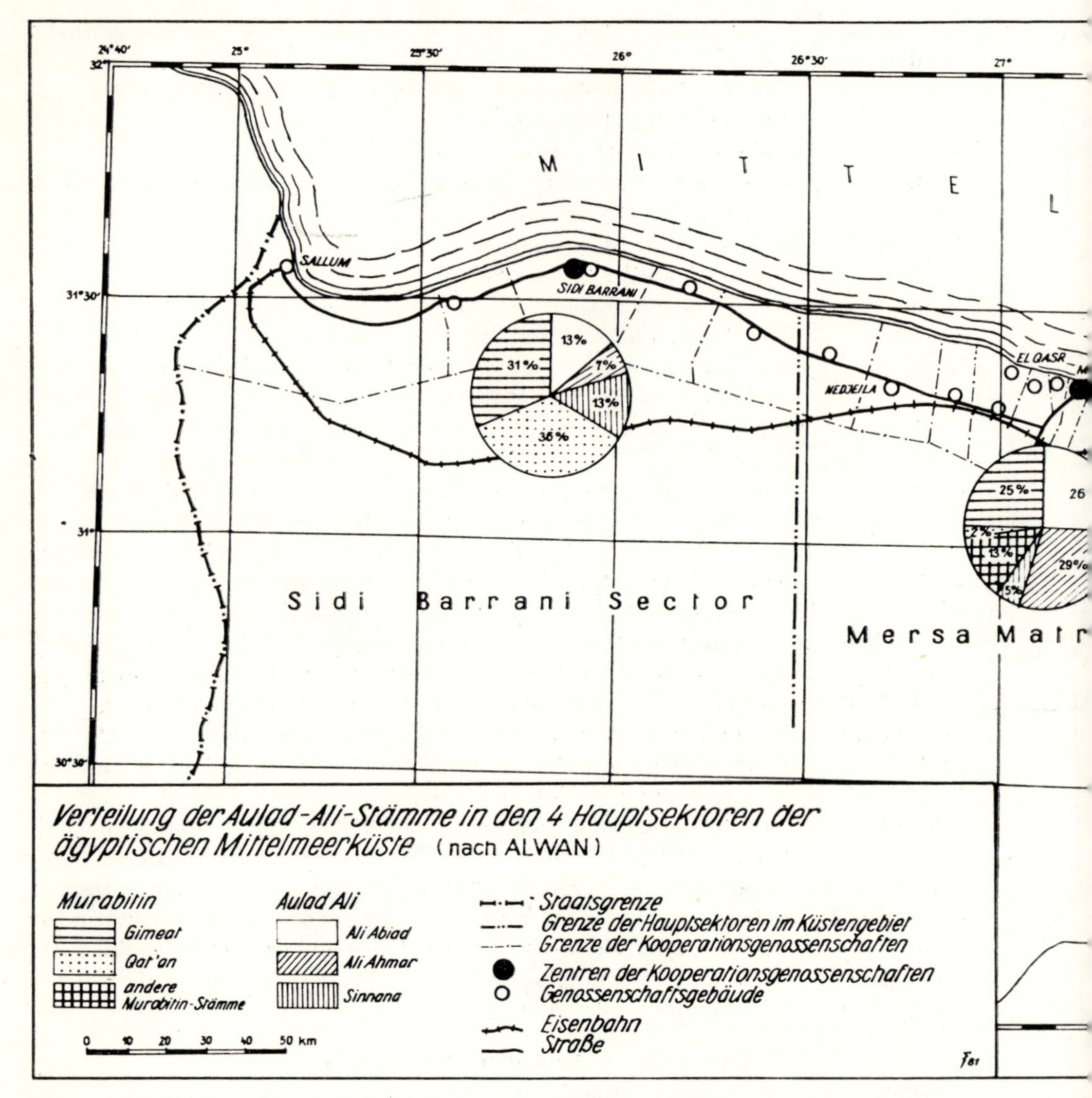


Karte 3: Verbreitung der Aulad Ali-Beduinen im Küstengebiet (nach Alwan, 1968)

sierte wirtschaftlich-kulturelle Typ bildete beim damaligen Stand der Produktivkräfte im Untersuchungsgebiet die einzig mögliche Form des Lebensunterhalts in einer kargen Umwelt; es handelt sich um jene Form nomadischer Viehzucht in den ariden Zonen Vorderasiens und Nordafrikas, die allgemein als Beduinentum klassifiziert wird.

Es sei darauf hingewiesen, daß sich das Beduinentum nicht selbständig in Nordafrika herausgebildet hat, sondern von den Vertretern dieses wirtschaftlich-kulturellen Typs, d. h. von aus dem Gebiet der Arabischen Halbinsel einwandernden Beduinengruppen, nach Nordafrika exportiert worden ist. Diese Wanderungen erfolgten in einem Zeitraum von mehreren Jahrhunderten. Mit der kriegerischen Ausbreitung des

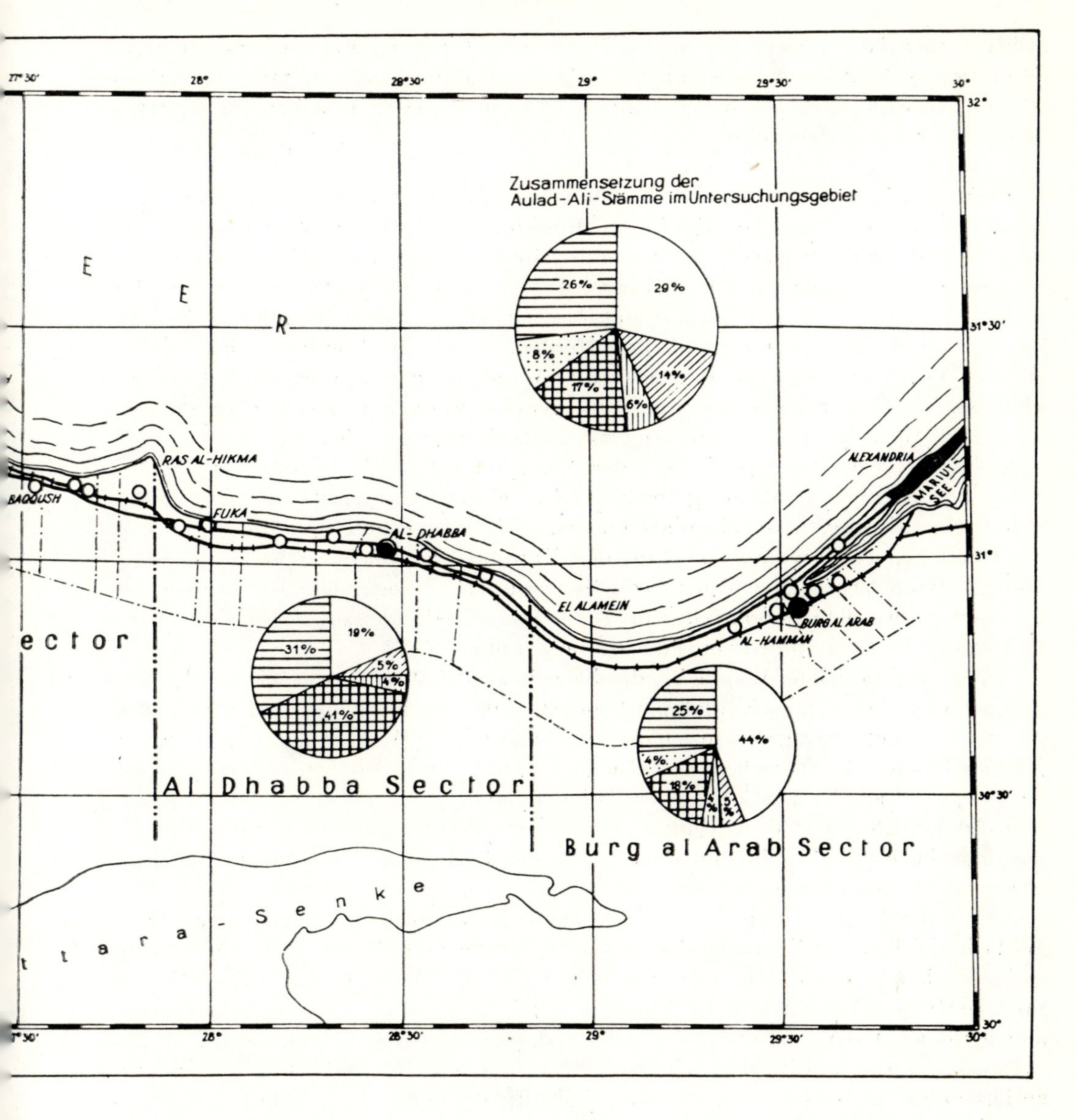


Islams, dessen Anhänger bekanntlich 639 u. Z. Ägypten eroberten, werden sie besonders intensiv.

Aus den historischen Quellen geht hervor, daß die arabischen Eroberer zunächst nur eine dünne Oberschicht bildeten, während spätere Einwanderungswellen größere Menschenmengen nach Nordafrika brachten. Als besonders wichtig ist die Einwanderung der Beni Hilal und der Beni Selim (auch B. Suleiman) um die Mitte des 11. Jh. u. Z. hervorzuheben: „Some 200,000 of them moved with their wives and families to the west."[396] Wenn auch derartige Zahlenangaben nicht als absolut verläßlich ange-

[396] Mitwally, 1952, S. 127.

sehen werden dürfen, so vermitteln sie doch einen Eindruck vom Massencharakter dieser Migration – Ibn Khaldun bezeichnet sie als „einen Heuschreckeneinfall von verheerenden Auswirkungen“ –, die zu starken ethnischen Veränderungen im nordafrikanischen Küstengebiet führte.

*Viehzucht*: Im Mittelpunkt der wirtschaftlichen Tätigkeit dieser aus Arabien zugewanderten Beduinen stand die Zucht von Dromedaren, Schafen und Ziegen; ferner von Pferden und Eseln; Hunde unterstützten die Hirten bei der Beaufsichtigung der Herden und dienten zum Schutz der Zeltlager. Leider gibt es für die frühen Perioden der nordafrikanischen Geschichte keine statistischen Angaben über Anzahl und Zusammensetzung der Bevölkerung und ihrer Herden. Es ist jedoch auffällig, daß in den meisten Berichten von Reisenden über die Wirtschaft der Beduinen des Untersuchungsgebietes die Kamele an erster Stelle genannt werden, woraus man auf die hervorragende Bedeutung dieses Haustieres Schlußfolgerungen ziehen kann.

Nicht nur für die Eigenversorgung der Nomaden mit Milch, Fleisch, Fett, Wolle, Leder und Brennmaterial (der getrocknete Kameldung) war das Dromedar von Bedeutung, sondern auch vor allem als Transportmittel für die Zelte und den Hausrat beim häufigen Lagerwechsel sowie für den Karawanenverkehr, durch den die weitläufigen Handelsbeziehungen der Beduinen realisiert wurden. Der Eigentümer der Lasttiere verwendete sie entweder für seine eigenen Handelszüge oder vermietete bzw. verkaufte sie an professionelle Karawanenführer.[397]

Infolge der speziellen Ansprüche, die Kamele an die Weidebeschaffenheit stellen, und auf Grund der Tatsache, daß die Dromedare das feuchte Klima in der Nähe des Meeres nicht gut vertragen, wurden sie von den Hirten in Weidegebiete begleitet, die häufig mehrere Tagesmärsche vom Zeltlager entfernt liegen. Die verantwortungsvolle Aufgabe des Kamelhütens setzte einen hohen Grad an Kenntnissen über die Umwelt und das Verhalten der Tiere voraus und war im wesentlichen eine Aufgabe für die leistungsfähigen jungen Männer, die auch in der Lage waren, den Strapazen eines Lebens im Freien über längere Zeiträume standzuhalten.

An zweiter Stelle entsprechend ihrer ökonomischen Bedeutung im nomadischen Wirtschaftsleben der Küstenbewohner folgen Schafe und Ziegen, deren Milch für mehrere Monate des Jahres einschließlich der daraus hergestellten Produkte die tägliche Hauptnahrung bildet. Ihr Fleisch wird relativ selten verzehrt: „... their flocks and herds are too valuable to be slaughtered, except on especial occasions.“[398]

Da sich Schafe und Ziegen nicht so weit vom Lager bzw. von der Wasserstelle entfernen wie die Kamele, vertraut man sie häufig der Obhut halbwüchsiger Knaben und Mädchen an, die sie beim täglichen Weidegang begleiten. Genutzt wird auch die Wolle der Schafe und das Haar der Ziegen, letzteres ist zur Herstellung der Zeltbahnen von besonderer Bedeutung. Die Felle geschlachteter Tiere dienen als Schlafunterlagen und Sitzmatten, während die gegerbten Häute zur Herstellung von Schöpfgefäßen und zur Aufbewahrung von Trinkwasser und flüssiger Butter verwendet werden.

Reitpferde, die bei den Beduinen der Arabischen Halbinsel in großer Zahl gezüchtet wurden[399], hatten bei den Aulad Ali offenbar nur eine untergeordnete Bedeutung:

[397] Murray, 1935, S. 113; Pacho, 1827, S. 74.
[398] St. John, 1849, S. 42.
[399] Flade, 1977, S. 35ff.

„They are too poor to keep many horses . . . but seem very proud if they do possess any.“[400] Aus diesem Zitat geht auch die soziale Bedeutung des Pferdes hervor: sein Besitz verschaffte dem Eigentümer soziales Ansehen. Zum Typ des Reitpferdes in der Westlichen Wüste äußert sich MURRAY: „The Western Arab rides the Barb, ugly in comparison with the Arab horse.“[401] Demgegenüber sind Esel, die offenbar auch schon damals in größerer Zahl gehalten worden sind, von Bedeutung für den Personentransport und den Transport von Trinkwasser und Brennmaterial in der näheren Umgebung des Zeltlagers.[402]

*Wasser und Weide:* Abgesehen von natürlichen Teichen, die sich während der Regenzeit bilden, erfolgt die Wasserversorgung der Beduinen im Hinterland der Küste überwiegend aus Zisternen, in denen das Trinkwasser für Mensch und Tier während der Niederschlagsperiode gespeichert wird; dieses Wasser ist häufig mineralhaltig. Demzufolge wird das Regenwasser, das sich an Stellen mit festem Untergrund ansammelt, dem Wasser aus den Zisternen vorgezogen, da es besser im Geschmack ist. Das gleiche trifft zu für das Wasser aus den Wadis, das am Rande der Gebirge mittels kleiner Staudämme gesammelt wird. Die Speicherung dieses Oberflächenwassers erstreckt sich jedoch infolge der großen Verdunstung nur auf wenige Wochen, danach sind die Nomaden vorrangig auf die Zisternen angewiesen.

Diese Brunnenschächte sind einige Meter tief aus dem kalkigen Felsboden (Karst)[403] herausgearbeitet worden. Ihre Entstehungszeit liegt in vielen Fällen lange Zeit vor der arabischen Einwanderung; man bezeichnet sie deshalb in der Literatur häufig auch als „Roman wells“.[404] Am oberen Rand dieser vielfach mit einem verschließbaren Deckel versehenen Zisternen findet man häufig das Stammeszeichen der betreffenden Nomadengruppe eingemeißelt.

Jede dieser Wasserstellen ist unter einem bestimmten Eigennamen bekannt; so heißen z. B. die Zisternen längs der Piste von Mersa Matruh nach Siwa wie folgt[405]:

| | |
|---|---|
| 1. Bir Saifa | 6. Bir hellu |
| 2. Bir al-Tay | 7. Bir Istabl |
| 3. Bir al-Naqa | 8. Bir Milahi |
| 4. Bir al-Kana'is | 9. Bir al-Nusf |
| 5. Bir al-Šelaz | 10. Bir Fassur |

Von den Beduinen wird das Wasser mit einem Schöpfgefäß (dellu), das an einem Seil befestigt ist, aus dem Brunnen emporgezogen und in ein Tränkbecken (Trog, Rinne oder Lehmpfanne) gegossen, aus dem die Herden dann getränkt werden. Das für den Haushalt bestimmte Wasser wird in gegerbten Schläuchen aus Ziegenleder mit Eseln ins Lager transportiert.

Im Wohngebiet der Aulad Ali gedeihen abhängig von Niederschlagsmengen, Jahres-

400 ST. JOHN, 1849, S. 47.
401 MURRAY, 1935, S. 101.
402 Ebenda, S. 102.
403 Vgl. MÜHLHOFER, 1923, S. 19ff.
404 MURRAY, 1953, S. 3, schreibt: „This district, the Marmarica of the Romans, is dotted with thousands of large cisterns cut into the rock in ancient times, and the clearing out and re-cementing of these will certainly allow a larger area to be brought again under cultivation.“ Vgl. auch: LACKANY, 1960, S. 8.
405 FB STEIN, 1969, S. 648.

zeit und Bodenart zahlreiche Weidepflanzen. Besonders üppig bewachsen sind die bereits erwähnten Wadis, in deren Nähe deshalb bevorzugt die Nomadenlager errichtet werden.[406] Das Aufsuchen der günstigsten Weidegebiete für die jeweilige Haustierart ist von der Erfahrung der Hirten abhängig. Dromedare z. B. bevorzugen Regionen mit Salzbodenvegetation, die häufig landeinwärts zu finden sind. Auch Schafe und Ziegen bedürfen in bestimmten Abständen dieser Salzbodenweide, wenn auch in größeren Zeitabständen als die Kamele, während sie von Pferden gänzlich verschmäht wird. Ein Teil des Salzbedarfs der Herdentiere wird durch den Mineralgehalt des Brunnenwassers gedeckt.[407]

### 2.1.3. Bodenbau, Jagd und Sammelwirtschaft

Ungeachtet der Tatsache, daß Viehzucht die Grundlage ihres Wirtschaftslebens darstellt, haben die Aulad Ali, seit sie in der Literatur beschrieben werden, offenbar auch die Möglichkeit des Anbaus von Nutzpflanzen – in erster Linie Gerste – wahrgenommen. Es handelt sich hierbei um Regenfeldbau[408] unter Verwendung eines einfachen Holzpfluges, der von einem Kamel oder Eselgespann gezogen wird. Nach der Aussaat zu Beginn des Winters wandert die Gruppe mit ihren Herden landeinwärts, um erst zu Beginn des Sommers zurückzukehren und die Ernte einzubringen.[409]

St. John erwähnt den Anbau von „Dhourra" (Sorghum), während Pacho ganz allgemein von der Kultivierung von „Céréales" spricht. Simpson betont den Umstand, daß erst ausreichende Niederschläge den Getreideanbau ratsam erscheinen lassen: „... in the northern district of the desert, he (the Aulad Ali Bedouin – die Verf.) will often grow wheat, barley or dhurra ... whereas, in the southern desert belt, only barley is grown and that only when there is sufficient rainfall."[410]

Die Quantität der jährlichen Niederschläge im Untersuchungsgebiet ist sehr starken Schwankungen unterworfen, und es geschieht nicht selten, daß die Saat zwar aufgeht, aber sich durch vorzeitiges Sistieren der Regenfälle nicht voll entwickeln kann und teilweise bereits verdorrt, bevor sich die Körner überhaupt entwickelt haben. In solchen Fällen benutzen die Nomaden das bestellte Feld zu Weidezwecken, um wenigstens einen minimalen ökonomischen Nutzen zu erzielen.[411]

*Sammeln*: Zusätzliche Pflanzennahrung verschaffen sich die Beduinen durch das Sammeln wildwachsender Vegetabilien, wozu vorrangig die in regenreichen Jahren auftretenden Trüffeln zu rechnen sind: eine weiße Art, Zubeidi genannt, und eine rote Spezies, Terfez (Terfezia leonis).[412] Man verwendet die Trüffeln sowohl in frischem Zustand (sie werden gekocht oder geröstet) als auch in getrocknetem als lange haltbare Nahrungskonserve.

Weiterhin sind die Samen einer „Kreb" genannten Grasart als Nahrungsmittel brauchbar, allerdings verwendet man sie nur in Notzeiten. „It never amounts to

[406] Von den Aulad Ali wurden folgende Weidepflanzen-Species benannt: lisslis, sigara, hinzir, barquq, qitaf, sih, sirr, qesiah, agrum, sill, ʿuhred, sahif. FB Stein, 1969, S. 653.

[407] Vgl. Kaddah, 1954, S. 164, table 3.

[408] St. John, 1849, S. 25.

[409] Bates, 1914, S. 91.

[410] Pacho, 1827, S. 10; Simpson, 1929, S. 67; St. John, 1849, S. 52.

[411] FB Stein, 1969, S. 657.

[412] Ebenda, S. 652.

anything more than a supplementary supply".[413] MURRAY besch reibt die Herstellung von Brotfladen aus den Samen einer „Samh" genannten Wildpflanze (Mesembryanthemum forscalii)[414], der Geschmack dieses Produkts wird allerdings mit „very nasty" angegeben. Ferner genießt man die Wurzeln bestimmter Arten von Pflanzen (Cistanche ptelyphase, Cynomorium coccineum und Typha elephantina).[415]

Andere Wildpflanzen wie Kamille und wilde Minze dienen den Aulad Ali als Heilmittel bei bestimmten Erkrankungen. MÜHLHOFER berichtet: „Die Beduinen verzehren die Stengel der Drias-Pflanze (Thapsia garganica) und schreiben ihr große Heilwirkung zu. Kamelen soll sie besonders gefährlich werden, und deswegen werden diese auf gewissen Strichen mit Maulkörben versehen."[416]

*Jagd:* „Every Bedouin youth aspires ardently to become a hunter . . .", mit diesen Worten bezeichnet MURRAY[417], ein guter Kenner der ägyptischen Beduinenstämme, die Jagdleidenschaft der nomadischen Araber. Im Untersuchungsgebiet wird die Jagd aus unterschiedlichen Motiven betrieben: sie zielt zum einen auf den Erwerb zusätzlicher Fleischnahrung ab und zum anderen auf die Vernichtung von Raubwild, das den Bestand der Herdentiere gefährdet, wie Hyänen, Wölfe und Füchse, deren Fleisch aber nicht verzehrt wird.

Folgende Jagdmethoden sind den Aulad Ali bekannt:

1. Fallenjagd: Sie wird vorwiegend mit Trittfallen betrieben, die man dort aufstellt, wo Gazellen weiden oder zur Tränke gehen.[418] Weiter zählen dazu Stellnetze, mit denen rastende Zugvögel gefangen werden. Hervorzuheben ist hier die ergiebige Jagd auf Wachteln, die im September im Küstengebiet auftauchen: „The birds invariably arrive just before dawn, and are usually so exhausted that they are taken by the thousands in the nets and traps of the Arabs."[419]

2. Beizjagd mit abgerichteten Falken[420] auf Gazellen, Hasen und Trappen, wobei häufig Jagdhunde das Wild aufstöbern, bevor der Falkner den Beizvogel auf die Beute ansetzt. JENNINGS-BRAMLEY vermittelt eine ausführliche Beschreibung dieser Jagdmethode, wie sie im Gebiet der Aulad Ali praktiziert wurde.[421]

3. Pirschjagd mit einer Schußwaffe, wobei man dem Wild an der Tränke auflauert oder aber seine Spur verfolgt. Diese Methode war sicher im vorigen Jahrhundert weniger verbreitet als die beiden vorher genannten, wie einer Mitteilung ST. JOHN's zu entnehmen ist: „It is very rare, however, for them to use their guns; powder is too precious an article . . ."[422] Die nach der Verwendung von Motorfahrzeugen häufig praktizierte Methode der Hetzjagd vom fahrenden Auto aus hat den ohnehin geringen Wildbestand der Westlichen Wüste noch weiter dezimiert.[423]

Der Vollständigkeit halber sei darauf verwiesen, daß die im Küstengebiet leicht zu erbeutenden Fische von den Aulad Ali verschmäht werden.[424]

[413] MONOD/TOUPET, 1961, S. 242f.
[414] MURRAY, 1935, S. 87.
[415] MONOD/TOUPET, 1961, S. 242. [416] MÜHLHOFER, 1923, S. 33.
[417] MURRAY, 1935, S. 122. [418] Ebenda.
[419] Ebenda, S. 127.
[420] Vgl. dazu: VÖGELE, 1931, S. 66ff., 74ff.
[421] Zitiert bei: MURRAY, 1935, S. 128ff. [422] ST. JOHN, 1849, S. 42.
[423] FB STEIN, 1969, S. 645; FB STEIN/RUSCH, 1976, S. 863; HOHLER Report, 1900, S. 8.
[424] MURRAY, 1935, S. 92.

### 2.1.4. Arbeitsteilung und Handwerk

Bei den Aulad-Ali-Beduinen überwiegt die natürliche Arbeitsteilung zwischen den Geschlechtern, wie sie generell für die Beduinengesellschaft charakteristisch ist, gegenüber der sozialen Arbeitsteilung, die sich überwiegend in der Herdenbetreuung dokumentiert.

Alle Belange der Kamelzucht sind Angelegenheit der Männer. Frauen dürfen z. B. Kamele nicht melken. Das Schlachten von Herdentieren ist prinzipiell ein Privileg der Männer[425] ,wie auch die gesamte Handelstätigkeit – Viehhandel und Karawanenverkehr – Männersache ist. Frauen übernehmen dagegen das Sammeln von Wildpflanzen und beteiligen sich an den Erntearbeiten, während das Bestellen des Bodens wiederum den Männern überlassen ist, desgleichen die Jagd.

Das hauptsächliche Wirkungsfeld der Beduinenfrauen erstreckt sich auf den Haushalt. Zubereiten der Mahlzeiten, einschließlich Kornmahlen und Brotbacken, Versorgung der Kinder, Waschen der Kleidung, Melken von Schafen und Ziegen sowie die Verarbeitung der Milch zu Butter und anderen Produkten sind sämtlich Aufgaben der Frauen, wobei ihnen schon frühzeitig die Mädchen zur Hand gehen, die auf diese Weise die entsprechenden Fertigkeiten erwerben.

Speziell die Beschaffung von Brennmaterial für das Herdfeuer und das Heranschaffen des Trinkwassers vom Brunnen ins Zeltlager sind Aufgaben der Mädchen; mit den Knaben teilen sie sich die Aufgabe des Hütens von Kleinvieh in der Umgebung des Lagers. Zur Kindererziehung läßt sich feststellen, daß die Knaben etwa im Alter von fünf bis sechs Jahren an durch den Vater in ihre künftigen Pflichten eingeführt werden, während die Mädchen von den Müttern angeleitet werden. Das bezieht sich auch auf die Vermittlung handwerklicher Fertigkeiten wie Spinnen, Weben und Gerben; diese Handwerke betreiben ausschließlich die Frauen.

Durch die Verarbeitung der Wolle von Schafen, Ziegen und Kamelen im Heimgewerbe stellen die Beduinenfrauen zahlreiche Gebrauchsgegenstände her wie Teppiche, Satteltaschen, Kissenbezüge und Gürtel. Solche handgewebten Wollgürtel der Beduinen werden z. B. in Siwa auch von den Zaggala getragen.[426] Die farbenprächtigen Wollteppiche mit geometrischen Mustern in den Farben rot, grün, gelb und weiß sind der Stolz eines jeden Beduinenhaushaltes; bei festlichen Gelegenheiten werden sie ausgebreitet und dokumentieren das Geschick der Hausfrau; in den Handel gelangen diese kostbaren Erzeugnisse nur in Ausnahmefällen.

Nicht unerwähnt bleiben darf die Herstellung der Zeltbahnen aus den gesponnenen Haaren der Langhaarziegen durch die Beduinenfrauen: „The Aulad Ali reserve their newest and best tents for the Winter, and spend the summer using up their old ones."[427] Der Grund für dieses Verhalten liegt in dem Bestreben, sich mit den besten und haltbarsten Zeltbahnen vor den Einflüssen der Winterregen zu schützen. Alle die genannten Weberei-Erzeugnisse werden mittels eines einfachen, für die meisten Nomadenvölker charakteristischen horizontalen Webstuhls (arab. minšaz) angefertigt.[428]

[425] Sollte im Falle einer Notschlachtung kein Mann in der Nähe sein, so legt eine Frau das Messer in die Hand eines Knaben und führt so die Schlachtung durch; auf diese Weise bleibt das Fleisch rituell „rein", während es anderweitig für Männer „haram" und damit ungenießbar wäre (FB Stein, 1969, S. 652).

[426] FB Stein/Rusch, 1976, S. 256, 288.

[427] Murray, 1935, S. 81f.

[428] FB Stein, 1968, S. 290; Murray, 1935, S. 61f.

Die soziale Teilung der Arbeit bei den Aulad Ali ist in engem Zusammenhang mit den beduinischen Eigentums- und Ausbeutungsverhältnissen zu betrachten, die sich im Verlaufe der sozialen Differenzierung innerhalb der Beduinengesellschaft herausgebildet haben. Diese Art Arbeitsteilung erfolgt zwischen den Herdeneigentümern und den von ihnen abhängigen Hirten, die für ihre Dienste einen gewissen Anteil der Viehzuchtprodukte erhalten. Den Sklaven der Aulad Ali wurde nach Aussage der Gewährsleute die Betreuung der Herden nur in Ausnahmefällen überlassen.

Das Vorhandensein der Sklaven bei den Aulad Ali wird von KLIPPEL ausdrücklich betont[429], jedoch dem Ausmaß nach nicht näher definiert. So kann nach dem augenblicklichen Erkenntnisstand die Frage nach dem Umfang der Sklavenhaltung und ihrer Rolle im Produktionsprozeß nicht exakt beantwortet werden. Nur durch Vergleiche mit anderen Beduinenstämmen, deren soziale Verhältnisse besser erforscht und dokumentiert sind, läßt sich feststellen, daß erstens Sklavenhaltung bei den Beduinen in der Regel nur bei den ökonomisch privilegierten Stammesführern anzutreffen war, und zweitens, daß diese Sklaven vorwiegend in der unmittelbaren persönlichen Umgebung ihrer Eigentümer beschäftigt wurden, wo sie die Funktion von Leibdienern, Wächtern etc. ausübten.[430] Die verantwortungsvolle Tätigkeit des Hütens der Herden überließ man ganz offensichtlich lieber „freien“, jedoch ökonomisch abhängigen Lohnhirten, die ein persönliches Interesse am Wachstum der ihnen anvertrauten Herde hatten.[431]

### 2.1.5. Handelsbeziehungen der Aulad Ali

Auf die fundamentale Bedeutung des Handels der Beduinen des Sahl al-Šimal mit den Bewohnern der Oase Siwa wurde bereits an anderer Stelle der Arbeit hingewiesen, seine späteren Veränderungen werden im Verlauf der Untersuchung noch darzulegen sein. In diesem Abschnitt kommt es uns darauf an, den Nachweis zu erbringen, daß sich die Handelsbeziehungen der Aulad Ali auch noch auf andere Partner als die Siwaner erstreckten.

So wird bereits in den Berichten der Reisenden aus dem frühen 19. Jh. die Beteiligung der Aulad Ali am Fernhandel bis nach Auğilah im Bergland von Fezzan hervorgehoben.[432] Die wichtigste Voraussetzung für diesen Karawanenhandel war der Besitz zahlreicher Dromedare, die allein in der Lage waren, derartig ausgedehnte Wüstenmärsche erfolgreich zu bewältigen. Sowohl SCHOLZ als auch ST. JOHN berichten von häufigen Überfällen „räuberischer Nomaden“ auf diese Handelskarawanen, ohne jedoch im Detail auszuführen, um welche Stammesgruppen es sich dabei handelt.[433] Zugegebenermaßen handelt es sich hier um einen Umstand, der in der Praxis jeweils schwer zu ermitteln ist, weil diese Wegelagerer darauf bedacht waren, möglichst unerkannt zu entkommen, um vor Nachstellungen sicher zu sein. Auf jeden Fall handelte es sich hier – im Gegensatz etwa zu den Raubüberfällen auf die Oasenbewohner – um Auseinandersetzungen der Wüstenaraber untereinander.

[429] KLIPPEL, 1907, S. 578.

[430] OPPENHEIM, 1939, Bd. 1, S. 32f.; STEIN, 1967, S. 131f.

[431] Vgl. dazu: Die Nomaden in Geschichte und Gegenwart (Veröffentlichungen des Museums für Völkerkunde zu Leipzig, Heft 33), 1981.

[432] JOMARD, 1823, S. 3, 12; PACHO, 1827, S. 30, 74.

[433] SCHOLZ, 1822, S. 86; ST. JOHN, 1849, S. 46; PACHO, 1827, S. 43ff., bezeichnet in anderem Zusammenhang die Harabi-Beduinen der Cyrenaika als besonders militant.

Den besten Schutz vor derartigen Raubüberfällen gewährte den Karawanenleuten die Bezahlung eines „Wegezolls“ an den Repräsentanten des betreffenden Nomadenstammes, durch dessen Weidegebiet der Weg führte.[434] Andererseits hebt ROHLFS die große Sicherheit hervor, mit der in der Wüste deponierte Handelsgüter – etwa nach dem Verlust von Lastkamelen infolge von Erschöpfung – von ihren rechtmäßigen Besitzern wiedererlangt werden konnten. Diese Depots zu plündern wäre in den Augen der Beduinen einem Sakrileg gleichgekommen.[435]

Ob die Aulad Ali auch am Sklavenhandel beteiligt waren, für den Siwa ein wichtiger Durchgangsort war, kann aus den Quellen nicht mit Sicherheit nachgewiesen werden. SILVA WHITE bezeichnet die „Mojabra“ als notorische Sklavenhändler[436] und fährt fort: „Slaves pass through Siwa on their way to Alexandria and Constantinopel. All these slaves come from the Sudan via Jalo or Jarabub . . . they are fed up for the market after the exhausting desert march.“[437]

Eindeutig ist aus der Literatur hingegen die Tatsache zu belegen, daß die Aulad Ali die begehrten Siwa-Datteln – und in geringerem Umfang auch Olivenöl – aus Siwa nicht nur für den Eigenbedarf exportierten, sondern auch in beträchtlichem Umfang weiterverkauften, vorwiegend in die Hafenstadt Alexandria, „von wo sie manchmal auch nach Europa gelangten“[438], und nach Kairo.[439]

Des weiteren werden griechische Händler als Geschäftspartner der Aulad Ali genannt, wobei letztere jedoch stark benachteiligt wurden. Dazu bemerkt z. B. DUMREICHER folgendes: „Die Geschäftsleute aus Alexandria sind keine Freunde der Beduinen und denken nur daran, sie auszusaugen . . .“ Und BELGRAVE schildert die krasse Ausbeutung der Aulad Ali durch die griechischen Händler in Mersa Matruh mit den Worten: „Their favourite system is to buy whole crops of barley from the Arabs before it is ripe, when the owner is particularly hard up.“[440]

DUMREICHER verdanken wir den Hinweis, daß bis zum Beginn des 20. Jh. in diesen Geschäftsbeziehungen der Tauschhandel dominiert hat; als Zahlungsmittel der Aulad Ali werden genannt: Gerste, Kamele, Schafe und Ziegen sowie Wachteln.[441] Mit der Entwicklung kapitalistischer Verhältnisse im Untersuchungsgebiet gewann jedoch schnell der Geldverkehr die Oberhand, und es kam zu grundlegenden Veränderungen in den Austauschbeziehungen der Aulad Ali, wie im nächsten Kapitel näher ausgeführt wird.

434 ST. JOHN, 1849, S. 46.

435 ROHLFS, 1875, Bd. 1, S. 101. Ähnliches konnte noch 1973 von STEIN im Gebiet des Ğebel Marra (Darfur) beobachtet werden, wo Baggara-Nomaden einen Teil ihres Besitzes an Hausrat in den Astgabeln bestimmter Bäume deponierten, um sie im folgenden Jahr unversehrt wieder vorzufinden.

436 WHITE, 1899, S. 249.

437 Ebenda, S. 157; vgl. auch: MINUTOLI, 1824, S. 94.

438 BRECCIA, 1929, S. 10.

439 FALLS, 1910, S. 25, beziffert allein den siwanischen Dattelexport nach Cairo auf jährlich 10000 Kamelladungen.

440 BELGRAVE, 1923, S. 10; DUMREICHER, 1931, S. 24; vgl. ferner: LACKANY, 1960, S. 33.

441 DUMREICHER, 1931, S. 24.

## 2.2. Siedlungs- und Wohnweise, materielle Kultur

Im folgenden Zitat vermittelt uns der deutsche Orientalist J. M. Scholz ein anschauliches Bild von der Wohnweise der Beduinen des Küstengebietes zu Beginn des 19. Jh.: „Die jetzigen Bewohner dieser Gegend sind Beduinen. Sie wohnen in Lagern, deren Lokal sie von Zeit zu Zeit verändern, unter schwarzen Zelten von härenen Matten, zu zwei bis zweihundert Familien beisammen. Jede Familie hat nach Maßgabe ihres Vermögens ein oder mehrere Zelte, die sehr geräumig, aber niedrig und in mehreren Reihen aufgepflanzt sind . . .“[442]

Der Standort für den Aufbau eines Nomadenlagers muß eine Reihe von Bedingungen erfüllen und wird nach folgenden Gesichtspunkten ausgewählt:

1. Er muß in der Nähe einer Wasserstelle (Zisterne bzw. Regenwasserteich) gelegen sein.
2. In seiner Umgebung muß sich ausreichende Weidefläche für die Schaf- und Ziegenherden befinden, (die Kamele werden oft auf entfernte Weidegründe getrieben).
3. Nach Möglichkeit soll sich in der Nähe eine Geländeerhebung befinden, die den Zelten Windschutz bietet; die dem Wind zugekehrte Seite der Zelte wird stets mit einem Vorhang verschlossen.
4. Folgende Bedingung wird speziell während der winterlichen Niederschlagsperiode beachtet: Das Gelände für den Lagerplatz muß hochgelegen sein, damit das Regenwasser abfließen kann; Wadis werden in dieser Zeit gemieden, da sie sich nach Wolkenbrüchen in reißende Ströme verwandeln können.

Abgegraste Weideflächen bilden den häufigsten Grund für einen Lagerwechsel; bereits mehrere Tage zuvor wird durch Kundschafter ein geeigneter Platz für das neue Lager ausgewählt, der üblicherweise nicht mehr als eine Tageswanderung vom alten Lagerplatz entfernt liegt, d. h. etwa 25 bis 30 Kilometer.

Die Aulad Ali benutzen den gleichen transportablen Behausungstyp wie die anderen Beduinenstämme der arabischen Welt, der in jahrtausendelanger Anpassung an die Erfordernisse einer wandernden Lebensweise entwickelt worden ist: das schwarze Zelt aus gewebten Ziegenhaarbahnen (Bēt schaʿr). Dieses Gewebe, über ein System von Stützpfosten und Halteleinen gespannt, gewährt den Bewohnern den nötigen Schutz vor der Witterung. Bei Regenfällen zieht sich das poröse Material eng zusammen und ist daher wasserdicht.[443] Während der sommerlichen Trockenperiode werden die kostbaren Zeltdecken aus Ziegenhaar, deren Lebensdauer nur etwa zehn Jahre beträgt, zusammengerollt und stattdessen „Sommerzelte“ (ḫēš) benutzt, deren Gewebe aus heller Leinwand bestehen, die das Sonnenlicht reflektieren.

Der Grundaufbau des Zeltes ist jedoch in beiden Fällen der gleiche: Eine handgewebte, meist farbig ornamentierte Trennwand teilt den Innenraum des Zeltes in zwei Abteilungen, die rechte für die Frauen und Kinder (Mahram) – gewissermaßen den Wirtschafts- und Küchenraum – und die linke (Rabʾa) für die Männer; hier werden auch Gäste empfangen und bewirtet.[444]

Im Normalfall bewohnt eine Kernfamilie jeweils ein Zelt; nur bei polygynen Verhältnissen bewohnt jede Frau mit ihren Kindern ein Zelt für sich, und der Mann

[442] Scholz, 1822, S. 61.
[443] Feilberg, 1944, S. 59ff.; Murray, 1938, S. 80; Rackow/Caskel, 1938, S. 168f.
[444] Murray, 1938, S. 81.

wohnt abwechselnd bei einer von ihnen. Bei festlichen Gelegenheiten wird die Trennwand entfernt und das ganze Zelt zum Empfang der Gäste hergerichtet, wobei die schönsten Teppiche im Zeltinneren ausgebreitet werden. Männer und Frauen benutzen dann gesonderte Zelte.

Der materielle Kulturbesitz der Aulad Ali ist – wie allgemein für Nomaden typisch – als Folge der wandernden Lebensweise relativ begrenzt. Die Gebrauchsgegenstände sind vorwiegend aus Leder, Wolle, Holz oder Metall gefertigt, also unzerbrechlich und den Belastungen häufigen Transports gewachsen. Im Frauenabteil eines jeden Zeltes befindet sich die steinerne Reibemühle (arhā) zum Zerschroten des Getreides für Brotfladen oder Brei: Sie besteht aus zwei runden Steinplatten, deren obere mittels eines Holzgriffes in eine drehende Bewegung versetzt wird, wobei das zermahlene Getreide seitlich herausfällt und in einem Tuch aufgefangen wird.[445]

Weitere Haushaltsgeräte im Beduinenzelt sind Kochgefäße aus Kupfer und Zinn, Wasserkannen, Holzmörser und Siebe, ferner diverse Milchgefäße, teils aus Holz, teils aus Leder. Gegerbte Ziegenbälge dienen zur Aufbewahrung von Trinkwasser und zur Herstellung von Butter, wofür die eingefüllte Milch solange von Frauen und Mädchen geschüttelt wird, bis die Butter ausflockt.

Die von den Frauen am horizontalen Webstuhl hergestellten farbigen Teppiche aus Schafwolle bilden die „Universalmöbel" des Beduinenzeltes, sie dienen als Sitz- und Schlafunterlage; Kleider und Schmuck werden in buntbemalten Holztruhen aufbewahrt, die einen Teil der Brautausstattung bilden. Im Männerabteil des Zeltes befinden sich neben Sitzmatten und Reitsätteln, die als Armstützen dienen, vor allem die Gerätschaften für die Teezeremonie: Teekessel in verschiedenen Größen, Blechbüchsen für Tee und Zucker sowie – als einzige zerbrechliche Gefäße im Beduinenhaushalt – einige kleine Gläser, in denen Tee serviert wird.[446] Neben Messern, die vorwiegend zum Schlachten verwendet werden, „the Aulad Ali keep numerous rifles for use, and old silvermounted guns and horse-pistols for show".[447]

Auch die Anzahl der verwendeten Arbeitsinstrumente ist bei den Aulad Ali sehr begrenzt. Die Frauen besitzen hölzerne Spindeln zum Verspinnen der Wolle zu Garn sowie den horizontalen Webstuhl für die Herstellung der Zeltbahnen und Teppiche.[448] Die Männer gebrauchen neben gekrümmten Hirtenstäben für den Weideaustrieb vor allem eiserne Schermesser für die Wollgewinnung und eiserne Brenneisen für die Kennzeichnung der Kamele sowie für gelegentliche Krankenbehandlung (Kauterisation). Zum Umbrechen der Erde vor der Aussaat der Gerste dient ein einfacher Hakenpflug mit Eisenschuh. Geerntet wird mit einer gezähnten Sichel (minğal), die ebenso wie die übrigen erwähnten Metallgegenstände auf dem Markt erworben werden, da das Schmiedehandwerk bei den Nomaden selbst nicht entwickelt ist.

Die Männerkleidung besteht aus einem knöchellangen, kragenlosen Baumwollhemd (Qamis), darunter trägt man weite Unterhosen (Sirwāl), knielang, die mit einer Hüftschnur zusammengebunden werden. Über dieser Unterbekleidung tragen

[445] Ebenda, S. 32.

[446] Im Gegensatz zu den ostarabischen Beduinen ist bei den Aulad Ali der Kaffeegenuß nicht verbreitet. Möglicherweise ist der Einfluß der puritanischen Senussisekte als Ursache dafür anzusehen.

[447] Murray, 1935, S. 79.

[448] Ebenda, S. 61f.

die Aulad Ali als repräsentatives Kleidungsstück einen vielseitig verwendbaren mantelartigen Umhang (Ğird), der je nach Vermögen aus grober oder feiner Wolle gewebt ist, bzw. – bei festlichen Gelegenheiten – aus Seide. Der Umhang wird über der linken Schulter verknotet, so daß der rechte Arm frei bleibt, das andere Ende wird über die rechte Schulter geworfen und fällt locker über den Rücken bis zu den Knöcheln herab. In der kalten Jahreszeit wird unter dem Umhang noch eine fellgefütterte Weste getragen, deren dunkelfarbiger Stoffbezug zumeist mit Seidenstickereien verziert ist.

Als Fußbekleidung dienen Ledersandalen oder Slipper aus gelbem Leder.[449] Strümpfe sind ungebräuchlich, die Frauen und Kinder gehen zumeist barfuß; kleine Kinder laufen in der heißen Zeit völlig unbekleidet in der Nähe der Zelte herum.

Die Kopfbedeckung der Männer besteht in der Regel aus einer roten Filzkappe von flacher Form (also nicht wie der in Ägypten gebräuchliche hohe Tarbusch), an deren Seite eine lange Seidenquaste von dunkelblauer oder schwarzer Farbe herabhängt; darüber wird – außerhalb des Zeltes – häufig noch ein besticktes Tuch von heller Farbe als lockerer Turban gebunden.

Zur Aufbewahrung des persönlichen Besitzes auf dem Marsch oder beim Marktbesuch „the Western Arab wears a leather bag embroidered in many colours, with many pockets in it. This is slung over the right shoulder by a cord of cotton or silk, and is worn over cotton shirt but under the jird. It contains a knife, a packing needle, and a hundred and one other small items, picked up on the chance of being useful".[450]

Die Frauen der Aulad Ali tragen zumeist ein langes Baumwollkleid von dunkler Farbe mit farbig besticktem Halseinsatz, während die unverheirateten Mädchen Kleiderstoffe mit kräftigen Farben bevorzugen, die Unterwäsche besteht ebenfalls aus Baumwollstoff. Ein breiter roter Seidenschal (Wasta)[451] wird als Gürtel um die Hüften geschlungen und ist das äußere Zeichen der unverheirateten Frauen. Der Kopf wird mit einem schleierartigen Tuch umwickelt, von dem ein Zipfel das Gesicht verdeckt, wenn sich die Frau in der Öffentlichkeit bewegt, etwa bei einem Marktbesuch.

Während die Männer, abgesehen von silbernen Fingerringen mit einer Türkisperle als Glücksbringer, sich nicht schmücken, sind die Frauen der Aulad Ali reichlich mit Schmuck versehen. Da dieser Zierat einen Bestandteil der Hochzeitsgabe ausmacht, ist er zugleich ein äußeres Zeichen für die soziale Stellung der betreffenden Frau. So besitzt z. B. die Gemahlin eines reichen Herdenbesitzers wesentlich mehr Schmuck als die eines „einfachen" Stammesangehörigen.

Im einzelnen handelt es sich um goldene Nasenbroschen, die z. T. noch mit kleinen Edelsteinen verziert sind und im durchbohrten Nasenflügel getragen werden;[452] des weiteren um Halsketten, die häufig Amulettcharakter haben, sowie um breite Armreifen mit eingravierten Ornamenten und massive Fußspangen, die oberhalb der Knöchel angebracht werden. Diese Schmuckstücke sind persönliches Eigentum der Frau, die sie später auf ihre Töchter vererbt oder auch, falls sie als Witwe in Not gerät, veräußern kann. Je wohlhabender eine Nomadenfamilie ist, um so kostbarer und

[449] Ebenda, S. 75.
[450] Ebenda.
[451] Ebenda.
[452] Stein/Rusch, 1978, Abb. 132.

reichhaltiger ist auch der Frauenschmuck, der in seiner ganzen Vielfalt besonders zu festlichen Anlässen, wie Hochzeits- oder Beschneidungsfeierlichkeiten, zur Schau getragen wird: „Their arms were covered from wrist to elbows in heavy silver bangles which jingled as they moved", schreibt MURRAY über die weiblichen Hochzeitsgäste unter den Aulad Ali.[453]

## 2.3. Soziale Organisationsformen der Aulad Ali

Die soziale Organisation der Aulad Ali beruht – ebenso wie bei anderen Beduinenstämmen auch – auf realen blutsverwandtschaftlichen Bindungen ihrer Mitglieder. Dies trifft bestimmt auf die unteren Einheiten der Stammesgesellschaft zu, also Kernfamilie, Großfamilie, Stammesgruppe, während in den nächsthöheren Einheiten – Unterstamm und Stamm – die verwandtschaftlichen Beziehungen z. T. nur noch sehr entfernt bzw. fiktiv bestehen infolge der Einbeziehung fremder Elemente in das genealogische System.[454] Unter diesen „fremden Elementen" sind im Falle der Aulad Ali konkret die Angehörigen unterworfener Stämme zu verstehen, die sogenannten „Murabitin", auf die später noch näher einzugehen sein wird.

Die kleinste organisatorische Einheit der Beduinengesellschaft ist die Kernfamilie (ʿaila), d. h. der Mann mit seiner Frau bzw. seinen Frauen und ihren gemeinsamen Kindern. Jede Familie bewohnt gemeinsam ein Zelt, und nur im Falle polygyner Eheform auch zwei oder mehr Zelte. Die Kernfamilie ist zugleich auch die kleinste wirtschaftliche Einheit, das Familienoberhaupt verfügt über das private Eigentum an Herdentieren und sonstigem Besitz.

Mehrere miteinander verwandte Kernfamilien (bēt) – in der Regel sind es die erwachsenen Söhne eines Mannes mit ihren Familien – bilden zusammen die Lagergemeinschaft (firqa), die bis zu vier Generationen umfaßt, nämlich die Urgroßeltern, Großeltern, Eltern und Kinder. Der älteste und erfahrenste Mann dieser Gemeinschaft übernimmt die Funktion des Anführers (Raʾis oder Scheich; letzteres ist aber eher eine Ehrenbezeichnung als ein offizieller Titel).

In den meisten Fällen ist die Lagergemeinschaft identisch mit einer patriarchalischen Großfamilie. Sie handelt in jeder Hinsicht solidarisch und wirtschaftet gemeinsam. Das drückt sich in erster Linie darin aus, daß die Schafe, Ziegen und Kamele, die zu jedem Haushalt gehören, in Gemeinschaftsherden geweidet werden, wobei man sich die Aufsicht nach den gegebenen Möglichkeiten teilt und den Beteiligten genau bekannt ist, wem welches Tier gehört.

Wie es für patriarchalische Gemeinwesen typisch ist, wird bei den Beduinen die Abstammung der Kinder stets in väterlicher Linie gerechnet, und weil die Ehen ohne Ausnahme virilokal geschlossen werden[455], d. h. die Frau folgt dem Manne und wohnt in dessen Zelt und Lagergemeinschaft, entstehen auf diese Weise immer neue Verwandtschaftsbeziehungen zwischen Angehörigen verschiedener Großfamilien.

Die Gemeinschaft aller miteinander verwandten Großfamilien bildet zusammen eine Stammesabteilung, die sich in der Regel auf einen gemeinsamen Vorfahren be-

[453] MURRAY, 1935, S. 186.

[454] Vgl. DOSTAL, 1959, S. 13; Jahrbuch des Museums für Völkerkunde Leipzig, Bd. 33/1981.

[455] Vgl. REINTJENS, 1975, S. 73.

ruft; mehrere Stammesabteilungen vereinigen sich zum Unterstamm oder Zweigstamm, und die Gesamtheit der Unterstämme formiert sich schließlich zum Stamm. Jede dieser genannten organisatorischen Einheiten verfügt über ihre Repräsentanten, die als politische Vertreter der jeweiligen sozialen Einheit fungieren. Nach diesem hier dargelegten Schema sind im Prinzip die meisten Beduinenstämme organisiert.[456]

Im Anschluß an diese allgemeinen Bemerkungen wollen wir uns der konkreten Stammesgliederung der Aulad Ali-Beduinen zuwenden, wobei wir die vorhandenen Literaturangaben und das vom Autor ermittelte Feldmaterial als Quellen zur Verfügung haben.[457] Obwohl die Aulad Ali-Beduinen in der vorhandenen Literatur häufig als ein Stamm bezeichnet worden sind,[458] bilden sie de facto einen Verband von drei verschiedenen, unabhängig voneinander existierenden Stämmen, nämlich – Aulad Ali Abiad, Aulad Ali Ahmar und Sinnana, wobei die Aulad Ali Abiad noch in zwei Fraktionen zerfallen, nämlich die Sanāqra und Aulad Kharūf.[459]

Ohne Zweifel besteht ein genetischer Zusammenhang zwischen diesen Stämmen, der auch durch eine Legende gestützt wird, nach der die Aulad Ali (wörtlich: „die Kinder Alis") die Nachkommen eines gemeinsamen Ahnherren seien, eines gewissen ʿAli al-ʿAqār. Es gibt eine Reihe von Autoren, die diese Legende offensichtlich kritiklos übernommen haben und sozusagen als historische Tatsache anerkennen. In Wirklichkeit jedoch handelt es sich hierbei, wie in vielen ähnlichen Fällen, um eine nachträglich konstruierte Fiktion, um die gemeinsame Herkunft möglichst überzeugend zu dokumentieren. Es bleibt nun die Frage zu klären, wie die ethnische Gemeinschaft der drei Aulad Ali-Stämme zu klassifizieren ist.

Bräunlich schlägt vor, den Begriff „Stammverband" zu benutzen „als ideelle Zusammenfassung von Stämmen ohne politische Gemeinsamkeit"[460], während Bromlej den Terminus „Stammesfamilie" für angebracht hält, denn: „Eine derartige Bezeichnung hat insofern einen gewissen Vorteil, daß sie die Tatsache berücksichtigt, daß es sich in der Mehrzahl der Fälle um eine Zusammenfassung genetisch verwandter Stämme handelt."[461] „Stammverband" und „Stammesfamilie" kennzeichnen also in gleicher Weise die Gemeinschaft verschiedener Stämme, die zwar von gemeinsamem Ursprung sind, aber keinen festen politisch-organisatorischen Zusammenhalt besitzen wie etwa ein Stammesbund oder eine Konföderation, die durch ein gemeinsames, allgemein anerkanntes Oberhaupt zusammengehalten werden.[462]

Im folgenden wird die konkrete Gliederung der Aulad Ali nach Stämmen (qabila), Stammesgruppen (batn) und Stammesabteilungen (ʿaila) wiedergegeben, wie sie der Verf. (L. S.) in den Jahren 1968 und 1969 an Ort und Stelle ermittelt und mehrfach überprüft hat. In den wesentlichen Punkten stimmt dieses Ergebnis mit den Angaben von Kahle, Murray und Alwan[463] überein, ist aber insgesamt umfang-

[456] Vgl. Stein, 1967, S. 142ff.; 1972, S. 252f.

[457] Vgl. u. a.: Dumreicher, 1931; Kahle, 1913, S. 356ff.; Murray, 1935, S. 275ff.; Pacho, 1827, S. 30f.; Rohlfs, 1875, Bd. 1. S. 181ff.; FB Stein, 1969, S. 631ff.

[458] U. a. von Herzog, 1963, S. 97; Kahle, 1913, S. 360.

[459] Kahle, 1913, S. 358, betrachtet die Aulad Kharuf als eigenständige politische Einheit und spricht demzufolge z. T. von „vier Stämmen" der Aulad Ali.

[460] Zitiert bei Henninger, 1943, S. 135.

[461] Bromlej, 1977, S. 124.

[462] Vgl. Stein, 1967, S. 142ff.

[463] Alwan, 1968, S. 5; Kahle, 1913, S. 367ff.; Murray, 1935, S. 278f.

reicher und auch genauer, weil die genannten Autoren die Stammesabteilungen nicht mit erfaßt haben.

Bei dem von KAHLE publizierten Verzeichnis ist zu berücksichtigen, daß er nur einen Gewährsmann zur Verfügung hatte und somit sein Ergebnis nicht mit anderen Informationen überprüfen konnte. Abweichungen ergeben sich verständlicherweise auch in der Transkription der verschiedenen Ethnonyme, da es sich um verschiedene Sprachen und Schriftsysteme handelt, was z. B. KAHLE zu der Feststellung veranlaßte: „Man müßte den eigentlichen Sprachgebrauch in dieser Hinsicht an Ort und Stelle noch einmal genau untersuchen.“[464]

Die Murabitin stehen den freien Aulad Ali-Stämmen als Abhängige gegenüber und unterscheiden sich von diesen unter anderem durch betonte Religiosität. MURRAY spricht von „degradierten Religionsstreitern“, PACHO hebt die „moralische Stärke“ der Murabitin hervor, die auf ihrer religiösen Strenge und der strikten Einhaltung der Koranvorschriften beruhe.[465] Er weist auch darauf hin, daß die Murabitin keine spezielle Erscheinung bei den Aulad Ali darstellen, sondern auch bei anderen Nomadenstämmen Nordafrikas vorkommen; sie seien „réparti dans toutes les tribus qui occupent les différents déserts, mais forment néanmoins une classe á part, qui se subdivise aussi en plusieurs familles“.[466] KAHLE bezeichnet die Murabitin als „unterworfene Beduinenstämme, denen von den Siegern die Erlaubnis gegeben wurde, im Lande zu bleiben, unter bestimmten Bedingungen, denen

*Die Stammesgliederung der Aulad Ali-Beduinen*

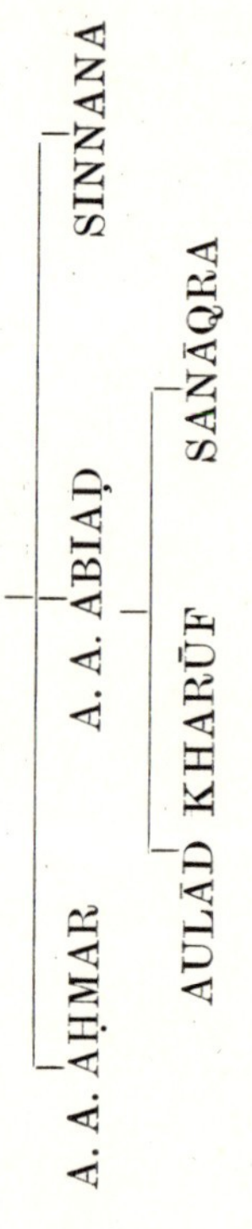

- AULĀD ʿALĪ
  - A. A. AḤMAR
  - A. A. ABIAḌ
    - AULĀD KHARŪF
    - SANĀQRA
  - SINNANA

| | AULĀD ALI AḤMAR | AULĀD ALI ABIAḌ | | | SINNANA |
|---|---|---|---|---|---|
| | | AULĀD KHARUF | | SANĀQRA | |
| Ašebāt | Musṭāfa | Ait Iǧrēdāt | Ait Tāhir | Mahāfīd | Ait Hannāna |
| | Abū Qerāsa | Ǧābir | Ait Harūn | ʿArrāwa | ʿOtmān |
| | Zēdān | Behīya | Ait Saʿērāt | | Ait Ǧazalāt |
| | ʿUmm Afās | Abū Kāšik | Aǧarma | | Ait Zarārīya |
| | Danbāt | Aulād Mansūr | Arraunī | | Ait Šanfēd |
| | al-Lasūmī | Aǧdēda | Wakāl | | Ait Zarā |
| | Ǧefēla | al-ʿAqāri | Muwāmna | | |

464 KAHLE, 1913, S. 367.
465 MURRAY, 1935, S. 150, 273; PACHO, 1827, S. 65.
466 PACHO, 1827, S. 65.

| | | | | | | | |
|---|---|---|---|---|---|---|---|
| Kamelāt | | | Ibrāhīm | | Abu Qabūl | | Ait Šatrī |
| Qanešat | | | Amṭēr | | Talawīh | | Ait Abu Hiḍra |
| | | | | Azā'īm | | | Ait Abu Qmēr |
| | Badr | | | | Abudāt | Qatīfa | |
| | Ğebrīl | | | | Mafagīd | | 'Omr |
| | Idrīs | | | | Mugāwra | | Yaḥia |
| | Hanēš | | | | Abu Basīsa | | Naqr Allah |
| | Abdallah | | | | 'Obeidi | | al-'Iğna |
| | Masirna | | | Ḥabūn | | | Damfīr |
| | Bēsil | | | (Murabitin der Sanāqra) | | | Abū Šamla |
| | al-Witr | | | | | | Sulṭān |
| | 'Ayūn | | | Ait Aznēn | | (Murabitin der Sinnana) | |
| | | | | Abu Šlīf | | | |
| Arabāt | | | | Marzūq | | Samalūs | |
| Za'erāt | | | | al-Hūdī | | | Ait 'Aqebāt |
| | Arḫāyim | | | Ahğīn | | | Ait Fellālta |
| | Slīmān | | | Abu Nağēla | | | Ait Zuwawāt |
| | Abdallah | | | Abu Ismāīl | | | Ait Buḍğēr |
| | Ibrāhīm | | | al-Qa'rī | | | Ait Buzwēr |
| | | | | al-Milāh | | | Ait Šlewīl |
| | | | | | | | Ait Deḥmān |
| | | | | | | | Ait Ḥabūs |
| | | | | | | | Ait Bumahāra |
| (Murabitin der A. A. Aḥmar) | | | | | | | |
| Qat'an | al-Fazār | | | | | | |
| | | Raḥīl | | | | Šāhibāt | |
| | | Suleimān | | | | Sinnanāt | |
| | | Būdya | | | | Ğimeāt | |
| | | Hassan | | | | | Quwāsim |
| | | Ğarība | | | | | Štūr |
| | Raḥmāni | | | | | | Masīḥ |
| | | Nā'abde | | | | | Abu Dra' |
| | | Ibrēdān | | | | | Busbāha |
| | | | | | | | Maḥād |
| | | | | | | | Dirbīalī |

sie sich fügen mußten, und die vor allem bezweckten, jede Auflehnung ... unmöglich zu machen".[467] Über die Herkunft der Murabitin gibt es eine Reihe widersprüchlicher Hypothesen. Am wahrscheinlichsten erscheint die u. a. von ALWAN formulierte Vermutung, es handele sich bei den Murabitin um ursprüngliche Bewohner der Mittelmeerküste, die dort bereits vor der arabischen Invasion einheimisch waren.[468] Dies würde auch die von KLIPPEL, KAHLE und MURRAY mit „probablement d'origine berbére"[469] angegebene ethnische Herkunft/Zuordnung dieser Stämme erklären, denn wie bereits an anderer Stelle dargelegt, handelt es sich ursprünglich um eine berberische Grundbevölkerung im behandelten Gebiet.[470]

Hervorzuheben ist die wichtige Tatsache, daß die Murabitin infolge des engen Kontaktes mit den eingewanderten Arabern bereits früh ihre ursprüngliche Berbersprache zugunsten des Arabischen aufgegeben hatten. KAHLE weist darauf hin, daß als Folge der ethnischen Verschiebungen in Nordafrika unter den Murabitin der Aulad Ali „sowohl echte Araberstämme ... wie auch arabisierte Berbernstämme" zu finden seien.[471] Das quantitative Verhältnis von „freien" Aulad Ali zu den abhängigen Murabitin wurde Ende des 19. Jh. mit 80 : 20 angegeben.[472]

Es sei bereits an dieser Stelle darauf hingewiesen, daß es sich bei den in der Umgebung Siwas angesiedelten Schahibat um Murabitin der Aulad Ali handelt, die auf diese Weise ihre ethnische Selbständigkeit und ökonomische Unabhängigkeit gewannen. Interessanterweise zählen auch die Ǧimeʿat, die bei der Unterwerfung der Siwaner unter die Herrschaft Mohammed Alis eine aktive Rolle spielten, zu den Murabitin.[473]

Abschließend sei zur Problematik der Murabitin noch festgestellt, daß nach Ansicht der Verfasser zur Beurteilung ihrer sozialen Position nicht so sehr religiöse Motive in Betracht kommen, wie dies eine Reihe bürgerlicher Autoren betonten[474], sondern daß vielmehr die eindeutig ökonomischen Abhängigkeitsverhältnisse dafür bestimmend waren. Leider besitzen wir zu dieser Frage kein Belegmaterial (etwa die Art und Höhe der zu zahlenden Tribute bzw. die zu erbringenden Dienstleistungen).

## 2.4. Eigentums- und Ausbeutungsverhältnisse

Die Hauptproduktionsmittel einer jeden Viehzüchtergesellschaft bilden naturgemäß Boden (Weideland), Wasser (Brunnen, Zisternen, natürliche Tränken) und Vieh (die Herdentiere), wobei die Formen des Eigentums an diesen Produktionsmitteln unterschiedlich sind.

In der traditionellen Nomadengemeinschaft, also auch bei den Aulad Ali bis zum 19. Jh., befinden sich Weideland und Wasserstellen in der Regel in Kollektivbesitz des Stammes bzw. einer Stammesgruppe; die Herdentiere sind dagegen schon seit einem sehr frühen Entwicklungsstadium individueller Besitz einzelner Stammesmitglieder.[475] Die Nutzung dieses individuellen Herdeneigentums erfolgt allerdings

[467] KAHLE, 1913, S. 361f. [468] ALWAN, 1968, S. 4ff.

[469] KAHLE, 1913, S. 364; KLIPPEL, 1911; MURRAY, 1935, S. 275.

[470] Vgl. dazu: SCHUBARTH-ENGELSCHALL, 1967, S. 37ff.

[471] KAHLE, 1913, S. 364f.

[472] Ebenda, S. 366.

[473] Vgl. MINUTOLI, 1824, S. 175.

[474] Vgl. u. a.: ALWAN, 1968, S. 6ff.; MURRAY, 1935, S. 272ff.; PACHO, 1827, S. 65.

[475] Vgl. SELLNOW, 1968, S. 13.

in den meisten Fällen kollektiv durch die ganze Familie bzw. durch den Haushalt der patriarchalischen Großfamilie, die wiederum häufig mit der Lagergemeinschaft identisch ist.[467]

### 2.4.1. Eigentumsverhältnisse

Allgemein anerkannt ist die Tatsache, daß sich infolge des persönlichen Eigentums am Hauptproduktionsmittel Vieh eine deutliche sozialökonomische Differenzierung innerhalb der Nomadengesellschaft herausgebildet hat. Dieser Umstand trifft auch vollinhaltlich auf die Aulad Ali zu, obgleich konkrete Angaben über die Besitzverteilung in der Literatur nur spärlich vorhanden sind.

Die Erklärung für den Mangel an statistischem Material über die Verteilung des Viehbesitzes liegt in erster Linie in der großen Zurückhaltung der Beduinen gegenüber offiziellen Erhebungen begründet. „Stock surveys, if carried out at all, are often unreliable. Because these surveys, for historical and other reasons, are associated with taxation ... On the contrary, the latter (Pastoralists – L. S.) often try to deceive the surveyors, a fact that one is reminded of the source literature where many unrealistic calculations exist.“[477]

Mit dieser sehr unbefriedigenden Situation in Hinblick auf verläßliche Zahlenangaben über die vorhandenen Herdentiere müssen wir uns auch im Falle der Aulad Ali abfinden. Beim vorliegenden Zahlenmaterial handelt es sich ausnahmslos um Schätzungen, wie etwa die von DUMREICHER um die Jahrhundertwende im Gebiet der Aulad Ali durchgeführte. „Wir kamen zu dem Schluß, daß zwischen Solum und Abusir damals etwa 20–25000 Beduinen (Männer, Frauen und Kinder) wohnten mit Herden von 150000 Kamelen, 70000 Schafen und Ziegen, einigen hundert Pferden und wenigen Kühen“[478] ... Diesem Hinweis ist lediglich zu entnehmen, daß gegen Ende des 19. Jh. bei den Aulad Ali die Prokopf-Viehzahl mit 6–7,5 Kamelen und 2,8–3,5 Schafen und Ziegen relativ hoch lag.[479] Über die tatsächliche Verteilung des Viehbesitzes innerhalb des Stammes läßt sich jedoch daraus nichts ableiten.

Generell betrachtet gilt auch für die Aulad Ali jene Gruppierung hinsichtlich des individuellen Viehbesitzes, die SEIWERT für Hirtennomaden in arabischen Ländern erarbeitet hat. Er unterscheidet:

1. Familien ohne Viehbesitz;
2. Familien mit kleinem Viehbesitz unter dem zur Deckung des Subsistenzbedarfs erforderlichen Minimum;
3. Familien mit mittlerem Viehbesitz über dem Subsistenzminimum, aber ohne Ausbeutung familienfremder Arbeitskraft;
4. Familien mit großem Viehbesitz mit Ausbeutung familienfremder Arbeitskraft;
5. Familien mit sehr großem Viehbesitz.[480]

Eine Festlegung hinsichtlich des quantitativen Verhältnisses dieser Gruppen zueinander ist auf Grund fehlender Statistiken nicht möglich; von Bedeutung ist jedoch der folgende Zusatz: „Der zur Deckung des Subsistenzbedarfs notwendige Vieh-

[476] SEIWERT, 1973, S. 110.

[477] DAHL/HJORT, 1976, S. 132; vgl. auch STEIN, 1967, S. 55, 130.

[478] DUMREICHER, 1931, S. 22f.

[479] In der Mongolei kommen z. B. durchschnittlich 4 bis 12 Vieheinheiten auf den Kopf der Bevölkerung, womit die größte Viehdichte der Welt repräsentiert wird; vgl. SCHUBERT, J., Paralipomena Mongolica, 1971, S. 212.

[480] SEIWERT, 1973, S. 110f.

bestand variiert entsprechend den Weidebedingungen, der Qualität und Quantität der tierischen Produktion, der Marktlage und den Preisbedingungen von Gebiet zu Gebiet."[481]

### 2.4.2 Eigentumsmarken

Bevor im weiteren Verlauf unserer Untersuchung nähere Angaben zu der in den oben zitierten Gruppen 4 und 5 praktizierten „Ausbeutung familienfremder Arbeitskraft" gemacht werden, erscheint es angebracht, auf die für Beduinen traditionelle Art der Kennzeichnung ihres persönlichen Eigentums an Vieh einzugehen.

„Wasm" (pl. wusūm)[482] lautet die arabische Bezeichnung für diese Eigentumsmarke, die bei den Aulad Ali „Sima" genannt wird.[483] Damit kennzeichnen die Beduinen seit alter Zeit ihre Kamele, indem sie den Tieren im Alter von etwa zwei Jahren mit einem glühenden Eisen ein bestimmtes Zeichen in die Haut brennen. Es handelt sich um eine Kombination aus linearen und geometrischen Mustern, die nach geläufigen Begriffen der nomadischen Umwelt benannt werden: Hirtenstab, Spindel, Kamm, Schwert, Halbmond, Trappenfuß usw.; diese Zeichen werden üblicherweise am Hals, Kopf oder Schenkel des Kamels appliziert. Form und Stelle des „Wasm/Sima" sind durch die Tradition festgelegt. Auf diese Weise vermeidet man Verwechslungen im Falle, daß sich Dromedare verirren oder gestohlen werden; bei Verkäufen bringt der neue Besitzer ein Zusatzzeichen an.[484]

Die Eigentumsmarken der Aulad Ali wurden erstmalig 1827 von dem französischen Reisenden PACHO erwähnt.[485] Die genaue Kenntnis der Eigentumszeichen sowohl des eigenen Stammes wie der benachbarter Stämme gehört zum Grundwissen eines jeden Beduinen.[486] Diese Zeichen sind bereits vor Jahrhunderten eingeführt, im Laufe der Entwicklung wurden sie durch zusätzliche Markierungen modifiziert, wodurch genetische Zusammenhänge offenbar werden.

Die Frage, ob die Aulad Ali ihre Eigentumsmarken bereits bei der Einwanderung ihrer Vorfahren von der Arabischen Halbinsel her mitgebracht haben, kann nicht eindeutig beantwortet werden, ist jedoch nicht unwahrscheinlich. Nach KAHLE sind folgende Zeichen bei den Aulad Ali verbreitet[487]:

1. Aulad Ali Abiad:
2. Aulad Ali Ahmar:
3. Sinnana:
4. Aulad Ḥarūf:

[481] Ebenda, S. 111.

[482] Nach WEHR, 1956, S. 950, „Brandmal; Stammesmarke; Eigentumsmarke ... Kennzeichen".

[483] FB STEIN, 1969, S. 648.

[484] Es liegt inzwischen eine ganze Reihe von Publikationen zur Frage der beduinischen Eigentumsmarken vor: HESS, 1938; FIELD, 1952; DICKSON, 1959; STEIN, 1967, S. 57f. u. a.

[485] PACHO, 1827, S. 25ff. [486] KAHLE, 1913, S. 366f. [487] Ebenda, S. 367ff.

Die Bedeutung der beduinischen Eigentumsmarken liegt also eindeutig in der juristischen Kennzeichnung der Herdentiere einer Stammesgruppe nach außen hin für den Fall des Verlustes durch Beraubung oder Entlaufen der Tiere. Innerhalb der Stammesgruppe hat das „Wasm“ dagegen nur eine untergeordnete Bedeutung, da ein Beduine jedes einzelne Tier seiner Herde kennt und ohne weiteres von anderen zu unterscheiden vermag.[488] Mit anderen Worten ausgedrückt: die Kamele einer Gemeinschaft von Herdenbesitzern tragen das gleiche Brandzeichen als kollektive „Schutzmarke“ gegen Eingriffe von außen.

Im Gegensatz dazu werden Schafe und Ziegen von ihren Eigentümern mit einem individuellen Kennzeichen versehen. Das sind üblicherweise Einkerbungen bzw. Einschnitte an den Ohren oder der Nase. Zum Verkauf vorgesehene Tiere werden zusätzlich mit Farbtupfen an bestimmten Körperteilen versehen, um Verwechslungen im Marktgetümmel auszuschließen. In diesem Zusammenhang soll noch auf einige überlieferte Rechtsnormen der Aulad Ali hingewiesen werden, die auf den juristischen Schutz des individuellen Vieheigentums abzielen: Bei nachweislichen Diebstählen an Kamelen, Schafen oder Ziegen hatte der Täter dem Geschädigten das Vierfache der gestohlenen Tiere zu entrichten[489], wobei die nächsten Verwandten des überführten Viehdiebes mit haftbar gemacht wurden. Ein eigens zu diesem Zwecke einberufener Stammesrat, dem die Ältesten der am Rechtsstreit beteiligten Stammesgruppen angehörten, verhandelte mitunter mehrere Tage über solche Fälle und wachte auch über die Einhaltung der getroffenen Festlegungen.

Murray weist auf bestimmte Ausnahmefälle hin, in denen ein in Not Geratener ungestraft ein fremdes Kamel auch ohne Einwilligung seines Besitzers benutzen darf: „A snake-bitten man, a thirsty man, or one fleeing from danger may ride away without penalty on any camel he finds . . .“[490] Es versteht sich von selbst, daß es sich hierbei lediglich um die ungestrafte Benutzung handelt. Die Eigentumsfrage wird in diesem Falle nicht berührt, d. h. der Benutzer des fremden Kamels hat dafür zu sorgen, daß dieses „entliehene“ Tier auf schnellstem Weg wieder seinem rechtmäßigen Eigentümer zugeführt wird. Eine ausführliche Übersicht über den mündlich tradierten Rechtskodex der Aulad Ali gibt Murray im Anhang seines Werkes „Sons of Ishmael“.[491]

### 2.4.3. Formen der Ausbeutung

Ausbeutung fremder Arbeitskraft erfolgt bei den Aulad Ali in der für Nomaden typischen „verdeckten“ Form. Sie wird von den Angehörigen der sozialen Oberschicht praktiziert, d. h. von den Familien mit großem bzw. sehr großem Viehbesitz, die nicht mehr in der Lage sind, ihre nach Tausenden zählenden Herdentiere mit eigenen Familienangehörigen zu betreuen.

In diesen Fällen werden Lohnhirten aus den Kreisen besitzloser oder besitzarmer Stammesmitglieder angeworben, damit sie gegen eine festgesetzte Belohnung das Hütegeschäft übernehmen. Der Hirtenlohn besteht traditionell aus einem bestimmten Anteil an den Tierprodukten (Milch, Butter, Wolle etc.) sowie an Jungtieren.

[488] Vgl. Schinkel, 1970, S. 170ff.

[489] FB Stein/Rusch, 1976, S. 488; vgl. auch: Murray, 1935, S. 327.

[490] Murray, 1935, S. 238.

[491] Ebenda, S. 313ff. („Western Desert Law“). Vgl. auch: Dumreicher, 1931, S. 43ff. („Rechtsbegriffe der Beduinen“).

Leider sagt die vorhandene Literatur wiederum nichts über die Modalitäten solcher Hirtenverträge aus; erst durch Befragung verschiedener Gewährsleute der Aulad Ali konnten folgende Einzelheiten ermittelt werden:

1. Der Arbeitsvertrag zwischen Viehbesitzer und Lohnhirten wurde mündlich festgelegt und galt im allgemeinen für jeweils sechs Monate.
2. Der Hirt erhielt die gesamte Milch der ihm anvertrauten Herdentiere und 10 % der aufgezogenen Jungtiere.
3. Die gesamte Wolle der Herde mußte dem Viehzüchter abgeliefert werden.
4. Verluste am Herdenbestand durch Krankheiten oder Raubtiere gingen zu Lasten des Eigentümers, wenn der Hirt den tatsächlichen und schuldlosen Verlust beweisen konnte.
5. Der Hirt war verpflichtet, mit der Herde die optimalen Weidegründe aufzusuchen, die Tiere regelmäßig zu tränken und sie vor Raubtieren und Viehdieben zu schützen.[492]

Dadurch, daß jedes 10. von ihm aufgezogene Jungtier in sein Eigentum überging, hatte ein besitzloser Hirte die Möglichkeit, sich den Grundstock für eine eigene Herde zu schaffen, mit der er wenigstens seine Familie ernähren konnte. Zu einer größeren Herde aber konnte er auf diese Weise kaum kommen, da er ja in seinem Leben des öfteren zur Begleichung bestimmter Forderungen – hier sei besonders der Brautpreis erwähnt – bzw. Anschaffungen Tiere wieder abgeben mußte.

Als Hirten verdingten sich in erster Linie junge Burschen und unverheiratete Männer, ganz im Sinne der Feststellung SCHINKELS: „Die Hauptlast des Hütegeschäftes ruht ... auf der unverheirateten männlichen Jugend."[493] Die Qualifikation für diesen Beruf erwerben die Beduinen schrittweise vom Kindesalter an, indem sie ihre älteren Verwandten auf dem Weidegang begleiten: „Das Alter ihres Einsatzes, insbesondere der Knaben, richtet sich nach den Eigenschaften der Herdentiere (Alter, Größe, Lenksamkeit usw.), nach der Schwierigkeit des Hütegeschäfts ... und nach dem Arbeitskräftepotential der Nomadengemeinschaft insgesamt. Bei großem Weidemangel, langen Strecken zwischen Weide und Tränke, auf schwierigem Terrain oder bei großer Raubtiergefahr hüten besser Erwachsene."[494]

Die Viehleihe, eine andere Form der für Nomaden typischen Ausbeutung fremder Arbeitskraft, ist aus dem verfügbaren Material bei den Aulad Ali nicht nachweisbar.

Auf die Ausbeutung der einfachen Stammesmitglieder der Aulad Ali durch die Wucherpraktiken von Kaufleuten in den Küstenorten ist bereits an anderer Stelle hingewiesen worden. So läßt sich zusammenfassend feststellen, daß es in erster Linie die reichen Viehbesitzer waren – in den meisten Fällen sind sie identisch mit den Angehörigen der Stammesaristokratie –, die sich durch die Ausbeutung der Arbeitskraft besitzloser Lohnhirten an fremder Arbeitskraft bereicherten.

[492] FB STEIN, 1969, S. 650; vgl. auch: SONNEN, 1952, S. 48.
[493] SCHINKEL, 1970, S. 100.
[494] Ebenda, S. 101.

## 2.5. Ideologische Vorstellungen

Das bestimmende Element in der Ideologie der Aulad Ali bildet der Islam mit seinen vielfältigen moralischen, juristischen und religiösen Vorschriften, wie sie im Koran fixiert und bereits von den Vorfahren der heutigen Beduinen Nordafrikas bei ihrer Einwanderung von der Arabischen Halbinsel mehr oder weniger konsequent befolgt worden sind. Es muß jedoch in diesem Zusammenhang nochmals daran erinnert werden, daß der Islam von seinem Ursprung her keineswegs eine „Nomadenreligion" ist, ein Umstand, auf den von namhaften Islamforschern und Ethnographen mit Nachdruck hingewiesen worden ist.[495] Aus der Geschichte des Islam ist bekannt, daß die ersten Gefolgsleute des Propheten Mohammed Stadtbewohner waren, während sich die Beduinen erst nach längerem Zögern dem Islam angeschlossen haben. Aus Analysen der vorislamischen Beduinendichtung geht z. B. eindeutig hervor, „daß der Islam der Psychologie der Wüstensöhne entschieden zuwiderlief".[496]

Mehrere Belegstellen aus dem Koran zeugen von tiefen Widersprüchen zwischen der neuen Lehre des Islam und den „'Arab", worunter in der damaligen Zeit die Wüstenbewohner, d. h. die nomadischen Kamelzüchter, verstanden wurden. So wird etwa in Sure 9 (Al-Taubah) den Wüstenarabern bescheinigt, sie seien „die allerverstocktesten in Unglauben und Heuchelei und sind eher geneigt, die Vorschriften nicht zu kennen, die Allah seinen Gesandten offenbart hat".[497]

Auch scheinen die finanziellen Abgaben, die der Islam von seinen Anhängern fordert, keineswegs dem Geschmack der Beduinen entsprochen zu haben, wie folgendes Zitat aus dem Koran verdeutlicht: „... unter den Wüstenarabern sind so manche, die das, was sie spenden, als eine erzwungene Buße ansehen, und sie warten nur auf Mißgeschicke wider euch."[498]

Wenn sich in der Folgezeit dennoch Beduinen in großer Zahl den Eroberungszügen des Propheten und seiner Nachfolger angeschlossen haben, so wohl vor allem durch die verlockende Aussicht auf Kriegsbeute in den eroberten Gebieten. „Ihr kriegerischer Geist entflammte", bemerkte HERZOG, „... und sie sahen einen imponierenderen Anlaß zu weiten Kriegszügen vor sich, als es bisher Stammesfehden und Vergeltungsaktionen für Viehdiebstahl gewesen waren."[499]

Das Streben der Beduinen nach Beutegut wurde auch in den nachfolgenden Jahrhunderten von den herrschenden Kreisen nicht selten für ihre politischen Ziele ausgenutzt, wie folgendes Zitat treffend zum Ausdruck bringt: „Die kurz nach der Wende zum 2. Jahrtausend aus Syrien über den Sinai nach Ägypten einbrechende Welle der Beni Hilal und Beni Sulaim kam den Kairiner Machthabern höchst unerwünscht; nur mit Mühe konnte man sie nach Oberägyptens Wüsten ableiten. Bei der ersten Gelegenheit, als nämlich ein Vasall in Tunesien abtrünnig wurde, ließ man den Nomaden freien Lauf nach Westen und stachelte sie gar noch zu Plünderung und Raub an."[500]

[495] So u. a. von GOLDZIHER, 1888, S. 9, 19; HARTMANN, 1938, S. 94; HERZOG, 1963, S. 19ff.; TOKAREW, 1976, S. 682ff.

[496] HERZOG, 1963, S. 20.

[497] Der Heilige Quran, Zürich 1959, S. 186.

[498] Ebenda, S. 98.

[499] HERZOG, 1963, S. 21; vgl. auch: Geschichte der Araber, 1971, Bd. 1, S. 76, 88; OPPENHEIM, 1900, Bd. 1, S. 136.

[500] HERZOG, 1963, S. 22.

Aber auch die aktive Beteiligung an religiös motivierten Eroberungszügen machte die Beduinen nicht zu strenggläubigen Muslim. Für sie trifft zu, was OLDEROGGE generell über die Bewohner Nordafrikas schreibt: „Religiöse Bräuche begleiten die Geburt des Kindes, die Beschneidung des Knaben, die Eheschließung und den Tod eines Menschen. Religiöse Bräuche, gewöhnlich sehr alten, vorislamischen Ursprungs, begleiten die landwirtschaftlichen Arbeiten ...“[501], und so darf man wohl ergänzen, die Tätigkeiten der Viehzüchter (z. B. hat das Schlachten der Herdentiere rituellen Charakter).

Aus der vorhandenen Literatur läßt sich eindeutig nachweisen, daß die Aulad Ali in vielen Belangen der praktischen Religionsausübung relativ nachlässig waren.[502] Damit im Einklang steht das Weiterbestehen zahlreicher Überreste aus der vorislamischen „Ǧahilīya“ in den ideologischen Vorstellungen der Aulad Ali. Sie manifestieren sich besonders in folgenden religiösen Praktiken:

1. Verehrung von lokalen „Heiligen“: Die Heiligenverehrung ist besonders in ländlichen Gebieten der islamischen Welt bis zur Gegenwart weitverbreitet: „Die mohammedanischen Glaubensvorstellungen unter den Massen sind sehr oft mit alten, vormohammedanischen verflochten ... die mohammedanischen Heiligen sind vielfach noch die alten einheimischen Schutzgottheiten.“[503] OLDEROGGE weist darauf hin, daß der Heiligenkult vor allem von den Frauen gepflegt worden ist, die häufig die Grabkuppel lokaler Heiliger (Marabuts) aufsuchen und sie als Wallfahrtsstätten benutzen.[504]

Im Stammesgebiet der Aulad Ali – wie übrigens auch in Siwa – gibt es eine ganze Anzahl solcher „Heiliger“, deren Grabstätten Gegenstand der Verehrung sind, in denen man Votivgaben darbringt oder Räucherwerk abbrennt, um bestimmte Wünsche erfüllt zu bekommen; zum Geburtstag dieser Marabuts finden ganze Prozessionen statt. Der am meisten verehrte „Heilige“ im Untersuchungsgebiet ist Sidi Abderraḥmān, dessen Kuppelgrab unmittelbar an der Mittelmeerküste gelegen ist.[505] Sein Grabmal wird oft von Frauen aufgesucht „wegen seiner Kraft, Unfruchtbarkeit zu heilen. Zum großen Feste O-Muled pflegen Beduinen sich in großen Scharen bei diesem heiligen Grabe zu versammeln, um gemeinsam zu beten und malerische Umzüge abzuhalten“.[506]

Jeder dieser Marabuts steht in dem Ruf, bestimmte „Wundertaten“ vollbringen zu können, wie etwa Sidi Mūsa bei Mersa Matrūh, „der unfehlbar Verrückte heilt“[507] oder Scheich Aḥmad al Medani bei dem Ort Sidi Barrāni, der gestohlenes Eigentum wiederbeschafft bzw. dem Geschädigten die richtige Spur weist.[508]

Derartige Vorstellungen sind bis zur Gegenwart lebendig, und die Verfasser erlebten z. B. 1976 während ihres Aufenthaltes in der Oase Gara mehrfach, wie nomadisierende Aulad Ali dem dortigen „Ortsheiligen“, Sidi Yāga, ein Schaf oder eine

[501] OLDEROGGE, 1961, S. 228.
[502] FALLS, 1911, S. 260, 266, 269; SCHOLZ, 1822, S. 66f.
[503] TOKAREW, 1976, S. 699.
[504] OLDEROGGE, 1961, S. 231.
[505] Heute ist dieser Ort eine Hafenstadt gleichen Namens und ein aufblühender Badeort.
[506] BRECCIA, 1929, S. 6. Gleiches berichtet FALLS, 1911, S. 265f.
[507] BRECCIA, 1929, S. 7.
[508] FB STEIN/RUSCH, 1976, S. 278.

Ziege opferten, damit er die Herdentiere sicher durch die Gefahren der Wüste geleitete. Das Fleisch der geopferten Tiere wurde von den Beduinen gemeinsam mit Angehörigen der Dorfarmut von Gara verspeist; die Zeremonie endete jeweils mit einem gemeinsamen Gebet an Sidi Yāga.[509]

Die Grabkuppeln der „Heiligen" dienten früher nicht selten als Asylstätte für Verfolgte sowie als Aufbewahrungsort für materiellen Besitz, der im Inneren des Heiligtums nicht angetastet wurde.[510]

2. Glauben an Geister und Dämonen: Gewisse Naturerscheinungen, für die den Beduinen eine rationale Erklärung fehlt, werden, wie bereits in vorislamischer Zeit, der Wirksamkeit von Geistern und Dämonen zugeschrieben. Dazu gehört z. B. die in Wüstengebieten häufig auftretende Luftspiegelung Fata Morgana; sie wird als „Moya Šētān" (Teufelswasser) bezeichnet; Wirbelwinde bzw. „Windhosen" mit zerstörerischer Wirkung nennt man „hawa 'Ifrīt" (Geisterwind).[511]

Derartige in der beduinischen Vorstellungswelt existierende Geisterwesen heißen „Ǧinn"[512] bzw. „'Ifrit" (Pl. ʿAfarit) oder auch „Ghūla".[513] Die bösen Streiche dieser Geisterwesen werden in zahlreichen Erzählungen der Beduinen geschildert, die man vor allem den Kindern vor dem Einschlafen erzählt, um sie einzuschüchtern.[514] In der Vorstellung der Aulad Ali hausen derartige Geisterwesen in Berghöhlen, alten Brunnenschächten oder in Ruinenstätten. Man kann sie mitunter sehen (Leuchtkäfer!) oder hören (z. B. Fledermäuse oder Nachtvögel) und versucht ihren bösen Einflüssen mit magischen Formeln oder Amuletten zu begegnen.[515]

3. Anwendung magischer Praktiken: Die Amulette (hiǧāb) werden meistens von religiösen Männern (Fiki), die lesen und schreiben können, gegen Bezahlung angefertigt und dienen häufig einem ganz bestimmten Zweck. Es handelt sich dabei um Verse aus dem Koran oder auch um magische Formeln, die auf ein Stück Papier geschrieben werden und dann in ein Lederbeutelchen eingenäht werden. In vielen Fällen dienen diese Amulette der Abwehr des „Bösen Blickes" (ʿain al-hasūd), vor dem in erster Linie Kleinkinder, Kranke und Schwangere geschützt werden müssen, aber auch bestimmte Herdentiere – etwa das Leitkamel als pars pro toto der gesamten Herde. „Man trägt die Amulette als Gehänge, Ringe, Arm-, Fuß- und Halsbänder, Gürtel und Schnüre."[516]

[509] Ebenda, S. 421. [510] Hassanein, 1926, S. 43.

[511] Falls, 1911, S. 263.

[512] Wellhausen, 1927, S. 155, schreibt: „Für alles, was nicht mit natürlichen Dingen zugeht, werden die Ginn verantwortlich gemacht. Sie sind im Spiel, wenn die zum Wasser getriebenen Rinder nicht saufen wollen, wenn der Mann impotent, die Frau unfruchtbar ist oder fehlgebiert."

[513] Narducci, 1938, S. 13ff. Der Enzyklopädie des Islam (20. Lieferung, Leiden u. Leipzig 1914, S. 175) zufolge sind die Ghul „. . . eine Art weiblicher, besonders menschenfeindlicher Dämonen, eine Abart der zu den Djinn zählenden Maride, die durch den Wechsel ihrer Gestalt die Menschen, namentlich Reisende, von ihrem Weg ablockten, sie unversehens überfielen, töteten und auffrassen."

[514] FB Stein, 1969, S. 657 – Tonbandaufnahme.

[515] Falls, 1911, S. 264ff.

[516] Wellhausen, 1927, S. 165; vgl. auch: Falls, 1911, S. 263; Narducci, 1935, S. 23, 32; Stein, 1967, S. 28f.; Winkler, 1936, S. 264ff., 334, 336.

Dem gleichen Zweck wie die beschriebenen Amulette dienen auch blaue Perlen, Kaurischnecken und Tatauierungen[517], die vor allem Kranken an bestimmten Körperstellen angebracht werden. Derartiger Mittel zum Abwehren magischer Kräfte bediente man sich nicht zuletzt bei Handelsreisen zur Oase Siwa, deren Bewohner wegen ihrer magischen Praktiken von den Beduinen besonders gefürchtet waren.

Betrachten wir am Schluß dieses Kapitels noch den Einfluß der Tariqa al-Sanūsīya („Senussi-Sekte“) unter den Aulad Ali-Beduinen. Dieser straff organisierte muslimische Kampforden hatte seinen Hauptsitz seit 1855 unter der Leitung seines Begründers Sidi Muhammad Ali al-Sanūsi in der Oase Djaghbub. Von hier aus breitete sich der Einfluß schnell nach Siwa, Kufra, Djalo und dem Fezzan aus. Aber auch unter den Nomadenstämmen der Küstenregion wurden zahlreiche Anhänger für die Sanusiya gewonnen, besonders in der Cyrenaica. Bei den Aulad Ali hingegen wurde die Sekte offenbar nicht massenwirksam, sondern beschränkte sich auf Einzelpersonen, die eine der Koranschulen dieser Glaubensrichtung besucht hatten.[518]

Zum politischen Faktor wie in Libyen, wo die Sanusiya-Bewegung den Widerstandskampf der einheimischen Bevölkerung gegen die osmanische Fremdherrschaft und in der Folgezeit gegen die italienischen Kolonialherren organisierte, hat sie sich im Stammesgebiet der Aulad Ali demzufolge nicht entwickelt.[519]

### 3. *Zusammenfassung*

Das Untersuchungsgebiet, die Westliche Wüste Ägyptens, war Ende des 18. Jh. von zwei verschiedenen Ethnen besiedelt: das Küstengebiet von Aulad Ali-Beduinen, die ein Jahrhundert zuvor aus der Cyrenaica nach hier eingewandert waren, die dort bereits lebenden Nomaden unterwarfen und sie zumeist in ihre Stammeskultur integrierten, die Oase Siwa von einer Berbergruppe, die bereits seit dem Altertum hier ansässig ist. Beide Gruppen leben unter unterschiedlichen natürlichen Umweltbedingungen: die Aulad Ali in niederschlagsarmer, heißer Halbwüste, die Siwaner in einer Oasensenke, in der Niederschläge normalerweise ganz ausbleiben. Ihre Besiedlung war daher nur durch das an die Oberfläche tretende Quellwasser möglich. In Abhängigkeit von dem sie umgebenden geographischen Milieu haben beide Ethnen eine unterschiedliche Wirtschaftsweise: die Aulad Ali die extensive Nomadenviehzucht, die Siwaner den Bodenbau, der wie in allen Oasen nur in Form eines intensiven Bewässerungsbodenbaus möglich ist.

Die Beduinen waren in erster Linie Kamelzüchter, hielten daneben aber auch Esel, Ziegen und Schafe, die in einem etwa 60 km breiten Gürtel entlang der Küste und in den weiter südlich gelegenen unbewohnten Oasen, die die Aulad Ali auf ihren jahreszeitlich bedingten Wanderungen ebenfalls aufsuchten, eine ausreichende Futterbasis fanden. Bodenbau wurde von ihnen nur selten und sporadisch betrieben, Jagen und Sammeln spielten als Quelle des Nahrungserwerbs ebenfalls nur eine untergeordnete Rolle.

[517] Wellhausen, 1927, S. 165.

[518] Campbell, 1935, S. 237; Falls, 1911, S. 270ff.; Handwörterbuch des Islam, 1941, S. 649, 733.

[519] Geschichte der Araber, 1971, Bd. 2, S. 430.

Hauptanbaukultur der Siwaner war von alters her die Dattelpalme, die in der Oase ausgezeichnete Wachstumsbedingungen hat. Ihre Früchte bilden die Grundnahrung für Mensch und Tier und waren im vorigen Jahrhundert zugleich das einzige Austauschprodukt der Oasenbewohner von Bedeutung. Sie bauten außerdem für den Eigenbedarf in ihren durch die Quellen bewässerten Gärten zahlreiche Gemüse- und Obstsorten sowie Getreide (Gerste, Weizen und Reis) an, deren Aufkommen ursprünglich den Bedarf der Bewohner an diesen Produkten völlig oder doch weitgehend deckte.

Haustiere – Esel, Ziegen und Kleinvieh – wurden von ihnen ebenfalls gehalten, jedoch waren der Viehhaltung in der Oase durch das weitgehende Fehlen geeigneter Weidegründe in erreichbarer Nähe des Siedlungszentrums sowie auf Grund der sehr begrenzten Unterbringungsmöglichkeiten in den Wohnburgen insgesamt enge Grenzen gesetzt, so daß sich der Tierbestand pro Familie im Durchschnitt auf wenige Milchziegen sowie ein bis zwei Esel, die als Reit- und Lasttiere einziges und daher unentbehrliches Transportmittel in der Oase waren, reduzierte. Letztere konnten fast ausnahmslos nur mit dem in den Gärten erzeugten Grünfutter ernährt werden.

Bei den handwerklichen Tätigkeiten beschränkten sich die Beduinen auf die Verarbeitung tierischer Rohstoffe, d. h. auf Gerben und Verarbeiten von Fellen und Häuten sowie das Verspinnen und Weben von Wolle zu Kleidungsstücken, Teppichen und Decken. Eine spezielle handwerkliche Tätigkeit bildete weiterhin die Verarbeitung von Ziegenhaar zu Zeltbahnen.

Die Oasenbewohner dagegen betrieben das Flechten von gespleißten Dattelpalmwedeln, die Töpferei, das Weben und das Schmieden. Die Schmiede fertigten aus importiertem Roheisen in der Hauptsache Hacken und Stielsicheln, die einzigen Arbeitsinstrumente, die bis heute im Bodenbau verwendet werden.

In beiden Gemeinschaften bestand eine klar abgegrenzte natürliche Arbeitsteilung, die die Frauen weitgehend, in Siwa vollständig, vom Hauptproduktionsprozeß ausschloß. Ihre Aufgaben bestanden in der Führung des Haushaltes, der Beaufsichtigung der Kinder sowie der Ausübung obengenannter handwerklicher Tätigkeiten, mit Ausnahme der Herstellung großer Dattelkörbe und Flechtmatten sowie des Schmiedens.

Lediglich die siwanischen Schmiede produzierten bereits überwiegend für den Markt, übten ihre Tätigkeit also schon berufsmäßig aus. Die übrigen handwerklichen Tätigkeiten wurden noch von allen für die Deckung des eigenen Bedarfs ausgeführt, was nicht ausschloß, daß besonders geschickte Spezialisten gelegentlich auch zusätzliche Erzeugnisse zum Zweck des Austausches herstellten.

Ursachen für die erst gering entwickelte gesellschaftliche Arbeitsteilung in beiden Gemeinschaften war zum einen die nomadische Lebensweise der Viehzüchter, die der Herausbildung von Handwerkern entgegenstand, zumal sie den Besitz an materiellen Gütern auf ein Minimum begrenzen mußten, zum anderen die zahlenmäßig kleine Oasengemeinschaft, deren Bedarf an handwerklichen Erzeugnissen insgesamt stets nur so gering war, daß sie die Herausbildung einer größeren Handwerkerschicht ökonomisch unnötig machte.

Zwischen den beiden Ethnen hatte sich indes eine gesellschaftliche Arbeitsteilung herausgebildet, deren Grundlage der Austausch von Erzeugnissen des Bodenbaus gegen die der Viehzucht war, in erster Linie der Austausch von Datteln gegen Schlachttiere. Dadurch war im Laufe der Zeit eine natürliche ökonomische Abhängigkeit zwischen beiden Gemeinschaften entstanden, wie sie zwischen Seßhaften und Nomaden in vielen Gebieten der Erde zu beobachten war und zum Teil noch heute ist.

Der Austausch mit den Nomaden sowie mit den Transsaharakarawanen gab den Oasenbewohnern überhaupt erst die Möglichkeit, das von ihnen in Form von Datteln erzeugte Mehrprodukt in größerem Umfang zu realisieren als das vor der Einführung des Kamels in diesem Raum mit Eselkarawanen möglich war. Zugleich übernahmen die Aulad Ali mit ihren Karawanen die Vermittlung des Austausches zwischen Siwa und dem Niltal.

Über diesen Austausch erwarben die Siwaner unter anderem Sklaven und Eisen, die wesentlich zur Erweiterung bzw. Intensivierung ihrer Produktion im Bodenbau beigetragen haben dürften. Darüber hinaus aber erhielten sie damals für ihre Datteln und gelegentlich auch einmal für einige andere landwirtschaftliche und handwerkliche Erzeugnisse nur Vieh und andere handwerkliche Produkte von den Aulad Ali. Aus dem Niltal erwarben sie auf diese Weise neben Nahrungs- und Genußmitteln ebenfalls nur Erzeugnisse des Handwerks, also lediglich Konsumgüter, durch die zwar ihr Lebensstandard stieg, nicht aber die Produktivität im Bodenbau.

Die Wirtschaftsformen beider Ethnen waren entsprechend dem damaligen Stand der Produktivkräfte im nordostafrikanischen Raum dem jeweiligen geographischen Milieu maximal angepaßt, und zwar so gut, daß z. B. die Oasenbewohner ihre traditionellen Anbaumethoden trotz mancherlei inzwischen erfolgter Veränderungen in anderen Bereichen ihres Lebens bis heute unverändert beibehalten haben.

Sie erfordern zwar härteste körperliche Anstrengungen – zumal unter den zumeist extrem hohen Temperaturen –, garantieren dafür aber die Erzeugung eines stabilen, relativ hohen Mehrproduktes. Insbesondere das Aufkommen an Datteln war schon zur damaligen Zeit weit größer als für den Eigenbedarf der Oasenbevölkerung notwendig. Das geht aus dem übereinstimmend berichteten Fakt hervor, daß jährlich Tausende von Kamelladungen dieser Früchte aus Siwa abtransportiert wurden.

Dabei war von nicht zu unterschätzender Bedeutung, daß die Dattel eine Frucht ist, die sich über einen langen Zeitraum hält. Leicht verderbliche Bodenbauprodukte wären auf Grund der großen Entfernung von den nächstgelegenen Märkten im Niltal zum Export nicht geeignet gewesen.

Die Aulad Ali erzeugten durch die Viehzucht ebenfalls ein beachtliches Mehrprodukt. Jedoch war seine Erzeugung nicht so stabil wie das durch Bodenbau erzielte, denn Tierseuchen und -krankheiten, Viehraub, Dürrekatastrophen usw. konnten die Herden in kurzer Zeit beträchtlich dezimieren.

Wie die Analyse der Wirtschaft beider Gemeinschaften beweist, ist nicht der Boden, der in weit umfangreicherem Ausmaße als benötigt vorhanden ist, sondern Vieh bzw. Quellwasser das entscheidende Hauptproduktionsmittel für sie. Beides war zu Beginn des 19. Jh. ausschließlich Privateigentum, genauer gesagt, befand es sich in der Verfügung von Großfamilienoberhäuptern. Kollektives Eigentum an ihnen gab es nicht mehr. Wann der Prozeß der Privatisierung begann, kann ebensowenig beantwortet werden wie die Frage, ob diese Produktionsmittel überhaupt jemals kollektives Eigentum gentiler Gruppen gewesen sind. Mit Sicherheit behauptet werden kann jedoch, daß sich diese persönlichen Eigentumsrechte in beiden Gesellschaften bereits lange vor dem 19. Jh. herausgebildet haben müssen.

Darauf weisen unter anderem die von ihnen praktizierten Rechtsnormen hin, die dieses persönliche Eigentum ausdrücklich anerkennen und schützen – wie das zum Beispiel im siwanischen „Wasserrecht“ zum Ausdruck kommt. Auch die sehr unterschiedlich ausgestalteten Felsengräber in Siwa, insbesondere das Grab des Si-Amun, sind ein Anhaltspunkt dafür, daß in der Oase bereits im Altertum eine reichtumsmäßige Differenzierung zwischen ihren Bewohnern vorhanden gewesen sein muß.

Am Ende des 18. Jh. gab es in beiden Gesellschaften eine soziale Schicht der Viehbzw. Wassereigentümer, die in sich sehr differenziert war. Ihre Angehörigen reichten von einer zahlenmäßig kleinen Gruppe sehr reicher, nicht mehr selbst produktiv tätiger Großfamilienoberhäupter, die die Masse des Viehs bzw. des Quellwassers in ihren Händen konzentriert hatten, bis hin zu den kleinen Eigentümern, die durch eigene Arbeit mit ihren wenigen Tieren bzw. geringen Wasseranteilen gerade so viel zu erwirtschaften vermochten, wie sie zum Unterhalt ihrer eigenen Kleinfamilie unbedingt benötigten. Die erstgenannte Gruppe bildete jeweils die eigentliche Oberschicht, die auf Grund ihrer ökonomischen Macht auch die außerökonomische Macht in ihren Händen hielt.

Neben den Eigentümern gab es in beiden Gemeinschaften eine zahlenmäßig große Schicht besitzloser männlicher Stammesangehöriger, die auf Grund ihrer ökonomischen Position gezwungen waren, ihren Lebensunterhalt im Dienst der Reichen zu verdienen, wobei letztere andererseits auf ihre Arbeitskraft angewiesen waren, da sie ihre großen Herden bzw. zahlreichen Gärten aus eigener Kraft, d. h. nur mit den männlichen Mitgliedern ihrer eigenen Großfamilien, nicht mehr betreuen konnten.

Die überwiegende Mehrheit dieser sozialen Schicht bildeten die jungen, unverheirateten Männer, die unter den herrschenden islamisch-patriarchalischen Verhältnissen ungeachtet des Besitzes ihrer Großfamilienoberhäupter selbst über kein Eigentum verfügten und daher in jedem Fall zur Arbeit gezwungen waren. Ein beträchtlicher Unterschied bestand aber dennoch zwischen ihnen. Er ergab sich allein schon daraus, daß die Söhne wohlhabender Großfamilien von diesen selbst zur Arbeit herangezogen wurden, während sich die Söhne der Besitzlosen bei fremden Großfamilienoberhäuptern verdingen mußten. Gleiches traf auch für viele junge Männer aus den Familien der „Kleineigentümer“ zu. Ihr Besitz an Vieh bzw. Gartenland war zum Teil so gering, daß er Arbeit und vor allem einen zum Leben ausreichenden Ertrag nur für den Eigentümer selbst, nicht aber auch noch für dessen erwachsene Söhne bot. Sie waren daher ebenfalls gezwungen, im Dienst der Reichen ihren Lebensunterhalt zu verdienen und z. T. noch zum Unterhalt ihrer Großfamilien beizutragen.

Bei den Aulad Ali wurden die unverheirateten Söhne in erster Linie als Lohnhirten beschäftigt, wobei ihr „Arbeitskontrakt“ u. a. vorsah, daß sie Anspruch auf jedes zehnte der in der von ihnen betreuten Herde geborene Jungtier hatten. Dadurch war ihnen die Möglichkeit gegeben, im Laufe der Zeit den Grundstock für eine eigene Herde zu erwerben – groß genug, die künftige Familie zu ernähren, zu klein allerdings, um ebenfalls in den Kreis der reichen Herdeneigentümer aufzusteigen.

Denn schon allein die Gründung einer eigenen Familie erforderte die Zahlung eines Brautpreises in Form einer bestimmten Anzahl von Tieren, wie auch danach der Erwerb zum Leben notwendiger, aber nicht selbst zu erzeugender Güter den Tierbestand immer wieder reduzierte. Dennoch aber hatte die Möglichkeit, durch die Tätigkeit als Lohnhirte in den Besitz von Herdentieren zu gelangen, immerhin zur Folge, daß es zu Beginn des 19. Jh. bei den Beduinen kaum einen verheirateten Mann gab, der nicht wenigstens über einige Tiere verfügte.

Eine derartige Möglichkeit bestand in der Oasengesellschaft nicht mehr. Wer nicht einer Familie angehörte, deren Oberhaupt über Eigentum an Quellwasser verfügte, das er ja bei Ableben an die Söhne vererbte, für den gab es keine Chance, selbst jemals Eigentum an diesem wichtigsten Produktionsmittel zu erwerben.

Wie bei den Nomaden-Viehzüchtern bildeten auch bei den Siwanern die unverheirateten jungen Männer, die Zaggala, die Hauptproduktivkraft. Die zeitliche Dauer dieses ihres gesellschaftlichen Status war abhängig vom Besitz ihrer Familien. Den Söhnen wohlhabender Familien wurde eine Heirat bereits im Alter zwischen 16 und 18 gestattet, wodurch sie vollberechtigte Mitglieder der Gemeinschaft wurden. Zwar mußten sie bis zur Übernahme ihres Erbes in der Regel auch weiterhin in den Gärten ihrer Familien arbeiten, doch da sich diese Tätigkeit weitgehend auf die Beaufsichtigung der dort beschäftigten familienfremden Arbeitskräfte beschränkte, besaßen sie natürlich ein wesentlich höheres soziales Ansehen als letztere.

Die Mehrheit der Zaggala war von den Angehörigen der Oberschicht jedoch schon derartig abhängig, daß sie ihr Los wesentlich länger als deren Söhne tragen mußte – die Söhne besitzloser Familien zum Teil bereits bis zum 40. Lebensjahr. Vorher wurde ihnen von den Wassereigentümern, für die sie tätig waren, eine Heirat nicht gestattet. Aber auch danach änderte sich an ihrer ökonomischen Situation kaum etwas. Denn da sie ja auch nach der Heirat nicht über eigene Wasseranteile verfügten, mußten sie sich diese entweder pachten oder aber weiterhin als Lohnarbeiter tätig bleiben. In beiden Fällen konnten sie dadurch zwar die Existenzbedingungen für sich und ihre Familien sichern, erzielten aber niemals oder kaum noch einen ausreichenden Einkommensüberschuß, um selbst eigene Wasseranteile erwerben zu können. Das bedeutet, daß zur sozialen Schicht der „Besitzlosen“ neben der zahlenmäßig großen Gruppe der Zaggala, von denen viele ihr ja nur zeitweilig, nämlich bis zur Übernahme des Erbes von ihren Vätern, angehörten, auch schon verheiratete männliche Siwaner gehörten, die zeit ihres Lebens vom Erwerb eigener Anteile am Hauptproduktionsmittel ausgeschlossen waren.

Ihre Zahl war im Zuge der sozial-ökonomischen Differenzierung im Ansteigen begriffen. Ursache war die Verschuldung der ärmeren Wassereigentümer an die Reichen. Letztere waren in der Regel immer bereit, ihnen Handelsgüter bzw. Mittel zur Begleichung anstehender Zahlungen auf Kreditbasis zu gewähren, die mit den Erträgen aus der nächsten Ernte zurückerstattet werden mußten. Dadurch sicherten sich die Reichen nicht nur einen immer größeren Anteil an den in der Oase erzeugten Datteln, mit denen sie ihren Handel ausdehnen konnten, sondern gelangten auch in den Besitz weiterer Wasseranteile. Denn mit der Zeit verschuldeten viele ärmere Wassereigentümer derart, daß sie ihre Verpflichtungen schließlich nur noch durch die Übereignung ihrer Wasseranteile zu begleichen vermochten.

Neben den beiden genannten sozialen Schichten gab es in beiden ethnischen Gemeinschaften noch eine dritte, nämlich die Sklaven, die persönlich Unfreien, die normalerweise anderer ethnischer Herkunft als ihre Eigentümer waren. In beiden Fällen trat die Sklaverei in Form der patriarchalischen Haussklaverei auf. Die Aulad Ali beschäftigten Sklaven fast ausnahmslos als Diener; Herden wurden ihnen in der Regel nicht anvertraut. Aus diesem Grunde war die Sklaverei bei ihnen nur von geringer Bedeutung und trat eigentlich nur in den Familien der Reichsten auf. Eine größere Bedeutung erlangte sie dagegen bei den Siwanern, die männliche Sklaven vorwiegend zur Bearbeitung ihrer Gärten einsetzten, wo sie im vorigen Jahrhundert offenbar eine nicht zu unterschätzende Produktivkraft darstellten. Lediglich im Alter wurden sie dann als Hausdiener beschäftigt.

Die soziale Organisation beruhte sowohl bei den Aulad Ali als auch bei der Oasenbevölkerung noch auf blutsverwandtschaftlicher Basis, war also noch nach dem für die Gentilperiode typischen genealogischen Prinzip aufgebaut. Bei den Viehzüchtern gab es drei Stämme, die jedoch keine politische Einheit bildeten. Wie bei den Nomaden weltweit zu beobachten ist, gab es aber auch zwischen den einzelnen Gruppen innerhalb eines Stammes keinen ständigen Kontakt. Auch eine straffe Führung fehlte. Eigentliche Zelle des sozialen Lebens war die „Lagergemeinschaft", eine zumeist aus mehreren Großfamilien bestehende Gruppe, die gemeinsam wanderte und siedelte. Sie stand in der Regel unter der Führung des reichsten ihrer Oberhäupter und war in allen Belangen ziemlich selbständig. Lediglich in Kriegs- oder Krisenzeiten gewann der Stamm als Gemeinschaft eine größere Bedeutung und damit natürlicherweise sein Oberhaupt.

Bei den Siwanern bestanden sechs Clans (Gentes), die sich wiederum in mehrere Lineages (Sub-Gentes) untergliederten. An der Spitze jeder dieser sozialen Einheiten stand das jeweils reichste Oberhaupt der sie bildenden Großfamilien, dessen Position innerhalb seiner Familie bereits weitgehend erblich war. Die Oberhäupter der Clans und Lineages bildeten zusammen den „Scheichrat", der die Geschicke der Oasengemeinschaft lenkte. Seine Beratungen waren noch öffentlich in dem Sinne, daß sich jeder verheiratete Siwaner daran beteiligen und auch das Wort ergreifen konnte, was darauf hinweist, daß ursprünglich in der Oase sicherlich einmal demokratische Verhältnisse und vielleicht sogar eine „Volksversammlung" bestanden hatten. Ende des 18. Jh. aber waren die Entscheidungen der Ratsmitglieder letztendlich immer ausschlaggebend und damit für alle verbindlich.

Die Oasenbevölkerung war in zwei Fraktionen gespalten, die „Östlichen" und die „Westlichen". Der Ursprung dieser Teilung, die auch für andere Berbergemeinschaften typisch ist, ist noch ungeklärt. Zwischen beiden Fraktionen kam es des öfteren zu gewaltsamen Auseinandersetzungen, deren Hauptursache offenbar die Machtkämpfe innerhalb der Oberschicht um die Führung in der Oase waren.

Die Analyse der sozialökonomischen Verhältnisse bei den Aulad Ali und den Siwanern ergibt, daß sie am Ende des 18. Jh. in keinem Fall mehr gentilgesellschaftlichen Charakter trugen, obwohl sie vor allem im außerökonomischen Bereich noch mit zahlreichen Überresten aus dieser ersten großen gesellschaftlichen Entwicklungsetappe in der Menschheitsgeschichte behaftet waren und zum Teil auch noch durch sie verdeckt wurden. Trotz dieses Tatbestandes aber hatten beide Gemeinschaften bereits eindeutig – und offenbar schon seit längerer Zeit – das Stadium einer frühen Klassengesellschaft erreicht. Ihre Hauptproduktionsmittel waren ausnahmslos privates Eigentum geworden und hatten einen sozialökonomischen Differenzierungsprozeß ausgelöst, in dessen Verlauf sich mehrere soziale Schichten herausbildeten.

In beiden Gemeinschaften gab es eine reiche Oberschicht, eine Aristokratie, die einen bedeutenden Teil des gesamten Viehs bzw. Quellwassers in ihren Händen konzentrierte und auf dieser Basis zahlreiche ihrer Gemeinschaftsmitglieder, insbesondere die „Besitzlosen", die unverheirateten jungen Männer, die Sklaven sowie in Siwa auch schon eine ständig wachsende Gruppe dauerhaft eigentumsloser verheirateter Männer, als Lohnhirten bzw. -gartenarbeiter, Diener oder Pächter ausbeuteten.

Über den von ihnen immer mehr monopolisierten Handel sowie über ein Kreditsystem eigneten sie sich aber auch bereits einen Teil des von den übrigen Eigentümern erarbeiteten Mehrproduktes an, wie z. T. bei zu großer Verschuldung auch deren weniges Eigentum.

Die Angehörigen der Oberschicht hatten auf Grund ihrer dominierenden ökonomischen Position zugleich alle gesellschaftlichen Führungsfunktionen innerhalb ihrer noch nach verwandtschaftlichen Prinzipien organisierten Gesellschaftsstrukturen inne, die sie im Interesse der Sicherung und Vergrößerung ihrer wirtschaftlichen wie auch außerökonomischen Macht einsetzten.

Zahlreiche Erscheinungen, u. a. die Tatsachen, daß das Bodeneigentum nicht die entscheidende Rolle für die sozialökonomische Differenzierung spielte, die Sklaven zu keiner Zeit die dominierende Produktivkraft bildeten, die Gesellschaft noch auf genealogischer statt auf territorialer Basis organisiert war und andere mehr, machen es unmöglich, sie mit einer der „klassischen" vorkapitalistischen Gesellschaftsformationen, der Sklaverei bzw. dem Feudalismus, gleichzusetzen.

Die größte Ähnlichkeit hatte die gesellschaftliche Entwicklung in Siwa noch mit der von den Autoren des Sammelbandes „Weltgeschichte bis zur Herausbildung des Feudalismus" herausgearbeiteten und als „altorientalisch" bezeichneten Klassengesellschaft.[520] Im Gegensatz zu dieser frühesten antagonistischen Gesellschaftsformation, die u. a. dadurch charakterisiert war, daß in ihr noch ein Gemeineigentum an den wichtigsten Produktionsmitteln vorherrschte, wenngleich diese auch schon zunehmend von der verfügenden Hand einer – noch weitgehend kollektiv agierenden – Oberschicht kontrolliert wurden, bestand in Siwa aber bereits das private Eigentum an diesen Produktionsmitteln.

Abgesehen von lokalen Besonderheiten glichen die gesellschaftlichen Verhältnisse der Aulad Ali denen anderer Nomadenvölker in anderen Regionen der Erde, über deren Grundzüge heute unter marxistischen Wissenschaftlern weitgehende Übereinstimmung besteht. Die Nomadenviehzucht ist ein spezieller wirtschaftlich-kultureller Typ, der sich in Steppen und Halbwüsten herausgebildet hat. Auf Grund der nicht ortsfesten Lebensweise der Nomaden ist ihr Besitz an materiellen Gütern immer gering gewesen, vor allem aber hatte sie eine besondere Form der sozialen Organisation hervorgebracht, die zwar auf dem verwandtschaftlichen Prinzip beruht und dadurch der Gentilorganisation vergleichbar, aber mit dieser nicht identisch ist.

Ziemliche Übereinstimmung besteht auch in der Auffassung, daß sich auf der Grundlage des – vermutlich schon von Anfang an – bestehenden Privateigentums an den Herdentieren und der daraus resultierenden verschiedenartigsten Ausbeutungs- und Abhängigkeitsverhältnisse bei fast allen Nomadenvölkern schon frühzeitig gesellschaftliche Verhältnisse entwickelt hatten, die dem Frühstadium der Klassengesellschaft zuzurechnen sind.[521] Beträchtliche Meinungsverschiedenheiten gibt es allerdings hinsichtlich ihrer Bezeichnung und Zuordnung.[522]

Übereinstimmung besteht schließlich auch in der Anerkennung der Tatsache, daß die extensive Wirtschaftsweise der Nomaden das Erreichen einer höheren gesellschaftlichen Entwicklungsstufe nicht zuläßt[523] – es sei denn, ihre Träger gehen zur Seßhaftigkeit über, womit dann aber gleichzeitig auch das Stadium der „reinen" Nomadenviehzucht überwunden wird.

[520] Weltgeschichte, 1977, S. 139ff.

[521] Vgl u. a.: „Die Nomaden in Geschichte und Gegenwart. Material eines Internationalen Symposiums". In: Jahrbuch des Museums f. Völkerkunde, Bd. 33/1981. Berichte über das Symposium: Rusch, 1976, S. 287ff.; Rusch/Stein, 1976, S. 157ff.

[522] Vgl. u. a.: Peršic, 1980, S. 261ff.

[523] Vgl. Sellnow, 1968, Vorwort.

Anders war die Situation in Siwa. Der hier betriebene intensive Bewässerungsbodenbau an sich hätte, wie u. a. das Beispiel des Niltals beweist, die Voraussetzungen für das Erreichen einer höheren gesellschaftlichen Entwicklungsstufe geboten. Aber diese Möglichkeit war nicht realisiert worden. Trotz des schon seit langem bestehenden Privateigentums am Quellwasser war die gesellschaftliche Entwicklung der Oasenbevölkerung offenbar über Jahrhunderte qualitativ im wesentlichen gleich geblieben. Das bedeutete nicht, daß sie völlig stagniert hätte, aber sie veränderte sich nur sehr langsam.

Zwar nahm die sozialökonomische Differenzierung allmählich zu, dennoch erreichte die Ausbeutung niemals den Grad, den sie auf Grund des Entwicklungsstandes der Produktivkräfte, insbesondere des intensiven Bodenbaus, zu Beginn des vorigen Jahrhunderts hätte erreichen können. Die Erklärung für diese relative Stagnation sehen wir u. a. in folgenden Faktoren:

1. In der Geschichte der Oase. Nach einer „Blütezeit“ im Altertum durchlebte sie nach der Zeitenwende offenbar eine lange, Jahrhunderte andauernde, stark regressive Phase. Eine der Ursachen dafür waren die räuberischen Einfälle der Nomaden, die die Bevölkerung stark dezimierten, was natürlich einen beachtlichen Rückgang der Produktion zur Folge gehabt haben muß. Zudem führten die nun ungenutzt abfließenden Quellwasser zu einer Versalzung ehemals kultivierter Flächen. Erst seit dem Ende des Mittelalters, nachdem die Siwaner sich durch die Anlage von Wehrsiedlungen bessere Schutzmöglichkeiten gegen die Überfälle geschaffen hatten, stieg ihre Zahl allmählich wieder an.

2. In der geringen Bevölkerungszahl der Oase. Sie machte beispielsweise die Durchsetzung der zweiten großen gesellschaftlichen Arbeitsteilung, die Absonderung von Handwerkern aus der Masse der bäuerlichen Produzenten, in größerem Umfang unmöglich; denn die einzigen berufsmäßig ihre handwerkliche Tätigkeit ausübenden wenigen Grob- und Silberschmiede können kaum als „Handwerkerschicht“ bezeichnet werden.

Dadurch aber fehlten der Oasengemeinschaft nicht nur weitgehend Impulse und Ideen für die Weiterentwicklung ihrer Produktionsinstrumente und damit der Produktivkräfte insgesamt, die sonst allgemein üblich mit der Herausbildung des Handwerks verbunden waren, sondern vor allem auch die Möglichkeit eines verstärkten Austausches und damit der Realisierung des erzeugten Mehrproduktes innerhalb der eigenen Gemeinschaft; denn jede Familie erzeugte ja nahezu die gleichen Produkte wie die anderen auch.

Das durch die Oasensenke begrenzte, relativ kleine besiedlungsfähige Areal, das letztlich die geringe Bevölkerungszahl der Oase bestimmte, war eine der Ursachen für das lange Fortbestehen des genealogischen Prinzips als Organisationsbasis der siwanischen Gesellschaft.

In vergleichbaren, d. h. auf gleicher oder ähnlicher gesellschaftlicher Entwicklungsstufe stehenden größeren Ethnen war der die Übergangsphase von der Urgemeinschaft zur Klassengesellschaft einleitende sozialökonomische Differenzierungsprozeß in der Regel begleitet von einer Auflösung der in der Gentilperiode bestehenden Siedlungsgemeinschaft der blutsverwandtschaftlichen Einheiten, zumindest bis hinunter zur Ebene der Lineage, wodurch schließlich eine Organisierung der Bevölkerung der betreffenden Gebiete auf territorialer Basis erforderlich wurde.[524]

[524] ENGELS, 1971, S. 191. Vgl. auch: RUSCH, 1975, S. 183ff.; 1980, S. 275.

In Siwa aber war trotz der bereits erreichten sozialökonomischen Differenzierung eine derartige Entwicklung ausgeblieben. Den Hauptgrund dafür sehen wir in der noch im vorigen Jahrhundert praktizierten Siedlungsweise der Bevölkerung in den engen Trutzburgen, die eine Auflösung der Siedlungsgemeinschaft der verwandtschaftlichen Einheiten in oben geschilderter Weise ausschloß.[525]

Deshalb ergab sich für die siwanische Gesellschaft niemals eine zwingende Notwendigkeit der Änderung ihres sozialen Organisationsprinzips – wie letztlich die geringe Zahl ihrer Angehörigen auch die Herausbildung einer gesonderten Beamtenschicht und insbesondere spezieller Machtorgane, wie sie für die Entwicklung von Klassengesellschaften und der damit verbundenen Entstehung von Staaten sonst allgemein typisch ist[526], weitgehend verhinderte.

Dadurch, daß die Oasengemeinschaft so klein war und ständig auf engstem Raum zusammenlebte, verharrten ihre Mitglieder in einer ausgesprochen konservativen Grundhaltung, die noch verstärkt wurde durch ihre geographische Isoliertheit sowie der Tatsache, daß sie stets in die Rolle von „Verteidigern" gedrängt wurden, denn sie hatten sich immer nur gegen Überfälle zu wehren, ohne selbst jemals die Möglichkeit des Angriffs auf befeindete Nomadengruppen zu haben.

In dieser kleinen Gemeinschaft forderte jeder sofort die Kritik seiner Mitmenschen heraus, der sich nicht peinlichst genau an die überkommenen Lebensnormen und -gewohnheiten hielt. Noch bei unserem Aufenthalt in der Oase im Jahre 1976 konnte es sich niemand leisten, z. B. dem Hauptgebet am Freitag in der Moschee fernzubleiben, ohne daß damit nicht sofort negative Urteile über ihn laut wurden. Diese konservative Haltung, die im vergangenen Jahrhundert sicherlich noch weit stärker war, zumal damals der Bildungsstand der Bevölkerung bedeutend geringer und diese noch weit stärker dem Glauben an die Wirkung „übernatürlicher Kräfte" verhaftet war, stand auch jedweder Neuerung hemmend entgegen. Allerdings war diese Haltung nicht absolut, sondern zugleich auch sehr selektiv. Denn all jene neuen Ideen, die zwar mit herkömmlichen nicht korrespondierten, aber ihren Interessen in irgendeiner Weise besser gerecht zu werden versprachen, wurden auch von ihnen übernommen.

Das zeigte sich insbesondere in der Übernahme der Glaubensbekenntnisse zweier islamischer Sekten, die im Verlaufe des 19. Jh. in Siwa Fuß zu fassen begannen, ein Prozeß, der im nächsten Kapitel ausführlicher dargestellt wird. Sie übernahmen aber auch manche Idee, die von den in ihre Gemeinschaft integrierten stammesfremden Sklaven mitgebracht worden waren, wie ja schließlich auch die für die Steigerung der Produktivität im Bodenbau so bedeutungsvollen Neuerungen, wie das Anstauen der Quellen durch die Einfassung mit Steinquadern oder die Kenntnis der Verarbeitung von Eisen und Silber nicht in der Oase ihren Ursprung hatten.

3. In der isolierten geographischen Lage der Oase. Die Siwaner lebten zwar nicht in der absoluten Isolation, wie das manchem Reisenden im vorigen Jahrhundert

[525] Aber auch nachdem die Oasenbevölkerung seit Ende des 19. Jh. begann, ihre Wohnburgen zu verlassen und sich in der Ebene anzusiedeln, änderte sich daran kaum etwas. Denn das besiedlungsfähige Areal wie die sie besiedelnde Gemeinschaft waren insgesamt ja kaum größer als andernorts die Dorfgemeinschaften. Eine Kleinfamilie konnte hinziehen, wo sie wollte, stets blieb sie im Kontaktbereich der Mitglieder ihres Clans – es sei denn, sie verließe die Oase für immer, was aber gleichbedeutend wäre mit einem Ausscheiden aus der ethnischen Gemeinschaft überhaupt.

[526] Vgl. u. a. ENGELS, 1971, S. 191ff.

offenbar erschienen war. Sie hatten, wie ausführlich dargestellt wurde, enge Handelskontakte zu vielen umwohnenden Bevölkerungsgruppen, insbesondere zu den Aulad Ali-Beduinen. Während der dreimonatigen Haupterntezeit weilten stets sehr viele Karawanen in der Oase, aber auch in der übrigen Zeit des Jahres blieben sie nie ganz aus. Und gelegentlich verließ auch einmal ein Siwaner zeitweilig seine Heimat, um mit eigenen Eseln Datteln an die Küste bzw. ins Niltal zu bringen oder als Pilger gen Mekka zu ziehen. Durch diese und andere Kontakte gelangten neue Ideen und Impulse in die Oasengemeinschaft, vor allem aber erhielt sie über den Austausch zahlreiche Produkte, die sie nicht selbst zu erzeugen vermochte und die ihr daher anfangs fremd waren.

Dennoch aber waren die Kontakte der Siwaner zu den benachbarten Ethnen auf Grund der abgeschiedenen Lage ihres Siedlungsgebietes und der damals vorhandenen Transportmöglichkeiten zu keiner Zeit so intensiv und kontinuierlich, wie die zwischen unmittelbar benachbarten Bevölkerungsgruppen in anderen Gebieten. Es kommt hinzu, daß alle Fremden während ihres Aufenthaltes in der Oase zahlreichen Restriktionen unterworfen waren und der Kontakt zu ihnen kaum über die Abwicklung des eigentlichen Austausches hinausging.

Aus diesen Gründen lebte die Oasenbevölkerung bis zu Beginn des vorigen Jahrhunderts insgesamt gesehen doch in einer beträchtlichen Isolierung, was nicht zuletzt darin seinen Ausdruck fand, daß sie trotz der Handelskontakte und ihrer langen Islamisierung noch nicht des Arabischen mächtig war und sie trotz der Zuwanderung zahlreicher stammesfremder Gruppen, von denen einige offenbar auch arabischen Ursprungs waren, und der stammesfremden Sklaven ihre ethnische Identität zu bewahren vermocht hatte.

4. In der Tatsache schließlich, daß die Siwaner für das von ihnen erzeugte Mehrprodukt außer Sklaven und Eisen, die für den Bodenbau unmittelbar von Bedeutung waren, nur Nahrungs- und Genußmittel sowie Konsumgüter erwerben konnten, Güter also, die zwar zur Erhöhung des Lebensniveaus, nicht aber des Niveaus der Produktion beitrugen. Sie führten zur Herausbildung beträchtlicher Unterschiede in der Lebensweise der reichen Oberschicht und der Masse der Bevölkerung, nicht aber zur Veränderung der Produktionsweise. Dadurch aber fehlte den reichen Wassereigentümern der Anreiz zu einer entschiedeneren Ausdehnung ihrer Produktion und der Ausbeutung der Masse der Oasenbewohner.

Die vorstehend genannten Faktoren waren unserer Ansicht nach die wesentlichsten Ursachen dafür, daß trotz des bestehenden Privateigentums am Hauptproduktionsmittel die Produktionsverhältnisse bei den Siwanern am Ausgang des 18. Jh. insgesamt hinter den Möglichkeiten zurückgeblieben waren, die der Entwicklungsstand der Produktivkräfte eigentlich bot, und die Gesellschaft noch mit zahlreichen Überresten aus der Gentilperiode behaftet war, auch wenn diese zum Teil bereits einen neuen, einen klassenmäßigen Inhalt bekommen hatten.

Die Tatsache, daß diese gesellschaftlichen Verhältnisse offenbar über einen langen Zeitraum qualitativ nahezu gleichgeblieben waren, läßt den Schluß zu, daß die Oasengemeinschaft die Grenzen ihrer gesellschaftlichen Entwicklung erreicht hatte, die sie unter den damals gegebenen Umständen und insbesondere unter den Bedingungen einer ziemlichen geographischen Isoliertheit von innen heraus überhaupt zu erreichen vermochte. Zur Entfaltung voll ausgebildeter Klassenverhältnisse fehlte es in der

Oase an den Voraussetzungen; dieser Prozeß kann sich nur im Rahmen einer wesentlich größeren Menschengemeinschaft vollziehen.

Aus verschiedenen Gründen, unter denen die natürlichen Umweltbedingungen in der Westlichen Wüste zweifellos eine wesentliche Rolle gespielt haben dürften, hatten sowohl die Aulad Ali-Beduinen als auch die Siwaner bis zum Beginn des 19. Jh. ihre Selbständigkeit und dadurch auch ihre ethnische Identität bewahren können. Wie die Verfasser in einer früher erschienenen Veröffentlichung herausarbeiteten[527], bestanden zwischen beiden Ethnen trotz ihrer bereits Jahrhunderte währenden gemeinsamen Zugehörigkeit zum Islam eine Vielzahl klar erkennbarer Unterschiede, durch die sie sich sowohl voneinander als zugleich auch von der Bevölkerung im Niltal deutlich abhoben und die sie eindeutig als besondere, eigenständige ethnische Gemeinschaften bzw. Teile davon charakterisierten.

Ein wesentliches Unterscheidungsmerkmal bestand – und besteht bis zu einem gewissen Grad auch heute noch – in ihrer unterschiedlichen Sprache. Die Siwaner sprechen einen Berberdialekt, während die Aulad Ali wie die Ägypter im Niltal arabisch sprechen. Allerdings besteht auch zwischen den arabisch sprechenden Gruppen ein beträchtlicher Unterschied im Dialekt. Zudem finden sich in der Sprache der Aulad Ali zahlreiche, speziell mit dem Bereich der Nomadenviehzucht verbundene Worte, die den Ägyptern aus dem Niltal im allgemeinen nicht bekannt sind.

Neben den Unterschieden in Sprache und anthropologischem Typ, die sich aus ihrer unterschiedlichen Genese herleiten, resultierte ein großer Komplex von Unterscheidungsmerkmalen zwischen den Siwanern und Aulad Ali unmittelbar oder doch mittelbar aus der unterschiedlichen Art und Weise ihrer traditionellen Produktion – Bewässerungsbodenbau und Nomadenviehzucht –, die wiederum durch das unterschiedliche geographische Milieu, in dem sie leben, bestimmt wurde.

Aus diesen unterschiedlichen Wirtschaftsformen ergaben sich klar erkennbare Unterschiede in faktisch allen Lebensbereichen, und zwar sowohl in der handwerklichen Produktion, im materiellen Kulturbesitz, in der Lebens- und Wohnweise, als auch in Sitten und Gebräuchen, den Denk- und Glaubensvorstellungen. Einige Beispiele seien dazu genannt:

Von den Siwanern wurde das Flechten, die Töpferei und das Schmiedehandwerk ausgeübt, während bei den Aulad Ali die Verarbeitung tierischer Produkte im Vordergrund ihrer handwerklichen Tätigkeit – Weberei und Lederbearbeitung – stand. Aus den Herzblättern der männlichen Dattelpalme fertigten die Siwaner bunt gemusterte Körbe, Taschen, Teller und Matten, die eine vielfältige Verwendung im Haushalt sowie bei der Bergung der Ernte und für Transportzwecke fanden, aus speziellem Ton fertigten sie Haushalts- und Zeremonialgeräte. Die Schmiede verarbeiteten importiertes Eisen zu Eisenblatthacken und Stielsicheln. An Stelle geflochtener Matten benutzten die Aulad Ali von ihren Frauen aus gefärbter Schafwolle gewebte Teppiche und Decken mit geometrischen Mustern; Behältnisse aus Leder ersetzten bei ihnen z. T. Flecht- und Tonerzeugnisse der Siwaner.

Während die Beduinen in selbstgewebten Zelten lebten, errichteten sich die Siwaner solide Häuser aus Salztonerde. Auch in der Kleidung waren zwischen beiden ethnischen Gruppen typische Unterscheidungsmerkmale zu konstatieren, das gleiche galt für den Schmuck der Frauen. Das Tatauieren der Mädchen und Frauen ist z. B.

[527] RUSCH/STEIN, 1977 (a), S. 455ff.

bei den Aulad Ali bis heute verbreitet, in Siwa war es hingegen gänzlich unbekannt. Andererseits ist die charakteristische Zopffrisur der Siwanerinnen einmalig in Ägypten. Die Siwanerinnen bewegen sich bis in die Gegenwart außerhalb ihres Hauses stets tief verschleiert, wie sie auch sozial ein völlig von den männlichen Siwanern getrenntes Leben führen, während die Frauen der Beduinen wesentlich größere Freiheiten im gesellschaftlichen Leben genießen.

Ähnliche Unterschiede zwischen beiden ethnischen Gruppen ließen sich auch in ihrer Musik, ihren Liedern und Tänzen, dem Brauchtum, den verschiedenen Lebens- und Jahresfesten und in vorislamischen animistischen Vorstellungen finden, zumindest in Relikten. Denn durch den Jahrhunderte währenden gemeinsamen islamischen Glauben haben sich viele gemeinsame Züge herausgebildet. Dennoch hielt der strenge islamische Glaube vor allem die Oasenbewohner nicht davon ab, ihren magischen Vorstellungen weiterhin zu huldigen, insbesondere ist hier die Verehrung ihrer Heiligen zu nennen. Auch Amulette und Abwehrzaubermittel waren und sind noch weit verbreitet.

Ein ganz wesentliches, ebenfalls noch in der Gegenwart wirksames Unterscheidungsmerkmal sind das von den Angehörigen beider ethnischer Gruppen bewahrte Zugehörigkeitsgefühl zu ihrer Gruppe, ihr ethnisches Selbstbewußtsein, das u. a. in der weitgehenden Einhaltung der Endogamie seinen Ausdruck findet, und ihre ausgeprägten psychischen Eigenarten.[528] Wie die bisherigen Untersuchungen deutlich gemacht haben dürften, waren die bestimmenden Faktoren für diese und andere Unterschiede zwischen Siwanern und Aulad Ali, für die Herausbildung ihrer „ethnischen Spezifika" u. a. ihre unterschiedliche Herkunft und historische Vergangenheit, das geographische Milieu, die davon weitgehend geprägte Art und Weise ihrer Produktion sowie deren Entwicklungsniveau und anderes mehr.

Aber nicht diese Faktoren an sich sondern die Gesamtheit der von ihnen im Verlauf der historischen Entwicklung geprägten Besonderheiten bilden die ethnischen Merkmale beider Gruppen; also die Besonderheiten in der Erzeugung des Lebensunterhaltes, in der Gestaltung der erzeugten Güter der materiellen Kultur, die Besonderheiten in Wohnweise, in Sitten und Gebräuchen sowie in den durch den Entwicklungsstand der gesellschaftlichen Verhältnisse bedingten ideologischen Vorstellungen.[529]

Allein schon die Tatsache, daß sie nur im Vergleich mit anderen Gemeinschaften ermittelt werden können, beweist, daß es „ethnische Merkmale" an sich nicht gibt. Sie sind zudem historische Erscheinungen, die sich bei entsprechender Veränderung der Bedingungen, die sie hervorbrachten, ebenfalls verändern oder auch ganz vergehen können. Wir werden darauf an anderer Stelle der Arbeit noch näher eingehen.

„Das Ethnische", schreibt HUTSCHENREUTER, „ist meiner Auffassung nach die Gesamtheit der – nicht oder nicht primär durch Unterschiede des historischen Entwicklungsniveaus hervorgerufenen – gemeinschaftsbildenden Spezifika im ökonomischen, sozialen, politischen, ideologischen, sprachlichen und kulturellen Bereich, durch welche sich eine relativ stabile, historisch entstandene soziale Gemeinschaft von Menschen von anderen auch territorial benachbarten Gemeinschaften gleichen oder ähnlichen Typs unterscheidet und die subjektiv mehr oder minder

[528] Ebenda, S. 456f.
[529] Ebenda, S. 461.

adäquate Widerspiegelung dieser unterscheidenden Spezifika im Bewußtsein eben dieser Gemeinschaft einschließlich des Bewußtseins der Masse ihrer Mitglieder, ihr anzugehören. Dabei sind die Besonderheiten der Gemeinsamkeit der Sprache, der Wirtschaft, der materiellen und ideellen Kultur, der sozialen und politischen Organisation sowie des Territoriums besonders prägend und essentiell."[530]

Diesem Definitionsvorschlag können wir uns auf Grund unserer Untersuchungsergebnisse vollinhaltlich anschließen.

[530] HUTSCHENREUTER, 1975, S. 33f.

# III. Die Entwicklung im Untersuchungsgebiet von der Zeit Mohammed Alis bis zur ägyptischen Revolution

## *1. Zur politischen Situation in Ägypten zu Beginn des 19. Jahrhunderts*

Am Ende des 18. Jh. war Ägypten zwar noch Teil des Osmanischen Reiches, die eigentliche Herrschaft im Lande aber übten feudale Mamlukenbeys aus, die ihre Machtposition gegenüber der Bevölkerung mit brutalsten Mitteln zur eigenen Bereicherung ausnutzten.[531] Verschlimmert wurde die Situation für das ägyptische Volk in jener Zeit durch die Versuche Frankreichs und Englands, unter Ausnutzung der allgemeinen Krise des Osmanischen Reiches sich mit kriegerischen Unternehmungen Ägypten untertan zu machen.[532]

Da die aus dieser Konstellation resultierenden vielfältigen historischen Ereignisse nicht Untersuchungsgegenstand vorliegender Studie sind, sei hier nur das für unsere Analyse relevante Resultat erwähnt: 1801 mußten die französischen Invasoren vor den vereinigten britisch-türkischen Streitkräften kapitulieren und ihre Eroberungsambitionen aufgeben.[533] Die siegreichen Truppen aber blieben im Lande und bürdeten der einheimischen Bevölkerung zusätzliche Belastungen auf, die schließlich so unerträglich wurden, daß es im Frühjahr 1804 zu Steuerverweigerungen und Erhebungen in vielen Teilen des Landes kam, insbesondere auch in Kairo.

Mohammed Ali (1769–1849), der als Kommandeur einer albanischen Einheit mit der türkischen Armee nach Ägypten gekommen war, erkannte die politische Kraft, die der Volksbewegung gegen die Mamluken innewohnte und stellte sich auf ihre Seite. Im Winter 1804/05 vertrieb er mit seiner Truppe die Mamluken bis nach Oberägypten. Gegen den Willen der türkischen Machthaber wurde Mohammed Ali am 13. Mai 1805 von den einheimischen Führern der Volksbewegung zum neuen Statthalter gewählt. Sultan Selim III. in Konstantinopel war gezwungen, ihn als Pascha von Ägypten anzuerkennen.[534]

Die folgenden Jahre der Regierung Mohammed Alis waren gekennzeichnet vom Kampf gegen die Briten, die 1807 erneut versuchten, mit militärischer Gewalt die Herrschaft über Ägypten zu gewinnen, aber zurückgeschlagen wurden, und vom zielgerichteten Bemühen, die Machtpositionen der Mamluken endgültig zu zerschlagen. Im Rahmen seiner Landreform enteignete Mohammed Ali die Mamluken zwischen 1808 und 1810 ihrer Ländereien.[535]

Am 1. März 1811 führte er dann den entscheidenden Schlag gegen ihre Führungsschicht, indem er 500 ihrer Anführer ermorden ließ. Diesem Massaker folgte die endgültige Liquidierung der Mamluken in allen Teilen des Landes; nur wenigen ge-

[531] Lutsky, 1969, S. 38; Geschichte der Araber, 1971, Bd. 2, S. 313.

[532] Vgl. Geschichte der Araber, 1971, Bd. 2, S. 313ff.; Lutzky, 1969, S. 40ff.; Robbe, 1976, S. 12.

[533] Geschichte der Araber, 1971, Bd. 2, S. 316.

[534] Lutsky, 1969, S. 51.

[535] Ebenda, S. 54f.; Geschichte der Araber, 1971, Bd. 2, S. 321.

lang die Rettung durch Flucht in den Sudan.[536] Erst danach war der Weg frei für ein ganzes Programm von Reformen auf militärischem und wirtschaftlichem Gebiet, durch deren Verwirklichung Mohammed Ali als „Begründer des modernen Ägypten“ in die Geschichte eingehen konnte. Im Ergebnis der Umgestaltungen im Agrarsektor entstand nicht nur eine neue Feudalklasse, die vom Pascha abhängig war, sondern Mohammed Ali wurde selbst zum größten Grundbesitzer des Landes.[537]

Aber nicht nur die bäuerliche Bevölkerung Ägyptens wurde zu regelmäßigen Steuerabgaben an die Zentralmacht gezwungen, sondern auch die nomadischen Beduinen: „Eine wohlüberlegte Politik zur Absicherung seiner Herrschaft betrieb Mohammed Ali auch gegenüber den Beduinenscheichs. Um den Beduinenadel, der über ein gewisses militärisches Potential verfügte, für die Zentralmacht zu gewinnen, übertrug er ihm Grundbesitz und befreite die Stämme sowohl von der Steuerzahlung als auch vom Militärdienst in der regulären Armee.“[538]

Was die Steuerpflicht anbetrifft, so handelt es sich offenbar um ein späteres Zugeständnis, denn Scholz hebt ausdrücklich die Verpflichtung zur Steuerzahlung bei den Aulad Ali hervor. „Seit zehn Jahren zahlen sie an den Pascha von Egypten alljährlich einen Tribut in Naturalien, z. B. Datteln, welche ein Scheik für die übrigen gegen Entschädigung liefert.“[539]

Hier liegen bereits die ersten Ansätze für eine staatlich gesteuerte Ansiedlung der Beduinen – darunter auch der Aulad Ali – durch Zwangsmaßnahmen, die Scholz bereits 1822 bemerkte. „Diese Beduinen haben Manches von ihrer Eigenthümlichkeit verloren, seit der Pascha sie unterjochte, ihre Oberhäupter an seinen Hof zu ziehen wußte. . .“[540]

Die soziale Struktur der Aulad Ali-Beduinen wurde empfindlich gestört, als ihre Anführer gezwungen wurden, sich in Unterägypten, besonders im Gebiet von Damanhur niederzulassen, wo sie der direkten Kontrolle des Paschas unterstanden.[541]

Die erfolgreiche Reformpolitik Mohammed Alis zur Entwicklung von Landwirtschaft und Industrie sowie die nach französischem Vorbild geschaffene ägyptische Armee mit eigenen Waffenfabriken und Werften ermöglichten es ihm, die territoriale Ausdehnung seines Machtbereiches zielstrebig in Angriff zu nehmen. „Seine Truppen eroberten 1811–1818 große Teile der Arabischen Halbinsel . . . und von 1819–1822 den östlichen Sudan.“[542] In diese Zeit fällt auch die Erweiterung des Machtbereiches Mohammed Alis in westlicher Richtung, die in der Eroberung der Oase Siwa gipfelte.

## *2. Der Prozeß der Ansiedlung der Aulad Ali-Beduinen im Küstengebiet (1820–1952)*

Die ersten Ansätze für die Seßhaftwerdung der Aulad Ali-Beduinen liegen in den administrativen Maßnahmen Mohammed Alis zu Beginn des 19. Jh., also wesentlich früher als in anderen Nomadengebieten der arabischen Welt.[543] Die Übersiedlung der

[536] Lutsky, 1969, S. 55.
[537] Geschichte der Araber, 1971, Bd. 2, S. 322f.
[538] Ebenda, S. 323.
[539] Scholz, 1822, S. 61.
[540] Ebenda, S. 63; vgl. auch: Baer, 1957, S. 84ff.
[541] Kahle, 1913, S. 367.
[542] Geschichte der Araber, 1971, Bd. 2, S. 328.
[543] Baer, 1957, S. 84.

Stammesführer in Städte und Dörfer des Nildeltas geschah zwangsweise und störte den politischen Zusammenhang der Nomadengesellschaft. Sie hatte jedoch keine unmittelbare Auswirkung auf die Lebensweise der Masse der Stammesangehörigen, die nach wie vor im Hinterland der Mittelmeerküste ihre nomadische Viehzucht betrieb.

Der Prozeß der tatsächlichen Ansiedlung und des allmählichen Übergangs zum seßhaften Bodenbau zog sich noch über ein Jahrhundert hin[544] und wurde von zahlreichen Faktoren ökonomischer und politischer Art beeinflußt, die im folgenden dargestellt werden sollen.

Charakteristisch für diesen relativ langen Zeitraum ist die Tatsache des gleichzeitigen Nebeneinanderbestehens von nomadischen, halbnomadischen und seßhaften Gruppen innerhalb der gleichen ethnischen Gemeinschaft[545] – eine Erscheinung, die für den Prozeß der Seßhaftwerdung der meisten Nomadengemeinschaften kennzeichnend ist. Wie die Felduntersuchungen der Autoren ergaben, ist bei den Aulad Ali der Ansiedlungsprozeß noch nicht völlig abgeschlossen. Dabei läßt sich folgende Grundregel aufstellen: Der Grad der Seßhaftigkeit nimmt im Wohngebiet der Aulad Ali in östlicher Richtung immer mehr zu, d. h. die Streifgebiete der tatsächlich noch nomadisierenden Gruppen liegen im Westen, im Bereich des ägyptisch-libyschen Grenzgebietes.[546]

Die Impulse für den allmählichen Übergang zur Seßhaftigkeit gingen stets vom Niltal aus, genauer gesagt vom Sitz der ägyptischen Zentralregierung. Dies ist der Grund dafür, daß die Veränderung der traditionellen Verhältnisse im Osten des Nomadengebietes begann und sich danach allmählich in westlicher Richtung ausbreitete. „At the present day the Aulad Ali“, schreibt Murray, „especially the eastern sections near the Nile Valley, have almost ceased to be nomadic, and only the old men have memories of their former warlike habits.“[547]

Die Alternative zur ehemals vorherrschenden Nomadenviehzucht bestand zunächst im verstärkten Anbau von Gerste unter Verwendung eines einfachen Holzpfluges, der vom Kamel gezogen wurde. Erst wesentlich später setzte die Anlage von Hortikulturen (Oliven, Feigen, Mandeln) neue Maßstäbe. Aber die Kultivierung von Fruchtplantagen erforderte Bewässerungsanlagen, während man sich beim Getreideanbau mit Regenfällen im Winter begnügen mußte. Da diese Niederschläge jedoch nur sehr unregelmäßig fallen, gab es häufige Mißernten; mit einer guten Ernte war nur aller vier bis sechs Jahre zu rechnen.[548] Dies ist wohl der Hauptgrund für die Beibehaltung der Viehzucht, in erster Linie von Schafen und Ziegen, die im Falle eines schlechten Erntejahres immer noch die nicht ausgereiften Felder abweiden konnten.

Abgesehen von der bereits geschilderten Umsiedlung von Angehörigen der Stammesaristokratie zu Beginn des 19. Jh. ins Niltal wurden in der Folgezeit auch die im Stammesgebiet verbliebenen Anführer der Aulad Ali nach und nach in das System der staatlichen Verwaltung einbezogen. Die Repräsentanten der einzelnen Stammesgruppen erhielten den offiziellen Titel ʿOmda, ein Begriff, der aus dem arabischen

[544] Vgl. Oppenheim, 1939, Bd. 1, S. 26.
[545] Awad, 1959, S. 11; Stein, 1967, S. 118f., 149.
[546] FB Stein, 1969, S. 665; Murray, 1935, S. 277.
[547] Murray, 1935, S. 277.
[548] Falls, 1911, S. 291.

Sprachgebrauch entnommen ist und soviel wie „Bürgermeister" bedeutet.[549] Traditionsgemäß war die ʿOmda-Würde an bestimmte Familien gebunden, innerhalb derer sie vererbt wurde.

Gemeinsam mit den ihm unterstehenden Ältesten der einzelnen Abteilungen seiner Stammesgruppe regelte der ʿOmda alle Angelegenheiten der Gemeinschaft, für die er verantwortlich war. Innere Probleme wie Streitigkeiten um den Besitz von Weideflächen und Wasserstellen, Aufklärung und Ahndung von Viehdiebstählen und anderen Delikten gehören zu den häufigsten Aufgaben, die von diesem Gremium zu lösen sind. Der Regierung gegenüber ist der ʿOmda mit seiner Person für das Verhalten seiner Untergebenen insgesamt verantwortlich.[550] Die Anordnungen und Auflagen der Regierung werden über die ʿOmad (Plural von ʿOmda) an die Masse der Stammesangehörigen weitervermittelt und realisiert. Es liegt auf der Hand, daß die Autorität des ʿOmda bei den angesiedelten Aulad Ali größer ist als bei den nomadischen Gruppen, die über ein großes Gebiet verstreut ihre Herden weiden.

Ein weiterer Umstand verdient in diesem Zusammenhang Beachtung: Bei den Aulad Ali besteht keine Übereinstimmung zwischen lokaler Verbreitung und Stammesgruppenzugehörigkeit.[551] Die Mitglieder einer Stammesgruppe sind nicht selten Hunderte von Kilometern voneinander entfernt und zelten in unmittelbarer Nachbarschaft von Angehörigen anderer Gruppen. Die Verwaltung wird dadurch enorm erschwert, und das hat zur Folge, daß die Regierung einen Wechsel vom Stammesprinzip zum Lokalprinzip anstrebt. Dem steht jedoch das Bestreben der Nomaden entgegen, ihre Angelegenheiten auf traditionelle Weise untereinander zu klären, ohne staatliche Organe einzuschalten: „All disputes within the clan are regarded as private and domestic affairs."[552] Der hier geschilderte Tatbestand gehört zu den charakteristischen Erscheinungen des „Stammesdenkens".

Es war das erklärte Ziel Mohammed Alis und seiner Nachfolger, den Tribalismus der Beduinen, der den nationalen Interessen entgegenwirkte, durch ihre Integration in die ägyptische Gesellschaft zu überwinden – eine Aufgabe, die nur unter größten Schwierigkeiten zu lösen war, und noch 1882, zur Zeit des antikolonialen ʿUrabi-Aufstandes, wurde die nomadische Bevölkerung sehr negativ eingeschätzt: „The Bedouins proved to be an element of instability, insecurity, and uncertainty."[553]

Es ist bezeichnend, daß nach der Erstürmung Alexandrias durch britische Marinetruppen im Juli 1882 die Aulad Ali auf dem Schlachtfeld erschienen, aber nicht als Kämpfer, sondern als Plünderer der zerstörten Stadt.[554] Andererseits nennt Schölch von den Beduinenstämmen Ägyptens, die auf der Seite ʿUrabis kämpften, die Aulad Ali an erster Stelle.[555] Übrigens versuchten auch die Briten zu dieser Zeit, die Beduinen durch Bestechung auf ihre Seite zu ziehen. Von der britischen Regierung wurden 20 000 Goldpfund zur Verfügung gestellt, um die Stammeskrieger der Halbinsel Sinai gegen die nationale Bewegung in Ägypten zu mobilisieren. Prof. Palmer aus Oxford, ein Arabienforscher, erhielt den Auftrag, die Verhandlungen mit den Bedui-

[549] Abu Zeid, 1964, S. 101.
[550] Belgrave, 1923, S. 17; Simpson, 1929, S. 70.
[551] Abu Zeid, 1964, S. 101.
[552] Ebenda, S. 103.
[553] Schölch, 1976/77, S. 45.
[554] Ebenda, S. 50; vgl. auch: Murray, 1935, S. 32; Rathmann, 1968, S. 19.
[555] Schölch, 1976/77, S. 54.

nenscheichs zu führen. Es gelang jedoch nicht, diesen Plan in die Tat umzusetzen, denn Palmer wurde von Sinai-Beduinen ausgeraubt und ermordet.[556]

Für die Aulad Ali läßt sich insgesamt feststellen, daß sie bis zum Ende des 19. Jh. ihre Position als nicht voll integrierte Minderheit am Rande der ägyptischen Gesellschaft behauptet und trotz aller Bemühungen der Zentralregierung ihre Beduinen-Identität bewahrt hatten.[557]

Für die weitere Forcierung der Ansiedlung der Aulad Ali erwies sich ein Projekt als besonders wirkungsvoll, obwohl es keineswegs zu diesem Zwecke erdacht war: der Bau der Eisenbahnlinie von Alexandria nach Mersa Matruh und später bis zur Grenzstation Sallum, also auf einer Strecke von über 500 Kilometern mitten durch das Stammesgebiet der Aulad Ali. Hierbei zeigt sich eine interessante Parallele zu den Auswirkungen des Baus des Suezkanals (Baubeginn 24. 5. 1859, Eröffnung 17. 11. 1869). Keinesfalls als Mittel zur Kontrolle der Nomadenbewegungen gedacht, verhinderte er die traditionellen Wanderungen und Stammesfehden zwischen den Beduinen des Sinai und der östlichen Wüste Ägyptens.[558]

Der Bau der Eisenbahnlinie wurde Anfang des 20. Jh. begonnen unter der Regentschaft des Khediven Abbas Hilmi II. (1892–1914) und erstreckte sich über mehrere Jahre. Wie Falls bemerkt, betrieb der Khedive den Bahnbau „billig", indem er Soldaten der ägyptischen Armee an die Trasse abkommandierte. Der gleiche Gewährsmann teilt mit, daß in den ersten Jahren nur ein einziger Zug im Einsatz war, über dessen Verwendung der Khedive persönlich verfügte. Gleichzeitig wurde entlang der Bahnlinie eine Telegraphenverbindung zu den einzelnen Stationen an der Trasse eingerichtet.[559] Bis zum Jahre 1907 war der Bau der Eisenbahnstrecke von Alexandria aus in westlicher Richtung rund 300 Kilometer vorangetrieben, d. h. bis kurz vor Mersa Matruh.

Wie weit die „Fürsorge" des ägyptischen Vizekönigs für das Eisenbahnprojekt ging, bezeugt eine von Falls überlieferte Begebenheit: „Da ihm Lord Cromer (der britische Generalgouverneur – die Verf.) nichts zum Regieren übrig ließ", forderte der Khedive einmal einen Bericht über eine zerbrochene Fensterscheibe an, „notabene aus Deutschland, wo der Landesherr damals in der Sommerfrische weilte".[560]

Inwieweit die Aulad Ali selbst bei der Fertigstellung der Bahnstrecke aktiv einbezogen waren, geht aus verfügbaren Unterlagen nicht hervor; ihre Mitwirkung als Hilfsarbeiter, Wächter usw. ist jedoch nicht auszuschließen, da aus vergleichbaren Gebieten verläßliche Daten vorliegen, welche eine aktive Mitarbeit von Beduinen beim Eisenbahnbau bezeugen.[561]

Klar nachzuweisen sind die positiven Auswirkungen der ägyptischen Mittelmeerbahn auf den Ansiedlungsprozeß der Aulad Ali.[562]

[556] Murray, 1935, S. 248ff., 261ff.

[557] Schölch, 1976/77, S. 57.

[558] Awad, 1969, S. 17; Bräunlich, 1933, S. 95f.

[559] Falls, 1911, S. 181ff.

[560] Ebenda, S. 189.

[561] So z. B. beim Bau der Bagdad-Bahn. Vgl. Awad, 1959, S. 16f.; Oppenheim, 1939, S. 150; Stein, 1967, S. 103.

[562] Dumreicher, 1931, S. 23, vermerkte: „Je weiter die Eisenbahn nach Westen vordringt, desto günstiger wird sich die Lage der Beduinen entwickeln." Er hatte dabei vor allem die Vorteile des schnellen Viehtransports für die Nomaden im Auge.

1. Die Stationen dieser Bahnlinie entwickelten sich zu Kernpunkten von Beduinensiedlungen, deren Bedeutung in der Folgezeit ständig zunahm. Ortschaften wie ʿAmriya – einst als Endstation der Siwa-Karawanen bekannt –, Burǧ al-ʿArab, al-Hammam, Fuka, al-Ḏabbaʾ und Sidi Barrani entwickelten sich zu stadtähnlichen Gemeinwesen mit ausgedehnten Wohnkomplexen, Schulen, Krankenhäusern und regelmäßig besuchten Marktplätzen, auf denen ein reger Viehhandel betrieben wurde. Den Höhepunkt dieser Urbanisierungstendenz bildet Mersa Matruh, indem es innerhalb weniger Jahrzehnte von einer kleinen Garnison mit wenigen griechischen Kolonisten (Händlern und Schwammfischern)[563] zur Hauptstadt der gesamten westlichen Wüstenprovinz aufstieg, in der Zehntausende von Stammesangehörigen der Aulad Ali voll seßhaft geworden sind und zahlreichen neuen Erwerbszweigen nachgehen. Mersa Matruh hatte 1976 etwa 150 000 Einwohner.[564]

2. Die in steigendem Maße von der Eisenbahn übernommenen Transportleistungen machten dem Karawanen-Handel der Aulad Ali immer stärkere Konkurrenz, so daß dieser im Laufe der Zeit völlig zum Erliegen kam – übrigens eine Tendenz, die für das gesamte Niltal und viele andere arabische Länder charakteristisch ist.[565]

Eine unmittelbare Folge dieser Entwicklung, die durch den zunehmenden Einsatz von Kraftfahrzeugen nach dem 1. Weltkrieg noch verstärkt wurde, war das Absinken der Preise für Kamele, für die nun nicht mehr die Nachfrage bestand wie früher, als die Karawanen noch regelmäßig zwischen den Oasen und der Küste verkehrten. Das wiederum veranlaßte die Beduinen, den Anteil der Schafe und Ziegen im Herdenbestand zu vergrößern, wodurch ihre Beweglichkeit eingeschränkt wurde, was de facto dem ersten Schritt in Richtung Seßhaftigkeit gleichkam. Zugleich entwickelten sich die ersten Ansätze für arbeitsteilige Beziehungen innerhalb der Großfamilie zwischen seßhaften Bodenbauern, die feste Häuser bewohnten, und nomadisierenden Hirten, die weiterhin im Zelt wohnten.[566]

3. Weitgehende Einschränkungen erfuhr die Viehzucht der Aulad Ali schließlich während des 2. Weltkrieges, als ihre Weidegründe im Raum von Sidi Barrani, Mersa Matruh bis nach al-Alamein in Minenfelder verwandelt wurden. Herzog bemerkt hierzu: „Die Kampfhandlungen während des letzten Krieges haben zwar nach Quadratkilometern nur einen bescheidenen Teil im Nordosten Ägyptens heimgesucht, die Auswirkungen auf die Beduinen aber waren außerordentlich. Besonders betroffen war der Stamm der Aulad Ali . . .“[567]

Wie Felduntersuchungen der Autoren ergaben, forderten die verminten Gebiete noch Jahrzehnte später immer neue Opfer unter den Hirten und Herden der Aulad Ali. Man kann es als eine Anpassung an die bestehende Gefahrensituation betrachten, wenn die Hirten es sich in diesem Gebiet längst angewöhnt haben, stets hinter der Herde zu laufen, so daß detonierende Tretminen die Tiere zuerst treffen. Die Beräumung der minengefährdeten Regionen ist nur zum geringen Teil erfolgt, da dies nur mit hohem technischem und finanziellem Aufwand zu realisieren ist.[568]

[563] Falls, 1911, S. 191ff.
[564] „Mersa Matruh“, 1976, S. 13.
[565] Herzog, 1963, S. 96; Stein, 1967, S. 104ff.
[566] Vgl. Rusch/Stein, 1977 (b), S. 507.
[567] Herzog, 1963, S. 97.
[568] Vgl. Stein, 1969, S. 304; Stein/Rusch, 1978, S. 116.

In diesem Zusammenhang sei noch erwähnt, daß sich gegen Ende des 19. Jh. – eine genaue Jahreszahl ist nicht zu ermitteln[569] – mehrere Familien der Schahibat, so benannt nach ihrem „Stammvater" Schihab al-Din, die zu den Murabitin-Stämmen der Aulad Ali gehören[570], in Siwa ansiedelten, und zwar in der etwa 30 Kilometer westlich des Zentrums der Oase gelegenen Landschaft von Maragi, einem Gebiet, das gute Voraussetzungen zur landwirtschaftlichen Nutzung bietet und im Mittelalter dicht besiedelt gewesen sein muß, wie zahlreiche noch vorhandene Ruinenstätten bezeugen.[571]

Die ersten Nachrichten über die Ansiedlung von Schahibat in der Oase verdanken wir Belgrave, der hervorhebt, daß sie in Zelten leben, Schafe und Rinder züchten und keine Zwischenheiraten mit den Siwanern eingehen, „as they consider that they are very superior to the natives".[572] Ähnliches berichtet der ägyptische Regierungsbeamte Yussuf Azadian: „Ces Arabes possèdent de grands troupeaux de moutons et s'occupent de plantations de mais et d'orge." Der gleiche Gewährsmann gibt ihre Anzahl mit etwa 50 Familien an, und hebt die Tatsache hervor, daß sie bei den Siwanern nicht gut angesehen seien und deshalb unter sich heiraten.[573]

## *3. Die erste Phase der Integration Siwas in den ägyptischen Staat (1820–1898)*

### 3.1. Die Entwicklung des Verhältnisses zwischen Siwa und der Zentralmacht

Die politischen Verhältnisse im Niltal zu Beginn des vorigen Jahrhunderts hatten auch einschneidende Veränderungen im Leben der Oasenbewohner zur Folge. Vor allem dadurch, daß sie ihre jahrhundertelange Unabhängigkeit einbüßten. Nachdem Mohammed Ali das Niltal seiner Herrschaft unterworfen hatte, schickte er sich an, diese u. a. auch über die Westliche Wüste auszudehnen. Zu diesem Zweck entsandte er im Herbst des Jahres 1819 ein Expeditionscorps unter Führung von Hassan Bey Shamashirgi, dem Gouverneur der Bihirah-Provinz[574], nach Siwa.

Das Corps bestand nach Steindorff aus „200 ägyptischen Reitern, drei Feldkanonen, 500 Beduinen und 700 Wasserkamelen", nach Belgrave aus „1300 men, with some cannon" und nach Fakhry aus „400 Bachi-bouzoucks (irregular troops), 200 Bedouin of the tribe of Awlad ʿAli and hundred Bedouin of the tribe of al-Jimayʿat". Nach anderen Quellen soll es sogar eine Stärke von 1500 bis 2000 Mann gehabt haben.[575]

[569] Möglicherweise um 1870, denn Belgrave schreibt 1923, S. 185, „... about sixty Arabs who settled here some fifty years ago"

[570] „Shehebat-Beduinen" werden in der Literatur auch als „true nomads", d. h. als Kamelzüchter in der Cyrenaika beschrieben. Vgl. Toni, 1964. S. 122.

[571] Vgl. Fakhry, 1973, S. 127f.

[572] Belgrave, 1923, S. 185. Unerklärlicherweise erwähnt Steindorff die Schahibat überhaupt nicht, obwohl er die Landschaft Maragi beschreibt. (1904, S. 100).

[573] Azadian, 1927, S. 113.

[574] Offenbar wurde die Westliche Wüste damals administrativ zum Zuständigkeitsbereich dieses Provinzgouverneurs gerechnet, denn 1893 wurde der Inhaber dieses Postens mit ähnlicher Mission betraut. Vgl. Fakhry, 1973, S. 111.

[575] Belgrave, 1923, S. 102; Fakhry, 1973, S. 105; Steindorff, 1904, S. 81; vgl. auch: Hohler Report, 1900, S. 23.

Die exakte Zahl wird heute wohl kaum noch zu ermitteln sein; sie ist in diesem Zusammenhang auch nicht von Belang. Bemerkenswert aber ist die Tatsache, daß die Autoren übereinstimmend die Mitwirkung von Aulad Ali Beduinen an diesem Feldzug erwähnen.[576] Dieser wurde außerdem begleitet von den Europäern Drovetti, dem damaligen französischen Generalkonsul in Ägypten, dem Ingenieur Linant de Bellefonds, dem Arzt Ricci und dem Zeichner Frediani, allesamt leidenschaftliche Liebhaber antiker Kunstgegenstände.[577]

Die Siwaner, die sich beim Herannahen der fremden Streitmacht in ihrer Wohnburg verschanzt hatten, leisteten den Angriffen zunächst tapferen Widerstand. Nach dreistündigem Kampf und dem Verlust von 32 Kämpfern mußten sie schließlich dennoch vor der Übermacht des Gegners kapitulieren und den ungleichen Kampf aufgeben. In den folgenden Verhandlungen wurden sie gezwungen, sich der Herrschaft Kairos zu unterwerfen. Unter Androhung, die Wohnburg durch Kanonenbeschuß völlig in Schutt und Asche zu legen, mußten sie schließlich den Fremden auch noch den zunächst verweigerten Zutritt zur Siedlung gestatten und tatenlos zusehen, wie die Eindringlinge ihr Hab und Gut plünderten.[578]

Shamashirgi auferlegte den Unterworfenen einen jährlichen Tribut von 2000 Kamelladungen Datteln[579], nach Hohler von 1000 Dollar[580], und erhob außerdem eine einmalige Bußzahlung, deren Höhe nach Fakhry „12,000 riyals (dollars)“, nach Steindorff „68000 Taler“ betragen haben soll.[581] Er setzte den Siwaner Ali Bali, von dem an anderer Stelle noch ausführlicher zu sprechen sein wird, als ʿOmda über die Oase ein und unterstellte ihm 40 seiner Soldaten. Mit den übrigen trat er nach einiger Zeit wieder den Rückzug ins Niltal an.[582]

Damit war Siwa de jure dem ägyptischen Staat unterworfen worden. In Wirklichkeit jedoch, und das sollen die folgenden Ausführungen beweisen, dauerte es noch Jahrzehnte, ehe die Zentralregierung eine tatsächliche Herrschaft über die Oase auszuüben vermochte. Diesem Fakt wurde in den bisherigen historischen Darstellungen ebensowenig die ihm gebührende Aufmerksamkeit geschenkt wie der Untersuchung des historischen Gesamtprozesses.

Zwar anerkannten alle Autoren, daß die siwanische Geschichte im vorigen Jahrhundert geprägt wurde von häufigen Auseinandersetzungen zumeist gewaltsamen Charakters sowohl innerhalb der Oasengemeinschaft wie auch mit der Zentralregierung. Aber sie begnügten sich überwiegend mit der kommentarlosen Aufzählung dieser Ereignisse, wobei sie – ausgesprochen oder unausgesprochen – davon ausgingen,

[576] Nicht zu klären ist, ob sich auch traditionelle Handelspartner der Siwaner an diesen und folgenden Feldzügen gegen die Oase beteiligten. Minutoli, 1824, S. 175., berichtet, daß an der Unterwerfung vor allem Angehörige der nahe dem Nildelta lebenden Dschimmeat teilgenommen haben sollen.

[577] Vgl. Fakhry, 1973, S. 105; Steindorff, 1904, S. 81.

[578] Belgrave, 1923, S. 102; Fakhry, 1973, S. 105; Hohler Report, 1900, S. 23; Steindorff, 1904, S. 81f.

[579] Belgrave, 1923, S. 103; Fakhry, 1973, S. 105; Steindorff, 1904, S. 82.

[580] Hohler Report, 1900, S. 23.

[581] Fakhry, 1973, S. 105; Steindorff, 1904, S. 82. Nach Steindorff ergab sich die Höhe dieser „Kriegssteuer“ aus der von den Soldaten Shamashirgis ermittelten Zahl von 68000 fruchtbringenden Dattelpalmen in der Oase.

[582] Belgrave, 1923, S. 103; Fakhry, 1973, S. 105.

daß Siwa seit 1820 integraler Bestandteil des ägyptischen Staates mit allen sich daraus ergebenden Konsequenzen, vor allem den Rechten gegenüber der Oasenbevölkerung, gewesen sei.

In den wenigen Fällen, wo einzelne Autoren doch einmal die Frage nach den Ursachen dieser häufigen Unruhen stellten, erklärten sie diese pauschal und ausschließlich aus dem traditionellen Zwist zwischen den beiden Fraktionen bzw. aus der Ablehnung der Tributforderungen Kairos, oder, wie STEINDORFF es formulierte, aus dem „allen Sterblichen eigentümliche(n) Widerwille(n) gegen hohe Steuern".[583] Zweifellos spielten diese beiden Faktoren dabei eine gewichtige Rolle. Insbesondere der letztere stand immer wieder im Mittelpunkt der Auseinandersetzungen mit der Zentralregierung. Aber sie waren unseres Erachtens nach keinesfalls die einzigen Ursachen für diese Erscheinungen.

Ohne den Ergebnissen der nachfolgenden Untersuchung vorgreifen zu wollen, kann bereits hier festgestellt werden, daß die gesellschaftliche Entwicklung der Oase im 19. Jh. in erster Linie geprägt wurde vom Widerstand der Oasenbewohner gegen ihre Unterwerfung sowie von der sich unter den veränderten Bedingungen gleichzeitig vollziehenden Zuspitzung der Machtkämpfe innerhalb der einheimischen Oberschicht. Betrachten wir zunächst die Entwicklung des Verhältnisses der Siwaner zur ägyptischen Staatsmacht, soweit das auf Grund des lückenhaften und z. T. sich widersprechenden Quellenmaterials möglich ist.

Ihre gewaltsame Unterwerfung brachte für die Oasenbewohner anfangs kaum Veränderungen in ihrem Leben mit sich. Die bestehenden sozialökonomischen Verhältnisse blieben ebenso unangetastet wie die traditionelle Selbstverwaltung. Einzige Ausnahme hiervon bildete die Tatsache, daß dem Rat nun ein von der Zentralregierung eingesetztes und ihr verantwortliches Ratsmitglied offiziell vorstand, der ʿOmda oder Bürgermeister. Jedoch erwies sich seine Macht, wie die nachfolgenden Ereignisse zeigen sollten, trotz der ihm unterstellten kleinen Polizeitruppe als nicht sehr effektiv.

Dennoch hegten die Oasenbewohner von Anfang an eine große Abneigung gegenüber Kairo. Zum einen, weil sie erbittert waren über ihre Niederlage und die dabei erlittenen beträchtlichen Verluste. Zum anderen, und das wog weit schwerer, wegen der ihnen auferlegten Tribute. Bereits wenige Jahre nach ihrer Unterwerfung weigerten sie sich erstmals, diesen Forderungen weiterhin nachzukommen. Und da es in der Oase keine Macht gab, die sie dazu hätte zwingen können, sah sich Shamashirgi 1827[584], nach anderen Quellen 1829[585], erneut zu einem Feldzug nach Siwa veranlaßt, um ihnen persönlich Nachdruck zu verleihen.

Angesichts seiner 600 bis 800 Mann starken Truppe sollen die Oasenbewohner – dem HOHLER Report zufolge – bereit gewesen sein, freiwillig ihre angelaufenen „Schulden" zu begleichen. Als Shamashirgi jedoch auch noch die Auslieferung bestimmter Scheichs forderte, kam es zum Kampf, in dem die überlegene Truppe die Oberhand behielt, die Wohnburg besetzte und plünderte. Shamashirgi bestrafte die Unterlegenen mit der Exekution von 18 Scheichs und der Deportation von 20 weiteren und ließ ihren beweglichen Besitz – BELGRAVE nennt „money, slaves, dates

[583] STEINDORFF, 1904, S. 82.

[584] BELGRAVE, 1923, S. 103; HOHLER Report, 1900, S. 23.

[585] FAKHRY, 1973, S. 106; STEINDORFF, 1904, S. 82.

and silver ornaments" – zu seinen Gunsten konfiszieren. Außerdem erhöhte er die Tributforderungen auf 6000 Dollar.[586]

Schließlich setzte er Farağ Kashif, einen türkischen Offizier aus seinem Gefolge, als ersten Ma'mur (Polizeichef) über die Oase ein und übertrug ihm statt des 'Omda die Befehlsgewalt über die bereits 1820 in Siwa stationierte Polizeitruppe. Kashif ließ seine Residenz auf dem südlich der Wohnburg gelegenen freistehenden Kalksteinplateau errichten.[587] Damit war erstmals ein Repräsentant der Zentralregierung direkt für die Oase verantwortlich gemacht worden.

Aber auch diese Maßnahme zeitigte nicht den gewünschten Erfolg. Denn Farağ Kashif zeigte sich, ebenso wie seine Nachfolger außerstande, den ihm auferlegten Pflichten – in erster Linie die pünktliche Eintreibung der Tribute sowie die Aufrechterhaltung von Ruhe und Ordnung – gerecht zu werden. U. a. deshalb, weil er sich offenbar nur zeitweilig in Siwa aufhielt und das ihm unterstellte Polizeikontingent zu klein war, um etwas gegen die Oasenbewohner ausrichten zu können.[588]

Die Siwaner jedenfalls weigerten sich trotz Ma'mur und Polizei und ungeachtet ihrer neuerlichen harten Bestrafung auch in der Folgezeit wiederholt, die ihnen aufgezwungenen Tribute abzuführen, so daß die Zentralregierung schließlich nur durch Gewalt in ihren Besitz gelangen konnte. So erschien 1835 ein neuernannter Ma'mur mit 40 Soldaten, um die ausstehenden Tribute gewaltsam einzutreiben. Er ließ zugleich die Zahl der Palmen neu ermitteln und erhöhte auf dieser Basis die jährlichen Forderungen auf Ł.E. 2400.– (1 Ł.E. = 100 Piaster). Aus Protest dagegen stellten die Siwaner in den folgenden vier Jahren ihre Zahlungen ganz ein, zumal während dieser Zeit kein Ma'mur der Regierung für die Oase zuständig war.[589]

Daraufhin wurde 1840 Khalil Bey an der Spitze einer Strafexpedition, die auch einige Kanonen mit sich führte, nach Siwa geschickt.[590] Er beschlagnahmte den Großteil der Dattelernte als Kompensation für die ausstehenden Tribute und ließ eine erneute Zählung der Palmen vornehmen, in deren Ergebnis er die künftigen Forderungen Kairos an die Siwaner auf jährlich Ł.E. 2,000.– reduzierte.[591]

Mit Ausnahme der Widdy, deren Früchte lediglich der tierischen Ernährung dienten, wurden für jeden Baum 2 $1/2$ Piaster erhoben. D. h., die Besteuerung der Oase trug den Charakter einer Besitz-, nicht einer Kopfsteuer. Jedes Familienoberhaupt mußte die seiner Anzahl von Palmen entsprechende Steuersumme an den Scheich seiner Gens abführen, und dieser übergab die Gesamtsumme seiner Gemeinschaft an den mit der Tributeintreibung beauftragten Vertreter der Zentralregierung.[592]

Bevor Khalil Bey die Oase wieder verließ, ernannte er einen seiner Offiziere, Youness Effendi, zum neuen Ma'mur und unterstellte ihm 50 Soldaten.[593] Aber auch dieser Polizeichef wurde kurze Zeit darauf wieder seines Postens enthoben mit dem

586 Belgrave, 1923, S. 103; Fakhry, 1973, S. 106; Hohler Report, 1900, S. 23f.; Steindorff, 1904, S. 82.

587 Belgrave, 1923, S. 103; Fakhry, 1973, S. 106.

588 Belgrave, 1923, S. 103; Fakhry, 1973, S. 106; Hohler Report, 1900, S. 24ff.; Steindorff, 1904, S. 82.

589 Hohler Report, 1900, S. 24; vgl. auch: Steindorff, 1904, S. 82.

590 Fakhry, 1973, S. 106; Hohler Report, 1900, S. 24.

591 Hohler Report, 1900, S. 24, 35.

592 Ebenda, S. 35f.

593 Ebenda, S. 24.

Ergebnis, daß die Siwaner abermals die Tributzahlungen einstellten und erst durch das Erscheinen einer weiteren Strafexpedition 1844 wieder dazu gezwungen werden konnten.[594]

Danach blieb die Oasenbevölkerung wieder für mehr als ein Jahrzehnt sich selbst überlassen. ST. JOHN, der Siwa 1847 besuchte, beschrieb diese Situation mit den Worten: „Though tributary to Egypt, Siwah is still in many respects a republic, governed by its own laws and customs."[595]

Um die zunehmenden gewaltsamen Auseinandersetzungen zwischen den beiden Fraktionen innerhalb der siwanischen Gesellschaft unter Kontrolle zu bringen und eine kontinuierlichere Entrichtung der Tribute zu garantieren, wurden 1857 erneut ein Maʿmur und 40 Soldaten für ständig in der Oase stationiert.[596] Aber auch diese Maßnahme zeitigte offenbar nicht den erwarteten Erfolg. Denn auch in der Folgezeit konnte die Zentralregierung ihre Tributforderungen meist nur durch den Einsatz von militärischer Gewalt realisieren[597], ehe sie den Widerstand der Siwaner Mitte der neunziger Jahre des vorigen Jahrhunderts schließlich doch zu brechen und eine effektive Machtausübung in der Oase zu sichern vermochte.

Obwohl die Quellen zweifellos nur die spektakulärsten Ereignisse im Verhältnis der Siwaner zum ägyptischen Staat im Verlauf des 19. Jh. erwähnen, beweisen sie dennoch eindeutig, daß die Oasenbewohner sich in dieser Periode permanent gegen ihre Unterwerfung und Ausbeutung auflehnten und damit offenbar auch zeitweilig Erfolg hatten. Aber alle ihre aktiven und passiven Widerstandsaktionen waren angesichts der militärischen Überlegenheit Ägyptens letztlich doch immer zum Scheitern verurteilt. Jede dieser Aktionen endete mit einer Niederlage für den kleine Oasengemeinschaft und bedeutete für sie, daß sie nicht nur die verweigerten Tribute zu entrichten hatte, sondern darüber hinaus stets noch Bußzahlungen und Plünderungen in Kauf nehmen mußte. Hinzu kamen z. T. beträchtliche Verluste an Menschenleben.

Wenn die Siwaner trotz dieser bitteren Erfahrungen ihre Bemühungen um die Wiedererlangung der völligen Unabhängigkeit bis zur Jahrhundertwende dennoch nicht aufgaben, zeugt das von einem tiefen Haß, der sich bei ihnen gegenüber der ägyptischen Zentralregierung entwickelt hatte. In erster Linie dürfte er eine Reaktion auf die einseitige ökonomische Ausbeutung gewesen sein. Denn wie den Quellen unschwer zu entnehmen ist, reduzierte sich das Hauptanliegen der Zentralregierung gegenüber Siwa in dieser Zeit auf die Eintreibung der Tribute. Fast alle ihre Aktionen gegenüber der Oase galten ausschließlich oder doch vorrangig der Erreichung dieses Zieles.

Anzeichen darüber hinausgehender Interessen gibt es nicht. Weder wurden Entwicklungsprojekte irgendwelcher Art eingeleitet, noch wurde die Oase in das administrative System des Staates integriert. Denn die Ernennung von Maʿmurs galt weniger der aktuellen Verwaltung der Oase – sie beließ man bis zum Ende des vergangenen Jahrhunderts in den Händen des Scheichrates –, sondern ebenfalls der Sicherung der ökonomischen Interessen des Staates. Siwa war somit im 19. Jh. noch nicht eigentlich

---

594 FAKHRY, 1973, S. 106; STEINDORFF, 1904, S. 82.

595 ST. JOHN, 1849, S. 157; vgl. auch: HOHLER Report, 1900, S. 24.

596 FAKHRY, 1973, S. 110; HOHLER Report, 1900, S. 24.

597 Ebenda.

Teil des ägyptischen Staates, sondern nur dessen gewaltsam unterworfenes tributpflichtiges Gebiet.

Eine weitere Ursache für die ablehnende Haltung der Siwaner gegenüber der ägyptischen Zentralgewalt waren deren Straf- und Vergeltungsaktionen, vor allem die zahlreichen Exekutionen und Verbannungen von Scheichs und Familienoberhäuptern, mit denen sie den Widerstand der Siwaner zu brechen versuchte. Und schließlich resultierte diese Haltung aus dem individuellen Verhalten der offiziellen Repräsentanten des ägyptischen Staates, der Ma'murs, der Oasenbevölkerung gegenüber.

Zweifellos war es für jeden Ma'mur von vornherein schwer, seine unpopuläre Mission in Siwa zu erfüllen; zumal unter den Bedingungen der zunehmenden Konfrontation zwischen den beiden siwanischen Fraktionen. Darüber hinaus aber ergaben sich viele Konflikte zwischen einzelnen Polizeichefs und der einheimischen Bevölkerung zusätzlich aus der Tatsache, daß in den meisten Fällen offenbar nicht gerade die fähigsten Beamten auf diesen Posten entsandt wurden, was auch ihren häufigen Wechsel im Verlauf des vorigen Jahrhunderts erklärt.

Der Hohler Report schätzte diese Situation mit den Worten ein, daß „appointment to the Maamourieh of Siwa was regarded both by the Government and its employés as a form of banishment". In ähnlichem Sinne äußerte sich auch Fakhry. „The post of the Mamur of Siwa", schreibt er, „was very unpopular; every officer so assigned considered it as a sort of exile, and did all in his power to shorten his stay; one cannot expect much from such officials."[598]

Nicht nur, daß sie sich ihrer eigentlichen Aufgabe, der Einziehung der Tribute, mit drastischen Gewaltmaßnahmen zu entledigen versuchten, sie sorgten auch durch ihr persönliches Auftreten noch für zusätzlichen Zündstoff. Belgrave, dem man nach der Lektüre seines Buches gewiß keine Hochachtung vor den Siwanern nachsagen kann, nennt einige Beispiele diskriminierender Handlungen dieser Beamten gegenüber den Siwanern: Ein Ma'mur heiratete ein Mädchen der östlichen Fraktion und begann die Westlichen derart auszubeuten, daß diese seine Abberufung in Kairo erzwingen konnten. Ein anderer bestand auf dem Abriß des Grabmals Sidi Suleimans, des bedeutendsten Heiligtums der Bewohner, um an dieser Stelle sein Wohnhaus zu errichten. Bevor er jedoch seinen Plan verwirklichen konnte, starb er auf ungeklärte Weise.

Freilich ist nicht auszuschließen, ja sogar anzunehmen, daß Belgrave, der erste britische Kolonialbeamte in der Oase, diese und andere Verfehlungen einzelner Ma'murs in der vordergründigen Absicht veröffentlichte, seine „Amtsvorgänger" zu diskreditieren, um damit sein eigenes Wirken aufzuwerten. Trotzdem sind seine Aussagen in dieser Hinsicht kaum anzuzweifeln, da auch andere Autoren Ähnliches berichten. So konnte der 1852 eingesetzte Ma'mur sein Leben nur durch die Flucht retten, nachdem er unter Ausnutzung seiner persönlichen Beziehungen zur Oberschicht der Siwaner diese schmählich verraten hatte.[599]

Und Rohlfs, der aus seiner geringschätzigen Haltung den Siwanern gegenüber kein Hehl machte, vermerkte anerkennend über den 1874 amtierenden Ma'mur: „Der Befehlshaber von Siuah war ein eigenthümlicher Mensch und jedenfalls wie gemacht, um solchen Leuten, wie die Siuahner sind, zu imponieren. . . Freilich war er noch ein

[598] Fakhry, 1973, S. 106; Hohler Report, 1900, S. 24.
[599] Belgrave, 1923, S. 110.

Beamter aus der alten Schule. Eine Aeusserung drückte seine ganze Denkungsweise aus: ‚ein braver Mann: er lässt sich prügeln.‘ Er hielt nämlich die Unterthanen für gut, welche sich prügeln liessen, und gleich im Portale des Gasar (Residenz des Maʿmur – die Verf.) sah man auch verschiedene Instrumente, welche bei solchen Executionen gebraucht zu werden pflegten.“[600]

Wie sehr das persönliche Auftreten der Maʿmurs ihr Verhältnis zu den Oasenbewohnern bestimmte, macht ein gegensätzliches, ebenfalls von BELGRAVE erwähntes Beispiel deutlich. „Another mamur“, so schreibt er, „imitated the Siwans in every way – eating, dressing and speaking as one. He kept his position for fourteen years, becoming very popular on account of the interest he took in the well-being of the people. But few of the mamurs were liked.“[601]

Leider geht aus den Angaben BELGRAVES nicht hervor, um welchen Maʿmur es sich handelte und wann er in Siwa eingesetzt war. Ungeachtet dessen aber bezeugt dieses Beispiel, daß das individuelle Verhalten der ägyptischen Beamten gegenüber der Oasenbevölkerung deren Gesamthaltung zur Zentralregierung nicht unwesentlich zu beeinflussen vermochte. Ihre Respektierung wirkte sich positiv auf die Einstellung der Bevölkerung aus, während hingegen die von den meisten Maʿmurs an den Tag gelegten Verhaltensweisen, wie z. B. ihre Bestechlichkeit, ihr arrogantes, anmaßendes Auftreten, etc., das Verhältnis stark belasteten.

Der Haß, den die Siwaner auf Grund der vorstehend genannten Ursachen im Verlauf des vorigen Jahrhunderts gegenüber dem ägyptischen Staat und damit auch gegenüber der Bevölkerung im Niltal allgemein entwickelten, und der z. T. noch bis in die Gegenwart hinein spürbar ist, einte ihre Reihen. Ihr Kampf um die Wiedererlangung ihrer völligen Unabhängigkeit mußte zwangsläufig ihr ethnisches Selbstbewußtsein stärken.

In diesem Zusammenhang soll nicht unerwähnt bleiben, daß die Oasenbewohner in dieser Periode auch Europäern gegenüber zumeist eine ablehnende oder sogar feindliche Haltung bezogen. Während es DROVETTI im Gefolge Shamashirgis und auch der Expedition von MINUTOLI Mitte 1820 – offenbar unter dem Eindruck der gerade erst erfolgten Unterwerfung – noch gelang, ihre Forschungen in Siwa unbehelligt durchzuführen, wurde dieses späteren Reisenden nicht bzw. nur mit großen Einschränkungen erlaubt.[602] So mußten beispielsweise EHRENBERG und seine Begleiter schon Ende 1820 ebenso unverrichteter Dinge wieder abziehen, wie später auch die beiden Engländer Blundell und Ward.[603]

Zweifellos entsprang diese „Europäerfeindlichkeit“ – die auch noch einige andere, hier nicht genannte Reisende in dieser oder jener Form erlebten – in erster Linie religiösen Vorbehalten, was bei Strenggläubigen auch heute noch hin und wieder festzustellen ist. Sie allerdings allein darauf reduzieren zu wollen, wie es die Autoren durchweg taten, entsprach sicherlich nicht den Realitäten. Denn neben diesen religiösen Vorbehalten werden noch andere Ursachen diese Haltung bestimmt haben.

So vor allem wohl der Umstand, daß die Siwaner in jedem Europäer eine potentielle Gefahr für ihre Unabhängigkeitsbestrebungen gesehen haben dürften. Denn gleich, welche Motive sie auch immer in die Oase führten, stets kamen sie in Beglei-

[600] ROHLFS, 1875, S. 179.
[601] BELGRAVE, 1923, S. 110.
[602] Vgl. FAKHRY, 1973, S. 106ff.
[603] Ebenda, S. 110f.; STEINDORFF, 1904, S. 96.

tung ägyptischer Truppen, wie z. B. DROVETTI und CAILLIAUD, oder im Auftrag des ägyptischen Herrschers, wie z. B. ROHLFS[604], zumindest aber mit dessen Befürwortung, so daß sie den Einheimischen zwangsläufig von vornherein als Verbündete ihrer Feinde erscheinen mußten und eine dementsprechende ablehnende bis feindliche Behandlung erfuhren.

Und schließlich wird auch die noch heute anzutreffende Furcht, Fremde könnten die in einigen Felsengräbern noch verborgen geglaubten Schätze entdecken und aus der Oase entführen[605], die Haltung der Siwaner gegenüber den Europäern beeinflußt haben. Diese Erfahrung mußte vor allem der Franzose Butin machen. Angelockt von den Erzählungen und Gerüchten über verborgene Schätze in Siwa erschien er mit einem kleinen Boot, mit dem er einen im Salzsee von Maragi gelegenen Felsen zu erreichen gedachte. Die Einheimischen jedoch vereitelten sein Vorhaben gründlich. „They seized his boat and pillaged everything he had with him; after many difficulties, he was lucky to escape with his live.“[606]

Als Reaktion auf den in den meisten Fällen sehr unfreundlichen Empfang für Europäer und offizielle Vertreter der ägyptischen Regierung in Siwa wuchs die ohnehin vorhandene Voreingenommenheit gegenüber der Oasenbevölkerung, so daß sie sich in ihren Berichten z. T. sehr negativ und abfällig über die Oasenbewohner äußerten. So vermerkt beispielsweise ROHLFS in einem Brief vom 27. 5. 1869 an die Redaktion von „Petermanns Mitteilungen“, den er in Alexandria nach seiner Rückkehr aus der Westlichen Wüste schrieb: „Endlich wieder einmal unter Menschen, denn Berber und Araber kann man kaum so nennen.“[607] Ähnlich äußerten sich auch einige andere.

Durch diese abwertenden Urteile aber wurden die Siwaner in den Augen der Außenwelt und insbesondere der herrschenden Klasse im Niltal diskreditiert, ein Fakt, der bis zum heutigen Tag noch nicht überwunden ist – denkt man z. B. an die noch allgemein zu beobachtende arrogante Haltung der ägyptischen Experten und Beamten den Siwanern gegenüber – und der das Verhältnis der Oasenbewohner zur Bevölkerung des Niltals noch spürbar belastet.

### 3.2. Machtkämpfe innerhalb der siwanischen Oberschicht

Der Widerstandskampf gegen die ägyptische Zentralregierung war nur eine, wenn auch wohl die Hauptursache der häufigen Unruhen, die die Oase im vergangenen Jahrhundert erschütterten. Eine weitere resultierte aus der Zuspitzung der Machtkämpfe innerhalb der herrschenden Oberschicht, die die traditionellen Gegensätze und Auseinandersetzungen zwischen der östlichen und westlichen Fraktion in einem vordem nicht gekannten Ausmaß verstärkte.

Auslösendes Moment war unserer Meinung nach die Politik des ägyptischen Staates gegenüber der Oase. Zumindest anfänglich war sie offenbar darauf gerichtet, ihre Ziele in Siwa mit Hilfe von Vertretern der einheimischen Oberschicht durchzusetzen. Wie die Quellen übereinstimmend aussagen, fanden sich trotz der allgemeinen Ab-

[604] Vgl. ROHLFS, 1875, S. 178.
[605] FB STEIN/RUSCH, 1976, S. 113.
[606] FAKHRY, 1973, S. 102.
[607] ROHLFS, 1896, S. 228.

lehnung dieser Politik auch immer wieder einzelne Oberhäupter dazu bereit. In erster Linie wohl deshalb, weil sie sich davon die Verwirklichung ihrer eigenen Vorherrschaftspläne erhofften.

Zunächst waren es ausschließlich Scheichs der schwächeren westlichen Fraktion, die zu solchen Methoden griffen, da sie auf herkömmliche Weise, d. h. über den Rat, derartige Führungsambitionen gegenüber der zumindest seit dem Ende des 17. Jh. dominierenden östlichen Fraktion nicht hätten durchsetzen können. Vom ersten von „Kairos Gnaden" eingesetzten 'Omda, Ali Bali, dem damaligen Führer der westlichen Fraktion, wird berichtet, daß er sich vor der Unterwerfung seiner Heimatoase im Niltal aufhielt, um den Pascha zum Eingreifen in Siwa zu bewegen und ihn der Loyalität seiner Fraktion zu versichern. Als Grund soll er angegeben haben, daß die östliche Fraktion die seine seit den Auseinandersetzungen von 1712 unterdrücke und damit für die seitdem angeblich herrschende Anarchie verantwortlich sei.[608]

Sicherlich wird er die Entscheidung Mohammed Alis zur Ausdehnung seiner Machtsphäre über die Westliche Wüste kaum nennenswert beeinflußt haben. Immerhin aber erreichte er mit dieser verräterischen Haltung sein individuelles Ziel. Er kehrte mit den Truppen Shamashirgis nach Siwa zurück und wurde von dem Feldherrn zur Belohnung als ʿOmda über die gesamte Oase eingesetzt.[609]

Damit wurde die Führungsrolle eines der Scheichs über den Rat, die faktisch schon seit langem bestand, aufgewertet und erstmals administrativ anerkannt und festgeschrieben. Allerdings nur von seiten der Zentralregierung. Denn da im Gegensatz zu vorher nunmehr die Oppositionspartei, nämlich die Scheichs der östlichen Fraktion, im Rat wesentlich stärker war als die des 'Omda, konnte letzterer in diesem Gremium kaum die ihm zugedachte und von ihm erhoffte Rolle spielen.

Deshalb begann er, „to abuse his authority and turned out to be a great despot; all the Siwans hated him, including his close relatives"[610]. Daß diese Einschätzung Fakhrys den Realitäten entsprochen haben muß und Ali Bali – gestützt auf die ihm unterstellten Polizisten – zumindest versuchte, auch gegen den Willen des Rates und seiner Landsleute die Interessen der Zentralregierung in Siwa durchzusetzen, beweist die Tatsache, daß Shamashirgi ihn auch nach seiner zweiten Strafexpedition erneut wieder in seinem Amt bestätigte. Neun Jahre später setzte sein Cousin al-Mubarak Ali Balis Leben ein gewaltsames Ende.[611]

Bis 1853 blieb der Posten des 'Omda unbesetzt, da die Zentralregierung es angesichts der Machtverhältnisse in Siwa sowie ihrer zu dieser Zeit eigenen schwachen Position in dieser Region offenbar nicht wagte, den Sohn Ali Balis, Yusuf Bali, als dessen Nachfolger anzuerkennen, so sehr sich dieser auch darum bemühte.[612] Mannigfaltige Intrigen sollten ihm aber schließlich dennoch dazu verhelfen. Zwei davon sind überliefert.

Als der Engländer Bayle St. John 1847 Siwa besuchte, stieß er bei allen Bewohnern auf Ablehnung. Nur Yusuf Bali hieß ihn willkommen und bot ihm seine Unterstützung an. Da die dafür erhoffte Anerkennung von seiten Kairos ausblieb, änderte er gegenüber dem nächsten europäischen Besucher seine Taktik. Beim Erscheinen Hamiltons

[608] Ebenda, S. 104.
[609] Fakhry, 1973, S. 34, 104f.
[610] Ebenda, S. 34.
[611] Ebenda, S. 34, 106.
[612] Ebenda, S. 107.

1852 war er es, der die Zaggala zu einem nächtlichen Überfall auf dessen Zelt anstiftete. Zugleich warnte er den Engländer vor dem geplanten Anschlag und bot ihm Zuflucht in seinem Hause an, wo er ihm bis zur Ankunft der angeforderten Truppen sechs Wochen vor dem Zugriff seiner aufgebrachten Landsleute Schutz gewährte.[613] Begleitet von Yusuf nach Kairo zurückgekehrt, „Hamilton met the Khedive and described the prevailing disorder and anarchy; he added that the only person who could restore order and government prestige was Yusuf Bali“[614]. Daraufhin wurde letzterer tatsächlich als 'Omda eingesetzt.

Diese Episode hatte für die Siwaner ein tragisches Nachspiel. Da die angeblich für die Behandlung HAMILTONS verantwortlichen Scheichs – vorwiegend östliche – nicht zu der befohlenen Frist in Kairo vorstellig wurden, entsandte man erneut eine Truppe nach Siwa, bestehend aus 200 regulären Soldaten und 200 Aulad Ali-Beduinen, die unter Führung ihres eigenen Scheichs namens Dughghar standen. In ihrer Begleitung befand sich auch der neuernannte ʿOmda.

Bei ihrem Erscheinen in der Oase hatten sich die Einwohner in ihrer Trutzburg bereits auf den Kampf vorbereitet. Jedoch vermochte es der als Unterhändler eingesetzte Dughghar, der den einheimischen Scheichs durch frühere Besuche bei ihnen bekannt war, durch Lügen und Verdrehungen die Siwaner über die wahren Absichten der Strafexpedition zu täuschen. Eine Abordnung von 40 Scheichs und angesehenen Männern begleitete ihn schließlich in das Lager des Gegners, um – wie ihnen versichert worden war – die strittige Angelegenheit friedlich beizulegen und ihre Loyalität gegenüber der ägyptischen Regierung zu versichern. Kaum aber hatten sie das Lager erreicht, wurden sie in Ketten gelegt und wieder zur Wohnburg geschleppt. Um ihr Leben nicht zu gefährden, mußte man daraufhin den Soldaten die Tore öffnen, die noch weitere 22 Männer in Haft nahmen.

Yusuf Bali trat sein Amt als 'Omda an, während sein Freund Dughghar den ebenfalls seit langem vakant gewesenen Posten eines Maʿmur einnahm. Ihm wurde ein Kontingent Soldaten unterstellt. Der Rest der Strafexpedition kehrte mit den 62 Gefangenen nach Kairo zurück, wo sie vor ein Gericht gestellt wurden. Scheich ʿUmar Musallim, Siwas damaliger islamischer Richter, und Muhammed Mʿuarrif, einer seiner Verwandten, wurden zum Tode verurteilt und hingerichtet; die übrigen mußten Zwangsarbeit leisten.[615]

Nach diesen Ereignissen begegneten vor allem die Angehörigen der östlichen Fraktion dem Maʿmur, besonders aber dem neuen 'Omda, den sie in erster Linie für die Vorkommnisse verantwortlich machten, mit Ablehnung und Feindschaft. Aber, wie FAKHRY vermerkt, „Yusuf did not spare a moment to avenge himself, crush his opponents and to enrich himself in every way. When voices were raised in protest, he simply arrested more people and sent them to Cairo where they were imprisoned“.[616]

Dennoch sollte Yusuf sich seines Amtes nicht lange erfreuen. 1854 starb Abbas I. Sein Nachfolger Said erließ anläßlich seiner Inthronisierung eine Amnestie für alle Gefangenen, einschließlich der Siwaner. Sie kehrten in ihre Heimat zurück und organisierten den Widerstand gegen den 'Omda. Es kam zum Kampf zwischen den Östlichen, denen sich auch einige Westliche angeschlossen haben sollen, und den An-

613 Ebenda, S. 107ff.
614 Ebenda, S. 109.
615 Ebenda.
616 Ebenda, S. 109f.

hängern Yusufs, der mit einer Niederlage letzterer und dem Tod Yusufs endete. Der Maʿmur vermochte sein Leben nur durch die Flucht zu retten. Wenige Monate danach kam es erneut zu kriegerischen Auseinandersetzungen zwischen den beiden Fraktionen, die abermals die Östlichen als Sieger sahen.[617]

Anfang der siebziger Jahre setzte die Zentralregierung je einen 'Omda für beide Fraktionen ein in der Absicht, damit den häufigen, meist gewaltsamen Auseinandersetzungen zwischen ihnen ein Ende zu bereiten. Aber auch diese Maßnahme konnte nicht den gewünschten Erfolg bringen, denn, wie der HOHLER Report konstatierte, die Macht beider 'Omda „was practically nil, and the nomination of Said Abou Derah, a Madani, as omdeh of the East was not recognized by the people. . . However, Sheikh Said enjoyed the title of omdeh of the Madani. . . till his death in 1893“[618].

Daraus läßt sich schlußfolgern, daß zumindest im Fall der östlichen Fraktion nicht deren derzeitiger Führer in die Funktion des 'Omda berufen worden war, sondern einer seiner schwächeren Rivalen. Nicht zu klären ist, ob ersterer sich eines solchen Ansinnens widersetzt hat, oder ob er von der Zentralregierung bewußt nicht berücksichtigt wurde. Wahrscheinlich das letztere, denn alle überlieferten und vorstehend genannten Beispiele bezeugen, daß in keinem Fall das jeweils mächtigste Oberhaupt im Rat gleichzeitig als 'Omda fungierte, ein Umstand, der die Rivalität und Kämpfe zwischen den Angehörigen der herrschenden Oberschicht und daraus resultierend zwischen den beiden Fraktionen immer wieder aufs neue entfachte.

Neben der Unterwerfung Siwas und der durch sie ausgelösten Zuspitzung der sozialen Auseinandersetzungen innerhalb der siwanischen Oberschicht wurde die gesellschaftliche Entwicklung der Oasenbewohner im 19. Jh. schließlich noch durch ein weiteres, bedeutendes Ereignis geprägt, nämlich das Eindringen zweier islamischer Sekten, der Medaniya und der Senussiya.

### 3.3. Das Eindringen der islamischen Sekten al-Medaniya und al-Senussiya in Siwa

In der ersten Hälfte des 19. Jh., aber erst nach der Unterwerfung Siwas unter die ägyptische Zentralmacht, gewannen in der Oase zwei islamische Sekten erheblichen Einfluß, die „Tariqa al-Madaniya“ und die „Tariqa al-Sanusiya“. Ihre Auswirkung auf das religiöse, soziale und politische Leben der Siwaner ist in der Fachliteratur mehrfach behandelt worden.[619] Beide Sekten spielen seitdem im religiösen Leben der Oasenbewohner bis zur Gegenwart eine Rolle, wenn heute auch in bereits abgeschwächter Form.[620]

Als erste faßte die Medaniya-Sekte in Siwa Fuß, und zwar bei den Liffaya, den östlichen Siwanern. Sie ist „ein Abkömmling einer alten, schon im dreizehnten Jahrhundert unserer Zeitrechnung gestifteten Sekte, der Schadhelija, die mit ihren mystischen Lehren namentlich im nördlichen Afrika weite Verbreitung gefunden hatte und aus der im Laufe der Zeit wiederum viele neue Bruderschaften hervorge-

[617] Ebenda, S. 110.

[618] HOHLER Report, 1900, S. 24; vgl. auch: FAKHRY, 1973, S. 110.

[619] Vgl. u. a. BELGRAVE, 1923, S. 150ff.; FAKHRY, 1973, S. 110ff.; HASSANEIN, 1926, S. 47ff.; STEINDORFF, 1904, S. 90ff.

[620] STEIN/RUSCH, 1978, S. 89ff.

gangen waren"[621]. Neubelebt wurde diese sufische Sekte um 1825 durch Scheikh Zaffar al-Madani, der in Konstantinopel am Hofe des türkischen Sultans wirkte und seine Lehre geschickt der panislamischen Bewegung seiner Zeit anpaßte.[622]

Wenige Jahre nach der Medaniya begann auch die Senussiya-Sekte in der Oase an Einfluß zu gewinnen, vorwiegend innerhalb der westlichen Fraktion, jedoch schlossen sich ihr auch eine Minderheit der „Östlichen" sowie die Bewohner der Oase Gara an[623]. Der Begründer der Senussiya-Bewegung war der 1791 in Algerien geborene Sidi Mohammed Ali al-Sanusi[624]. Nach mehrjährigem Aufenthalt in Mekka, wo er seine stark vom Wahhabitentum geprägte Lehre entwickelte, kehrte er Anfang der vierziger Jahre des vorigen Jahrhunderts mit einem großen Gefolge nach Nordafrika zurück. Seine erste Station war Siwa, wo er nicht nur viele Anhänger für seine Lehre gewinnen konnte, sondern auch seine erste „Zawiya" auf afrikanischem Boden gründete, der später noch viele folgen sollten. Nach einem achtmonatigen Aufenthalt setzte er 1844 seinen Weg in die Cyrenaika fort und ließ unweit von Benghazi eine weitere Zawiya anlegen, die für die folgenden Jahre sein Hauptquartier wurde.[625]

Bei der Zawiya, die von Steindorff auch als Klostermoschee bezeichnet wird[626], handelt es sich um ein Bauwerk, das verschiedene Funktionen erfüllt: es enthält einen Gebetsraum (Moschee), einen Unterrichtsraum für die Koranschüler, ferner eine Herberge für durchreisende Ordensmitglieder und die Wohnburg für den Anführer, d. h. für den Ordensgründer selbst bzw. seinen örtlichen Stellvertreter (Wakil)[627]. „An die Zawiya stösst meist ein Friedhof mit den Gräbern derjenigen Leute, die zu ihren Lebzeiten den Wunsch äusserten, dort beigesetzt zu werden."[628]

Zwölf Jahre leitete Mohammed Ali al-Sanusi von Benghazi aus die Geschicke der von ihm ins Leben gerufenen religiösen Bewegung. Dann jedoch zog er es vor, sein Hauptquartier weiter ins Landesinnere zu verlegen, da er einen Zugriff der ihm feindlich gesinnten türkischen Behörden befürchtete, zu denen er in Opposition stand.[629] Seine Wahl fiel dabei auf die unbewohnte, etwa 130 km nordwestlich von Siwa gelegene kleine Oase Djaghbub. „Man findet dort nur wenig Dattelbäume; das Wasser ist brackig, und der Boden läßt sich schwer bearbeiten. Aber die Kampfstellung war so vorzüglich, daß der Großsenusse sich ohne Besinnen für sie entschied."[630]

Hier gründete er 1855 seine bisher größte Zawiya, die sich sehr schnell zum wichtigsten Zentrum der straff organisierten Senussi-Bewegung entwickeln sollte, mit großer Ausstrahlungskraft nicht nur auf religiösem Gebiet, sondern auch in politischer und militärischer Hinsicht.[631] Von hier aus entsandte das Oberhaupt der Senussiya seine

[621] Steindorff, 1904, S. 90.

[622] Ebenda, S. 92.

[623] Belgrave, 1923, S. 119; Cline, 1936, S. 52.

[624] Über seine Biographie vgl. Handwörterbuch des Islams 1941, S. 648f.; Lutsky, 1969, S. 309ff.; Ronart, 1966, S. 343ff.

[625] Belgrave, 1923, S. 119f.; Fakhry, 1973, S. 115; Steindorff, 1904, S. 84ff.

[626] Steindorff, 1904, S. 84.

[627] Vgl. Hassanein, 1926, S. 48; Wehr, 1956, S. 352.

[628] Handwörterbuch des Islam 1941, S. 825.

[629] Steindorff, 1904, S. 84, 86f.

[630] Hassanein, 1926, S. 52; vgl. auch: Dumreicher, 1931, S. 35; Fakhry, 1973, S. 115; Ronart, 1966, S. 344.

[631] Vgl. Belgrave, 1923, S. 120f.; Hitti, 1960, S. 437; Steindorff, 1904, S. 8f4f.

Missionare nach Nord- und Zentralafrika und lenkte die Politik der Tariqa bis zu seinem Tode im Jahre 1859.

Mohammed Ali al-Sanusi fand seine letzte Ruhestätte in einer großen Grabmoschee zu Djaghbub. Auf diese Weise entwickelte sich diese Oase alsbald zu einem vielbesuchten Wallfahrtsort der Senussi-Anhängerschaft: „At the time of his death his prestige was enormous; pilgrims travelled many thousands of miles to visit Jerabub, and Senussism had spread all over Central and North Africa."[632]

Nachfolger im Amt des Oberhauptes der Senussi-Sekte wurde sein Sohn Mohammed al-Mahdi, unter dessen Leitung der Orden seine größte Machtausdehnung erfuhr. Als er 1902 starb, übernahm sein Neffe Sayyid Ahmed al-Scharif die Führung der Senussiya. Er mußte das Land infolge der Kriegswirren 1917 verlassen und bis zu seinem Tode 1933 im Exil leben. Seine Nachfolge trat der Sohn Mohammed al-Mahdi's, Sayyid Idris al-Sanusi, an, der 1950 König von Libyen wurde. Seit seiner Absetzung durch die Libysche Revolution 1969 lebt er in Kairo, von wo aus er die Geschicke des niedergehenden Ordens weiterhin zu leiten versucht.[633]

Weitgehend außer acht gelassen wurde von den bürgerlichen Autoren die ökonomische Seite der Senussi-Bewegung, ihre materielle Basis. FRIEDRICH ENGELS charakterisierte derartige religiöse Erneuerungsbewegungen sehr treffend mit folgenden Worten: „Es sind alles religiös verkleidete Bewegungen, entspringend aus ökonomischen Ursachen."[634]

Es ist logisch, daß eine so weit verzweigte Organisation mit mehr als 100 Ordenshäusern[635] erhebliche ökonomische Aufwendungen erforderte. Die Herkunft dieser Mittel wird in der verfügbaren Literatur nur angedeutet. Sie stammten u. a. aus freiwilligen Geschenken und Stiftungen sowie aus gelegentlicher Kriegsbeute. Der größte Teil aber dürfte aus den jährlichen Abgaben ihrer Anhänger gekommen sein. Denn „jeder Gläubige, dessen Vermögen mehr als 125 Franken beträgt, muß jährlich 2 $^1/_2$ vom Hundert als Steuern entrichten".[636] Während die Oasenbauern diese Abgaben in landwirtschaftlichen Produkten bzw. später auch in Geldbeträgen entrichteten, wurden sie von den Beduinen, die sich der Sekte angeschlossen hatten, in Form von Herdentieren abgeliefert. Diese wurden dann mit einem bestimmten Brandzeichen gekennzeichnet. Denn „all animals belonging to the confraternity are branded with its cachet, the name of Allah. . .".[637]

Ferner gehörte zu jeder Zawiya ein Stück Land, das von freigelassenen Sklaven bewirtschaftet wurde. Die Erträge dieser Senussi-Ländereien dienten dem Unterhalt der ständigen Zawiya-Bewohner und der Bewirtung durchreisender Glaubensbrüder.[638] Über die Höhe der wirtschaftlichen Einnahmen gibt es keine exakten Angaben, sie muß jedoch beträchtlich gewesen sein. Die ökonomische Prosperität aller seiner Anhänger und insbesondere natürlich seiner Zawiya war eines der Hauptziele, die Sidi Mohammed Ali al-Sanusi mit der Gründung seiner Bewegung verfolgte. „Nicht

632 BELGRAVE, 1923, S. 121. Vgl. auch: CAMPBELL, 1935, S. 237; HASSANEIN, 1926, S. 49; hier Abbildung der Grabmoschee.

633 FAKHRY, 1973, S. 115; RONART, 1966, S. 344.

634 ENGELS, 1895, S. 5.

635 WHITE, 1899, S. 123.

636 STEINDORFF, 1904, S. 88.

637 WHITE, 1899, S. 119; vgl. auch: STEINDORFF, 1904, S. 88.

638 HASSANEIN, 1926, S. 48; STEINDORFF, 1904, S. 86, 88, 131.

weniger als die geistlichen lagen dem Meister die weltlichen und wirtschaftlichen Interessen seiner Ordensleute am Herzen, und von Anfang an ist er darauf bedacht gewesen, den Handel zu schützen und dadurch den Wohlstand seiner Getreuen zu heben“, charakterisiert STEINDORFF diese Bestrebungen.[639]

Und daß dieser Politik Erfolg beschieden war, ist u. a. der Bemerkung BELGRAVES zu entnehmen, daß die Würdenträger des Ordens „successfully combined the duties of merchants and magistrates, acquiring great wealth and great influence ... The Senussi zawias became rich from the profits of trading and owned large numbers of slaves.“[640] Über den Verwendungszweck der bedeutendsten materiellen Einnahmen des Ordens vermerkt STEINDORFF: „Diese Mittel werden vor allem zur Unterhaltung der Klöster und Moscheen, dann aber auch für Propaganda und Almosen verwendet. Jeder Moslim, der in eine Moschee der Senusis kommt, erhält dort drei Tage lang unentgeltlich Nachtquartier und Verpflegung, und wenn er bedürftig ist, sogar noch Mittel, seine Reise fortzusetzen.“[641] Soweit einige allgemeine Bemerkungen zu den beiden islamischen Sekten, die im 19. Jh. in Siwa wirksam zu werden begannen.

In der Literatur ist keinerlei Hinweis darüber zu finden, warum die Medaniya nur in einer der beiden Fraktionen Einfluß gewinnen konnte, obwohl ihre Missionare doch als erste in der Oase tätig waren. Der Grund hierfür ist zweifellos in der seinerzeit herrschenden nahezu unversöhnlichen Zwietracht zwischen Liffaya und Takhsib zu suchen. Daß sich die Missionare angesichts dieser Situation die damals dominierende „östliche“ Fraktion als Zielobjekt auserwählten, dürfte ebenfalls kein Zufall gewesen sein. Diese Wahl ergab sich offensichtlich aus der Zielsetzung des Ordens, die FAKHRY mit den Worten umreißt: „Its purpose was to spread the good principles of Islam among the people of every community in the Ottoman Empire. Its hidden aim, however, was to strengthen the position of the Caliph, by enabling his agents to expand their ability to obtain information concerning any sign of disloyality to his person or to the Empire anywhere.“[642]

Ausdruck dieser Politik war zum Beispiel, daß STEINDORFF zwar darüber informiert wurde, daß eine siwanische Delegation dem religiösen Führer der Medaniya-Bewegung in Konstantinopel mit der Absicht einen Besuch abstattete, „über die Angelegenheiten des Ordens mit seinem Oberen zu verhandeln und sich von ihm Anweisungen erteilen zu lassen“, daß aber über den Inhalt der Anweisungen ihm gegenüber strengstes Stillschweigen gewahrt wurde.[643] D. h., die Anhänger dieses Ordens waren nicht nur Missionare ihrer Glaubensvorstellungen. Sie waren zugleich verpflichtet, ihr in Konstantinopel residierendes Oberhaupt und über diesen den Herrscher des Osmanischen Reiches ständig über die jeweilige Situation in ihren Aufenthaltsgebieten auf dem laufenden zu halten. Für diesen Zweck war vermutlich die Verbindung mit der einflußreichsten Fraktion am dienlichsten.

Damit freilich verbaute sie sich zugleich den Zugang zu den „Westlichen“. Diese wiederum fanden ein entsprechendes Äquivalent in der wenig später eindringenden Senussiya-Sekte, womit der für die soziale Organisation der Oasenbevölkerung so charakteristische Dualismus seine Entsprechung nunmehr auch im religiös-ideologischem

[639] STEINDORFF, 1904, S. 85.

[640] BELGRAVE, 1923, S. 121; vgl. auch: STEINDORFF, 1904, S. 88.

[641] STEINDORFF, 1904, S. 88.

[642] FAKHRY, 1973, S. 113; vgl. auch: HOHLER Report, 1900, S. 24f.

[643] STEINDORFF, 1904, S. 92f.; vgl. auch: FAKHRY, 1973, S. 113.

Bereich gefunden hatte. Eine Erklärung dafür, daß es der Senussiya im Gegensatz zur Medaniya trotz der bestehenden Spannungen zwischen den „Westlichen“ und „Östlichen“ dennoch gelang, auch einige Anhänger unter letzteren zu gewinnen, ist heute nur noch schwer zu finden. Wir nehmen an, daß es dem Umstand zuzuschreiben war, daß sich der Ordensgründer selbst längere Zeit in Siwa aufgehalten hat und dadurch in unmittelbaren Kontakt zur Bevölkerung treten konnte. Durch diesen persönlichen Kontakt gelang es ihm offenbar, mit der ihm eigenen Überzeugungskraft und Beharrlichkeit – STEINDORFF sagt von ihm: „Ein ernster und ruhiger Mann, mit einer hinreißenden Beredsamkeit begabt, vereinigte er in seinem Wesen alle diejenigen Eigenschaften, die den Orientalen Hochachtung und Verehrung einflößen.“[644] – einige der bis dahin noch nicht von der Medaniya bekehrten „Östlichen“ in sein Lager zu ziehen.

Abgesehen von der Spaltung der Siwaner in zwei Fraktionen, aus der sich die Zugehörigkeit der zahlenmäßig relativ kleinen Bevölkerung zu zwei verschiedenen Sekten wohl in erster Linie erklären läßt, ist die Ursache für den großen Zulauf, den beide Orden in kürzester Frist in Siwa zu verzeichnen hatten, offensichtlich darin zu suchen, daß die Oasenbewohner in ihnen eine Möglichkeit sahen, sich der verhaßten Unterwerfung durch Kairo zu entledigen – eine These, die wir allerdings nicht konkret belegen können.

Sowohl die Medaniya als auch die Senussiya ließen im Verlauf des vorigen Jahrhunderts in der Oase mehrere Moscheen zur Durchführung der vorgeschriebenen Andachtsübungen (Dhikr) für ihre Anhänger errichten, und stellten auch die dafür erforderlichen geistlichen Funktionäre. Die Sektenmitgliedschaft beschränkte sich auf die Männer und ist innerhalb der jeweiligen Familie erblich, d. h. es gibt kein Überwechseln zur „Gegenpartei“.[645]

Beide Orden, insbesondere aber der der Senussiya, sollten sich in den folgenden Jahrzehnten als starker politischer Faktor erweisen, der die Verhältnisse in Siwa, vor allem die sozialen Auseinandersetzungen zwischen den Angehörigen der Oberschicht, erheblich beeinflußte. Darauf wird in anderem Zusammenhang noch näher eingegangen werden.

### 3.4. Der Stand der Beziehungen zwischen dem ägyptischen Staat und Siwa Mitte der neunziger Jahre des 19. Jahrhunderts

Die faktische Unterwerfung Ägyptens durch England 1882 hatte – wie andere einschneidende politische und gesellschaftliche Veränderungen im Niltal vordem auch schon – zunächst keine unmittelbar sichtbaren Auswirkungen auf Siwa. Dennoch ist aber festzustellen, und die folgenden Ausführungen sollen es belegen, daß die ägyptische Regierung am Ende des 19. Jh. verstärkte Anstrengungen unternahm, um die Oase fester unter ihre Kontrolle zu bringen. Offensichtlich mit Erfolg; denn bis auf zwei Ausnahmen ist in der Literatur über die Zeit nach der Jahrhundertwende weder von gewaltsamen Konflikten noch von Zahlungsverweigerungen jemals wieder die Rede. Das stand im krassen Gegensatz zu dem unmittelbar vorangegangenen Jahrzehnt, in dem sich die Auseinandersetzungen zwischen der Zentralregierung und den Oasenbewohnern sowie zwischen ihren beiden Fraktionen nochmals dramatisch zugespitzt hatten.

644 STEINDORFF, 1904, S. 85.
645 BELGRAVE, 1923, S. 151; DUMREICHER, 1931, S. 32.

Diese Schlußfolgerung läßt sich aus den wenigen Berichten über diese Periode ziehen. In der Aufzählung der Hauptereignisse weisen sie zumeist Übereinstimmung auf. In Details hingegen weichen sie z. T. erheblich voneinander ab. Sie widersprechen einander oder werden nur von jeweils einem Autor genannt. Deshalb ist ihr Wahrheitsgehalt nur noch schwer oder gar nicht mehr überprüfbar. Das wird besonders augenfällig in der Datierung einiger Hauptereignisse. Und das, obwohl die betreffenden Autoren – wie z. B. die des HOHLER Reports, aber auch BELGRAVE und FAKHRY – sozusagen über zeitgeschichtliche Geschehnisse berichteten.

Trotzdem sollen diese im folgenden in der Reihenfolge ihres chronologischen Ablaufs etwas ausführlicher dargestellt werden. Sie machen u. E. zumindest die gespannte Situation deutlich, die sich aus den im Ergebnis der historischen Entwicklung im Verlauf des 19. Jh. veränderten gesellschaftlichen Verhältnissen ergeben hatte. Zugleich bezeugen sie den Einfluß, den vor allem die Sekte der Senussiya innerhalb kurzer Zeit, d. h. in wenigen Jahrzehnten, unter der Oasenbevölkerung gewinnen konnte. Die fortwährenden inneren Auseinandersetzungen sowie die Opposition der Oasenbewohner gegenüber der Zentralregierung veranlaßten letztere, eine Kommission unter Leitung des Gouverneurs der Provinz Bihirah, Mustafa Mahir Bey, sowie 50 Soldaten mit dem Auftrag nach Siwa zu senden, die Ursachen dieser Konflikte zu untersuchen und Maßnahmen für ihre endgültige Überwindung einzuleiten.[646]

Nach FAKHRY erfolgte die Entsendung dieser Expedition im Herbst 1893, nach HOHLER und BELGRAVE drei Jahre später.[647] Auf Grund der vorliegenden Quellen können jedoch beide Jahreszahlen nicht den Realitäten entsprochen haben. Wir nehmen an, daß dieses Unternehmen entweder 1894 oder 1895 stattfand.[648]

Die von Mustafa M. Bey angetroffene Situation beschreibt der HOHLER Report mit den Worten[649]: „The disorders which commenced in the preceding February

[646] BELGRAVE, 1923, S. 110; FAKHRY, 1973, S. 111; HOHLER Report, 1900, S. 25.

[647] Ebenda. BELGRAVE, dessen Buch keinerlei Quellenhinweise enthält, hat seine Datierung offensichtlich dem HOHLER-Report entnommen, denn auch seine damit verbundene Situationsschilderung gleicht der des Reports wortwörtlich, wenn sie auch gekürzt ist.

[648] Die Datierung des HOHLER Reports ist ausgeschlossen. Wie aus einem Bericht des in ägyptischen Diensten stehenden Engländers W. JENNINGS-BRAMLEY im Geographical Journal (1897) hervorgeht, entsandte ihn die Zentralregierung im Sept./Okt. 1896 nach Siwa – also zu genau demselben Zeitpunkt, zu dem sich nach dem HOHLER Report und BELGRAVE auch Mustafa Bey dort aufgehalten haben soll –, um die fälligen Tribute einzutreiben. BRAMLEY berichtet weiter, daß er wegen der feindseligen Haltung der Einwohner seinen Auftrag nicht erfüllen konnte und nach eintägigem Aufenthalt die Oase unverrichteter Dinge wieder verlassen mußte. Nach 1896 kann die Expedition Mustafa Beys ebenfalls nicht durchgeführt worden sein, da, wie noch auszuführen ist, ihr härtester Widersacher, Hassuna Mansur, übereinstimmenden Berichten zufolge bereits im Frühjahr 1897 ums Leben kam. Aber auch die Datierung FAKHRYS ist unrichtig. Vorausgesetzt allerdings, der berichtete Fakt stimmt, daß Mustafa M. Bey erst nach der Übersiedlung des Oberhauptes des Senussi-Ordens nach Kufra in Siwa weilte. Diese Übersiedlung erfolgte erst 1894 (RONART, 1966, S. 344) bzw. 1895 (STEINDORFF, 1904, S. 90).

[649] HOHLER Report, 1900, S. 225. Auch die folgende Darstellung der Ereignisse, die sich während des Aufenthaltes von Mustafa Bey in der Oase zugetragen haben sollen, basiert fast ausschließlich auf den Angaben dieses Reports, da andere Autoren darauf nicht oder kaum Bezug nahmen.

between the East and the West, . . . were not yet at an end . . . the Sheikhs and notables always went out armed and attended, while firing was constantly taking place. Raids on crops and cattle were of daily occurance. The administration of justice was at a standstill, as the rabble used to gather at the door of the assembly, and overawe the Sheiks. Taxes were in arrear to the amount of LE 4970, namely, LE 970 for 1894 and LE 2000 . . . for both 1895 and 1896. This deplorable state of affairs was doubtless due in great part to the injudicious conduct and inefficiency of the Maamour."[650]

Dem gleichen Bericht zufolge befanden sich beim Eintreffen der Kommission in Siwa Ende September alle Scheichs, die der Senussiya angehörten, in Djaghbub zur Verabschiedung eines nahen Verwandten ihres Ordensoberhauptes, der letzterem in die Oase Kufra folgen wollte. Da Mustafa M. Bey angesichts des Charakters seiner Mission wie vor allem seiner zahlenmäßig schwachen Eskorte keine andere Wahl blieb, als die ausstehenden Probleme mit dem gesamten Scheich-Rat friedlich zu verhandeln, mußte er notgedrungen auf ihre Rückkehr warten. Sie erfolgte wenige Tage später, so daß die Verhandlungen am 3. Oktober endlich beginnen konnten. In ihrem Ergebnis sollen sich die Scheichs u. a. verpflichtet haben, ihre ausstehenden Tributschulden am 10. Oktober des gleichen Jahres zu entrichten. Vorbehaltlich der Zustimmung der Ordensführung in Djaghbub nahmen sie ferner ein modifiziertes Strafrecht an, das von Mustafa Bey entworfen worden war.

Zum vereinbarten Termin übergaben die Scheikhs Mustafa Bey allerdings nur insgesamt £. E. 200, also lediglich einen geringen Teil ihrer Gesamtschulden. Als Begründung dafür sollen sie angeführt haben, daß die neue Ernte noch nicht eingebracht sei und sie sich daher zu diesem Zeitpunkt außerstande sähen, eine größere Geldmenge aufzubringen. Dafür aber mußten sie sich der Forderung beugen, ihre gesamte Dattelernte als Pfand in der Polizeistation abzuliefern, wo sie solange unter Bewachung gehalten werden sollte, bis die Schulden getilgt seien.

Die übergebene Summe war anteilig von jedem Steuerpflichtigen entsprechend seines Besitzes an Palmen aufgebracht worden.[651] Lediglich Hassuna Mansur, ein reicher Wasserbesitzer aus der der westlichen Fraktion angehörigen Sarahna-Gens, hatte sich diesem Ansinnen kategorisch widersetzt. Er wurde damit zum schärfsten Widersacher Mustafa M. Beys.[652] Dem Hohler Report zufolge war Hassuna Mansur 1883 bei der Zentralregierung in Kairo vorstellig geworden, um sich über das nicht näher bezeichnete Verhalten des derzeitigen Maʿmurs zu beschweren und seine sofortige Abberufung zu verlangen. Da sein Anliegen ungehört blieb, kehrte er voller Haß auf den Maʿmur und seinen Bruder Mohammed, das Oberhaupt der Sarahna, nach Siwa zurück und verweigerte künftighin Tributzahlungen.[653]

Um vor überraschenden, gewaltsamen Zugriffen des Maʿmurs wie auch der lokalen

[650] Aus dem Bericht geht nicht hervor, welche Ursachen den Februar-Konflikt auslösten. Der Report konstatiert aber, daß „after a prolonged and bloody struggle, two of the chief Senoussi Sheikhs came from the neighbouring oasis of Jeghboub and arranged a settlement. . . it was to avoid more causes for dispute that each of the two section of the town has within it a separate market, a separate wall (oder well?), a separate storehouse etc." (S. 18).

[651] Hohler Report, 1900, S. 25f.

[652] Belgrave, 1923, S. 110f.; Fakhry, 1973, S. 111;

[653] Hohler Report, 1900, S. 26. Der gleichen Quelle zufolge blieb dieser Widerstand jedoch unwirksam, denn „the taxes were paid by the Senoussi, and then recovered from him by a threat of excommunication".

Autoritäten gesicherter zu sein, ließ er sich außerhalb der Wohnburg auf dem südlich davon gelegenen freistehenden Felsplateau eine festungsartige Residenz errichten, die noch heute als „Kasr Hassuna“ bekannt ist.[654] In diese hatte Hassuna Mansur sich bei der Ankunft der Kommission mit seinem Gefolge zurückgezogen und lehnte jedwede Verhandlung ab. Die friedliche Intervention des Oberhauptes der Sarahna zugunsten der Regierungsabordnung scheiterte ebenso wie der Versuch, ihn gewaltsam zu inhaftieren.[655]

Daraufhin ordnete Mustafa M. Bey die Belagerung des Zufluchtsorts an mit dem Ziel, seine Insassen von jeglicher Nahrungs- und vor allem Wasserzufuhr abzuschneiden und sie auf diese Weise zur Kapitulation zu zwingen. Aber auch dieser Plan schlug fehl. Denn unter den Wächtern fanden sich genügend Sympathisanten, die die Versorgung der Eingeschlossenen nicht abreißen ließen.[655]

Nach diesen Mißerfolgen wurde entschieden, sich der kurz bevorstehenden Dattelernte des Aufständischen zu bemächtigen, um durch ihren Verkauf wenigstens seinen Tributanteil begleichen zu können. Jedoch auch dieses Vorhaben wurde nicht verwirklicht. Denn H. Mansur, der offensichtlich Kenntnis davon erhalten hatte, kam seiner Ausführung dadurch zuvor, daß er die Gärten seines Bruders zu plündern begann, woraufhin letzterer die vorgesehene Aktion in eigenem Interesse hintertrieb.

Da diese Ereignisse die ohnehin gespannte Situation innerhalb der Oasengemeinschaft weiter zuspitzten und die akute Gefahr des Ausbruchs eines neuerlichen gewaltsamen Konfliktes zwischen beiden Fraktionen bestand, sah Mustafa M. Bey letztlich keinen anderen Ausweg mehr, als dem Ratschlag der Scheichs zu folgen und die Ordensleitung in Djaghbub um Vermittlung anzurufen. Zehn Tage danach erschien Scheich Ahmed Ibn Idris, ein naher Verwandter des Sektenführers Sanusi. Ihm mußte sich Hassuna Mansur unter Androhung seiner Exkommunikation, die seinen totalen Ausschluß aus der Gemeinschaft bedeutet hätte, notgedrungen ergeben. Allerdings unter der Bedingung, daß keine Anklage gegen ihn erhoben werde.

Inzwischen war die Dattelernte angelaufen, und sie führte zu neuen Konflikten. Denn entsprechend der oben erwähnten, erzwungenen Übereinkunft achteten die Soldaten Mustafa M. Beys streng darauf, wenn notwendig auch unter Anwendung von Gewaltmaßnahmen, daß der gesamte Ernteertrag in der Polizeistation abgeliefert wurde. Die Siwaner hingegen waren bestrebt, soviel Datteln wie möglich dem Zugriff der Soldaten zu entziehen und sie zur Sicherung ihrer Existenz in ihren Häusern einzulagern. In dieser Situation griff der Abgesandte des Senussi-Ordens abermals schlichtend ein und forderte von Mustafa M. Bey eine Revidierung seiner Forderungen und vor allem die Aufhebung der strengen Überwachungsmaßnahmen. Es kam zu einem öffentlichen Meeting, auf dem sich Mustafa M. Bey nach heftigen Diskussionen zu einem neuen Abkommen bereit erklären mußte, „by which the assembly promised to pay £E. 3,000 in three instalments, the last falling due in March, 1897, while the tribute for 1896 should be allowed to stand over until the following year“. Nach der Unterzeichnung dieses Abkommens kehrte Ahmed Ibn Idris am 15. November nach Djaghbub zurück.[657]

Fakhry, der die Einzelheiten dieser Episode nicht erwähnt, gibt eine modifizierte

654 Belgrave 1923, S. 110f.; Fakhry, 1973, S. 111.

655 Hohler Report, 1900, S. 26.

656 Fakhry, 1973, S. 111; Hohler Report, 1900, S. 26.

657 Hohler Report, 1900, S. 26f.

Version dieser Übereinkunft. Er schreibt, daß Hassuna Mansur sich mit seinem Gefolge dem Abgesandten aus Djaghbub ergab und führt dann wörtlich aus „... all were pardoned and agreed to pay taxes regularly to the government, but on the condition that the Egyptian government would not claim the taxes unpaid for the past three years. The agreement was signed by Mahir Bey, Hassounah Mansur and the deputy of al-Sanusi as witness; this illustrates the influence of al-Sanusi brotherhood in Siwa in those days." In gleichem Sinne äußerte sich auch BELGRAVE.[658] Nicht zu ermitteln ist, welche der beiden Versionen den Tatsachen entsprach, da keine weiteren Informationen darüber vorliegen.

Belegt hingegen ist, daß diese Ereignisse die Regierung in Kairo immerhin veranlaßten – dem HOHLER Report zufolge auf Ersuchen Mustafa M. Beys –, die Höhe ihrer Tributforderungen zu reduzieren. Alle Quellen berichten übereinstimmend, daß die Siwaner um die Jahrhundertwende jährlich nur 1 750 £. E. statt der bisherigen 2.000 £.E. an die Regierung abzuführen hatten.[659] Wenn es sich hierbei auch nur um eine relativ geringfügige Reduzierung handelte, so muß sie dennoch als Erfolg des Widerstandes der Oasenbewohner gewertet werden.

Mit der Unterzeichnung der oben genannten Übereinkunft zog aber immer noch keine Ruhe unter der Bevölkerung Siwas ein; denn vor allem die inneren Widersprüche waren damit in keiner Weise gelöst worden, im Gegenteil. Sie blieben weiterhin derart gespannt, daß – aus heutiger Sicht – selbst die geringfügigsten, nichtigsten Anlässe die Kämpfe zwischen beiden Fraktionen immer wieder aufflackern ließen. Der HOHLER Report schildert ausführlich zwei derartige Zwischenfälle, die sich unmittelbar nach der Abreise von Ahmed Ibn Idris zugetragen haben sollen, also noch während der Anwesenheit Mustafa M. Beys. Ihr Ausgangspunkt soll zum einen der Diebstahl einiger Datteln, zum anderen die Entführung von zwei Ziegen gewesen sein. Beide Konflikte – in die jeweils H. Mansur verwickelt gewesen sein soll – konnten letztlich ebenfalls nur durch den Schiedsspruch der Ordensleitung in Djaghbub beigelegt werden.[660]

Im April des Jahres 1897 kam es nach übereinstimmenden Aussagen aller diesbezüglicher Quellen zu einem der offensichtlich erbittertsten und verlustreichsten Kämpfe zwischen den Östlichen und den Westlichen, deren Ausgangspunkt nach BELGRAVE ebenfalls der Streit um einige Ziegen gewesen war.[661] Sein Ergebnis war, „that 40 of the former, including two Sheikhs and 45 or 50 of the latter with five Sheikhs were killed, and 35 and 55 respectively wounded. The Westerners fled, leaving their dead and wounded. An armistice was arranged by Bedouins of the Garara tribe, and after four days brethren from Jeghbub arrived and re-established peace".[662] Unter den Opfern dieser blutigen Auseinandersetzungen befand sich auch Hassuna Mansur, der kurz vordem noch einer der Rädelsführer beim Überfall auf den englischen Reisenden Blunt gewesen sein soll.[663]

658 BELGRAVE, 1923, S. 111; FAKHRY, 1973, S. 111.

659 HOHLER Report, 1900, S. 35; STEINDORFF, 1904, S. 114.

660 HOHLER Report, 1900, S. 27f.

661 BELGRAVE, 1923, S. 111; FAKHRY, 1973, S. 111; HOHLER Report, 1900, S. 27f.

662 HOHLER Report, 1900, S. 28. Es ist auffallend, daß der Report über diesen Konflikt kaum mehr als die zitierten Fakten enthält, während er über die vergleichsweise geringfügigeren Auseinandersetzungen während des Aufenthaltes von Mustafa M. Bey in der Oase weitaus detailliertere Schilderungen enthält.

663 FAKHRY, 1973, S. 111; HOHLER Report, 1900, S. 28. FAKHRY vermerkt über dieses

Der Vollständigkeit halber sei noch ein weiterer gewaltsamer Konflikt erwähnt, der sich nach Angaben Belgraves – des einzigen Autors, der von dieser Begebenheit berichtet – im Jahre 1898 zugetragen haben soll und der vom Autor als der „Witwen-Krieg" bezeichnet wurde. Anlaß dazu soll die Rivalität mehrerer Scheichs um die Heirat der Witwe des Scheichs Said Abu Draʿ gegeben haben. Sie endete wiederum mit einem Gefecht zwischen den Östlichen und Westlichen, bei dem letztere erneut eine schwere Niederlage einstecken mußten. Ihr Anführer, Osman Habun, von dem noch ausführlicher zu sprechen sein wird, konnte sein Leben nur durch Flucht in das Grabmal des Sidi Suleiman retten. Von hier aus appellierte er an seine Ordensleitung in Djaghbub, der es schließlich auch gelang, den Frieden wieder herzustellen.[664]

Mit Ausnahme eines vergleichsweise harmlosen Zwischenfalls im Jahre 1922 war dieser „Witwen-Krieg" der letzte gewaltsame Konflikt zwischen beiden Fraktionen, über den in der Literatur berichtet wird. Bevor wir die Ursachen dieser veränderten Situation untersuchen, sei an dieser Stelle ein Resümee des Standes der Beziehungen zwischen der Zentralregierung und den Siwanern kurz vor der Jahrhundertwende gegeben.

Wie die vorstehenden Ausführungen deutlich gemacht haben dürften, waren diese Beziehungen im 19. Jh. geprägt von ständigen Konflikten, die in erster Linie ausgelöst wurden durch den Widerstand der Oasenbewohner gegen die Tributforderungen Kairos, also gegen ihre ökonomische Ausbeutung. Zieht man ein Fazit aus den darüber vorliegenden Berichten, so kann festgestellt werden, daß die ägyptische Regierung bis zum Ende des 19. Jh., also im Verlauf von rund 80 Jahren, ihre Forderungen in der Regel nur dann durchzusetzen vermochte, wenn sie ihnen durch die Entsendung von Truppen Nachdruck verlieh. Diese Tatsache spricht einerseits für die Widerstandsbestrebungen der Oasenbewohner; sie war zugleich aber auch Ausdruck der Macht- und Einflußlosigkeit des Repräsentanten der Regierung in der Oase, des Maʿmurs, und des ihm unterstehenden Polizeikontingents.

Zum Teil war letzteres eine Folge der Unfähigkeit der auf diesen Posten abgeschobenen Beamten. Sie hielten sich zumeist außerhalb ihres eigentlichen Wirkungsbereichs auf; waren sie anwesend, provozierten sie mit ihrem negativen Auftreten die ohnehin ablehnende Haltung der Siwaner gegen sich und die von ihnen vertretene Staatsmacht noch weiter. Neben diesen, bereits ausführlich dargestellten subjektiven Gründen gab es aber auch objektive, die eine reale Machtausübung durch den Maʿmur in jener Zeit behinderten, ja unter den gegebenen Umständen sogar unmöglich machten.

Ereignis: „Blunt visited Siwa but he was very badly received. The Siwans fired at his tent, stole his guns and luggage, and he narrowly escaped with his life."

[664] Belgrave, 1923, S. 111ff. In diesem Zusammenhang wird besonders augenscheinlich, wie unkritisch Belgrave die von ihm benutzten Quellen ausgewertet hat. Wie bereits vermerkt, übernahm er fast wortwörtlich die Beschreibung des Konflikts zwischen Mustafa M. Bey und Hassuna Mansur dem Hohler Report, den er gleich dieser Quelle in das Jahr 1896 datierte. Er schließt seine Ausführungen über diese Ereignisse mit der Feststellung, daß wenige Monate nach der Übereinkunft über den Modus der Begleichung der ausstehenden Tributschulden „another dispute arose, about some goats, which ended in a battle between east and west, in which Hassuna Mansur was slain, and with him over 100 Siwans". -- Unmittelbar anschließend setzt er die Beschreibung der Ereignisse dieser Jahre fort mit dem Satz: „In 1898, five years after the death of this fierbrand of the desert. . ."

In erster Linie ist hier der Umstand zu nennen, daß er außerhalb der Wohnburg residieren mußte und ihre Bewohner daher jederzeit in der Lage waren, den Kontakt mit ihm zu unterbrechen. Einer solchen Maßnahme stand der Abgesandte Kairos stets hilflos gegenüber. Denn gegen die starken Wehranlagen vermochten seine wenigen Polizisten nichts auszurichten, zumal sie lediglich über die gleiche Art der Bewaffnung verfügten wie die Siwaner auch. An dieser Situation hatte sich bis zum Ende der neunziger Jahre noch nichts geändert, denn DUMREICHER berichtet aus jener Zeit: „Die Polizei hat im Dorfe selbst (Wohnburg – die Verf.) keinen Dienst. Die öffentliche Sicherheit wird dort aufrecht erhalten durch einige Wächter.“[665]

Die Machtlosigkeit des Maʿmurs zeigte sich jedoch nicht nur in den Auseinandersetzungen der Siwaner mit der Zentralregierung, sondern gleichermaßen bei den gewaltsamen Konflikten innerhalb der Oasengemeinschaft. Es ist kein Beispiel überliefert, daß ein Maʿmur sich aktiv – sei es durch persönliche Vermittlungsbemühungen oder auch durch den Einsatz seiner Polizisten – an ihrer Lösung beteiligt hätte. Wohl aber findet sich in den Quellen mehrfach der Hinweis, daß sich Maʿmur und Polizei bei Ausbruch derartiger Kämpfe eiligst in die Polizeistation zurückzogen und froh waren, wenn sie nicht angegriffen wurden.

Die schwache Position des Vertreters Kairos in der Oase offenbarte sich schließlich auch darin, daß er kaum Einflußmöglichkeiten auf die innere Selbstverwaltung der Siwaner besaß. Zumindest nicht direkt, sondern höchstens indirekt über einzelne Kollaborateure unter den Scheichs. Da sie aber, wie erwähnt, im Rat stets nur eine verschwindend geringe Minderheit repräsentierten und somit ziemlich isoliert dastanden, war ihr Einfluß und damit der des Maʿmurs auf die Entscheidungsfindungen dieses Gremiums sehr gering. Hinzu kam noch, daß der Maʿmur, der einmal an dessen Beratungen teilzunehmen die Möglichkeit bzw. Gelegenheit hatte, stets nur Zuschauer, nicht aber Zuhörer sein konnte, da er des Siwanischen nicht mächtig war.[666]

Ein ganz ähnliches Bild war auch in der Rechtsprechung zu registrieren. Da der Maʿmur weder ausreichende Machtmittel zur Verfügung, noch die öffentliche Meinung auf seiner Seite hatte, konnte er auch seine Rechtskraft, die mit seiner Funktion eigentlich verbunden war, nicht wirksam werden lassen. Diese Feststellung jedenfalls ist dem HOHLER Report zu entnehmen, der die Situation im Rechtswesen am Ausgang des vorigen Jahrhunderts folgendermaßen beschreibt: „The power of the Government is very much curtailed by the fact that, although a law court, a Mehkemel Shari'a, a dispensary etc., exist, for the most part the people refuse to have anything to do with them. A contract of sale or division of land is executed before witnesses with the help of a native clerk; like the contracts of marriage before mentioned, it is not registered in the official books, so as to avoid payment of the fees. Divorces, deaths, and successions are unregistered for the same reason. The income of the Mehkemel is . . . practically nil; . . . A dispute about irrigation is settled by the Rakkab, and a question as to rights in a spring is decided by the Sheikhs in accordance with the Kanoun el Wagibat. The partition of taxation among the various families is . . . arranged by the Sheikhs, the Maamour merely keeping a list of the tribes . . . the actual collection of taxes is similarly in their hands.“[667]

[665] DUMREICHER, 1931, S. 34.
[666] HOHLER Report, 1900, S. 30.
[667] Ebenda, S. 29.

Der Österreicher André von Dumreicher schließlich, der seinerzeit in ägyptischen Diensten stand und für die Westliche Wüste verantwortlich war, schreibt über die Situation in der Oase um die Jahrhundertwende: „Wenn auch Siwa in den ersten Jahren uns gewisse Schwierigkeiten bereitet hat, so liegt die Schuld nicht an den Sanussi, sondern daran, daß bis zum Jahre 1899 sich überhaupt niemand um sie gekümmert hatte.“[668] Eine Aussage, die vom Fakt her zwar nicht den Realitäten entsprach, bezüglich der Macht oder richtiger der Ohnmacht des Ma'murs dennoch nicht unberechtigt war.

Außer den vorstehend angeführten Fakten sowie der an anderer Stelle bereits zitierten Einschätzung der Situation vor dem Aufenthalt Mustafa M. Beys in der Oase standen den Verfassern keine weiteren Berichte über das Verhältnis zwischen der ägyptischen Regierung und Siwa am Ende des 19. Jh. zur Verfügung. Dennoch lassen sie wie auch der skizzierte Gesamtverlauf der Entwicklung im 19. Jh. eindeutig die Schlußfolgerung zu, daß es der ägyptischen Staatsmacht bis zur Jahrhundertwende nicht gelang, die Oase ihrer kontinuierlichen Kontrolle zu unterwerfen. Und diese Tatsache spricht für unsere, bereits an anderer Stelle geäußerte Ansicht, daß sich das Interesse Kairos an Siwa in dieser Periode im wesentlichen auf die ökonomische Ausbeutung ihrer Bewohner beschränkte.[669]

## *4. Die zweite Phase der Integration Siwas in den ägyptischen Staat (1898–1952)*

### 4.1. Die Stabilisierung der ägyptischen Macht in der Oase um die Jahrhundertwende und ihre Ursachen

Um 1900 trat in diesem Verhältnis, wie oben vermerkt, eine deutliche Wandlung ein, die ihren sichtbaren Ausdruck in dem fast schlagartigen Aufhören der bis dahin ständig aufflammenden gewaltsamen Auseinandersetzungen fand.[670] Und das, obwohl ihre Hauptursachen – nämlich die Tributforderungen Kairos und die inneren sozialen Widersprüche – nicht beseitigt waren, sondern auch weiterhin bestehen blieben. Wie ist dieser plötzliche Wandel zu erklären?

Silva White und Stanley führten ihn lediglich auf die „besonderen Fähigkeiten“ der seinerzeit amtierenden Ma'murs zurück. Dumreicher begründete ihn mit der ständigen Stationierung von „20 Mann Polizei“ in der Oase im Jahre 1899.[671] Und an anderer Stelle schreibt er: „Seit der Errichtung des Polizeipostens sind die Beziehungen zwischen den Ost- und Westleuten besser geworden und es kann zwischen ihnen kaum mehr zum Blutvergießen kommen.“[672]

Ähnlich äußerte sich auch Belgrave, indem er feststellte, daß nach dem sogenannten „Witwen-Krieg“ 1898 „the Egyptian Government realized that a stronger force was needed to keep order in Siwa, so they sent some more men and a few cavalry“. Er

[668] Dumreicher, 1931, S. 34f.

[669] Vgl. Rusch/Stein, 1978(b), S. 161.

[670] Belgrave, 1923, S. 114; Dumreicher, 1931, S. 33; Fakhry 1973, S. 112; White, 1899, S. 155.

[671] Dumreicher, 1931, S. 31; Stanley, 1912, S. 18; White, 1899, S. 150.

[672] Dumreicher, 1931, S. 33.

führt aber noch einen weiteren Grund für diesen Wandel an, nämlich den, daß die Senussi-Sekte „tried to make a lasting peace between east and west".[673]

Von FAKHRY schließlich werden diese Bemühungen der Senussi offenbar als die Hauptursache für die veränderte Situation angesehen. „At the turn of the century", schreibt er, „Siwa was becoming less revolutionary and its inhabitants wiser. The Sanusi order encouraged marriages between the Easterners and the Westerners; and the two groups agreed that whenever a misunderstanding developed they would send to Jaghbub; one of the Brethren would come and settle the quarrel without use of weapons. In the meantime the authority of the Ma'mur had increased and the Oasis was essentially as secure as any place of its size in Upper Egypt at the time."[674]

Ohne auf Einzelheiten der zitierten Aussagen eingehen zu wollen, können wir hier zunächst konstatieren, daß sowohl die Verstärkung der Polizeitruppe und das darauf beruhende größere Durchsetzungsvermögen des Ma'murs als auch die Rolle der Sekten die Veränderungen in der Oase um die Jahrhundertwende maßgeblich mitbestimmt haben. Dennoch aber waren sie nicht ihre eigentlichen Ursachen, sondern selbst wiederum nur deren Auswirkungen. Die eigentlichen Ursachen für sie lagen begründet in der politischen Entwicklung im Niltal nach 1882, dem zunehmenden Einfluß der Sekten in der Westlichen Wüste sowie in der weiteren sozialökonomischen Differenzierung innerhalb der Oasengemeinschaft. Betrachten wir zunächst die Auswirkungen der Entwicklung im Niltal auf Siwa.

Im Ergebnis der Niederschlagung des Urabi-Aufstandes 1882 durch britische Truppen wurde der Khedive Taufik zwar weiterhin als nominelles Oberhaupt anerkannt, dennoch aber wurde Ägypten, „obwohl formal weiterhin eine autonome Provinz des Osmanischen Reiches, faktisch britisches Protektorat. Von 1883 bis 1907 regierte als britischer ‚Generalkonsul' Sir Evelyn Baring, der spätere Lord Cromer, das Land. Seine Nachfolger, Sir Eldon Gorst (1907–1911) und Lord Kitchener (1911–1914), setzten die Politik der Unterdrückung des ägyptischen Volkes fort. Engländer besetzten die leitenden Positionen im Staatsapparat, in der Armee und in der Polizei".[675]

Wie bereits erwähnt, blieb diese Entwicklung am Anfang ohne erkennbare Auswirkungen auf Siwa. Sie begann sich erst in den neunziger Jahren bemerkbar zu machen, nachdem Großbritannien seine Macht im Niltal stabilisiert hatte. Erstes Anzeichen dafür war die Entsendung der Kommission unter Mustafa Bey. Im Ergebnis ihrer Mission wurden nicht nur die Tributforderungen Kairos reduziert, sondern in der Folgezeit auch Veränderungen in der Verwaltung der Oase eingeleitet. Sie, wie überhaupt die gesamte ägyptische Administration in der Oase, wurden allerdings erst effektiv, nachdem der britische Einfluß sich auch in der Westlichen Wüste etabliert hatte, was Ende des vorigen Jahrhunderts erfolgte.

Ausgangspunkt war die Stationierung einer sogenannten „Küstenwacht" in diesem Gebiet, deren Kern eine Abteilung sudanesischer Kamelreiter bildete, die unter dem Befehl von ANDRÉ VON DUMREICHER, einem österreichischen Offizier, stand. Ihre Aufgabe bestand anfangs nur in der Aufrechterhaltung der Zollhoheit an der Mittelmeerküste, besonders in der Bekämpfung des Schmuggels mit Salz und Branntwein, der damals offenbar einen großen Umfang angenommen hatte und damit der Staats-

673 BELGRAVE, 1923, S. 114.
674 FAKHRY, 1973, S. 112.
675 ROBBE, 1976, S. 16.

kasse beträchtliche Handelssteuern vorenthielt. Neben der Realisierung dieser Aufgabe übernahm die Küstenwacht zugleich in zunehmendem Maße aber auch die Polizeigewalt in ihrem Operationsgebiet.[676]

Im Zuge dieses Prozesses, „nachdem die Wüste durch die Küstenwacht langsam durchdrungen worden war", wurde 1899 das bereits erwähnte Polizeikontingent in Siwa stationiert, und ein Jahr später richtete man entlang der Küste zwischen Alexandria und Sallum fünf reguläre Stationen für das Camel Corps ein.[677] Von diesen ständigen Basislagern aus vermochten die Kamelreiter alle strategisch wichtigen Punkte in kurzer Zeit zu erreichen, wodurch sie faktisch die militärische Kontrolle über die Westliche Wüste erlangt hatten, auch über Siwa.

Das 1899 dorthin entsandte Polizeikontingent, das befehlsmäßig vermutlich ebenfalls dem Kommandeur der Küstenwacht unterstand, war zahlenmäßig zwar nicht größer als vordem, dennoch aber war es offensichtlich wesentlich schlagkräftiger als alle seine Vorgänger. Diesen Eindruck gewinnt man zumindest aus den Ausführungen Dumreichers, wie auch aus der nachfolgenden Entwicklung in der Oase. Zurückzuführen ist dieses bessere Durchsetzungsvermögen zum einen sicherlich auf eine sorgfältigere Auswahl befähigter Polizisten, die disziplinierter als die Vorgänger ihren Dienst versahen. Außerdem kann angenommen werden, daß ihre Bewaffnung und Ausrüstung verbessert wurde. Zum anderen, und das war weit entscheidender, erhielten die Polizisten bei Bedarf jederzeit Unterstützung durch das Camel Corps. Denn Siwa lag an der Route ihrer ständigen Patrouillenritte, so daß die Kamelreiter bei jeder ernsthaften Auseinandersetzung sofort eingreifen konnten und, falls es sich als notwendig erweisen sollte, auch rasch Verstärkung heranzuführen vermochten.

Das war natürlich eine entscheidende Verbesserung gegenüber früher. Bis dahin dauerte es acht bis vierzehn Tage, ehe der Ruf nach Entsendung von Militär in die Oase überhaupt in Kairo bzw. Damanhur bekannt wurde, und zumindest nochmals die gleiche Zeit, bis die angeforderte Einsatztruppe an Ort und Stelle sein konnte, falls sie überhaupt in Marsch gesetzt wurde. Durch das neue System der militärischen Kontrolle über die Oase konnten gewaltsame Widerstandsaktionen ihrer Bewohner wie auch Kämpfe zwischen ihren beiden Fraktionen bereits im Keime erstickt, zumindest aber in kurzer Zeit niedergeschlagen werden, so daß offene Auflehnungen gegenüber der Zentralregierung bzw. ihrem Vertreter, dem Maʿmur, kaum mehr möglich waren, und wie die Entwicklung nach 1900 zeigte, in der Tat auch nicht mehr vorkamen.

In verwaltungsmäßiger Hinsicht blieb Siwa zwar zunächst auch weiterhin dem in der unterägyptischen Stadt Damanhur residierenden Gouverneur der Provinz Bahira unterstellt[678], die eigentliche Macht über sie wie über die gesamte Westliche Wüste jedoch lag von da an in den Händen des Kommandeurs der Küstenwacht, dem direkten Vertreter der Engländer in diesem Gebiet. Welche Bedeutung letztere zum Ende des Jahrhunderts der Oase Siwa beizumessen begannen, geht aus einer Bemerkung Dumreichers hervor. Er schreibt: „Im Jahre 1900 ging ich zum ersten Male selbst nach Siwa als Anführer der Eskorte des englischen Staatssekretärs des Ministeriums des Innern, welcher diese interessante Oase besuchen wollte, um dort eine regelrechte Verwaltung einzuführen."[679]

676 Dumreicher, 1931, S. 2f.
677 Ebenda, S. 31.
678 White, 1899, S. 88, 158.
679 Dumreicher, 1931, S. 31.

Über die Ursachen des wachsenden Interesses der neuen Beherrscher Ägyptens selbst an dieser kleinen Oase schweigt sich der österreichische Offizier ebenso aus wie auch die anderen Autoren, die über diese Periode berichteten. Dennoch kann mit Sicherheit angenommen werden, daß sie – ganz im Gegensatz zu der bisherigen Zielsetzung der Zentralregierung gegenüber der Oase – nicht auf ökonomischem Gebiet gelegen haben werden, sondern ausschließlich oder doch vorrangig politischer Natur waren.

Sie lagen begründet im Wettlauf der europäischen Kolonialmächte um die Aufteilung des afrikanischen Kontinents und die Sicherung ihrer dabei eroberten Einflußsphären gegenüber den Konkurrenten. Im Zuge dieser erbittert geführten Auseinandersetzungen erlangten die Westliche Wüste und damit auch die Oase Siwa als westlicher Vorposten Ägyptens gegenüber der Kolonie Libyen eine wichtige militärstrategische Bedeutung, eine Bedeutung, an der sich bis zur Gegenwart nichts geändert hat.

Ungenau war Dumreicher mit seiner Bemerkung, die Reise des britischen Staatssekretärs hätte der Einführung einer „regelrechten Verwaltung" in Siwa gegolten. Denn die Oasenbewohner besaßen seit vielen Jahrhunderten eine ihrer gesellschaftlichen Entwicklung entsprechende innere Selbstverwaltung, die den lokalen Ansprüchen genügte und sehr gut funktionierte. Aber diese war offenbar gar nicht gemeint, sondern vielmehr die Verwaltung der Oase durch die Zentralregierung.

In dieser Hinsicht hatte der Autor natürlich nicht unrecht. Sie hatte sich bisher als ziemlich wirkungslos erwiesen. In erster Linie deshalb, weil dem Maʿmur kein adäquates Machtorgan zur Verfügung stand, mit dessen Hilfe er seine Forderungen und Anordnungen notfalls auch gegen den Willen der Oasenbewohner hätte durchsetzen können. Mit der Etablierung der Küstenwache in der Westlichen Wüste war nunmehr jedoch eine derartige Möglichkeit gegeben, waren weitaus günstigere Voraussetzungen für eine stärkere, ja erstmals überhaupt eine effektive Einflußnahme der ägyptischen Staatsmacht auf die Bevölkerung dieser Region geschaffen worden.

Daß sie genutzt wurde, beweist u. a. die nachfolgende Entwicklung in Siwa. Wie eingangs erwähnt, sind sich die Chronisten darin einig, daß es nach der Jahrhundertwende zu einer beträchtlichen Wandlung in den Beziehungen der Zentralregierung zur Oasenbevölkerung gekommen ist, die ihren Ausdruck vor allem im Abklingen der bis dahin nahezu permanent aufflammenden gewaltsamen Auseinandersetzungen sowie in der regelmäßigen Entrichtung der Tribute an Kairo fand. Die Autoren registrierten diesen Tatbestand jedoch nur, ohne ihn ausreichend zu begründen. Da in dieser Zeit weder einschneidende Veränderungen in der Administration zu verzeichnen, noch die Hauptursachen beseitigt waren, die die häufigen Konflikte ausgelöst hatten, ergibt sich daraus zwangsläufig die Schlußfolgerung, daß die Veränderungen in erster Linie ein Ergebnis der gewachsenen militärischen Präsenz des ägyptischen Staates in der Oase waren.

Ehe wir die weiteren Ursachen dieser Entwicklung untersuchen, sei an dieser Stelle zunächst das administrative System der Zentralregierung in Siwa etwas ausführlicher beschrieben, da in den Berichten aus der Zeit um die Jahrhundertwende erstmals einige Details wiedergegeben werden. Dabei ist allerdings keine Aussage darüber möglich, seit wann die einzelnen Regulierungen in Kraft waren. Manche werden bereits im Verlauf des vorigen Jahrhunderts eingeführt worden sein, konnten jedoch auf Grund der geschilderten Umstände bis zur Jahrhundertwende nicht wirksam werden. Andere wurden offenbar erst im Ergebnis der Untersuchungen der Kommission unter Mustafa Bey eingeführt.

Um die Jahrhundertwende befanden sich außer dem Maʿmur und den Angehörigen der Polizei noch drei weitere offizielle Beamte der Zentralregierung in Siwa, nämlich der Kadi, der Sekretär der Maʿmuriya, des Büros des Maʿmurs, sowie ein Arzt bzw. Gesundheitsinspektor.[680] Die Amtszeit des Maʿmurs betrug ein Jahr, jedoch blieb er „one month beyond his year of office to give advice and information to his successor". Die übrigen Beamten wurden jeweils nach Ablauf von zwei Jahren ausgewechselt.[681]

1896 konfiszierte der damalige Maʿmur, Mahmud Azmi, die „Kasr Hassouna", die ehemalige Residenz Hassouna Mansurs, und richtete in ihr sein Büro und die Polizeistation ein. Zugleich ordnete er den Bau eines neuen Verwaltungsgebäudes auf dem freien Platz nördlich der Wohnburg an, das er ein Jahr später bezog.[682] „Square in shape with a courtyard in the centre", heißt es im Hohler Report über diesen Flachbau, „it comprises accomodation for the Maamur, the Cadi, the two police officers and the clerk; a prison, a dispensary, a school, a law court." Steindorff, dessen Beschreibung des Baues mit der des Hohler Reports in allen Details übereinstimmt, behauptet, daß in ihm neben den bereits genannten Personen auch noch die 20 Mann starke Polizeitruppe kaserniert war.[683] Somit wären faktisch alle damals in der Oase tätigen Ägypter in einem Gebäude konzentriert gewesen – eine Maßnahme, die angesichts der Verbitterung der Siwaner gegen ihre Anwesenheit sicherlich nicht unbegründet gewesen sein wird.

Die gleichlautenden Beschreibungen und die von Steindorff veröffentlichten Photos von der neuen Maʿmuriya lassen keinen Zweifel daran, daß es sich dabei um das am Ortseingang von Siwa-Stadt gelegene Gebäude handelt, in dem gegenwärtig die Polizeistation und das Untersuchungsgefängnis sowie die einzige Poststelle der Oase untergebracht sind. Außerdem gab es schon damals eine Poststelle, und am Fuße des „Aussichtsberges" wurde um diese Zeit gerade die erste Krankenstation in der Oase erbaut[684], die bis zur Eröffnung eines neuen Krankenhauses 1974 die einzige medizinische Einrichtung in Siwa blieb.[685]

Als oberster Repräsentant des ägyptischen Staates in der Oase hatte der Maʿmur den Vorsitz sowohl über den Scheich-Rat als auch über den „Gerichtshof" inne.[686] Das bedeutete u. a., daß beide Gremien bindende Beschlüsse – vor allem solche, die die Beziehungen der Oase zur Zentralregierung betrafen – nur in seiner Anwesenheit fassen konnten, und daß jede Neuwahl in sie seiner Bestätigung bedurfte, ehe sie rechtskräftig wurde. Nach wie vor war jede Gens durch ihr Oberhaupt im Rat vertreten, wie sie auch bei dessen Ableben seinen Nachfolger aus ihren Reihen wählte, der dann den Platz des Verstorbenen im Rat einnahm.[687] Zwar setzte das nicht nur

[680] Hohler Report, 1900, S. 11; White, 1899, S. 167.

[681] Hohler Report, 1900, S. 36.

[682] Fakhry, 1973, S. 112. Der Autor fügt hinzu, daß der genannte Maʿmur „committed the crime of placing dynamite under the sanctuary of Umm 'Ubaydah, blowing up one of its walls and the ceiling in order to obtain stone for his office steps and a house for himself."

[683] Hohler Report, 1900, S. 11; Steindorff, 1904, S. 56.

[684] Hohler Report, 1900, S. 11; Steindorff, 1904, S. 114.

[685] Stein/Rusch, 1978, S. 94.

[686] White, 1899, S. 151f.

[687] Hohler Report, 1900, S. 30.

die Zustimmung des Maʿmurs, sondern anschließend auch noch die der übrigen Ratsmitglieder voraus[688], jedoch scheint es sich hierbei nurmehr um einen formalen Akt gehandelt zu haben. Aus der Literatur jedenfalls ist kein Fall bekannt, daß einem Neugewählten die Mitgliedschaft im Rat verwehrt worden wäre. Immerhin aber gab diese Regelung dem Maʿmur zumindest rechtlich die Möglichkeit, die Aufnahme ihm unliebsamer Personen in dieses Gremium zu verhindern.

Der Rat wählte aus seiner Mitte sechs Mitglieder, die gemeinsam mit dem Maʿmur und dem Kadi den „Gerichtshof" bildeten. Seine rechtlichen Befugnisse waren auf kriminelle Delikte begrenzt, die sicherlich auch alle Verstöße gegen die Anordnungen des Maʿmurs und damit des Staates umfaßten.[689] Die Mehrzahl derartiger Vergehen wurde traditionsgemäß mit der Zahlung von Datteln geahndet. Die Menge richtete sich nach der Schwere des Deliktes. Nur bei Kapitalverbrechen, wie etwa Mord, wurde der Täter in das Zentralgefängnis nach Kairo überstellt.[690]

Letztere Maßnahme stellte eine Neuregelung dar, die offenbar auf das von Mustafa Bey eingeführte modifizierte Strafrecht zurückgeht. Vordem wurde ein Mörder grundsätzlich der Gens des Opfers ausgeliefert, die ihn nur gegen eine hohe Bußzahlung – normalerweise die Übergabe von Wasseranteilen bzw. Gärten – wieder freiließ. Außer den kriminellen Vergehen sowie den Disputen zwischen den beiden Fraktionen, deren Schlichtung man grundsätzlich der Ordensleitung in Djaghbub übertrug[691], wurden alle übrigen Streit- und Rechtsfragen auf traditionelle Weise behandelt. Privatrechtliche Probleme, wie Eheschließungen und -scheidungen, Erbstreitigkeiten etc., wurden nach wie vor innerhalb der jeweiligen Gens geklärt.

Unstimmigkeiten hinsichtlich der Wasseranteile an den Quellen schlichtete der Rakhāb, der Wasserschiedsrichter. Alle anderen Streitigkeiten, vor allem um Grundstücks- bzw. Gartengrenzen, wurden den Murdhiyin zur Entscheidung vorgelegt. „These are arbitrators, six in number, three being chosen from the East and three from the West, to decide disputes as to boundaries."[692] Die Murdhiyin waren wie der Wasserschiedsrichter traditionelle Funktionäre, die nach wie vor von der Gemeinschaft in ihr Amt gewählt wurden und dieses im Interesse der Gemeinschaft ausübten, wofür sie eine entsprechende Vergütung in Form landwirtschaftlicher Produkte erhielten.[693]

Die Oberhäupter der Gentes hingegen – die ja trotz der Tatsache, daß sie sich auf Grund ihres großen Wasserbesitzes schon lange zu einer aristokratischen Oberschicht formiert hatten und ihre Ämter in ihren Familien erblich geworden waren, ebenfalls noch gesellschaftliche Funktionen bekleideten – erhielten für die Ausübung ihrer Funktionen traditionell keine materielle Anerkennung von der gesamten Gesellschaft, wohl aber von den Angehörigen ihrer jeweiligen Gens in Form von „Geschenken".

Ende des vergangenen Jahrhunderts jedoch bekam jedes Mitglied des Scheich-Rates eine jährliche Vergütung in Höhe von £.E.2,–.[694] Für damalige Verhältnisse eine recht beträchtliche Summe, wenn man bedenkt, daß der Tageslohn eines Arbeiters

[688] Ebenda.
[689] Ebenda, S. 30f.; STANLEY, 1912, S. 44; WHITE, 1899, S. 152.
[690] WHITE, 1899, S. 152.
[691] CLINE, 1936, S. 16f.; FAKHRY, 1973, S. 112; HOHLER Report, 1900, S. 31; WHITE, 1899, S. 152.
[692] HOHLER Report, 1900, S. 32.
[693] Ebenda.
[694] Ebenda, S. 36.

in der Oase 1905 nur einen Piaster betrug.[695] Diese Vergütung wie auch die Besoldung der von der Zentralregierung in die Oase entsandten Beamten und Polizisten erfolgte mit einem Teil der erhobenen Tribute.[696] Das bedeutet, daß sie aus Mitteln des Staatshaushaltes finanziert wurde, womit diese traditionelle soziale Institution der Siwaner – zumindest formell – als Organ des Staates anerkannt worden war.

Nicht so die übrigen, oben erwähnten traditionellen Funktionäre. Ihre Tätigkeit wurde zwar auch weiterhin akzeptiert, ihre Bezahlung jedoch erfolgte nicht aus der Staatskasse, sondern weiterhin auf herkömmliche Weise durch die Wasserbesitzer bzw. aus Mitteln des „öffentlichen Fonds“. Der Rakhāb erhielt jährlich 200 okes Datteln und 60 okes Weizen, die Murdhiyin aus dem „öffentlichen Fonds“ jährlich landwirtschaftliche Produkte im Werte eines Dollars.[697]

Wichtigste Aufgabe eines jeden Ratsmitgliedes gegenüber der Zentralregierung wird es zweifellos gewesen sein, deren Forderungen und Anordnungen innerhalb der eigenen Gens durchzusetzen, d. h. in erster Linie für die Aufrechterhaltung von Ruhe und Ordnung in ihrer Gemeinschaft Sorge zu tragen und den von ihren Mitgliedern entsprechend ihres jeweiligen Palmenbesitzes zu entrichtenden Tribut einzutreiben. „The collection of taxes is entrusted to the Sheikhs of families, who are personally responsible for them“, heißt es dazu im HOHLER Report, „. . . Each family hands the amount for which it is responsible to its Sheikh, and when all have done so, the Sheikhs proceed it in a body to the Maamourieh, and deliver the money to the Maamour in exchange for a receipt.“[698] Jedem Scheich standen dafür 2 % des in seiner Gens aufgebrachten Gesamtbetrages zu, mindesten jedoch £. E. 2,– . Damit war zugleich sein oben erwähnter Vergütungsanspruch als Ratsmitglied abgegolten.[699]

Die Tributverpflichtungen der Siwaner gegenüber Kairo beliefen sich nach ihrer Reduzierung Ende des 19. Jh. auf insgesamt £.E. 1.750,– , einschließlich £.E. 20,– , die die Bewohner der kleinen Nachbaroase Gara aufzubringen hatten.[700] Basis für die Berechnung dieses Gesamtbetrages bildete die 1871 durchgeführte, bis dahin letzte Erhebung des Fruchtbaumbestandes in der Oase.[701] Nach STEINDORFF waren je zwei Piaster für die fruchttragenden Dattelpalmen und Olivenbäume abzuführen; „von anderen Vermögensobjekten, z. B. auch von den minderwertigen Widdi-Palmen, werden keine Abgaben erhoben.“[702] Das bedeutete, daß auch zu diesem Zeitpunkt die Besteuerung der Bevölkerung noch nach ihrem Besitz erfolgte.

Einer Festlegung Mustafa Beys zufolge wurden die Tribute in drei Raten erhoben, nämlich $^1/_8$ zu Beginn der Haupterntezeit Ende Oktober, $^6/_8$ unmittelbar nach dem Höhepunkt der Dattelernte im Dezember/Januar, und $^1/_8$ im Februar.[703] Neben dem Tributaufkommen standen dem Staat auch noch die Einnahmen zu, „obtained from fines imposed in criminal cases, and from a duty imposed on camels killed for food.“[704]

695 FAKHRY, 1973, S. 115.
696 HOHLER Report, 1900, S. 36; STEINDORFF, 1904, S. 114.
697 HOHLER Report, 1900, S. 32.
698 Ebenda, S. 36; vgl. auch: STEINDORFF, 1904, S. 114.
699 Ebenda.
700 HOHLER Report, 1900, S. 35; STANLEY, 1912, S. 43; STEINDORFF, 1904, S. 114.
701 HOHLER Report, 1900, S. 36.
702 STEINDORFF, 1904, S. 114.
703 HOHLER Report, 1900, S. 36; STANLEY, 1912, S. 43; STEINDORFF, 1904, S. 114.
704 HOHLER Report, 1900, S. 36.

Jedoch waren sie insgesamt offenbar so gering, daß sie in keiner Quelle exakt ausgewiesen wurden.

Aus den Gesamteinnahmen des Staates wurden die Kosten für die ägyptische Administration in der Oase bestritten, die sich auf rund £.E. 1000,– jährlich beliefen, so daß die realen Einkünfte, die Kairo in Siwa erzielte, weniger als £.E. 1000,– betrugen. Neben dem staatlichen Budget, das fast ausschließlich der Finanzierung der Beamten und Polizisten sowie der Vergütung der Ratsmitglieder diente, gab es auch weiterhin noch den traditionellen „gesellschaftlichen Fonds", den Bēt el-Māl. Seine sehr bescheidenen Einnahmen resultierten „from the sale of manure left on the public squares by the caravans that come to purchase dates; from the sale of coarse grass, called El Ankool, which groves on the public grounds after the rains; and from the sale of public lands. These lands are the empty spaces round the town, with the exception of the Messatih, or squares, in which the date harvest is stored".[706]

Dieser Fonds, der von je einem Vertreter der Östlichen und der Westlichen verwaltet wurde, die dafür jährlich je 120 „okes" Datteln erhielten, diente u. a. zur Finanzierung notwendiger Reparaturen an den Moscheen, der Neuanlage und Instandhaltung der Wege durch die Salzsümpfe, der Vergütung der Murdhiyin sowie der Bewirtung von Gästen. Daß es sich bei diesem Fonds noch um eine traditionelle Einrichtung handelte, beweist u. a. auch die Tatsache, daß nicht alle Bewohner der Oase an ihm partizipieren konnten, sondern er lediglich für die Bewohner der Wohnburg in Siwa da war, während Aghurmi über einen eigenen Bēt el-Māl verfügte.[707]

Soweit einige Einzelheiten zum Verwaltungssystem in Siwa am Ende des 19. Jh. Möglicherweise waren – wie erwähnt – ein Teil der genannten, von der Zentralregierung eingeführten Regelungen bereits vor diesem Zeitpunkt in Kraft gewesen, konnten jedoch auf Grund der geschilderten Umstände vordem nicht oder kaum wirksam werden. Das traf insbesondere auf die Rolle und Stellung des Maʿmurs zu. Erst das verstärkte militärische Engagement des ägyptischen Staates in der Westlichen Wüste und damit in Siwa ermöglichte es ihm, seiner Funktion besser gerecht zu werden, d. h. die Weisungen seiner Regierung gegenüber dem Rat der Scheichs und damit gegenüber der Oasenbevölkerung durchzusetzen – wenn es sein mußte, auch gegen ihren Willen. Trotzdem hing sein Durchsetzungsvermögen auch in der Folgezeit nicht unwesentlich von seinen Fähigkeiten und seinem persönlichen Auftreten ab. Das scheint man seinerzeit offenbar auch in Kairo erkannt zu haben. Zumindest ist im Hohler Report die Feststellung zu finden: „Siwa is no more a place of banishment for incompetent officials, but a probationary post where successful results will be rewarded with promotion."[708]

Außer der verstärkten militärischen Präsenz Kairos begünstigten noch zwei weitere Faktoren das Machtstreben ihres Vertreters in der Oase: Die Durchsetzung des Verbots des Tragens von Feuerwaffen in der Öffentlichkeit sowie die Veränderung der Siedlungsweise der Oasenbewohner. Ersteres ging offensichtlich auf eine Anordnung der Zentralregierung bzw. des Kommandeurs der Küstenwache zurück, die der Bevölkerung der Westlichen Wüste den Besitz von Feuerwaffen generell untersagte.[709]

705 Ebenda; Steindorff, 1904, S. 114.

706 Hohler Report, 1900, S. 31.

707 Ebenda, S. 32.

708 Ebenda, S. 30.

709 Belgrave, 1923, S. 38.

Vollständig scheint dieser noch heute in Kraft befindliche Erlaß allerdings niemals verwirklicht worden zu sein, denn noch während des Aufenthaltes der Verfasser in diesem Gebiet haben sie kaum einen Beduinen erlebt, der unbewaffnet seinen Weg durch die Wüste angetreten hätte, wie auch freudige Ereignisse verkündende Feuersalven wiederholt bewiesen, daß auch mancher Siwaner noch heute über eine Schußwaffe verfügt.[710]

Ungeachtet dessen gelang es bereits den um die Jahrhundertwende in der Oase amtierenden Repräsentanten des Staates auf Grund der veränderten Machtkonstellation, der männlichen Bevölkerung zumindest das öffentliche Tragen von Feuerwaffen zu untersagen, was zweifellos wesentlich zur Entspannung der damaligen explosiven Lage beitrug.[711] Bis dahin soll sich, WHITE zufolge, kein Siwaner unbewaffnet auf die Straße begeben haben, selbst nicht beim Gang in die Moschee, wo er während des Gebetes sein Gewehr in Reichweite neben sich ablegte. Unter diesen Umständen war es nicht verwunderlich, daß selbst schon die kleinste Unstimmigkeit zwischen zwei Kontrahenten Anlaß zu einer Schießerei sein konnte, die sich dann nicht selten rasch zu einem größeren Konflikt ausweitete.[712]

Eine derartige Gefahr war durch die oben genannte Maßnahme bedeutend gemindert worden. Zwar werden Kontroversen und Konflikte zwischen den Östlichen und den Westlichen auch weiterhin noch manchmal aufgetreten sein, wie u. a. ein von BELGRAVE erwähntes Ereignis aus dem Jahre 1923 beweist. Da sie jedoch nunmehr wieder in althergebrachter Weise, also mit Stöcken und anderen Schlaginstrumenten, ausgefochten wurden, verliefen sie weit weniger blutig und verlustreich als vordem und konnten zudem durch die in der Oase stationierten bewaffneten Kräfte rascher wieder unter Kontrolle gebracht und beendet werden.[713]

Wie bereits erwähnt, kam der Stabilisierung der Macht des Maʿmurs noch ein weiterer, in der Literatur bisher überhaupt noch nicht beachteter Faktor sehr entgegen: die grundlegende Veränderung der Siedlungsweise der Oasenbewohner, insbesondere im Gebiet der heutigen Stadt Siwa. Dieser Prozeß setzte im Verlaufe des vorigen Jahrhunderts ein. Die Unterwerfung der Westlichen Wüste durch den ägyptischen Staat brachte Veränderungen mit sich, durch die auch die Raubzüge der Beduinen in Siwa allmählich aufhörten. Damit entfiel für die Oasenbewohner die Notwendigkeit eines Zusammenlebens in den Wehrsiedlungen. Das veranlaßte in der Folgezeit immer mehr Familien, ihre engen, unhygienischen Behausungen in den Wohnburgen aufzugeben und sich in der Ebene niederzulassen.

Die ersten Wohnbauten außerhalb der schützenden Mauern wurden unmittelbar am Fuße derselben errichtet, damit sich ihre Bewohner notfalls rasch in die Wohnburgen zurückziehen konnten.[714] Später begann man dann, neue Siedlungen weiter entfernt anzulegen. Die ersten dieser Siedlungen im Bereich von Siwa-Stadt waren offensichtlich die alten Teile der heutigen Stadtviertel Sabucha und Manschiya,[715] denn sie waren – soweit die Verfasser aus ihren heute zumeist schon stark zerfallenen

710 FB STEIN/RUSCH, 1976, S. 863; STEIN/RUSCH, 1978, S. 141f.

711 WHITE, 1899, S. 155.

712 HOHLER Report, 1900, S. 25; WHITE, 1899, S. 155.

713 BELGRAVE, 1923, S. 100.

714 Vgl. u. a.: FAKHRY, 1973, Abb. S. 23; STEIN/RUSCH, 1978, Abb. S. 25; STEINDORFF, 1904, Abb. S. 60, 79.

715 STEINDORFF, 1904, S. 117.

Überresten noch erkennen konnten – weitgehend im traditionellen Stil der Wohnburgen errichtet worden. Die ein- bis zweistöckigen Häuser waren nur durch sehr enge, verwinkelte und an vielen Stellen überbaute Gassen und Gäßchen voneinander getrennt. Die an der Peripherie stehenden waren so aneinandergebaut, daß ihre nach außen gerichteten, türlosen Wände ebenfalls eine festungsartige hohe Mauer um die Gesamtanlage bildeten, in die nur an wenigen Stellen kaum meterbreite Ausgänge ausgespart waren.

Die früheste in der Neuzeit außerhalb von Siwa-Stadt und Aghurmi angelegte Siedlung dürfte Zeitun im Ostteil der Oase sein. Auf einer Anhöhe errichtet, ist sie von einer fast drei Meter hohen Mauer aus Salztonerde umgeben, durch die zwei gegenüberliegende Tore auf einen freien Platz führen, der ursprünglich wohl in der Hauptsache als Dattelhof genutzt wurde. Von diesem Platz aus gelangt man durch ein weiteres Palisadentor in das etwa 200×200 m große eigentliche „Wohnviertel", das so dicht bebaut ist, daß die durchweg flachen Wohn- und Wirtschaftsräume mit den dazwischenliegenden, ebenfalls überdachten Viehunterkünften einen geschlossenen Komplex bilden, zwischen denen keinerlei Gassen mehr zu erkennen sind.[716] Dieses, in seiner Anlage in der Oase einmalige Wehrdorf wurde Mitte dieses Jahrhunderts von seinen letzten Bewohnern verlassen und ist seitdem dem Verfall preisgegeben.

Das Zeitun benachbarte Abu Shuruf sowie die im Westteil der Oase gelegenen Ansiedlungen im Gebiet von Maragi wurden offenbar erst zu einem späteren Zeitpunkt – vermutlich in der zweiten Hälfte des vorigen Jahrhunderts – angelegt, worauf die auseinandergezogene, völlig ungeschützte Anordnung der flachen Gebäude hinweist.[717]

Auch in Siwa-Stadt – oder „Siwa el-Kebir" (Groß-Siwa), wie der Hauptort von den Einheimischen auch bezeichnet wird – und Aghurmi ging man am Ende des vorigen Jahrhunderts ebenfalls immer mehr zu einer offenen, großräumigen Siedlungsweise über, wodurch sich beide Orte in die Gartengebiete auszudehnen begannen.[718] Um die Jahrhundertwende dominierten dabei noch ein- bis zweistöckige Häuser, die „von den verschiedenen Zweigen einer Familie, dem Vater und den verheirateten Söhnen, bewohnt" wurden.[719] Im Verlaufe unseres Jahrhunderts bauten sich die Kleinfamilien zunehmend flache Einzelgehöfte, die sie in der Regel allein bewohnten. An die im traditionellen Stil aus Salztonerde errichteten flachen Wohnhäuser schließen sich mit hohen Mauern aus dem gleichen Material eingefriedete Hofräume an, die vorwiegend der Unterbringung des Viehs dienen.

Durch die vor allem seit der Jahrhundertwende einsetzende massenweise Aussiedlung aus der Wohnburg büßten die Siwaner zugleich eine ihrer bis dahin wirkungsvollsten Widerstandsmöglichkeiten gegenüber dem Maʿmur ein. Sowohl die jetzt einzeln und verstreut inmitten des Gartenlandes siedelnden Kleinfamilien hatten jede Chance einer gemeinsamen Abwehr etwaiger Zwangsmaßnahmen durch die Gendarmerie eingebüßt als auch die noch in der Wohnburg Zurückgebliebenen. Ihre Zahl verringerte sich alsbald derart, daß sie die vordem sorgsam beachtete Bewachung ihrer Wehrsiedlung immer weniger aufrechterhalten konnten und schließlich faktisch ganz aufgeben mußten.

716 FB Stein/Rusch, 1976, S. 774; Stein/Rusch, 1978, S. 96f.

717 Vgl. Stein/Rusch, 1978, Abb. S. 34.

718 Scholz, 1822, S. 82; St. John, 1849, S. 109; Steindorff, 1904, S. 117.

719 Steindorff, 1904, S. 115, 117.

Ein Beweis dafür war, daß es dem Maʿmur im Jahre 1908 gelang, mit seinem zahlenmäßig kleinen bewaffneten Gefolge in die Wohnburg einzudringen und hier eine Strafaktion erfolgreich durchzuführen – eine Maßnahme, die ohne die Anwesenheit zusätzlicher starker militärischer Kräfte im 19. Jh. undenkbar gewesen wäre. Anlaß zu dieser Aktion gab das Verhalten Osman Habuns, des langjährigen Führers der Senussiya in Siwa und zugleich reichsten Mannes in der Oase. Er war einer Aufforderung des Maʿmurs, vor ihm zu erscheinen und sich wegen seiner Zusammenarbeit mit einem berüchtigten arabischen Schmuggler zu verantworten, nicht nachgekommen, sondern hatte sich stattdessen in seinem Haus in der Wohnburg verborgen.[720] Die Polizisten drangen bis zu seinem Anwesen vor, wo sie auf heftigen Widerstand stießen. Nach einem längeren Feuerwechsel, bei dem der Maʿmur tödliche Verletzungen erlitt, gelang es ihnen schließlich aber doch, das Haus zu stürmen, seine Verteidiger zu überwältigen und festzunehmen. Auch Osman Habun, der durch einen Hinterausgang entkommen war und nach Djaghbub entfliehen wollte, konnte gestellt werden.

Er wurde zusammen mit zwei Söhnen, die am Widerstand direkt beteiligt gewesen waren, vor ein eigens dafür in Begleitung einer Kompanie Soldaten nach Siwa entsandtes „Kriegstribunal“ gestellt, das ihn – offenbar zum Zweck der Abschreckung – wegen Ungehorsams gegen die Staatsgewalt und unerlaubten Waffenbesitzes zum Tode verurteilte und öffentlich hinrichten ließ. Seine beiden Söhne wurden zu lebenslanger Zwangsarbeit in ein Gefängnis außerhalb der Oase deportiert.[721]

Wie die bisherigen Ausführungen unterstreicht auch dieses Ereignis und insbesondere die erfolgreiche Aktion in der Wohnburg, daß sich um die Jahrhundertwende eine neue Qualität in den Beziehungen des ägyptischen Staates zur Oasenbevölkerung herauszubilden begonnen hatte, die ihren Ausdruck vor allem in dem bedeutend größeren Durchsetzungsvermögen ihres Vertreters in der Oase fand. Gestützt auf die verstärkte militärische Präsenz Kairos war es dem Maʿmur gelungen, sich zum Präsidenten bzw. Vorsitzenden des Scheich-Rates, des traditionellen obersten Machtorgans in Siwa, sowie des ebenfalls aus seinen Mitgliedern gebildeten „Gerichtshofes“ zu machen und damit nicht nur die bedeutendsten Machtfunktionen formal zu besetzen, sondern offensichtlich auch wirkungsvoll auszuüben, womit er eine tatsächliche Kontrolle über seinen Amtsbereich in der Hand hielt.

Aus den wenigen vorliegenden Details jedenfalls läßt sich die Schlußfolgerung ableiten, daß in allen Beratungen und Entscheidungen über Angelegenheiten, die die Beziehungen zwischen der Metropole und der Oase betrafen, seine Stimme letztlich die ausschlaggebende geworden war oder es zumindest sein sollte. Das betraf in erster Linie die Aufrechterhaltung von Ruhe und Ordnung, was selbstverständlich die widerspruchslose Erfüllung aller von der Zentralregierung an die Oasenbewohner ergangenen Auflagen einschloß.

Alle rein internen, d. h. alle diese Beziehungen nicht unmittelbar betreffenden Probleme hingegen wurden nach wie vor auf herkömmliche Art und Weise ohne Einmischung des Maʿmurs geregelt. Das bedeutete, daß der ägyptische Staat der Oase gegenüber eine Politik verfolgte, die der von den Engländern in ihren Kolonien allgemein verfolgten Politik der sogenannten „indirect rule“ ähnlich war. Er beseitigte auch nicht das traditionelle gesellschaftliche System – wie er auch die

[720] Belgrave, 1923, S. 115f.; Dumreicher, 1931, S. 35, 38; Steindorff, 1904, S. 64.
[721] Belgrave, 1923, S. 116f.; Dumreicher, 1931, S. 38f.; Fakhry, 1973, S. 118.

herkömmlichen Eigentumsverhältnisse unangetastet ließ –, sondern versuchte, es in seinen Dienst zu stellen.

Das trifft insbesondere auf den Scheichrat zu. Seine Mitglieder hatten – gezwungenermaßen – die Wortführung des Maʿmurs in ihrem Gremium akzeptieren müssen, erhielten andererseits aber für die Ausübung ihrer Funktion fortan eine Vergütung vom Staat, die sie in der Folgezeit immer mehr zu dessen Beamten werden ließ. Wie die Entwicklung bis heute zeigt, waren die Scheichs in zunehmendem Maße bereit – nicht zuletzt in ihrem persönlichen Interesse – diese Doppelrolle als traditionelle „Gentiloberhäupter" und Staatsbeamte zu spielen.

Eine weitere, entscheidende Ursache für den sich um die Jahrhundertwende in Siwa vollziehenden gesellschaftlichen Wandel war zweifellos das Wirken der beiden islamischen Sekten. Ihr Charakter wurde bereits skizziert. Obwohl nach übereinstimmenden Berichten die „östliche" im 19. Jh. die reichere und politisch einflußreichere der beiden Fraktionen war und die Missionare der ihr verbundenen Medaniya als erste in der Oase tätig wurden, gewann dennoch die Senussiya innerhalb weniger Jahrzehnte die Oberhand in Siwa und wurde zur eindeutig bestimmenden Sekte, die nicht nur die religiöse, sondern auch die weltliche Szene wesentlich mitprägte.[722]

Diese Einschätzung ist in der vorliegenden Literatur einmütig und unbestritten. Nach den Ursachen für diese Entwicklung wurde indes bisher nicht gefragt. Sicherlich ist sie auf mehrere Faktoren zurückzuführen, von denen die u. E. nach wesentlichsten im folgenden genannt seien:

Den Grundstein für diese Entwicklung legte zweifellos der Ordensgründer selbst. Durch sein persönliches Wirken in der Oase konnte er eine größere Anhängerschaft als die Missionare der Medaniya gewinnen. Leider verfügen wir kaum über Zahlenangaben, die das quantitative Verhältnis zwischen den beiden rivalisierenden islamischen Bewegungen in Siwa beleuchten. Lediglich Hohler veröffentlichte in seinem im Jahre 1900 erschienenen „Report on Siwa" folgende Daten: den 785 Senussiya-Anhängern standen 515 Mitglieder der Medaniya-Sekte gegenüber. Diese Angabe wird, wenn auch nicht in konkreten Zahlen ausgedrückt, so doch in der Tendenz von anderen Autoren bestätigt. So stellte z. B. White 1899 fest: „... the Senussi predominate both in numbers and influence." Und bei Belgrave heißt es: „The Senussi predominate in numbers, but the Medinia sect is the richest."[723]

Ein weiterer Faktor, der dem Wirken der Senussiya sehr förderlich war, war die Wahl Djaghbubs als Hauptquartier des Ordens. Die relativ geringe Entfernung zwischen beiden Oasen ermöglichte eine ständige, rege Kommunikation zwischen der Ordensleitung und ihren Anhängern in Siwa, wodurch erstere natürlich weitaus günstigere Möglichkeiten der Einflußnahme auf ihre Anhänger besaß als das Oberhaupt der Medaniya in Konstantinopel.

Und nicht zuletzt verdankte die Senussiya ihre starke Position ihrer bedeutenden ökonomischen Grundlage, über die sie in Siwa verfügte. Um die Jahrhundertwende war sie einer der reichsten Wassereigentümer in der Oase. Der zu dieser Zeit dort als Wakil, als örtlicher Stellvertreter des Ordensführers, amtierende Osman Habun wurde von mehreren Autoren als der damals weitaus reichste unter den Scheichs angesehen, wobei ein Teil „seines" Besitzes offenbar Eigentum der Sekte war.

722 Belgrave, 1923, S. 150f.; Cline, 1936, S. 52; Fakhry, 1973, S. 115; White, 1899, S. 149.
723 Belgrave, 1923, S. 150; Hohler Report, 1900, S. 17; White, 1899, S. 149.

Belgrave bemerkte: „Sheikh Osman Habun, agent of the Senussi in Siwa, was at this time the most wealthy and powerful man in the oasis. He was a large landowner and employed a small army of slaves. He was related by marriage to most of the western sheikhs, and many of the Siwan notables were beholden to him for financial assistance. From his fortified house in the town he dominated the western fraction, and his armoury included some modern weapons which he had stolen from a certain English traveller.“[724]

Dumreicher charakterisierte seine offenbar außergewöhnliche Position mit den Worten: „Bis zu unserem Besuch in Siwa (im Jahre 1900 – die Verf.) war die Oase ganz in der Hand des Vertreters des Mahdi el Sanussi, des Scheichs Etman Haboun. Er war der einzige vermögende Mann in der ganzen Oase. Man kann sagen, daß die ganze Oase ihm gehörte. Mit einer musterhaften Frömmigkeit verband er ein merkwürdiges Talent für Wuchergeschäfte. Er betete den ganzen Tag und lieh Geld zu 80 Prozent auf drei Monate aus.“[725]

Diese Einschätzung des Habun ist sicherlich übertrieben, zumal sie völlig die real existierenden Besitzverhältnisse, vor allem an den Quellen, verkennt. Sie deutet aber immerhin an, über welche ökonomische Macht der Wakil und damit die von ihm vertretene islamische Bewegung in der Oase verfügte. Sie bringt zugleich die Verquickung religiöser und ökonomischer Interessen innerhalb dieser Sekte zum Ausdruck. Denn daß es sich bei den wirtschaftlichen Ambitionen Habuns nicht nur um die Verfolgung ausschließlich individueller Interessen handelte, sondern daß sie sich durchaus im Einklang mit der von seinem Ordensführer verfolgten Politik befanden, wird durch die Ausführungen Steindorffs bewiesen, die wir weiter unten ausführlicher zitieren werden.

Den bedeutendsten Besitz, den die Senussiya im 19. Jh. in Siwa zu erwerben vermochte, war das im Ostteil der Oase gelegene Gebiet von Zeitun. Nicht nur die Quellen und der gesamte ausgedehnte Gartenkomplex waren ihr Eigentum geworden, sondern auch die mit einer hohen Mauer umgebene, im Innern labyrinthartig angelegte Wehrsiedlung gleichen Namens. Und faktisch gehörten ihr auch die dort lebenden rund 500 Einwohner. Es handelte sich durchweg um ehemalige Sklaven afrikanischer Abstammung.[726]

Einen Teil von ihnen hatte der Sultan von Wadai dem Ordensführer zum Geschenk gemacht. Über das Zustandekommen dieser Beziehungen zwischen den beiden Würdenträgern lesen wir bei Steindorff: „Einst wurde eine Sklavenkarawane, die von dem Sultan von Wadai aus Innerafrika quer durch die Sahara nach Ägypten gesandt war, an der Westgrenze von Tripolis durch arabische Beduinen aufgehoben und geplündert. Kaum hatte Senusi von diesem Überfall gehört, als er die geraubten Sklaven aufkaufen und nach seiner Residenz in Gaghabub bringen ließ. Hier wurden sie in die Mysterien des Ordens eingeweiht, mit der Freiheit beschenkt und nach Wadai zurückgesandt, wo sie jetzt als eifrigste Missionare des Ordens auftraten. Seitdem datierte eine enge Freundschaft zwischen dem Negersultan von Wadai und dem Ordensmeister des Senusis, durch die namentlich auch Handelsbeziehungen zwischen jenem großen Reiche in Innerafrika und den Ländern am Gestade des Mittelmeers,

724 Belgrave, 1923, S. 114f.

725 Dumreicher, 1931, S. 35; vgl. auch: Steindorff, 1904, S. 64ff.

726 Hohler Report, 1900, S. 24; Stein/Rusch, 1976, S. 96ff.; Steindorff, 1904, S. 131.

der Verkehr mit Ben Ghazi, Siwe und Alexandria einen neuen, lebhaften Aufschwung nahmen. Von Zeit zu Zeit kamen große Karawanen in die geistliche Hauptstadt zu Gaghabub, mit den Geschenken des Sultan von Wadai. Natürlich spielten dabei Negersklaven die erste Rolle. Sie wurden zum Dienst in den verschiedenen Moscheen abkommandiert und vor allem auch dazu verwendet, die zahlreichen Ländereien, die der Orden allenthalben erworben hatte, zu bestellen; durch ihre Hände ist schon manche Wüstenstrecke wieder urbar gemacht worden.“[727]

Neben den Sklaven, die der Orden aus Wadai erhielt, wird er sicherlich auch viele von durchziehenden Karawanen käuflich erworben haben. Andere werden sich ihm freiwillig angeschlossen haben, nachdem sie nach ihrer Freilassung die Erfahrung machen mußten, daß sie in ihren alten Gemeinschaften faktisch den gleichen diskriminierenden Bedingungen ausgesetzt blieben wie vordem. Und schließlich wird im abgelegenen Zeitun auch mancher entflohene Sklave einen sicheren Unterschlupf gefunden haben.

In der Siedlung Zeitun waren offenbar alle Bewohner „Gleiche unter Gleichen“, die sich durch den gemeinsamen Glauben miteinander und mit dem Orden verbunden fühlten. Als Gegenleistung für dieses, ihnen vom Orden gewährte Leben in „Freiheit“ hatten sie ihm ihre Arbeitskraft zu geben, d. h., sie mußten die ausgedehnte Plantage bearbeiten, aus deren Erträgen sie sich ernähren konnten. Alles darüber hinaus Erzeugte aber mußten sie an Djaghbub abführen. Wie verpflichtet diese ehemaligen Sklaven in Wirklichkeit der Ordensleitung aber geblieben waren, geht allein schon aus der Tatsache hervor, daß viele von ihnen dem Sektenoberhaupt bei dessen Übersiedlung von Djaghbub nach Kufra in der ersten Hälfte der neunziger Jahre zu folgen hatten, um beim Aufbau der neuen Zawiya zu helfen. In Zeitun beließ man lediglich rund 50 Personen, gerade so viele, wie zur Bearbeitung der Plantage erforderlich waren.[728]

Neben dieser Plantage besaß die Senussiya sicherlich auch in anderen Gebieten der Oase noch Wasseranteile und Gärten, jedoch liegen darüber wie auch über den Besitz der Medaniya keine näheren Angaben vor. Ungeachtet dessen bildete Zeitun aber eine der beiden Haupteinnahmequellen des Ordens in Siwa. Die andere war die bereits erwähnte, jährlich von jedem Sektenmitglied erhobene Abgabe, deren Höhe sich nach dem jeweiligen Gesamteinkommen des Betreffenden richtete.[729]

Mit einem Teil der Gesamteinnahmen, die die Senussiya in Siwa erzielte, wurden die innerhalb der eigenen Zawiya anfallenden Kosten und notwendigen Aufwendungen bestritten. Alles, was übrig blieb – und das war nicht wenig – mußte der Wakil aber an Djaghbub abführen. Es diente dem Unterhalt der hier ansässigen Ordensleitung und ihres Gefolges sowie der Beköstigung der alljährlich zu Hunderten an das Grabmal des Ordensgründers kommenden Pilger.

Die Einkünfte aus Siwa bildeten in zunehmendem Maße überhaupt erst die Voraussetzung für die Existenz der Hauptzawiya in dieser kleinen Oase. Denn, wie bereits erwähnt, gab es in Djaghbub selbst nur einige wenige Quellen, deren Ergiebigkeit

727 Steindorff, 1904, S. 85f.

728 Hohler Report, 1900, S. 24; Steindorff, 1904, S. 90, 131.

729 Im Gegensatz zu den zahlreichen Widerstandsaktionen, die die Siwaner den Tributforderungen Kairos entgegensetzten, ist aus der Literatur kein Fall bekannt, daß ein Sektenmitglied jemals seinen Abgabeverpflichtungen gegenüber der Ordensleitung nicht nachzukommen bereit gewesen wäre.

zudem gering war. Dementsprechend war auch der Bestand an Dattelpalmen nur sehr spärlich und konnte die Bedürfnisse der rasch anwachsenden Einwohnerzahl auch nicht mehr annähernd befriedigen, so daß diese auf die Nahrungsmittelzufuhr aus der Nachbaroase angewiesen waren.[730]

Diese ökonomische Abhängigkeit des Ordens von Siwa einerseits sowie seine erfolgreichen Bemühungen um die Erlangung einer soliden ökonomischen Basis in dieser Oase und die damit verbundene Stärkung seines Einflusses andererseits erforderten zwangsläufig ein Arrangement zwischen der Senussiya – und auch der Medaniya – und den Interessen Kairos in Siwa, und diese Übereinkunft wurde schon frühzeitig getroffen. Sie fand ihren Ausdruck u. a. darin, daß den beiden religiösen Gemeinschaften bereits seit Anfang der siebziger Jahre des vorigen Jahrhunderts eine Steuerfreiheit von £.E. 20,– bzw. £.E. 10,– auf ihren Besitz gewährt wurde, d. h., Steuerfreiheit für 1000 bzw. 500 Bäume. Mit dieser Steuervergünstigung anerkannte der ägyptische Staat zweifellos die bedeutende Position, die beide Sekten im Leben der Siwaner erlangt hatten. Jedoch war sein damit demonstriertes Entgegenkommen nicht uneigennützig. Als Gegenleistung nämlich erwartete er, daß – wie es im HOHLER Report heißt – „they will continue to exert their influence on the side of the Government for the preservation of order".[731]

Und die Ordensleitungen, insbesondere die der Senussiya, bemühten sich nach Kräften, diese Erwartung zu erfüllen, – nicht zuletzt im eigenen Interesse, hing ihre Position in Siwa doch nicht unwesentlich von einem guten Verhältnis zu Kairo ab. Ständige Appelle an das Wohlverhalten der Siwaner gegenüber den Repräsentanten der Staatsmacht zeugen von diesem Bemühen ebenso wie die zahlreichen schlichtenden Aktivitäten von Beauftragten aus Djaghbub, die an anderer Stelle bereits Erwähnung fanden.[732]

Die Siwaner mußten sich diesen Forderungen ihrer Sektenobrigkeit wohl oder übel beugen, denn wegen der drohenden Exkommunikation wagte es kaum jemand, sich ihnen zu widersetzen, zumindest nicht öffentlich. Auf diese Weise trugen die Leitungen beider Sekten in nicht geringem Maße zur Stabilisierung der Macht des ägyptischen Staates in der Oase bei. Zugleich damit aber verrieten sie faktisch die Interessen ihrer Anhänger, die sich ihnen einmal in der Hoffnung angeschlossen hatten, von ihnen Hilfe und Unterstützung bei der Wiedererlangung ihrer völligen Unabhängigkeit zu erhalten.

Außer den bisher genannten Ursachen war die veränderte Situation in Siwa zu Beginn unseres Jahrhunderts nicht zuletzt aber auch Resultat der sich verändernden sozialökonomischen Verhältnisse innerhalb der Oasengemeinschaft selbst. Wie schon erwähnt, wurde dieser Frage in der Literatur bisher keinerlei Aufmerksamkeit geschenkt, konkrete Aussagen über diesen Prozeß fehlen vollständig. Daß er sich aber vollzogen haben muß, läßt sich dennoch aus einigen überlieferten Vorgängen schlußfolgern, die zumindest die Tendenz dieser Entwicklung erkennen lassen.

Wie im Kapitel II bewiesen, bestand in der siwanischen Gesellschaft zu Beginn des 19. Jh. eine deutliche sozialökonomische Differenzierung. Wir nehmen an, daß

730 FAKHRY, 1973, S. 115.
731 HOHLER Report, 1900, S. 35f.
732 FAKHRY, 1973, S. 112; HOHLER Report, 1900, S. 26ff.

dieser Differenzierungsprozeß nicht erst Ergebnis der Entwicklung im 18. Jh. gewesen ist, sondern sich schon viel früher vollzogen hat. Auf Grund der relativen Isoliertheit der Oasengemeinschaft und anderer Faktoren aber hatte er sich über Jahrhunderte qualitativ nicht weiterentwickeln können, sondern war über einen langen Zeitraum auf annähernd gleicher Stufe stehengeblieben.

Mit der Unterwerfung Siwas durch den ägyptischen Staat wurde, wenn auch vorerst nur langsam, diese Stagnation offenbar überwunden und die bisherige Isoliertheit ihrer Bevölkerung aufgehoben. Der damit einsetzende äußere Einfluß bewirkte, daß die Enge der sozialen Schranken allmählich gesprengt wurde und der Differenzierungsprozeß wieder stärker in Bewegung kam.

Die ersten folgenschweren Auswirkungen in dieser Hinsicht dürften bereits die beträchtlichen Verluste, die die Siwaner bei ihrer Niederwerfung im Jahre 1819 an Menschenleben und beweglicher Habe erlitten hatten, sowie vor allem die Ermordung bzw. Deportation vieler Scheichs in den zwanziger und dreißiger Jahren des vergangenen Jahrhunderts ausgelöst haben. Diesen gewaltsamen Vergeltungsmaßnahmen Kairos auf die Widerstandsaktionen der Siwaner fielen – schenkt man den darüber vorliegenden Berichten Glauben – alle oder zumindest fast alle Clanoberhäupter zum Opfer, d. h. faktisch der gesamte Scheich-Rat.

Die Quellen enthalten zwar keinerlei Hinweise auf die Auswirkungen dieser Gewaltmaßnahmen, jedoch ist bei ihrem Ausmaß unseres Erachtens die Annahme nicht unberechtigt, daß sie nicht spurlos an der Oasengemeinschaft vorbeigegangen sind. Zumindest geben sie zu folgenden Überlegungen Anlaß: Die dadurch schlagartig erforderlich gewordene personelle Neubesetzung fast der gesamten Spitze der Oberschicht läßt vermuten, daß sie, zumindest zunächst, von einem Autoritätsverlust begleitet war, denn die Amtsnachfolger der alten Scheichs konnten natürlich noch nicht sofort über so viel öffentliches Ansehen und damit Einfluß verfügen, wie letztere es besaßen.

Des weiteren ist anzunehmen, daß die völlige oder doch nahezu völlige Neubesetzung des Scheich-Rates auch in diesem Gremium zu gewissen Veränderungen geführt haben wird. Zum Beispiel dürfte der starke Konservatismus, mit dem der Rat durch seine kontinuierliche Besetzung über Jahrhunderte hinweg behaftet war, eine Lockerung erfahren haben. Und schließlich wird auch nicht ohne Nachwirkungen geblieben sein, daß die Liquidierung bzw. Verbannung der Scheichs mit der Konfiskation ihrer beweglichen Habe verbunden war. Obwohl man ihr Wassereigentum nicht antastete, wird dieser Verlust sicherlich zu Veränderungen der Machtverhältnisse innerhalb der Oberschicht geführt haben.

Wir nehmen an, daß diese Gewaltakte Kairos das alte soziale System der Oasenbewohner insgesamt erschütterten und labilere Verhältnisse innerhalb ihrer Gemeinschaft zur Folge hatten. Sie wurden verstärkt durch eine weitere Zuspitzung der Auseinandersetzungen innerhalb der Oberschicht, ausgelöst ebenfalls durch die veränderten Beziehungen der Oase zur Zentralregierung im Niltal. Vor allem die Möglichkeit, daß jetzt Scheichs mit Unterstützung und im Interesse des ägyptischen Staates als 'Omda Machtpositionen erlangen konnten, die unter den vorherigen Bedingungen sicherlich kaum eine Chance zum Aufstieg in die Führung des Rates gehabt hätten, rief jetzt einzelne, insbesondere der westlichen Fraktion angehörende Ratsmitglieder auf den Plan, die mit Hilfe der Zentralgewalt die Machtverhältnisse in der Oase zu ihren Gunsten zu verändern trachteten. Zwar war die Zahl der auf diese Weise zu Ehren Gekommenen gering, dafür aber dürfte die Zahl der Bewerber um diesen Posten um so größer gewesen sein, was unausbleiblich mit einer Zuspitzung der Konkurrenz innerhalb der Oberschicht verbunden gewesen sein wird.

Diese Eskalation der sozialen Auseinandersetzungen leitete eine Aufweichung des einheitlichen Zusammenstehens der Siwaner gegenüber Fremden ein, wie es in der gemeinsamen Abwehr von Überfällen räuberischer Beduinengruppen in früheren Jahrhunderten als auch noch in den Widerstandsaktionen gegenüber Kairo im 19. Jh. zum Ausdruck gekommen war. Die dabei demonstrierte Einheit wurde zwar nicht von heute auf morgen aufgehoben, aber auf die Dauer konnte sie unter den veränderten gesellschaftlichen Bedingungen immer weniger gewahrt werden.

Wie der Verlauf der Ereignisse im vorigen Jahrhundert zeigte, waren es zwar immer nur einzelne Scheichs, die sich im Interesse ihrer persönlichen Machtentfaltung mit Kairo verbanden und damit gegen die Interessen ihrer eigenen ethnischen Gemeinschaft handelten. Durch die bestehenden patriarchalischen und sozialökonomischen Abhängigkeitsverhältnisse jedoch wurde zwangsläufig jeweils ein mehr oder weniger großer Kreis von Oasenbewohnern unmittelbar in diese Konflikte mit einbezogen, wie besonders die Vorgänge um Hassouna Mansur und Othman Habun gezeigt haben dürften.

Diese Beispiele machten zugleich deutlich, daß die Zuspitzung des Machtkampfes innerhalb der Oberschicht letztendlich vor allem der Zentralregierung zugute kam, denn je uneiniger sich die Ratsmitglieder wurden, um so leichter wurde es dem Mamur, seine Politik ihnen gegenüber durchzusetzen. Begleitet war dieser Machtkampf offenbar von einer weiteren sozialökonomischen Differenzierung. Wir haben zwar keine direkten Beweise dafür, aber im Hohler Report findet sich immerhin der Hinweis, daß der Scheich-Rat periodisch eine öffentliche Prüfung des Palmenbesitzes jedes Siwaners zum Zweck der Festsetzung des von ihm zu entrichtenden Tributanteils vornahm.[733] Das aber heißt nichts anderes, als daß es häufiger zu einem Eigentums- und Besitzwechsel an Palmen – und damit sicherlich verbunden auch an Wasseranteilen – gekommen sein muß, denn sonst wäre eine derartige Maßnahme wohl kaum erforderlich gewesen.

Eine weitere Veränderung des traditionellen Gefüges der Oasengesellschaft wurde eingeleitet durch die um die Jahrhundertwende verstärkt einsetzende Veränderung der Siedlungsweise. In den Hochhäusern der Wohnburg lebten stets alle Mitglieder einer Großfamilie gemeinsam unter einem Dach, so daß es deren Oberhaupt leicht hatte, alle Angehörigen unter Kontrolle zu halten und seine patriarchalische Autorität zu behaupten. In der Ebene aber bauten sich die meisten Kleinfamilien nun separate Behausungen, was notwendigerweise zur Aufgabe der bisher geübten gemeinsamen Wirtschaftsführung innerhalb der Großfamilie führte. Damit aber wurden die Kleinfamilien ökonomisch zunehmend selbständiger und unabhängiger von ihren Großfamilienoberhäuptern.

Schließlich muß in diesem Zusammenhang unbedingt noch die Entwicklung Erwähnung finden, die sich in den letzten 150 Jahren in den Austauschbeziehungen der Siwaner vollzog, denn sie löste nicht nur auf wirtschaftlichem Gebiet, sondern darüber hinaus in fast allen Lebensbereichen die wohl nachhaltigsten Veränderungen aus. Wie in Kapitel II erläutert, spielte der Handel im Leben der Oasenbewohner

[733] Hohler Report, 1900, S. 36.

seit jeher eine bedeutende Rolle. Über ihn erhielten sie die Möglichkeit, das über den eigenen Bedarf hinaus erzeugte landwirtschaftliche Mehrprodukt – in erster Linie handelte es sich dabei um Datteln – gegen Produkte einzutauschen, die sie nicht selbst zu erzeugen bzw. herzustellen vermochten.

Neben Karawanen aus dem Innern Afrikas sowie aus dem westlichen Nordafrika kamen auch Händler aus Ägypten in die Oase, um hier ihre Waren einzutauschen, wie am Ende des 18. Jh. auch vereinzelt noch Oasenbauern mit ihren Datteln ins Niltal zogen. Die wichtigsten Handelspartner der Siwaner waren zu dieser Zeit jedoch ihre unmitelbaren Nachbarn, die Aulad Ali. Sie lieferten nicht nur Produkte ihrer Nomadenviehzucht, sondern traten darüber hinaus als ihre Mittler zu den öffentlichen Märkten im Niltal auf.

Am Ende des 19., vor allem aber in der ersten Hälfte dieses Jahrhunderts, änderten sich die traditionellen Austauschbeziehungen der Oasenbewohner jedoch wesentlich. In dieser Zeit begannen Großhändler aus Alexandria, den Handel mit Siwa zu monopolisieren. Sie diktierten letztlich seine Bedingungen und die Preise, die siwanischen Erzeuger wurden von ihnen ökonomisch abhängig und daher ihrem Diktat nahezu machtlos ausgeliefert.[734] Diese Situation besteht nachweisbar seit den dreißiger Jahren. Über die vorangegangene Periode gibt es keine exakten Daten. Jedoch ist mit Sicherheit anzunehmen, daß sich eine derartig neue Konstellation nicht schlagartig ergeben haben kann, sondern diese veränderten Handelsbeziehungen Resultat eines vermutlich über Jahrzehnte verlaufenden Prozesses waren.

Ihr Ausgangspunkt dürfte zweifellos in der nationalen kapitalistischen Entwicklung im Niltal zu suchen sein, die im Ergebnis der von Mohammed Ali eingeleiteten Reformen einsetzte.[735] Wir können in diesem Zusammenhang nicht näher auf diese Entwicklung eingehen, sondern konstatieren lediglich, daß von ihr offensichtlich auch die Großhändler in Alexandria – unter ihnen viele griechischer Abstammung – profitierten und natürlich bestrebt waren, sich weitere Profitquellen zu erschließen.

Eine solche war die Exportkultur Siwas zweifellos. Datteln waren nicht nur auf den Inlandsmärkten entlang des Nils gefragt, sondern auch im Ausland, besonders in Europa, begehrt. Deshalb gewannen einzelne Vertreter der sich herausbildenden ägyptischen Handelsbourgeoisie ein zunehmendes Interesse an der Ausweitung des bis dahin nur sporadisch geführten Handels mit der Oase und versuchten, eine immer größere Menge der in ihr erzeugten Exportkulturen in ihre Hände zu bekommen.

Auf der anderen Seite müssen auch die reichen siwanischen Wassereigentümer objektiv an der Ausweitung dieser Beziehungen interessiert gewesen sein, sicherten sie ihnen doch den Zugang zu den neuen Konsumgütern, die durch die entstehende nationale ägyptische Industrie sowie den sich rasch ausweitenden Überseehandel auf den Markt kamen[736], und ermöglichten ihnen damit eine effektivere Realisierung ihres Mehrproduktes. Das trug zur Mehrung ihres Reichtums und damit letztlich zur Festigung ihrer privilegierten gesellschaftlichen Stellung bei.

Wenn uns, wie erwähnt, auch direkt keine Einzelheiten über den Beginn dieser Handelsbeziehungen zwischen den Oasenbewohnern und den ägyptischen Händlern überliefert sind, so lassen aber Veränderungen in den Austauschbeziehungen der Siwaner im Verlaufe des vergangenen Jahrhunderts immerhin gewisse Rückschlüsse auf diesen Prozeß zu. Sie kamen vor allem in folgenden drei Tendenzen zum Aus-

[734] Ghonaim, 1980, S. 131f. [735] Vgl. Voigt, 1980, S. 153ff. [736] Ebenda.

druck: in der zunehmenden Konzentration des Siwahandels in den Händen der Aulad Ali, in dem Anwachsen der Menge siwanischer Exportkulturen, die von den Beduinen in das Niltal und hier speziell nach Alexandria exportiert wurden, sowie in der stetig abnehmenden Bedeutung der übrigen traditionellen Handelsverbindungen der Oasenbauern.

Im Gegensatz zur geschilderten Situation am Ende des 18. Jh. hatten rund 100 Jahre später die Siwaner ihre selbständigen Fernhandelsunternehmungen bereits weitgehend aufgegeben – White stellte 1899 fest, daß „the Siwans themselves rarely venture beyond their own oasis: none go westwards, except in business to Jarabub, and very few to Egypt“[737] –, ägyptische Händler wie Karawanen aus Libyen und weiter westlich gelegenen Gebieten Nordafrikas erschienen immer seltener in der Oase. Die Karawanentätigkeit ins subsaharische Afrika war bereits seit längerer Zeit nahezu zum Erliegen gekommen.

Der Rückgang dieser traditionellen Austauschbeziehungen ist sicherlich auf mehrere Ursachen zurückzuführen. So u. a. auf die koloniale Unterwerfung der früher mit Siwa handeltreibenden Gebiete und ihre „ökonomische Erschließung“, die für die einheimischen Händler andersgeartete Möglichkeiten der Ausübung ihrer Geschäftstätigkeit mit sich brachte. Durch das offizielle Verbot des Sklavenhandels hatte der aufwendige Karawanenverkehr zwischen den subsaharischen Gebieten und Ägypten seine Attraktivität weitgehend eingebüßt.

Eine weitere, entscheidende Ursache wird schließlich das erwähnte Bemühen einiger ägyptischer Großhändler gewesen sein, den lukrativen Handel mit der Oase in ihre Hände zu bekommen. Sie werden nicht nur alle durch den Rückgang der erwähnten traditionellen Austauschbeziehungen freiwerdenden Exportkapazitäten der Siwaner aufgekauft haben, sondern waren vermutlich auch bestrebt, diesen Rückgang im eigenen Interesse weiter zu forcieren.

Da sie den Handel mit den reichen Wassereigentümern auch weiterhin überwiegend noch auf der Basis des Austausches vollzogen, ist die Annahme sicherlich nicht von der Hand zu weisen, daß sie dabei bereits damals mit der noch heute geübten Praxis operierten, ihren siwanischen Handelspartnern im Verlaufe des Jahres Waren zu übermitteln, die diese dann mit den Erträgen der darauffolgenden Ernte zu begleichen haben. Mit dieser Art der „Kreditgewährung“ aber machten sie ihre Gläubiger im zunehmenden Maße von sich abhängig. Sie sicherten sich damit einen immer größeren Anteil ihrer Ernteerträge und zwangen sie, die Austauschbeziehungen mit anderen Partnern immer mehr einzuschränken.[738] Ein ganz ähnlicher Prozeß vollzog sich auch innerhalb der Oasengemeinschaft selbst.

Diese Entwicklung führte dazu, daß sich der Handel zwischen der Oase und dem Niltal auf beiden Seiten in immer weniger Händen konzentrierte. Das wiederum löste offenbar den Rückgang der Austauschentwicklung vermittels eigener Eselskarawanen aus, wie er vordem beiderseits betrieben wurde. Denn sowohl für die reichen siwanischen Wassereigentümer als auch für die ägyptischen Großkaufleute wurde es rentabler, den Transport ihrer Waren den Beduinen zu überlassen. Ganz davon abgesehen, daß die Großhändler sich ohnehin nicht mehr mit Viehhaltung abgaben, und es auch den betreffenden Siwanern gar nicht mehr möglich war, eine so große

[737] White, 1899, S. 157.

[738] Vgl. Ghonaim, 1980, S. 131; Stein/Rusch, 1978, S. 78.

Anzahl von Eseln, wie sie zum Abtransport ihrer zunehmenden Menge von Exportkulturen erforderlich gewesen wäre, zu unterhalten.

Und da es damals beiden Partnern noch an anderen geeigneten Transportmitteln mangelte, überließen sie die Realisierung dieser Aufgabe zwangsläufig völlig den Aulad Ali, die dadurch mit ihren Karawanen allmählich eine Monopolstellung im Siwahandel erlangten. Das geht nicht nur aus dem an anderer Stelle bereits zitierten Untersuchungsergebnis des Hohler Reports hervor. Schon ein Jahr zuvor hatte White festgestellt: Der Karawanenverkehr in der Westlichen Wüste „is practically the monopoly of the Waled Ali – . . . who follow the Coastal route, through their own territory, to Alexandria." Und Falls schreibt 1913: „The chief caravan trade is in the hands of the Aulad Ali Beduins."[739] – Eine Auffassung, die auch andere Autoren teilten.[740]

Dieser Fakt bedeutete u. E. jedoch nicht, daß die Beduinen damit ein absolutes Monopol im Handel mit der Oase erlangt hatten, sondern es handelte sich dabei offenbar nur um ein Transport- oder bestenfalls um eine Art Zwischenhandelsmonopol. Für diese Annahme spricht u. a., daß die Aulad Ali zunehmend zu einer halbnomadischen Lebensweise übergingen. Damit verbunden war, daß sie in der Küstenregion nun selbst Gerste und Oliven anzubauen begannen, wodurch sich die frühere Abhängigkeit bezüglich dieser Produkte vom siwanischen Markt zu lockern begann. Zwar blieben sie auch weiterhin noch auf ihn angewiesen, jedoch nahm die Menge, die die Beduinen zur Deckung ihres Eigenbedarfs notwendigerweise von ihren traditionellen Handelspartnern beziehen mußten, konstant ab.

Noch deutlicher aber wird unsere Annahme dadurch bekräftigt, daß mehrere Autoren ausdrücklich eine Transportfunktion der Aulad Ali zwischen Siwa und dem Niltal erwähnen. So stellt Mitwally fest: „As the oases people have no camels this traffic is chiefly in the hands of Bedwins." Ähnlich äußerten sich u. a. auch Dumreicher, Stanley und Simpson. Letzterer vermerkt über die Modalitäten: „When a consignment is taken from Siwa the consigner pays half this sum (of 1 £.E. – die Verf.), and if the dates arrive, and are delivered in good condition, the consignee should pay the remainder at Hammam."[741]

Diese Aussage ist insofern sehr aufschlußreich, als sie die veränderte Rolle der Aulad Ali im Siwahandel besonders deutlich macht. Sie beweist folgende Tatsache: Im Gegensatz zu früheren Zeiten, als die Beduinen die über den Eigenbedarf hinaus in der Oase erworbenen Produkte auf öffentlichen Märkten, d. h. mehr oder weniger anonym und auf eigene Rechnung vertauschten, waren sie nunmehr Mittler zwischen feststehenden Partnern geworden.

Aber auch diese Funktion übten sie sicherlich nicht ungern aus, brachte sie für die reichen Karawanenbesitzer doch beträchtliche Gewinne ein. Dumreicher stellte für die Jahrhundertwende zwar fest, daß sie am Dattelexport nicht gerade viel verdienen würden, räumte aber zugleich ein, daß die 1,20 Mark, die die siwanischen Auftraggeber pro Tag für jedes Kamel zu zahlen hatten, dennoch immerhin einträglicher wären, als wenn die Tiere sich untätig auf den Weidegründen ergingen.[742] Ende der

[739] White, 1899, S. 156; Falls, 1913, S. 278.

[740] Vgl. Cline, 1936, S. 22; Mitwally, 1951, S. 138; Simpson, 1929, S. 119.

[741] Mitwally, 1951, S. 138; vgl. auch Dumreicher, 1931, S. 27ff.; Simpson, 1929, S. 102; Stanley, 1912, S. 43.

[742] Dumreicher, 1931, S. 23f.

zwanziger Jahre sollen die Kosten für den Transport einer Kamelladung Datteln, deren Gewicht allgemein mit 150 kg angegeben wird, von Siwa nach Alexandria £.E. 1,– betragen haben.[743]

Ohne exakte Belege dafür beibringen zu können, gehen wir – nicht zuletzt auf Grund des nachfolgenden Entwicklungstrends – sicherlich nicht fehl in der Annahme, daß die Großhändler in Alexandria in steigendem Maße die Hauptprofiteure im Siwahandel wurden, denn auf Grund ihrer ökonomischen Position konnten sie sowohl die Aufkaufpreise für die Datteln als auch die Preise der dafür an die Aulad Ali bzw. die Siwaner gelieferten Waren bestimmen.

Daneben profitierten aber auch die Karawanenbesitzer von ihrem Transport- bzw. Zwischenhandelsmonopol. Denn nicht nur der Export der Datteln ins Niltal brachte ihnen Gewinne ein, sondern auch der Transport der dafür gelieferten Waren in die Oase. Darauf machte u. a. bereits STANLEY 1912 aufmerksam, als er schrieb: „In addition to being compelled to take the lowest prices for their dates in order to get a market at all, the Siwans have to pay always double und frequently treble and quadriple prices for foodstuffs and necessaries brought by the Arab. To take three common commodities: (a) Indifferent wheat flour is sold in Siwa at 3 saghs to the dollar or P.T. 3 2/3 per oke; the best wheat flour can be bought in Egypt for P.T. 1 1/2 per oke.

(b) A „ras" of sugar bought in Alexandria for P.T. 2 1/2 or 3 costs P.T. 10 to 11 1/2 in Siwa

(c) A P.T. 8 tin of Kerosine oil costs from P.T. 25 to 30 in Siwa."[744]

In einer entsprechenden Studie, die auf dem Preisindex des Jahres 1936 basiert, kommt MITWALLY u. a. zu folgendem Ergebnis: „By comparing the prices of commodities in the oases with those of the Nile Valley it is clear that the balance is heavily weighted against the oasis dwellers.

| | Cairo | Siwa | |
|---|---|---|---|
| An Adarb of Wheat | 150 | 250 | 66.6 % |
| An Adarb of Barley | 80 | 150 | 87.5 % |
| An Adarb of Rice | 120 | 280 | 133.3 % |
| 4 Gall. Petrol | 10 | 40 | 300.0 % |
| An Oke of Sugar | 3 | 5 | 66.6 % |
| An Oke of Tea | 23 | 30 | 30.4 % |

In Siwa prices are from 30 to 300 %."[745]

Neben den durch die Transportkostenaufschläge zu zahlenden sehr überhöhten Preisen für Waren aus dem Niltal entstand den Oasenbauern ein weiterer erheblicher finanzieller Verlust durch die Gebühren, die sie für den Transport ihrer Exportkulturen zu zahlen hatten. Denn um konkurrenzfähig zu bleiben, mußten sie diese zu einem um die Gebühren verringerten Preis absetzen. Auf diese Tatsache weist u. a. STANLEY im oben angeführten Zitat hin, und auch MITWALLY bemerkt dazu in seiner Studie: „The freightage charge of a camel's load exported from Siwa to Alexandria amounts to 30 piasters (6/–) for the first part of the route from Siwa to Matruh. The

743 MITWALLY, 1951, S. 147; SIMPSON, 1929, S. 101.

744 STANLEY, 1912, S. 43.

745 MITWALLY, 1951, S. 147.

remainder of the journey from Matruh to Alexandria costs another 30 piasters, an additional expense which necessitates a low price for Siwan dates in order that, with the burden of surcharge, they may successfully compete in the market against locally produced dates."[746]

Die hohen Transportkosten schmälerten zwar die Höhe der Gewinne, die die reichen Oasenbewohner aus dem Dattelexport zu erzielen vermochten, erheblich, hoben diese aber keineswegs auf, im Gegenteil: Der Handel erwies sich als bedeutender, wenn nicht sogar entscheidender Faktor bei der weiteren Ausprägung der bereits vorhandenen sozialökonomischen Differenzierung in der siwanischen Gesellschaft.

Am regelmäßigen Handel mit den Aulad Ali waren im wesentlichen nur die Angehörigen der reichen Oberschicht beteiligt; nur sie verfügten über einen entsprechend hohen Überschuß an Exportkulturen. Das aber versetzte sie zugleich in die Lage, sich auch eine Monopolstellung im Absatz der aus dem Niltal importierten Waren in der Oase zu sichern. Mit den für ihre Exportkulturen von den Beduinen bzw. den ägyptischen Großhändlern erworbenen Waren deckten sie nicht nur ihren Eigenbedarf, sondern versorgten in zu diesem Zwecke eingerichteten Läden auch die Masse der ärmeren Oasenbewohner, die selbst vom Handel weitgehend ausgeschlossen war.

Entgegen der ursprünglich von den Verfassern geäußerten Ansicht, daß sich dieses Verkaufssystem erst im Gefolge des einsetzenden LKW-Transports in den dreißiger Jahren entwickelte[747], muß es bereits zu einem wesentlich früheren Zeitpunkt entstanden sein. Schon STEINDORFF vermerkt über seinen Besuch in Siwa-Stadt im Jahre 1900: „Am Fuße des Ostberges liegt der Basar mit seinen offenen, aus Steinen gebauten Verkaufshallen, in denen die aus der Fremde eingeführten Waren feil geboten werden."[748]

Und BELGRAVE schreibt über das 1920/21 vorhandene Verkaufssystem: „Shopping in Siwa is very simple. Each shop is a general shop and contains exactly the same as the others. Prices do not vary . . ., the shops are sprinkled about the town and the customers of each are the people who live nearest. The shops themselves are hardly noticeable. There is no display of goods, nothing in fact to distinguish a shop. One enters a little door and the room inside looks rather more like a storeroom than a living room; sometimes there is a rough counter, some shelves and a weighing machine, but measures consist mostly of little baskets which are recognized as containing certain quantities. The sacks and cases round the room contain flour, beans, tea, rice and sugar; in one corner there are some rolls of calico and a bundle of coloured handkerchiefs hung on a nail from the ceiling. In the storeroom which opens out of the shop there are more sacks, tins of oil, and perhaps a bundle of bedouin blankets. Yet some of the Siwan merchants clear over a thousand pounds a year by their shops . . ., credit is allowed, which enables the merchants to obtain mortgages and eventually possession of some of their customers' gardens."[749]

Diese Beschreibung BELGRAVES, die auch heute noch auf zahlreiche der in Siwa bestehenden „Geschäfte" zutrifft[750], enthält den wichtigen Hinweis auf das bereits seinerzeit bestehende Kreditsystem. Mit diesem bis in die Gegenwart praktiziertem

[746] Ebenda.
[747] RUSCH/STEIN, 1978(b), S. 162.
[748] STEINDORFF, 1904, S. 116.
[749] BELGRAVE, 1923, S. 139f.
[750] Vgl. STEIN/RUSCH, 1978, S. 78.

System brachten die reichen Wassereigentümer, deren Eigentum in der Regel auch diese Läden sind, die Masse der Oasenbewohner zunehmend in ihre Abhängigkeit. Aus diesen Läden versorgen sie nicht nur die von ihnen in ihren Gärten beschäftigten Arbeiter, wofür sie einen Großteil ihres Arbeitslohnes einbehalten[751], sondern gewähren ebenso kleinen Gartenbesitzern und anderen Landarbeitern den Einkauf auf Kredit, womit sie sich deren Überschüsse an Exportkulturen sichern.

Auf diese Weise verfügt jeder Ladenbesitzer über einen festen, an ihn verschuldeten und damit gebundenen Kundenkreis, woraus sich offensichtlich auch die bereits von Belgrave konstatierte und bis heute im wesentlichen beibehaltene Gleichförmigkeit im Warenangebot erklärt. Denn auf Grund dessen muß jeder das auf die Dekkung der lebensnotwendigen Bedürfnisse seiner jeweiligen Kunden abgestimmte und damit gleiche Sortiment anbieten.

Der Handel hatte aber nicht nur einen entscheidenden Einfluß auf die Vertiefung der sozialökonomischen Differenzierung innerhalb der siwanischen Gesellschaft, sondern er bewirkte vor allem seit der Jahrhundertwende zugleich eine zunehmende Veränderung in der traditionellen Wirtschaft der Oase. Das wird vor allem deutlich im starken Rückgang der Getreideproduktion sowie in der Ausübung einiger handwerklicher Tätigkeiten. Auf Grund der Getreideeinfuhr aus dem Niltal war der Reisanbau in Siwa um 1900 bereits völlig eingestellt worden, und auch der Anbau von Gerste, Weizen und Hirse, der in der Oase einen sehr hohen Arbeitsaufwand erforderte, ging seit dem vorigen Jahrhundert ständig zurück und wird gegenwärtig kaum noch betrieben.[752]

Ein ähnliches Bild ergibt sich bezüglich einiger traditionell ausgeübter handwerklicher Tätigkeiten. Denn die zunehmende Einfuhr industriell gefertigter Konsumgüter, insbesondere von Stoffen und verschiedenen Haus- und Küchengeräten, führte allmählich zur fast vollständigen Aufgabe der Töpferei und vor allem der Weberei. Nach Cline sollen sich 1936 lediglich noch drei oder vier alte Frauen mit dem Weben befaßt haben, „the only fabrics woven are the jubbah – the laborer's coat – and some rough squares of cloth for household purposes".[753]

Alle übrigen Kleidungsstücke wurden aus dem Niltal importiert bzw. aus eingeführten Stoffen selbst gefertigt[754], wobei man allerdings die Tradition beibehielt, die blauen Baumwollstoffe für die Umhänge der Frauen aus Kerdessa, dem alten Handelsstützpunkt nahe Gizeh, zu beziehen.[755] Noch in einem anderen Fall hielten die Siwaner trotz der Einfuhr der neuen Konsumgüter an herkömmlichen Formen und Dekors fest, nämlich beim Silberschmuck. Fakhry zufolge waren 1938 noch zwei Silberschmiede in der Oase tätig, „making silver jewelry for the women, besides what was imported through the Bedouin from Alexandria and Libya, where silversmiths at Benghazi also used to make them."[756]

Ungeachtet dieser beiden Ausnahmen führte der Import von Nahrungs- und Konsumgütern aus dem Niltal besonders im Bereich der materiellen Kultur zu einem bemerkenswerten Abbau der ethnischen Spezifika und trug damit zu einer zunehmenden

[751] Maugham, 1950, S. 89; Stein/Rusch, 1978, S. 78, 98.
[752] Vgl. Mitwally, 1951, S. 148.
[753] Cline, 1936, S. 33; vgl. auch S. 31.
[754] Ebenda, S. 31f.; Steindorff, 1904, S. 113.
[755] Vgl. u. a. Belgrave, 1923, S. 141; White, 1899, S. 156f.
[756] Fakhry, 1973, S. 45.

„Ägyptisierung“ der siwanischen Bevölkerung bei. Zugleich hatte die durch ihn bewirkte Veränderung der traditionellen Wirtschaft aber auch noch einen nicht zu unterschätzenden sozialen Aspekt.

Für die reichen Wassereigentümer war es offensichtlich profitabler, das verfügbare Wasser und vor allem die Arbeitskräfte auf den Anbau von Exportkulturen zu konzentrieren und dafür den Anbau anderer Kulturen und insbesondere von Getreide einzustellen bzw. drastisch zu reduzieren, so daß das Aufkommen an diesen Kulturen schon 1910 kaum noch „den Bedarf gerade der reicheren unter den Siwis“ deckte.[757] Da viele Siwaner, vor allem die zahlreichen Landarbeiter, nicht über eigene Möglichkeiten der Erzeugung dieser Produkte verfügten, waren sie ganz auf den Erwerb der teureren Importprodukte angewiesen und gerieten damit in weitere Abhängigkeit von der reichen Oberschicht.

### 4.2. Erste Entwicklungsprojekte Kairos in der Oase

Zieht man aus den bisherigen Ausführungen über die Entwicklung der Oase seit 1820 ein Fazit, so ergibt sich, daß die erste Phase der Integration Siwas in den ägyptischen Staatsverband eindeutig charakterisiert war durch die ökonomische Ausbeutung der Oasenbevölkerung. Wegen des Widerstandes der Siwaner konnte sie in der Regel nur mit militärischen Zwangsmaßnahmen realisiert werden. Neuerungen hingegen wurden in dieser Zeit von seiten Kairos in der Oase kaum eingeführt, zumindest nicht solche, die die Lebensbedingungen der Bewohner positiv beeinflußt hätten.[758]

Da Maʿmur und Polizei in keiner Weise die Interessen der Siwaner vertraten, kann man beispielsweise die Einführung der ägyptischen Verwaltung für die Oasenbevölkerung nicht als einen Fortschritt für sie betrachten. Deren einzige Aufgabe bestand von Anfang an in der Eintreibung der den Siwanern auferlegten Tribute und in der Sicherung der Macht Kairos über dieses Gebiet der Westlichen Wüste. Die für die Durchsetzung dieser Aufgabe notwendigen Maßnahmen aber mußten zwangsläufig die Aversion noch verstärken, die die Siwaner wegen ihrer ökonomischen Ausbeutung ohnehin schon gegenüber Ägypten hegten.

Auch die Einführung einer ständigen Postverbindung zwischen der Oase und dem Niltal diente mehr der Verbindung der ägyptischen Beamten zu ihren übergeordneten Behörden, denn die einheimische Bevölkerung dürfte damals noch kaum Kontakte zur ägyptischen Bevölkerung gehabt haben. Ähnlich verhielt es sich auch mit der Stationierung eines Feldschers in der Oase sowie der Einrichtung einer Krankenstation am Fuße des Aussichtsberges. Auch diese Maßnahmen dienten in erster Linie der Gesunderhaltung der häufig von Malaria befallenen ägyptischen Beamten und, wenn überhaupt, erst in zweiter Linie der gesundheitlichen Betreuung der Siwaner.

So bleibt als einzig wirklich positive Neuerung während der nahezu achtzigjährigen ägyptischen Gewaltherrschaft die Einleitung von Maßnahmen zur Bekämpfung der Anopheles-Mücken.[759] Obwohl diese Maßnahme bis heute noch nicht abgeschlossen werden konnte – die Fliegen- und Mückenplage ist bis in die Gegenwart hinein eine der größten und folgenschwersten Geißeln für die Oasenbewohner geblieben[760] –, stellten

[757] Falls, 1910, S. 26.
[758] Vgl. Rusch/Stein, 1977(a), S. 462.
[759] Dumreicher, 1931, S. 39.
[760] FB Stein/Rusch, 1976, S. 784, 787f.

sie dennoch zur damaligen Zeit einen wirklichen Fortschritt dar. Allerdings standen die dafür aufgewendeten Mittel in keinem Verhältnis zu den hohen ökonomischen Verlusten, die die Siwaner während dieser Periode erlitten.

In der um die Jahrhundertwende einsetzenden zweiten Phase der Integration änderte sich an den Tributforderungen des ägyptischen Staates zwar nichts, wohl aber an seiner Gesamtstrategie gegenüber der Oase wie der gesamten Westlichen Wüste. Neben der entscheidenden Stärkung seiner militärischen und, darauf basierend, seiner administrativen Macht kam sie vor allem in der Einleitung erster ökonomischer Projekte zum Ausdruck, deren Realisierung in der Folgezeit die Lebensbedingungen der Bewohner dieses Gebietes nicht unbeträchtlich verändern sollten und ihre zunehmende „Ägyptisierung" auslösten.

Der Beginn des Eisenbahnbaus von Alexandria nach Mersa Matruh sowie weitere, zumeist damit verbundene Projekte im Küstengebiet wurden bereits erwähnt. Aber auch in Siwa wurden schon sehr bald einige Projekte in Angriff genommen. Sie gingen auf die direkte Anordnung des Khediven Abbas Hilmi I. zurück, der der Oase im Jahre 1906 einen Besuch abstattete.[761] Diese, von Landwirtschaftsexperten vorbereitete und mit großem Pomp aufgezogene königliche Visite – Fakhry zufolge überhaupt die erste eines ägyptischen Herrschers seit dem Zug Alexander des Großen in das Ammonium[762] – ist an sich schon Beweis genug für das gestiegene Interesse der ägyptischen Oberschicht an der entlegenen und bislang kaum beachteten Oase.

Dieses plötzlich erwachende Interesse entsprang aber nicht etwa der Einsicht, durch die Entwicklung dieses Gebietes der hier lebenden Bevölkerung günstigere Lebensbedingungen zu schaffen, sondern einzig dem Streben nach der Erschließung neuer Profitquellen. Unter anderem wird diese Feststellung belegt durch die Aufzeichnungen Ewald Falls, der den Herrscher auf seiner Reise nach Siwa begleitete. „Abbas Hilmi", bemerkt er über ihn, „interessiert sich wie kaum ein anderer Herrscher für die Ökonomie seines Landes, vor allem Bodenkultur, Viehzucht und Irrigation. Er ist der ‚erste Fellah', der gekrönte Bauer, ein Ehrenname, den man ihm mit vollstem Rechte gegeben und dem seine Feinde vergebens eine Nuance von Hohn beimischen. Zweierlei kommt meines Erachtens in Betracht. Ein echter Pharao und warmer Freund seines Landes kann seine Liebe zu den Untertanen kaum besser bezeugen, als wenn er in erster Linie die Lebensbedingungen des Landes, die Bodenkultur pflegt und im Großen durch Verbesserung und Anlage neuer Kanäle und Erschließung weiteren Landes sich als Sohn der Nilerde, als Fellah gibt . . . In zweiter

[761] Am Beispiel der Schilderung wie vor allem der Datierung dieses Besuches wird erneut sehr deutlich, mit welcher Oberflächlichkeit einige der Hauptautoren über Siwa die vor ihrer Zeit veröffentlichten Quellen ausgewertet und interpretiert haben. Die von uns genannte Jahresangabe 1906 geht auf die Berichte Ewald Falls, 1911, S. 229ff., zurück, der auf Einladung des Khediven an diesem Besuch teilnahm. Sie dürfte daher wohl unbestreitbar sein. – Belgrave, 1923, S. 4, der die Angaben Falls über die Eskorte des Khediven bis ins kleinste Detail übernimmt, ohne, wie bereits gesagt, die Quelle seines Wissens zu nennen, verlegt diese Reise in das Jahr 1905. Und Fakhry, 1973, S. 113f., der diese Details ebenfalls ungekürzt wiedergibt, datiert sie sogar in das Jahr 1904 zurück – und das, obwohl er sich ausdrücklich auf Falls beruft! Er spricht zudem von einer zweiten Reise Abbas' in die Oase im Jahre 1907, die nirgendwo in der Literatur eine Bestätigung findet.

[762] Fakhry, 1973, S. 113f.; vgl. auch Falls, 1911, S. 230ff.

Linie aber wird die stark ausgeprägte kaufmännische Art Abbas Hilmis, sein Spekulantentum, wie die Gegner sagen, doch sehr auf seine Ausschaltung aus jeder politischen Selbstherrschaft zurückzuführen sein."[763]

Der Autor war bemüht, die Pläne seines königlichen Gastgebers in einem positiven Licht erscheinen zu lassen. Ungeachtet dessen aber kann auch er nicht umhin zuzugeben, daß das eigentliche Motiv für die Hinwendung des Khediven zur Erschließung neuer Anbaugebiete seinem Streben nach Erweiterung des eigenen Grundbesitzes entsprang und nicht etwa der Sorge um das Wohl seiner Untertanen.

Diesem Anliegen diente, wie FALLS freimütig eingesteht, auch der Besuch in der Oase. „So war denn auch der Zug nach dem Amonium", schreibt er, „. . . in erster Linie von Handelsinteressen diktiert. Zwei Fragen standen für den königlichen Unternehmer im Vordergrund: Ist im Bereiche jenes Wüsteneilandes urbar zu machendes Land, und zweitens lohnte es sich, vom marmarizensischen Hafen Mirsa Matru aus eine Zweigbahn durch die Wüste nach Siwa zu bauen, die den Dattelexport und einen Teil des afrikanischen Oasenverkehrs an sich ziehen könnte?"[764]

FAKHRY gibt nur die von FALLS beschriebenen äußeren Aspekte des Empfangszeremoniells für den Khediven in Siwa wieder, die einen überaus freudigen Anstrich hatten und den Eindruck besten Einvernehmens erwecken.[765] Er verschweigt aber die Einschränkung, mit denen der Augenzeuge diesen Bericht versieht: „Gleichwohl fehlte es nicht an Dissonanz. Diese Männer in wallenden weißen Burnussen und schmalem Turban, diese bronzefarbenen Mönche grüßten Effendine ganz kaltfeierlich und stumm. Man las auf ihren Gesichtern Neugier und Zwang, mitunter wohl auch Haß, unverhüllten Haß gegen den Nachkommen des Eroberers, den kein echter Siwaner rückhaltlos als Herrn anerkannte. Jetzt sah ich deutlich, Abbas Hilmi konnte nur im Gepränge außergewöhnlicher Art in diesem Winkel seines Reiches imponieren, und seine Leibgarde war hier mehr als rein äußere Zier, wahrhaft Schutz und Wehr."[766]

Sicherlich war FALLS bei dieser Einschätzung nicht frei von Vorurteilen gegenüber den Oasenbewohnern, die durch die tendenziöse Berichterstattung einiger Besucher der Oase im 19. Jh. gegenüber ihrer Bevölkerung aufgebaut worden waren. Dennoch scheint sie den Kern der Situation insofern getroffen zu haben, als die Siwaner ihren sicherlich nicht herbeigesehnten Gast nach den jahrzehntelangen negativen Erfahrungen mit den Repräsentanten des ägyptischen Staates zumindest mit großer Skepsis empfangen haben dürften.

[763] FALLS, 1911, S. 232. Mit großer Offenheit bestätigte FALLS in seinem Bericht, daß zu dieser Zeit die eigentliche Macht über Ägypten in den Händen des britischen „Generalkonsuls" und nicht in denen des Khediven lag, was letzterem immerhin die Möglichkeit bot, sich ganz der Mehrung seines ohnehin schon großen Landbesitzes zu widmen. Dieses Eingeständnis über die wahren Machtverhältnisse im Niltal veranlaßte BELGRAVE, 1923, S. 3f., zu der Bemerkung, daß FALLS mit der darin zum Ausdruck kommenden „anti-britischen" Haltung eindeutig Partei nahm für den Anspruch des kaiserlichen Deutschlands auf diese Region.

[764] FALLS, 1911, S. 233.

[765] FAKHRY, 1973, S. 114. Der Autor schreibt: „All the Siwans crowded to welcome him and cheered him with great enthusiasm. The shaykhs were presented with cashmere shawls, many others received clothing and money; banquets were provided for the poor."

[766] FALLS 1911, S. 238.

Eine ähnliche Diskrepanz zwischen beiden Autoren ist auch bezüglich der Ergebnisse dieses Besuches festzustellen. Während FALLS berichtet, daß seine vorstehend genannte, in Frageform gekleidete Zielsetzung eine negative Beantwortung fand, „dagegen für eine vielleicht gar nicht so ferne Zukunft sehr diskutierbar“ wäre[767], schreibt FAKHRY: „... as a gift, the Siwans presented him three springs together with all the land which could be irrigated by their waters: 'Ayn Qurayshat, the largest in the oasis, 'Ayn al-Shifa and the Hatiyah of Tawini. The Khedive gave instructions for the property to be registered officially in the name of his son, Prince Abdul-Mun'im. He directed the government to restore the springs and help the inhabitants in every possible way.“ Außerdem ordnete er den Bau einer neuen, großen Moschee an.[768]

In der Endkonsequenz allerdings ergab sich dann letztlich dennoch eine Übereinstimmung zwischen beiden Autoren, insofern nämlich, als vorerst keines dieser Projekte realisiert werden konnte. Die Errichtung der Moschee wurde zwar in Angriff genommen, die Arbeiten gingen jedoch so zögernd voran, daß „its walls were a little over one metre high when the war broke out in 1914, and the work was stopped“.[769]

Ob die von FAKHRY als „Geschenk“ apostrophierte Übereignung der seit langem ungenutzten Quellen an Abbas freiwillig oder unter Druck erfolgte, darüber schweigt sich der Autor aus. Ungeachtet dessen aber bedeutete sie ohnehin keinen allzu großen Verlust für die Oasenbewohner. Denn sie lagen weitab vom Siedlungszentrum und das sie umgebende Land war durch die intensive Bebauung seit dem Altertum im Laufe der Zeit in eine trockene, unfruchtbare Salzwüste verwandelt worden, die nicht einmal mehr der widerstandsfähigen, äußerst anspruchslosen Wüstenpflanze Aghul ausreichende Wachstumsbedingungen bot. Es hätte Jahre bedurft, um das Salz aus der Bodenkrume zu schwemmen und sie dadurch wieder anbaufähig zu machen.

Hinzu kommt, daß sich dieser Teil der Oase durch die lange, dichte Besiedlung in früheren Jahrhunderten an manchen Stellen mehrere Meter über das Niveau der Quellen erhoben hatte, was einen komplizierten Anstau ihrer Wasser erforderlich gemacht hätte, um sie überhaupt bewässern zu können. Insgesamt also ein Projekt, das die Siwaner mit den ihnen damals zur Verfügung stehenden Hilfsmitteln wohl kaum aus eigener Kraft hätten realisieren können, zumal dazu auch keine ökonomische Notwendigkeit bestand.

Aber auch für den Khediven sollte dieses Vorhaben ein Wunschtraum bleiben. Es scheiterte allein schon an der Beschaffung von Arbeitskräften, die dafür erforderlich gewesen wären. „Noting that labourers brought from the Nile Valley would not stay long in the oasis and usually ran away after a short time,“ stellt FAKHRY fest, „he encouraged the Siwans to work for him by raising their wages from one piaster to three piasters per day. But in spite of all efforts, the work went very slowly for lack of sufficient labour; the outbreak of the war ... put an end to the project. To this day, the waters of 'Ayn Qurayshat are wasted; they flow to the salt-lake of al-Zaytun.“[770]

Keinerlei Hinweis gibt es in der Literatur schließlich darüber, ob der von Abbas befohlene Einsatz von Landwirtschaftsexperten in Siwa verwirklicht wurde und inwie-

767 Ebenda, S. 233.

768 FAKHRY, 1973, S. 114.

769 Ebenda.

770 Ebenda, S. 114f.

weit sie wirksam werden konnten. In jedem Fall aber dürfte auch dieses Projekt, wenn es angelaufen sein sollte, durch den Ausbruch des ersten Weltkrieges ein jähes Ende, zumindest aber eine langjährige Unterbrechung erfahren haben.

## 4.3. Siwa während des ersten Weltkrieges und in den Jahren der direkten britischen Kolonialherrschaft

Der erste Weltkrieg verschonte selbst die abgelegene Oase nicht. Zwar wurde sie nicht unmittelbar zum Kriegsschauplatz, dennoch hatten ihre Bewohner unter seinen Auswirkungen in nicht unerheblichem Maße zu leiden. Die Details der Kampfhandlungen, die während des Krieges in der Westlichen Wüste und hier vor allem im Küstenbereich ausgetragen wurden, sollen außerhalb der Betrachtung bleiben, da sie für den Gegenstand dieser Arbeit kaum von Belang sind und zudem von anderen Autoren bereits ausführlich beschrieben wurden.[771]

Erwähnenswert in diesem Zusammenhang ist aber die Tatsache, daß an diesen Auseinandersetzungen auch eine Streitmacht der Senussi unter Führung ihres Oberhauptes Sayyid Ahmad al-Sharif teilnahm. Sie rekrutierte sich fast ausschließlich aus Beduinen und kämpfte auf der Seite der Türkei und ihres deutschen Verbündeten. Schon einmal hatte Sayyid Ahmad den Herrscher von Konstantinopel unterstützt, und zwar im Kampf gegen Italien, das ihm 1911 seine Oberherrschaft über Tripoli streitig zu machen begann und sie ein Jahr später endgültig beseitigte. Da sich Italien zunächst auf die Etablierung seiner Macht in der Küstenregion konzentrierte, gewann das Senussiya-Oberhaupt de facto die Herrschaft über das gesamte Hinterland, zumindest vorübergehend.[772]

„When war broke out in 1914“, bemerkt FAKHRY, „al-Sanusi was in good terms with Egypt and had no problems with the British. But it was quite natural that his sympathies should lie with the Turks who were at war with the British, who in turn were occupying Egypt, and also against his enemies, the Italians, who were the allies of the British. It was arranged that al-Sanusi forces should threaten Egypt's western frontier in order to keep a large number of the British forces occupied there; the Turks and their German allies supplied guns and munitions.“[773]

Unseres Erachtens war diese neuerliche Parteinahme des Ordensführers für die Türkei wohl weniger auf „Sympathien“ diesem Staat gegenüber, als vielmehr auf die Hoffnung gegründet, bei einem eventuellen Sieg über die Kolonialmächte Italien und England die eigene Machtsphäre noch weiter ausdehnen und festigen zu können. Aber diese Hoffnungen sollten keine Erfüllung finden. Nach zwei verlustreichen Niederlagen Ende 1915 bei Sallum und zu Beginn des Jahres 1916 in Agagir in der Nähe Sidi Barranis mußte er sich entschließen, den ungleichen Kampf aufzugeben und sich mit seinem sehr dezimierten Gefolge nach Siwa zurückzuziehen, das die dort stationierten bewaffneten ägyptischen Kräfte unterdessen fluchtartig verlassen hatten.[774]

„When Sayyid Ahmad and his men arrived at Siwa“, schreibt FAKHRY über die Ankunft in der Oase, „they were welcomed by the Siwans who offered their loyalty.

[771] Vgl. u. a. BELGRAVE, 1923, S. 117ff.; FAKHRY, 1973, S. 115ff.

[772] BELGRAVE, 1923, S. 122f.; FAKHRY, 1973, S. 115f.

[773] FAKHRY, 1973, S. 116.

[774] BELGRAVE, 1923, S. 123ff.; FAKHRY, 1973, S. 116.

They thought that this was their chance to regain their old independence and be rid of the discipline and taxes imposed on them for almost a century, but they were mistaken." Denn die neuen Okkupanten verlangten von ihnen „to put their men and resources at the disposal of al-Sanusi"[775] – Forderungen, die wahrlich keineswegs geringer waren, als die bisher von Kairo erhobenen.

Das ist auch entsprechenden Ausführungen von BELGRAVE zu entnehmen, die des halb ungekürzt zitiert werden sollen. „On arrival at Siwa", berichtete er, „he (der Ordensführer – die Verf.) settled himself in the Kasr Hassuna, but he lived in a very different style to his ancestor, the original Mohammed es Senussi. A renegade Coastguard officer, Mohammed Effendi Saleh, was appointed as his second in command. At first the Siwans welcomed Sayed Ahmed with great enthusiasm, but their feelings rapidly changed when the ill-disciplined mob that made up his army took to spoiling the gardens and robbing the people. Mohammed Saleh had been in Siwa before and he knew exactly how much money the various inhabitants had. This acquaintance with everybody's financial position was of great use when he began to extort money from the natives. Those who could not or would not pay were beaten in the market-place and forcibly enlisted into the army; Those who paid a little were made corporals and officers and only the people who gave much money were exempt from service. The richest sheikhs and merchants were presented with Turkish and German medals and orders and promoted to Pashas and Beys."[776]

Nach einigen Monaten schien dem Senussiya-Oberhaupt selbst Siwa nicht mehr sicher genug gewesen zu sein. Denn am 15. April 1916 setzte er sich mit einem Teil seines Gefolges – nach FAKHRY mehrere tausend Mann, zu denen neben Beduinen nun auch zahlreiche Siwaner gehörten – in die noch weiter südlich gelegene Oase Dakhla ab, während der andere Teil unter Führung von Mohammed Saleh in Siwa zurückblieb.[777]

Saleh, nun in seiner Machtausübung uneingeschränkter, nutzte diese Gelegenheit offenbar dazu aus, seine Forderungen an die einheimische Bevölkerung noch weiter zu erhöhen. Denn nach dem Abzug seines religiösen Oberhauptes, so FAKHRY, „the money complaints among the Siwans increased, and they were still more badly treated. In some cases, their wealth was confiscated, and the followers of the Madaniyah order, the rivals of the Sanusiyah, succeeded in organizing a small rebellion".[778]

Zusammenstöße größeren Ausmaßes wurden schließlich nur durch die rechtzeitige Rückkehr Sayyid Ahmad's verhindert, der auch in Dakhla nicht die von ihm erhoffte Sicherheit gefunden hatte. Bei seiner Ankunft gaben die erregten Oasenbewohner ihren mehr oder weniger offenen Widerstand auf und brachten auf diese Weise ihren Respekt vor dem religiösen Führer zum Ausdruck. Zur restlosen Klärung der Zwischenfälle während seiner Abwesenheit allerdings blieb ihm keine Zeit. Denn die Engländer hatten unterdessen die Küstenregion fest ihrer militärischen Kontrolle unterworfen und standen im Begriff, mit motorisierter Kampftechnik auch in Siwa die Machtverhältnisse zu ihren Gunsten zu entscheiden.[779]

[775] FAKHRY, 1973, S. 116.
[776] BELGRAVE, 1923, S. 126f.
[777] Ebenda, S. 128; FAKHRY, 1973, S. 117.
[778] FAKHRY, 1973, S. 117; vgl. auch BELGRAVE, 1923, S. 128f.
[779] BELGRAVE, 1923, S. 128f.; FAKHRY, 1973, S. 117.

In Kenntnis dieses Vorhabens zog es Sayyid Ahmad vor, sich mit seinem Gefolge, das mittlerweile vor allem durch Massendesertionen auf kaum mehr als 1000 Mann reduziert war, auch aus diesem Zufluchtsort wieder zu entfernen. Nach einem Gefecht mit den heranrückenden britischen Streitkräften in der unbewohnten Oase Girba gelangte er über Djaghbub schließlich nach Tripoli. Hier nahm ihn ein türkisches Kriegsschiff an Bord und brachte ihn nach Konstantinopel. Dieses unfreiwillig gewählte Exil sollte er bis zum Tode im Jahre 1933 nicht mehr verlassen.[780]

Drei Tage nach seiner überstürzten Flucht aus Siwa, am 5. Februar 1916, erreichten die englischen Truppen die Oase „and were welcomed by the cheering Siwans who declared their loyalty as they always did with every new victorious conqueror".[781] Eine dem Wesen nach sicherlich richtige Feststellung, zumal den Siwanern angesichts der Übermacht der Truppen überhaupt keine andere Wahl blieb. Die Ereignisse in und um Siwa während des ersten Weltkrieges machten mehr als andere die Ohnmacht einer ethnischen Minderheit deutlich, wenn diese selbst oder ihr Territorium zum Objekt gewaltsamer Konflikte zwischen stärkeren Mächten wird.

Mit der „Einnahme" Siwas endeten die Kampfhandlungen während des Krieges in der Westlichen Wüste. Alle strategisch wichtigen Punkte in diesem Gebiet befanden sich in der Hand britischer Streitkräfte, und die Siegermacht schickte sich an, die direkte Kolonialherrschaft über Ägypten – das am 18. 12. 1914 zum britischen Protektorat erklärt worden war – weiter zu festigen.[782] Dazu gehörte u. a. die Reorganisierung der Verwaltung und die Besetzung ihrer Schlüsselpositionen mit britischen Beamten, zumeist Offizieren. Für die Westliche Wüste war fortan die neugeschaffene „Frontier Districts Administration" (F.D.A.) zuständig, die an die Stelle der bisherigen „Egyptian Coastguards Administration" trat und auch deren Aufgaben mit übernahm.

„The F.D.A.", heißt es erklärend bei BELGRAVE, „is a military Administration with British officers, and is responsible for the Western Desert, Sinai and the country between the Red Sea coast and the Nile. In each of these provinces there is a Governor and several District Officers and officers of the Camel Corps. The Military Administrator at the head of the whole Administration is Colonel G. G. Hunter ... On the Western Desert there is one company of Camel Corps, about 170 strong, divided into three sections, of which two are stationed on the coast and one in the Siwa oasis. The duties of the Camel Corps are practically those of mounted police, patrolling the coast and frontier, preventing smuggling and gun running, and keeping order among the Arabs in case of any disturbance or trouble."[783]

Im System der F.D.A. erhielt Siwa den offiziellen Status eines eigenständigen Distrikts. Das bedeutete, daß an der Spitze seiner Verwaltung von nun an ein britischer Offizier statt des Maʿmurs stand. Zwar wurde die von Ägypten eingerichtete Verwaltungsstruktur beibehalten und von Kairo aus auch nach wie vor mit aus dem Niltal stammenden Beamten besetzt, jedoch waren sie, einschließlich des Maʿmurs, nunmehr weiter nichts als Erfüllungsgehilfen des britischen Statthalters, dessen Wort Gesetz war.[784]

[780] BELGRAVE, 1923, S. 129ff.; FAKHRY, 1973, S. 115, 117.
[781] FAKHRY, 1973, S. 117; vgl. auch: BELGRAVE, 1923, S. 130.
[782] Vgl. BELGRAVE, 1923, S. 131.
[783] Ebenda, S. 37f.
[784] Ebenda; vgl. auch: FAKHRY, 1973, S. 117.

Die widerspruchslose Durchsetzung seines Willens garantierte in erster Linie die in der Oase wieder permanent stationierte Abteilung des Camel Corps, die 1915 beim Rückzug der Senussiya-Armee abgezogen worden war, aber schon kurze Zeit nach der Besetzung Siwas die reguläre britische Kampfeinheit wieder ersetzt hatte.[785] Um allen Eventualitäten vorbeugen zu können, war zudem in der Grenzstadt Sallum ein mit Kraftfahrzeugen ausgerüstetes britisches Infanterie-Regiment stationiert worden, das bei Notwendigkeit in relativ kurzer Frist, d. h. wesentlich rascher als es die Kamelreiter vermochten, jeden strategisch wichtigen Punkt der Westlichen Wüste erreichen konnte, einschließlich Siwa.[786]

Überdies stützte sich der letzte britische Distriktsgouverneur in Siwa, Belgrave, noch auf die Tätigkeit von Spitzeln aus der einheimischen Bevölkerung, die ihn über alle Vorgänge in der Oasengemeinschaft zu unterrichten hatten, so daß er jeder eventuell heraufziehenden Gefahr rechtzeitig begegnen konnte.[787] Ob dieses Spitzelsystem auch schon von der ägyptischen Administration angewandt worden war, darüber ist nichts bekannt. Ungeachtet dessen aber dürfte es nicht gerade das Vertrauen der Siwaner in die Verwaltung gestärkt, sondern im Gegenteil Unsicherheit und Mißtrauen verbreitet haben.

Die im Rahmen der neugeschaffenen F. D. A. eingeleiteten administrativen und militärischen Maßnahmen sollten die einzigen bleiben, die für die Siwaner im Verlauf der kurzen Periode der direkten britischen Protektoratsherrschaft – sie endete offiziell mit der Proklamation der formalen Selbständigkeit Ägyptens vom 28. März 1922 – wirksam wurden. Andere Projekte wurden in dieser Zeit offenbar nicht in Angriff genommen bzw. weitergeführt, was angesichts der durch den Krieg verursachten Verluste und Wirren auch nicht überraschend ist.

Die Realisierung dieser Maßnahmen aber bedeutete nicht nur, daß britische Offiziere unmittelbar in der Oase tätig wurden und die eigentliche Regierungsgewalt übernahmen, sondern sie besiegelte vor allem die endgültige Eingliederung der Oase in den ägyptischen Staat. Denn auf Grund seiner absoluten militärischen Kontrolle über die Westliche Wüste war den Siwanern – wie die nachfolgende Entwicklung zeigte – endgültig jede Möglichkeit einer Auflehnung gegen ihn genommen. Rechnet man die beträchtlichen, vor allem ökonomischen Verluste hinzu, die die Oasenbevölkerung insbesondere durch die Senussiya-Armee erlitten hatte, so brachte auch diese Phase ihrer Geschichte für sie nur negative Auswirkungen.

Angesichts dieses wohl kaum zu bestreitenden Faktes spricht die Behauptung Mitwallys, „the Great War which caused havoc in many parts of the world was beneficial to the Egyptian Oases“[788], von großer Ignoranz. Er begründete seine Meinung damit, daß während des Krieges erstmals Kraftfahrzeuge entwickelt und eingesetzt wurden, die den Wüstenbedingungen angepaßt waren. Damit stände künftig für dieses Gebiet ein neues Transportmittel zur Verfügung, das wesentlich rentabler und vor allem schneller als die bisher für diesen Zweck eingesetzten Kamele sei.

Als weiteren Beweis für seine Behauptung führte er an, daß der Krieg endgültig die bisherige Isoliertheit der Oasen aufgehoben hätte. Er hätte die eminent wichtige

[785] Belgrave, 1923, S. 38; Fakhry, 1973, S. 117.

[786] Belgrave, 1923, S. 131.

[787] Vgl. Belgrave, 1923.

[788] Mitwally, 1952, S. 130.

strategische Bedeutung der Oasen deutlich gemacht, woraufhin diese zu militärischen Stützpunkten ausgebaut wurden mit entsprechenden Kommunikationsmöglichkeiten ins Niltal, die zunächst zwar in erster Linie militärischen Belangen vorbehalten seien, sich zunehmend aber auch für den zivilen Bereich positiv auswirken würden.[789]

Beide als Beweis angeführten Fakten entsprachen den historischen Tatsachen: Seit Beginn der Rivalitäten der europäischen Kolonialmächte um die Aufteilung Nordafrikas unter ihre Einflußsphären gewann Siwa zunehmend an militärstrategischer Bedeutung, was den Ausbau als Militärbasis und die endgültige Einbeziehung in den ägyptischen Staatsverband zur Folge hatte. Die im Krieg erfolgreich getesteten Kraftfahrzeuge sollten in der Folgezeit die Kommunikationsmöglichkeiten zur Oase wesentlich verbessern.

Aber zur Durchsetzung beider Maßnahmen – zur Überwindung der Isoliertheit der Oasen wie zur Einführung geländegängiger Fahrzeuge – hätte es nicht des militärischen Konflikts bedurft. Im Gegenteil. Nur mit einem Bruchteil der dafür sinnlos ausgegebenen Summen hätten sie wesentlich früher und rascher realisiert werden können. Zudem entsprach die Art und Weise der Integration der Oase in den ägyptischen Staat kaum den Interessen ihrer Bewohner, denn ihr Ausbau als Militärstützpunkt schränkte die Möglichkeiten einer Selbstverwaltung weiter ein und brachte ihnen zusätzlich erhöhte ökonomische Lasten.

## 4.4. Die Entwicklung Siwas von 1922 bis 1952

Über diese Periode sind in der Literatur nur äußerst spärliche Aussagen zu finden. Neben einigen wenigen Angaben von Mitwally zu speziellen ökonomischen Fragen reduzieren sie sich faktisch auf die Monographie Fakhrys. Da dessen Hauptinteresse als Archäologe aber der Erforschung und Beschreibung von Sachzeugen des siwanischen Altertums galt, sind auch sie nur sehr oberflächlich und zufällig. Die Ursachen für den merklichen Rückgang der Informationen über die Oase sind wahrscheinlich in erster Linie auf folgende zwei Fakten zurückzuführen: Zum einen war nach dem ersten Weltkrieg die Aufteilung Nordafrikas in koloniale Einflußsphären vorerst endgültig vollzogen, so daß die ursprünglich daraus resultierenden Konflikte ausblieben und folglich die Aufmerksamkeit der Weltöffentlichkeit für dieses Gebiet erlahmte.

Zugleich begann aber auch das Interesse der Fachwelt an diesem Fleckchen Erde rapide abzunehmen, nachdem seine Identität mit dem lange gesuchten, legendären „Ammonium" eindeutig festgestellt worden war. Die rezente Bevölkerung hatte die meisten Forscher und Reisenden ohnehin stets nur am Rande interessiert. Da zudem die Vorgänge in anderen Brennpunkten des Weltgeschehens die öffentliche Meinung weit intensiver beschäftigten, geriet Siwa erneut in Vergessenheit, zumindest was die Publizität außerhalb Ägyptens betraf. Trotz dieser Einschränkungen lassen sich aus den wenigen vorliegenden Bemerkungen über diese Periode dennoch die wesentlichsten Tendenzen der Entwicklung Siwas in der zu behandelnden Zeit erkennen.

Die nach Beendigung des ersten Weltkrieges von der britischen Kolonialmacht in der Westlichen Wüste eingeführte Administration wurde offenbar bis in die fünfziger Jahre ohne entscheidende Veränderungen beibehalten. Die Kontinuität in dieser Hinsicht ging sogar so weit, daß selbst nach der offiziellen Annullierung der britischen

[789] Ebenda.

Protektoratsherrschaft die Praxis der Besetzung der Schlüsselpositionen durch britische Beamte fortgesetzt wurde, zumindest vorerst. Das jedenfalls ist einer Bemerkung BELGRAVES zu entnehmen, der 1922 schreibt, daß unter den neuen Bedingungen auch weiterhin ein britischer Offizier an der Spitze der Oase stehe, „seconded from the Army for service under the Egyptian Government“.[790]

Während es in der unmittelbaren Verwaltungsstruktur bis 1952 keine wesentlichen Veränderungen gab – wann die Administrationsgewalt über die Oase aus der Hand britischer Beamter wieder an den ägyptischen Maʿmur überging, läßt sich nicht feststellen –, vollzogen sich im Gegensatz dazu besonders auf ökonomischem Gebiet beträchtliche Veränderungen, die die Integration der Siwaner in die ägyptische Gesellschaft forcieren sollten. „... after the end of the war“, stellt FAKHRY dazu generalisierend fest, „the oasis received more attention from the government, and many officials were stationed there to look after its people.“[791]

Das bereits von Abbas I. bekundete Interesse an der Oase, dessen freilich bescheidene Auswirkungen durch die Kriegsereignisse eine Unterbrechung fanden, wurde von seinem Nachfolger Fuʿad wieder aufgegriffen. Seinen Ausdruck fand dies u. a. darin, daß er im Jahre 1928 Siwa einen Besuch abstattete.[792] Die von FAKHRY geschilderten Begleitumstände der knapp zweitägigen Visite am 15. und 16. Oktober deuten darauf hin, daß der Monarch mit dieser Reise u. a. das Ziel verfolgte, die starken Vorbehalte und Aversionen der Oasenbewohner gegenüber Ägypten abzubauen. So befanden sich beispielsweise in seinem Gefolge die beiden Söhne Othman Habuns, die 1910 im Zusammenhang mit der Ermordung des Maʿmurs zu lebenslanger Zwangsarbeit verurteilt und ins Niltal deportiert worden waren. Ihre Begnadigung löste unter der Oasenbevölkerung großen Jubel aus. Der Herrscher beschenkte jeden Scheich mit einer goldenen Uhr und einem Schwert, an die Armen ließ er Kleidung und Geld verteilen. Den ersten Besuchstag beschloß eine Filmvorführung sowie ein sich anschließendes Feuerwerk, beides hatte man vordem in der Oase noch nicht gesehen. Schließlich war Fuʿad am zweiten Besuchstag Gast auf zwei Gartenparties, die von den jeweiligen Scheichs der beiden Fraktionen veranstaltet worden waren.[793]

Zweifellos aber entsprangen diese Aussöhnungsversuche keinem Schuldgefühl oder der Einsicht, daß der Oasenbevölkerung während der über hundertjährigen Besetzung ein Unrecht widerfahren war, das es nun wiedergutzumachen gelte. Sie erfolgten vielmehr in der Absicht, die Siwaner als sichere Verbündete zu gewinnen und letztlich ihre endgültige und vollständige Integration in die ägyptische Gesellschaft zu erreichen. Denn nur auf diese Weise ließ sich die strategisch immer mehr an Bedeutung gewinnende Oase zu einer zuverlässigen Barriere gegen Libyen entwickeln.

Der Erreichung dieser Zielsetzung sollte offenbar auch die verhältnismäßig große Zahl von Projekten dienen, die der Khedive während seines Besuches initiierte. U. a. legte er den Grundstein für ein neues Hospital sowie mehrere neue Verwaltungsgebäude, leitete die Fortsetzung des auf Betreiben von Abbas I. begonnenen und durch den ersten Weltkrieg unterbrochenen Baus einer zentralen Moschee ein und ordnete weitere Projekte auf dem Gebiet der Landwirtschaft an.[794] Alle diese Vorhaben wurden in der Folgezeit auch realisiert.

[790] BELGRAVE, 1923, S. 2.
[791] FAKHRY, 1973, S. 117.
[792] Ebenda, S. 117ff.
[793] Ebenda, S. 118. [794] Ebenda, S. 118f.

Die neuen Verwaltungsgebäude entstanden in unmittelbarer Nachbarschaft zur Maʿmuriya. Der Bau dieses Komplexes, in dem heute u. a. die Stadtverwaltung ihren Sitz hat, war dringend notwendig geworden, um Arbeits- und Unterkunftsräume für die Experten zu schaffen, die zur Realisierung der geplanten Vorhaben in die Oase entsandt werden mußten. Denn bis zu diesem Zeitpunkt verfügte die ägyptische Administration in Siwa nur über ein einziges offizielles Gebäude, dessen Aufnahmekapazität voll ausgelastet war.

Neben der Rekonstruktion und Erweiterung des Hospitals am Fuße des „Aussichtsberges", über die uns keine Details vorliegen, wurde schließlich auch die zentrale Moschee fertiggestellt. Erbaut auf dem Gelände des ehemaligen Lagerplatzes für die Handelskarawanen, der sich von der Maʿmuriya bis zur Wohnburg erstreckte, ist sie noch heute das dominierende Bauwerk in Siwa-Stadt. Bei ihrer Einweihung gab man ihr den Namen „Fuʿad-Moschee", obwohl Fakhry hervorhebt, „in fact, the mosque was built by the government and neither Abbas nor Fuad contributed in building it".[795]

Ein Grund für den Bau der Moschee ist möglicherweise in der Überlegung zu suchen, den in der Oase tätigen Ägyptern eine angemessene Möglichkeit zum Gebet zu schaffen. Da die einheimischen Moscheen den beiden Sekten unterstanden, konnten sie diese nicht besuchen, ohne sich des Verdachtes auf Parteinahme für eine der beiden Glaubensrichtungen auszusetzen und damit eine unüberwindbare Barriere für die Zusammenarbeit mit der Gegenpartei aufzurichten.

Dieser Gesichtspunkt kann jedoch nicht der entscheidende gewesen sein für die Errichtung eines so monumentalen und sehr kostenaufwendigen Bauwerkes. Denn für diesen Zweck hätte sicherlich auch schon eine schlichte, in traditioneller Weise errichtete Andachtsstätte ausgereicht. Der Hauptgrund für diesen Bau muß also auf anderer Ebene gelegen haben. Fakhry bemerkt, daß Fuʿad bei seinem Besuch auch den „moralischen Zustand" seiner Untertanen nicht übersah und fährt dann wörtlich fort: „When the king learned that some of the Siwans still practiced certain customs forbidden by religion and the accepted moral code, and that superstitions were spreading among them, he ordered a resident scholar of religion brought to Siwa, eventually to be appointed as the Imam of the mosque."[796] Es ist möglich, daß die von Fakhry genannten Umstände Fuʿad in seinem Plan bestärkten, einen ägyptischen Imam in der Oase zu stationieren. Ausgelöst aber haben sie ihn nicht.

Die Hauptursache für den Bau der Moschee und die Besetzung des Postens ihres religiösen Vorstehers mit einem Ägypter ist nach Ansicht der Autoren zweifellos in dem Bemühen zu suchen, den beträchtlichen Einfluß der Senussiya und Medaniya in der Oase zugunsten der mit dem Khediven verbundenen Kairoer Geistlichkeit zurückzudrängen und über den Imam die Siwaner im Sinne des ägyptischen Staates zu beeinflussen und damit verstärkt zu integrieren.

Im Ergebnis der königlichen Visite in der Oase entsandte das Landwirtschaftsministerium eine in der Literatur nicht näher angegebene Zahl von Experten nach Siwa mit dem Auftrag „to do all possible to instruct the inhabitants in the best agricultural techniques and assist in selling their crops of dates and olives".[797] Sie begannen mit der Bekämpfung von Schädlingen und Krankheiten in den lokalen Anbau-

[795] Ebenda, S. 114.
[796] Ebenda, S. 119.
[797] Ebenda.

kulturen. Unter ihrer Regie wurden die noch aus dem Altertum stammenden Umfassungsmauern der bedeutendsten Quellen erneuert, die im Laufe der Jahrhunderte zerfallen waren. Dadurch konnten sie wieder auf ein höheres Niveau angestaut werden, wodurch die Bewässerung einer größeren Anbaufläche und damit eine effektivere Nutzung des Wassers möglich wurden. Und schließlich errichteten die ägyptischen Landwirtschaftsexperten im Auftrag ihres Ministeriums in der Oase eine Dattelaufbereitungs- und Verpackungsanlage.[798]

„In an attempt to invade the world market" kommentiert MITWALLY dieses Unternehmen[799], „the Ministry of Agriculture of Egypt started a campaign in 1931, when she exported from Siwa her first consignment of Saidy Dates. The amount was not much (about 100 kilos.) but it was well fumigated and packed. There followed a great demand for the Siwan dates. So encouraged was the Ministry of Agriculture that in Siwa, the following year, a factory for date cleaning and packing was established. In the following table the number of workers employed in the factory and the amount of dates exported are recorded:

| | | |
|---|---|---|
| 1933 | 60 Workers | 600 Kantars |
| 1934 | 100 „ | 1023 „ |
| 1935 | 190 „ | 3000 „ |
| 1936 | 200 „ | 3000 „ . |

Die beträchtlichen Zuwachsraten können sicherlich als Beweis dafür gewertet werden, daß sich dieses Unternehmen als sehr profitabel erwies und daß sein Erzeugnis einen guten Absatz fand. Es muß sogar so lukrativ gewesen sein, daß sich schon kurze Zeit nach seiner Inbetriebnahme ein Privatunternehmer aus dem Niltal namens Khalil Bey ebenfalls eine derartige Anlage zur Aufbereitung von Siwa-Datteln errichten ließ. Sie wies 1936 bereits einen jährlichen Ausstoß von 4500 Kantar auf und übertraf damit den des staatlichen Unternehmens um ein Drittel.[800]

In Ermangelung einheimischer Fachkräfte konnten die neuentstandenen Einrichtungen anfangs nur mit Hilfe von Experten aus dem Niltal betrieben werden. Dadurch stieg die Zahl der für längere Zeit in Siwa tätigen Ägypter beträchtlich an und damit naturgemäß der Einfluß, den sie auf die Oasenbevölkerung ausübten. Besonders durch das Wirken des Imam wurden neue Gedanken, Ideen und Haltungen unter sie verbreitet. Zugleich setzte sich das Arabische als zweite Sprache zunehmend durch, zumindest bei der männlichen Bevölkerung.

Bedeutende Veränderungen nicht nur im Bereich ihrer materiellen Kultur, sondern darüber hinaus in der gesamten Lebensweise der Siwaner ergaben sich schließlich durch die Intensivierung des Handels mit dem Niltal. Aufschlußreich in diesem Zu-

798 Ebenda; MITWALLY, 1951, S. 139. Der von FAKHRY erwähnte Bau einer „modernen Ölmühle" wird von MITWALLY nicht bestätigt. Statt dessen stellt er fest, daß die Ölgewinnung in Siwa im Jahre 1936 ausschließlich in den traditionellen, Jahrhunderte alten Mühlen erfolgte – ein Fakt, den auch wir noch bei unserem Aufenthalt bestätigt fanden.

799 MITWALLY, 1951, S. 139.

800 Ebenda, S. 138f. Der Autor sagt nichts über den Standort dieser Verpackungsanlage aus.

sammenhang sind die Untersuchungen MITWALLYS über die Verteilung des Dattelexports aus Siwa im Jahre 1936 insgesamt, die folgendes Resultat hatten[801]:

| | | |
|---|---|---|
| „To the Arabs of Aulad Ali | 6000 camel loads or | 24000 Kintar |
| To the merchants of Alex | 1000 camel loads or | 4000 Kintar |
| Bought by the Ministry of Agriculture of Egypt | | 3000 Kintar |
| Bought by Khalil Bey | | 4500 Kintar |
| | TOTAL | 35500 Kintar.“ |

Wenngleich diese Angaben, wie der Autor selbst betont[802], im einzelnen auch nur mit großen Vorbehalten zu betrachten sind – unserer Ansicht nach muß beispielsweise die Gesamtmenge der ausgeführten Datteln bedeutend größer gewesen sein –, vermitteln sie dennoch einen allgemeinen Überblick über den damaligen Entwicklungstrend im Dattelexport.

Sie sagen aus, daß die traditionellen Handelspartner der Oasenbewohner, die Aulad Ali, nach wie vor die Hauptabnehmer ihrer wichtigsten Exportkultur waren. Ihr Anteil an der Gesamtausfuhrmenge betrug demnach noch mehr als zwei Drittel. Das restliche knappe Drittel wurde direkt an Interessenten aus dem Niltal verkauft. Aber auch an diesem Export hatten die Beduinen als Transporteure noch ihren Anteil, zumindest was die für die Händler in Alexandria bestimmten 1000 Kamelladungen anbetraf.

Auf welche Weise das Landwirtschaftsministerium die abgepackten Datteln und Khalil Bey seine Rohprodukte zu der Verarbeitungsstätte schaffen ließen, darüber liegen keine Angaben vor. Möglicherweise wurde auch diese Aufgabe zum Teil noch den Karawanenbesitzern übertragen. Ein immer größerer Teil aber wurde offenbar bereits mit Lastkraftwagen transportiert; denn sowohl MITWALLY als auch FAKHRY sprechen davon, daß der Einsatz von motorisierten Transportmitteln in der Westlichen Wüste nach dem ersten Weltkrieg ständig stieg.[803]

1942 soll die letzte mit Datteln beladene Karawane Siwa in Richtung Niltal verlassen haben. Von diesem Zeitpunkt an wickelten die ägyptischen Händler ihren Austausch mit der Oase offenbar mit eigenen Fahrzeugen selbst ab.[804] Im Jahre 1936 aber nutzten sie dazu weitgehend noch die Dienste der Aulad Ali, die damals auch noch die Hauptabnehmer für Siwa-Datteln waren. Allerdings hatte sich in diesen traditionellen Austauschbeziehungen – wie an anderer Stelle bereits erwähnt – gegenüber früheren Jahrhunderten bereits ein bedeutender Wandel vollzogen.

801 MITWALLY, 1951, S. 138.

802 „The exact quantity of dates exported is very difficult to determine,“ schreibt MITWALLY, 1951, S. 138, „there are no official records on the one hand and the people are reluctant to state the exact figures on the other. The number of camels which visit the oases annually, however, can be taken as indicative of the date trade, as they crowd into the different parts of the oases during the date season carrying goods from the Nile Valley, and when they leave they are loaded with dates.“

803 FAKHRY, 1973, S. 119; MITWALLY, 1951, S. 149; 1952, S. 130f.

804 Diese Feststellung bezog sich aber nur auf die Transportfunktion der Aulad Ali. Sie bedeutete nicht, daß die Siwaner den Austausch mit ihren traditionellen Handelspartnern ganz eingestellt hätten. Er wurde zwar zunehmend reduziert, eingestellt aber ist er bis heute nicht.

Diese Schlußfolgerung ergibt sich u. a. aus der Feststellung MITWALLYS, daß die Beduinen sich als kluge Händler erwiesen, „largely obtaining the dates for goods brought from the Nile Valley, thus loading their camels in both directions and making a good profit on each transaction".[805] Das aber bedeutete, daß sie die Datteln nicht mehr, wie ursprünglich ausschließlich oder doch wenigstens vorwiegend für Produkte ihrer eigenen Wirtschaft eintauschten, sondern zunehmend für Güter, die sie im Niltal erworben hatten.

Diese qualitative Veränderung in den traditionellen Handelsbeziehungen erklärt sich vor allem aus zwei Entwicklungstendenzen, nämlich aus der veränderten Siedlungsweise beider Ethnen sowie aus der sozialökonomischen Differenzierung innerhalb ihrer Gemeinschaften. Der allmähliche Übergang der Aulad Ali zu einer halbseßhaften Lebensweise und die damit verbundene Eigenerzeugung von Gerste in der Küstenregion reduzierte ihre Nachfrage nach Produkten aus Siwa. Auf der anderen Seite gab die neue Siedlungsweise der Siwaner diesen die Möglichkeit, in ihren Gehöften in der Ebene eine größere Anzahl von Haustieren zu halten, als das vordem in der beengten Wohnburg möglich war. Durch diese Entwicklung verringerte sich in beiden ethnischen Gemeinschaften naturgemäß der absolute Bedarf an den traditionell zwischen ihnen ausgetauschten Produkten. Allerdings keineswegs in dem Maße, wie sich die Handelsbeziehungen zwischen ihnen wandelten. Dieser Umstand muß also zwangsläufig noch eine andere Ursache gehabt haben, die unserer Ansicht nach die weitere Konzentration der ökonomischen Macht in den Händen der reichsten Wassereigentümer war, forciert in erster Linie durch die Aufnahme des direkten Handels mit dem Niltal.

Durch ihn gelangten zahlreiche, vordem hier nicht bekannte Waren, vor allem Artikel der Konsumgüterproduktion, in die Oase. Sie weckten nicht nur neue Bedürfnisse bei der einheimischen Bevölkerung, sondern ermöglichten ihr vor allem eine günstigere Realisierung ihrer Exportkulturen als das bei den bisherigen Austauschbeziehungen mit den Beduinen der Fall war, durch die sie überwiegend nur Produkte der Viehzucht erwerben konnten. Wie bereits an anderer Stelle dieser Arbeit vermerkt, profitierten von den neuen Handelsmöglichkeiten vor allem die reichsten Angehörigen der siwanischen Oberschicht, denn nur sie verfügten über einen derartigen Überschuß an Datteln, der erforderlich war, um diesen relativ aufwendigen Fernhandel gewinnbringend gestalten zu können.

Für ihn erwarben sie von den ägyptischen Händlern nicht nur Waren für den Eigenbedarf, sondern insbesondere auch für den Weiterverkauf. Er erfolgte – wie bereits erwähnt – in eigens zu diesem Zweck von ihnen eingerichteten Läden. Und über sie sicherten sie sich einen wachsenden Teil des von den kleineren Wasserbesitzern erzeugten Überschusses an Datteln und Oliven. Dadurch sahen sich letztere immer seltener in der Lage, selbst den Austausch mit den Beduinen zu betreiben.

Zugleich nahmen für sie die Chancen ab, überhaupt noch gleichwertige Partner unter den Aulad Ali zu finden. Denn innerhalb ihrer Gemeinschaft vollzog sich unter den veränderten ökonomischen und gesellschaftspolitischen Bedingungen ein ganz ähnlicher Differenzierungsprozeß, wie er in der Oase zu beobachten war. Die reichen Vieheigentümer aber pflegten den Austausch fast ausschließlich mit den reichen

[805] MITWALLY, 1951, S. 138.

Wassereigentümern, so daß sich der Handel zwischen beiden Ethnen in immer weniger Händen konzentrierte.

Da sich die neuen Handelsverbindungen zum Niltal für beide Seiten offenbar lukrativer als der ursprünglich zwischen ihnen betriebene Produktenaustausch erwiesen, lieferten die Aulad Ali ihren siwanischen Partnern für deren Datteln in zunehmendem Maße Waren aus dem Niltal an Stelle ihrer Viehzuchtprodukte.

Der Handel mit dem Niltal sowie die mit der Realisierung der genannten Projekte verbundene verstärkte ideologische Einflußnahme des ägyptischen Staates führten zu einer fortschreitenden „Ägyptisierung" der Oase und ihrer Bevölkerung, wie sie in einem solchen Ausmaß vordem noch nicht zu beobachten gewesen war. FAKHRY stellt in diesem Zusammenhang fest, daß die Entwicklung in der Periode nach dem Besuch Fu'ads in Siwa „helped to Egyptianize Siwa in subsequent years more than ever. However, the conservative Siwans retained their own language and to a great extent many of their customs and traditions. They never showed any enmity toward visitors; but while their shaykhs from the early thirties did their best to show hospitality to officials as well as visitors to the oasis, the ordinary people kept to themselves and rarely encouraged strangers to enter their houses."[806]

Diese Feststellung reflektiert die ganze Kompliziertheit des Integrationsprozesses der Siwaner in die ägyptische Gesellschaft. Für die Masse der Bevölkerung brachte die neue Entwicklung eher Nachteile als Vorteile, da sie begleitet war u. a. von der Verschärfung ihrer Ausbeutung. Sie verharrte deshalb in ihrer ablehnenden Haltung gegenüber den Integrationsbemühungen des ägyptischen Staates. Die von dieser Entwicklung profitierenden Angehörigen der Oberschicht hingegen zeigten sich zur Zusammenarbeit bereit, nicht zuletzt im Interesse der Mehrung ihres eigenen Besitzes und der Erhaltung ihrer politischen Macht in der Oase.

Der Ausbruch des zweiten Weltkrieges stoppte zunächst die Inangriffnahme weiterer Projekte, nicht aber den Integrationsprozeß insgesamt. Als sich im Frühjahr 1940 die Anzeichen mehrten, daß Italien im Bündnis mit dem faschistischen Deutschland von Libyen aus die Okkupation Ägyptens vorbereitete, wurden die militärischen Kräfte in der Westlichen Wüste durch die Alliierten erheblich verstärkt. Auch Siwa war davon betroffen. Verbände der ägyptischen Armee, verstärkt durch britische, australische und neuseeländische Einheiten, wurden in die Oase verlegt und richteten sich zu deren Verteidigung ein. Häufige Luftangriffe zwangen die Oasenbauern, ihre Häuser zu verlassen und Zuflucht zu suchen in den Grabkammern, die im Altertum in die Felsen gehauen worden waren.[807]

Kurz vor Ausbruch der eigentlichen Kampfhandlungen im Sommer 1942 wurden die in Siwa stationierten Truppen abgezogen. Am 30. Juni war diese Verlegung abgeschlossen, zehn Tage später begannen – nach FAKHRY – italienische Truppen in einer Stärke von rund 2000 Mann die Oase für rund dreieinhalb Monate zu besetzen, ehe sie sie nach der Niederlage der faschistischen Hauptkräfte bei El Alamein kampflos wieder räumten. Am 8. November zogen die letzten Okkupanten ab.[808]

[806] FAKHRY, 1973, S. 119.

[807] Ebenda, S. 119f. Dadurch wurden zahlreiche, vordem noch nicht bekannte Grabkammern im „Totenberg" entdeckt, u. a. die des Si-Amun.

[808] FAKHRY, 1973, S. 120f.

Wie schon im 1. Weltkrieg war Siwa auch bei diesen militärischen Auseinandersetzungen weitgehend von unmittelbaren Kampfhandlungen verschont geblieben, nicht aber von seinen Auswirkungen. Erwähnt wurden bereits die Luftangriffe. Wieviele Personen ihnen zum Opfer fielen und welchen Sachschaden sie verursachten, darüber liegen keinerlei Angaben vor.

Besonders nachhaltige Auswirkungen auf die weitere Entwicklung der Oasengemeinschaft aber hatte die länger als zweieinhalb Jahre andauernde Stationierung beträchtlicher Truppenkontingente in Siwa. Unter anderem deckten diese ihren Nahrungsmittelbedarf offenbar soweit wie möglich durch den Aufkauf lokaler Produkte. Denn nicht anders ist die folgende Bemerkung FAKHRYS zu erklären: „The last soldier (der Alliierten – die Verf.) departed on the 30th of June, leaving the oasis to its destiny, without sufficient supplies to feed the population, now to be cut off in the midst of the desert for more than a month. By messenger mounted on a camel, the Ma'mur sent an urgent message to Bahriyah Oasis on the 19th of July requesting supplies and five policemen, since famine began to threaten the inhabitants."[809]

An keiner anderen Stelle sonst in der Literatur ist jemals ein Hinweis auf die akute Gefahr einer Hungersnot in Siwa enthalten. Und eine derartige Situation war wohl auch eine höchst ungewöhnliche Erscheinung für die Oasengemeinschaft, die stets weit mehr landwirtschaftliche Erzeugnisse produzierte, als für den Eigenbedarf notwendig, so daß ihre Versorgung mit Grundnahrungsmitteln unter normalen Umständen immer gesichert war.

Trat dennoch einmal durch irgendwelche Ursachen eine Nahrungsverknappung ein, konnte man schließlich noch für geraume Zeit auf Datteln minderer Qualität zurückgreifen, die aus Mangel an Arbeitskräften in der Regel nicht vollständig abgeerntet werden. In einer solchen Situation hätte das bis in die Gegenwart anerkannte und praktizierte Gewohnheitsrecht, daß alle nach Abschluß der Haupterntezeit nicht geborgenen Datteln jedem zur freien Verfügung stehen, selbst den Ärmsten ein bescheidenes Auskommen garantiert.

Wenn trotz dieser günstigen Bedingungen schon vor Beginn der eigentlichen Kampfhandlungen eine Hungersnot in Siwa ausbrach, so kann diese eigentlich nur damit erklärt werden, daß die reichen Wassereigentümer im Interesse ihrer weiteren Bereicherung an die in der Oase stationierten Truppen landwirtschaftliche Produkte in einer Menge verkauft hatten, die weit über das vertretbare Maß hinausging, d. h. einen Teil der für die Eigenversorgung der Oasengemeinschaft unbedingt erforderlichen Nahrungsmittel einschloß. Diese Annahme wird noch durch eine weitere Bemerkung FAKHRYS erhärtet, der feststellt: „The Siwans profited economically from the presence of the military troops, and many of them were making fortunes."[810] Einschränkend sei dazu angemerkt, daß sicherlich nicht die Siwaner an sich, sondern nur die Reichen davon profitierten.

Aber dessen ungeachtet, hatten diese Transaktionen eine wichtige Konsequenz zur Folge: Sie machten die Oasengemeinschaft erstmals in größerem Umfang mit dem Gebrauch von Geld vertraut. Während ihr bisheriger Handel – und zwar auch der mit den ägyptischen Kaufleuten –, wenn vielleicht auch nicht mehr ausschließlich, so

809 Ebenda.

910 Ebenda.

doch zum überwiegenden Teil noch auf der Basis des Warenaustausches erfolgt war, verkauften sie ihre Exportkulturen nun zum ersten Mal gegen Geld und gelangten so in den Besitz beträchtlicher finanzieller Mittel.

Vor ihrem Abzug aus Siwa Ende 1942 sollen die italienischen Truppen ihre Bereitschaft erklärt haben, „to exchange any Italian liras which the inhabitants might possess for Egyptian or English pounds. The total sum amounted to fourteen thousand pounds.“[811] Es ist nicht möglich festzustellen, inwieweit der genannte Betrag den Realitäten entsprach. Dennoch aber liefert er einen Anhaltspunkt für das ungefähre Ausmaß der von den reichen Wassereigentümern in den über zwei Jahren der Besetzung akkumulierten Geldsumme.

Einige Siwaner profitierten überdies noch in einer anderen Weise von der Anwesenheit der Alliierten und italienischen Truppen, indem sie von ihnen brauchbares Wehrmachtsgut erwarben.[812] In diesem Zusammenhang muß insbesondere Scheich Ali Hedda genannt werden. Durch seine Kollaboration mit beiden kriegführenden Parteien vermochte er sich in den Besitz mehrerer Lastkraftwagen zu bringen. Mit ihnen baute er nach dem Kriege als erster Siwaner ein eigenes Transportunternehmen auf, durch das er innerhalb weniger Jahre zum wohl reichsten Mann der Oase wurde. Wir werden darauf in einem anderen Zusammenhang noch näher eingehen.

Über die Entwicklung Siwas in dieser Zeit zwischen dem zweiten Weltkrieg und 1952 liegen uns leider keine Angaben vor, mit Ausnahme des Hinweises auf den Beginn des sogenannten „al-Naqb- Projektes“ im Ostteil der Oase 1951, das ebenfalls im folgenden Kapitel ausführlicher zu besprechen sein wird.

### 5. *Zusammenfassung*

Nach der Etablierung seiner Macht begann Mohammed Ali damit, diese auch über die Westliche Wüste auszudehnen und ihre bis dahin unabhängige Bevölkerung in den ägyptischen Staat zu integrieren. Die erste Maßnahme in dieser Richtung war die zwangsweise Ansiedlung der Stammesführer der Aulad Ali in dem von der Zentralregierung kontrollierten Nildelta, wo sie mit Grundbesitz belehnt wurden. Diese Zwangsmaßnahme beeinträchtigte den politischen Zusammenhalt der Beduinen und reduzierte ihre militärische Schlagkraft. Sie hatte zunächst jedoch noch keinen Einfluß auf die Lebensweise der Masse ihrer Angehörigen, die nach wie vor im Hinterland der Mittelmeerküste nomadisierten, was ihre Unterwerfung und effektive verwaltungsmäßige Integration in den ägyptischen Staat wesentlich erschwerte, wenn zu diesem Zeitpunkt nicht gar unmöglich machte.

Diese besonderen Bedingungen werden die Zentralregierung bewogen haben, die Aulad Ali von jeglichen Verpflichtungen dem Staat gegenüber zu befreien, um sie durch diese Vergünstigung wenigstens zu einer loyalen Haltung zu bewegen. Sie setzte die Stammesführer als 'Omda ein und machte sie damit ihr gegenüber für das Verhalten der Angehörigen ihrer jeweiligen Gemeinschaft verantwortlich.

Die Ansiedlung der einflußreichsten Oberhäupter, denen im Laufe der Zeit weitere Familien folgten, leitete einen Prozeß der Veränderung der Lebensweise der Beduinen ein, nämlich den Übergang von der nomadisierenden zur seßhaften Lebensweise

[811] Ebenda, S. 121.
[812] Ebenda.

und zum Bodenbau. Jedoch vollzog sich dieser Prozeß im vorigen Jahrhundert nur erst sehr zögernd, so daß die Aulad Ali insgesamt gesehen bis zum Ende des 19. Jh. ihre Position als nicht voll integrierte Minderheit am Rande der ägyptischen Gesellschaft behaupten konnten.

Eine ähnliche Position nahmen zu diesem Zeitpunkt auch noch die Siwaner ein. Auf Grund der zumeist unzureichenden Präsenz der ägyptischen Staatsmacht in der Oase vermochten es ihre Bewohner, auch nach ihrer gewaltsamen Unterwerfung im Jahre 1820 durch zahlreiche Widerstandsaktionen ihre Unabhängigkeit faktisch wieder zurückzugewinnen. Zumindest zeitweilig, denn durch die Entsendung von Strafexpeditionen wurden sie letztlich immer wieder zur Kapitulation und vor allem zur Zahlung der ihnen auferlegten Tribute gezwungen, durch die sie eines nicht unerheblichen Teils ihres Mehrproduktes verlustig gingen.

Noch folgenschwerer für die weitere gesellschaftliche Entwicklung der Oasengemeinschaft erwiesen sich aber die gewaltsamen Übergriffe Kairos. Neben beträchtlichen materiellen Verlusten führten sie zur physischen Vernichtung bzw. Deportation der Mehrzahl der siwanischen Scheichs, wodurch die Autorität des Scheichrates erschüttert wurde. Diese wurde zudem beeinträchtigt durch das Bemühen der Zentralregierung, einheimische Scheichs als ihre Vollzugsbeamten in der Oase zu gewinnen, indem sie ihnen die Funktion des 'Omda übertrug. Es fanden sich immer einige Mitglieder des Scheichrates, insbesondere aus der schwächeren westlichen Fraktion, die gegen den Willen der Mehrheit der Siwaner im Interesse ihrer eigenen Machtentfaltung zur Zusammenarbeit mit Kairo bereit waren.

Diese Haltung verstärkte die sozialen Auseinandersetzungen innerhalb der herrschenden Oberschicht, deren ökonomische Grundlagen nicht angetastet worden waren, und brachte letztlich die seit langem in Stagnation verharrende gesellschaftliche Entwicklung in der Oase wieder in Bewegung. Sichtbarster Ausdruck dieser sozialen Konflikte war die Zunahme der gewaltsamen Auseinandersetzungen zwischen den beiden Fraktionen.

Der Kampf der Oasenbevölkerung gegen ihre Unterwerfung bildete einen günstigen Boden für das Eindringen zweier islamischer Sekten in Siwa in der ersten Hälfte des vorigen Jahrhunderts – der Medaniya und der Senussiya –, vermeinten die Siwaner doch in den von ihnen propagierten Lehren ein Mittel gefunden zu haben, ihre völlige Unabhängigkeit wiederzuerlangen.

Außer ersten Maßnahmen zur Bekämpfung der fieberübertragenden Mücken leitete die Zentralregierung bis zum Ende des vorigen Jahrhunderts keinerlei weitere Maßnahmen ein, die der Oasenbevölkerung in irgendeiner Weise zugute gekommen wären und ihre Lebensbedingungen verbessert hätten. Denn die Errichtung eines Polizeipostens sowie die ausschließlich oder doch in erster Linie seiner Dienstausübung dienende Einrichtung eines kleinen Hospitals und einer Postverbindung zum Niltal können nicht als solche gewertet werden.

So reduzierte sich die Politik Kairos gegenüber der Oase in der ersten Periode, die nach Ansicht der Verfasser von 1820 bis zum Ausgang des 19. Jh. reichte, auf administrative und militärische Maßnahmen zur Ausbeutung ihrer Bevölkerung in Form von Tributen. Diese Politik, die den Siwanern keinerlei Nutzen, wohl aber beträchtliche Verluste brachte, erzeugte bei ihnen eine „antiägyptische" Haltung, die bis heute nicht überwunden ist.

Ende des 19. Jh. trat ein qualitativer Wandel in den Machtverhältnissen in der

Westlichen Wüste ein, der seine Ursache in erster Linie im Kampf der europäischen kapitalistischen Mächte um die Aufteilung des afrikanischen Kontinents in koloniale Einflußsphären hatte. Im Zuge dieses Wettlaufs gewann die Westliche Wüste als Grenzgebiet zu Libyen wachsende strategische Bedeutung. Aus diesem Grunde wurde sie auf Betreiben Großbritanniens, das Ägypten nach der Niederschlagung des ʿUrabi-Aufstandes 1882 faktisch zu seinem Protektorat gemacht hatte, zur „militärischen Zone" erklärt. Verwaltungsmäßig unterstand sie zwar weiterhin dem Provinzgouverneur in Damanhur, die eigentliche Machtausübung aber lag fortan in den Händen eines britischen Offiziers, dem die Befehlsgewalt über dieses Gebiet übertragen worden war. Er verfügte über ein im Vergleich zur vorangegangenen Zeit wesentlich verstärktes Kontingent bewaffneter Kräfte, insbesondere in Gestalt des neugeschaffenen, sehr beweglichen „Camel Corps", durch das die Bevölkerung dieses Gebietes, einschließlich der der entlegenen Oase Siwa, jederzeit wirkungsvoll unter Kontrolle gehalten werden konnte.

Den auf diese Weise von der Protektoratsmacht gesicherten militärischen Schutz der Westlichen Wüste nutzte die praktisch politisch entmündigte Oberschicht im Niltal, vor allem der Pascha als größter Großgrundbesitzer Ägyptens, dazu aus, wenigstens ihre ökonomischen Ambitionen in diesem Gebiet erfolgreicher als bisher zu realisieren.

Das sowohl militärisch-strategisch als auch wirtschaftlich bedeutendste in dieser Zeit in Angriff genommene Projekt war der Bau der Eisenbahnlinie von Alexandria entlang der Mittelmeerküste bis zum Grenzort Sallum, die 1907 bereits bis Mersa Matruh fertiggestellt war. Diese Eisenbahnlinie hatte einen großen Einfluß auf den weiteren Ansiedlungsprozeß der Aulad Ali. Ihre Stationen, wie Burg al-Arab, Hamman, Fuka, al-Dhabba und Sidi Barrani, entwickelten sich sehr bald zu bedeutenden Markt- und Handelszentren sowie zu Ansiedlungspunkten, deren Bewohnerschaft schnell anwuchs. Die Beduinen errichteten sich hier feste Häuser und wandten sich in der Umgebung dieser Siedlungen in verstärktem Maße dem Bodenbau zu.

Zu einem besonderen Siedlungszentrum wurde Mersa Matruh, das sich innerhalb kurzer Zeit von einer kleinen, unbedeutenden griechischen Ansiedlung zur „Hauptstadt" der Westlichen Wüste entwickelte. Hier siedelten sich Hunderte von Beduinenfamilien an, die in diesem aufblühenden Verwaltungs- und Handelszentrum Beschäftigung in zahlreichen neuen Berufen fanden.

In Siwa wurde der Beginn der zweiten Phase der Integration in den ägyptischen Staat, die von 1898 bis zur Revolution 1952 reichte, u. a. darin sichtbar, daß die gewaltsamen Auseinandersetzungen zwischen den beiden Fraktionen sowie zwischen der Bevölkerung Siwas und der Zentralregierung, die die gesellschaftliche Entwicklung im 19. Jh. wesentlich mitgeprägt hatten, schlagartig aufhörten. Letztgenannte trotz der Tatsache, daß ihr auslösendes Moment, nämlich die Tributforderungen Kairos, nach wie vor bestanden. Dieser plötzliche Wandel war gleichfalls auf die verstärkte militärische Präsenz in der Westlichen Wüste zurückzuführen, die dem Repräsentanten des ägyptischen Staates in der Oase eine weitaus wirksamere Machtausübung als vordem garantierte.

Begünstigt wurde sie ferner durch die veränderte Siedlungsweise der Siwaner, die ihre vordem im Schutz der Mauern der Trutzburgen vorhandene Widerstandskraft entscheidend schwächte, wie auch durch die Politik der religiösen Sekten, insbesondere der Senussiya, die im Interesse der Sicherung ihrer bedeutenden ökonomischen Basis in der Oase mit der Zentralregierung zusammenarbeiteten, indem sie u. a. ihre Anhänger unter Androhung der Exkommunikation zum Gehorsam gegenüber den Weisungen des Maʿmurs anhielten.

Von den nach 1905 auf Geheiß Abbas Hilmi II. zu seinen Gunsten in Siwa begonnenen Projekten, insbesondere zur Neulandgewinnung, konnte keines realisiert werden, zumal der Ausbruch des ersten Weltkrieges ihren Fortgang unmöglich machte. Im Verlauf dieses Krieges hatte die Oasenbevölkerung vor allem unter der Stationierung der Senussiya-Armee zu leiden, womit sich die Führung dieser Sekte abermals über die Interessen ihrer großen Anhängerschar in Siwa hinwegsetzte.

Ende der zwanziger Jahre richtete die Zentralregierung ihr Augenmerk erneut auf dieses Gebiet. Auf Weisung König Fuʿads wurden verschiedene Projekte auf den Gebieten der Landwirtschaft, des Gesundheits- und Verwaltungswesens sowie der Religionsausübung in Angriff genommen und in der Folgezeit auch verwirklicht.

Unter anderem nahmen mehrere Landwirtschaftsexperten ihre Tätigkeit in der Oase auf, die vor allem zur Schädlingsbekämpfung in den landwirtschaftlichen Kulturen eingesetzt wurden. Man errichtete eine regierungseigene Dattelverpackungsanlage. Das alte Hospital wurde erweitert und sein Personalbestand vergrößert. In der Nähe der Maʿmuriya entstand ein weiteres geräumiges Verwaltungsgebäude, und schließlich wurde der in der Regierungszeit Abbas Hilmi II. begonnene Bau einer zentralen Moschee abgeschlossen und mit einem Imam aus Kairo besetzt, der in ihren Räumen die erste Koranschule in der Oase eröffnete. Diese und andere Maßnahmen verstärkten den Einfluß der Zentralregierung in der Oase und führten zur zunehmenden „Ägyptisierung“ ihrer Bevölkerung.

Dazu trug auch der seit dem Ende des 19. Jh. einsetzende Prozeß der Veränderung auf dem Gebiet des Handels bei, in dessen Verlauf Großhändler aus dem Niltal, insbesondere aus Alexandria, die traditionellen Handelspartner der Siwaner allmählich aus diesem Geschäft verdrängten und an ihre Stelle traten. Mangels geeigneter Möglichkeiten überließen sie den Transport der Waren zwischen dem Niltal und der Oase zunächst auch weiterhin den Karawanen der Aulad Ali, die dadurch ebenfalls von der neuen Handelsverbindung profitierten. Ihre Transportfunktion wurde jedoch in dem Maße eingeschränkt, wie die fertiggestellte Eisenbahnlinie sowie der nach dem ersten Weltkrieg einsetzende LKW-Transport diese Funktion übernahmen.

Von Anbeginn an vermochten es die reichsten siwanischen Wassereigentümer, den Handel mit den Großhändlern weitgehend in ihren Händen zu konzentrieren. Sie eröffneten Läden in der Oase, aus denen sie die Bewohner mit den importierten Waren belieferten und über die sie sich mittels eines Warenkreditsystems die Ernteüberschüsse ihrer Kunden an Exportkulturen sicherten. Auf diese Weise erlangten sie faktisch das Handelsmonopol innerhalb der Oase sowie mit den Großhändlern.

Die Einfuhr landwirtschaftlicher Produkte und industriell gefertigter Erzeugnisse aus dem Niltal führte dazu, daß der in Siwa sehr arbeitsaufwendige Anbau von Körnerfrüchten, die neben Datteln die Hauptnahrung der Bewohner bilden, nahezu eingestellt und auch die handwerkliche Produktion stark rückläufig wurde. Dadurch aber wurde die Bevölkerung der Oase zunehmend von der Einfuhr dieser Waren aus dem Niltal abhängig und ihre Wirtschaft in die Ägyptens integriert.

Auch im Austausch mit den Aulad Ali hatte sich eine gegenseitige ökonomische Abhängigkeit herausgebildet. Dennoch kam es zu keiner Benachteiligung von einem der beiden Partner, blieb es ein Austausch zwischen gleichberechtigten Partnern, nicht zuletzt deshalb, weil beide auf annähernd gleicher gesellschaftlicher Entwicklungsstufe standen.

Das aber war bei der neuen Handelsverbindung nicht mehr der Fall. Auf Grund ihrer ökonomischen Stärke und Überlegenheit vermochten es die Großhändler, den Handel mit den Siwanern zu bestimmen, insbesondere die Preise zu diktieren, und die Siwaner damit wirtschaftlich faktisch in ihre Abhängigkeit zu bringen. Diese Tendenz verstärkte sich besonders nach dem zweiten Weltkrieg.

Wie schon im ersten Weltkrieg blieb Siwa auch im zweiten von unmittelbaren Kampfhandlungen weitgehend verschont. Dennoch machten beide Ereignisse deutlich, daß nationale Minderheiten, die selbst oder deren Siedlungsgebiete in den Konflikt zwischen stärkeren Mächten einbezogen werden, letztlich immer zum Spielball dieser Mächte werden.

Die längere Besetzung der Oase bewirkte, daß sich der Gebrauch von Geld im Handel auch in Siwa durchsetzte, was besonders für die Reichtumsanhäufung der Oberschicht von Bedeutung war.

Der während der Kampfhandlungen in der Westlichen Wüste eingestellte Karawanenverkehr der Aulad Ali zwischen Siwa und dem Niltal wurde auch nach ihrer Beendigung nicht wieder aufgenommen. Zum einen waren große Teile der Karawanenwege durch Verminung und Fundmunition unpassierbar geworden. Zum anderen aber verfügten die Großhändler unterdessen über genügend eigene Fahrzeuge, um diesen Transport selbst durchführen zu können.

Insgesamt führte die Entwicklung in der Periode zwischen 1820 und 1952, besonders aber seit der Jahrhundertwende, zu bedeutenden Veränderungen in der Lebensweise der Bevölkerung der Westlichen Wüste und zu ihrer zunehmenden Integration in den ägyptischen Staat.

Im Gegensatz zu den Angehörigen der Oberschicht, die im Interesse ihrer weiteren Bereicherung zur Zusammenarbeit mit der herrschenden Klasse im Niltal bereit waren, stand die Masse der Bevölkerung diesem objektiv verlaufenden Integrationsprozeß ablehnend gegenüber. Nicht zuletzt deshalb, weil er für sie mit einer verstärkten Ausbeutung verbunden war, wodurch sich die sozialökonomische Differenzierung und damit die sozialen Konflikte in ihren Gemeinschaften weiter zuspitzten.

# IV. Der Prozeß der weiteren Integration der Bewohner der Westlichen Wüste in den ägyptischen Staat (1952–1976)

## *1. Abriß der politischen und sozialökonomischen Entwicklung Ägyptens im Untersuchungszeitraum*

Die revolutionären Ereignisse in Ägypten vom Juli 1952 und die sich anschließenden politischen und gesellschaftlichen Veränderungen übten einen tiefgreifenden Einfluß auf die weitere Entwicklung der sozialökonomischen Verhältnisse in der Westlichen Wüste aus, wenn auch mit klar erkennbarer zeitlicher Verzögerung.

Die ersten Maßnahmen des revolutionären Regimes waren auf die Festigung der neuen Staatsmacht und auf die Erringung der staatlichen Unabhängigkeit gerichtet. Sie gipfelten in der ersten Agrarreform vom 9. September 1952, durch die der Grundbesitz einer Person auf maximal 200 Feddan begrenzt wurde[813]; auch der ausgedehnte Landbesitz der Königsfamilie wurde konfisziert und an Kleinbauern verteilt. Diese „Bodenreform“ brachte für den Großgrundbesitz eine ernstzunehmende Machteinbuße und traf das Großkapital, da Großgrundbesitzer zugleich Großindustrielle waren. „Sie trug dazu bei, die landarmen und landlosen Bauern für die Revolution zu gewinnen. Ihre Ausstrahlungskraft schließlich ging über die Grenzen Ägyptens hinaus, denn sie war der erste ernsthafte Versuch innerhalb der arabischen Welt, den feudalen Großgrundbesitz zu beseitigen.“[814]

Mit der Nationalisierung des Suezkanals am 26. Juli 1956 bewies die revolutionäre Regierung unter Nasser ihr antiimperialistisches Profil im Ringen um politische und wirtschaftliche Unabhängigkeit. Als Antwort darauf begannen im Oktober 1956 die Vertreter des arabischen und französischen Monopolkapitals im engen Bündnis mit Israel ihre gemeinsame Aggression gegen Ägypten mit dem Ziel, das revolutionäre Regime in Kairo zu beseitigen.[815]

Das ägyptische Volk wehrte diesen Angriff unter großen Opfern entschlossen ab und konnte sich dabei auf die aktive solidarische Haltung der Sowjetunion und anderer sozialistischer Staaten stützen. Diese Ereignisse vertieften die Beziehungen zwischen Ägypten und der sozialistischen Staatengemeinschaft; der Sieg über die Aggression des Imperialismus festigte die Position der ägyptischen Regierung auf innen- und außenpolitischem Gebiet.[816]

Zugleich verschärften sich die Klassenwidersprüche im Innern des Landes: 1958 gab es in der ägyptischen Großbourgeoisie 420 Millionäre, „während 16 Millionen Kleinbauern, Kleinpächter und Landarbeiter über ein durchschnittliches Jahreseinkommen von etwa 36 Ägyptischen Pfund verfügten“.[817] Die Erkenntnis der Notwendigkeit, diese Widersprüche zu lösen, veranlaßte die Regierung Nasser folgerichtig, den Kurs einer sozialistischen Orientierung einzuschlagen.

[813] Geschichte der Araber, Bd. 6, S. 123.
[814] Robbe, 1976, S. 122.
[815] Geschichte der Araber, Bd. 6, S. 135f.
[816] Ebenda, S. 138.
[817] Ebenda, S. 145.

Seit 1961 verfolgte die ägyptische Regierung eine Politik der Verstaatlichung von Wirtschaftsunternehmen, die sich eindeutig gegen die nationale Großbourgeoisie richtete. Ein abgestimmter Komplex von gesetzlichen Maßnahmen bewirkte eine verstärkte Kontrolle des Staates über die privaten Wirtschaftsunternehmen Ägyptens und schränkte die Macht der einheimischen Kapitalisten drastisch ein: „Nach dieser Verstaatlichungskampagne besaß der Staat das Eigentumsmonopol über das gesamte Finanzwesen und den Außenhandel."[818]

In diese Periode der ökonomischen Entwicklung Ägyptens fällt auch der Beginn der zweiten Etappe der Bodenreform. Mit der zweiten Agrarreform wurde die obere Besitzgrenze an Grund und Boden auf 100 Feddan (1 Feddan = 0,42 ha) pro Person reduziert; über 200000 Feddan enteignetes Land konnten unter landarme Kleinbauern aufgeteilt werden.[819] Auch der Ausbau des Genossenschaftswesens fällt in diesen Zeitabschnitt; das Ziel dieser Maßnahme bestand darin, die Ausbeutung der Kleinerzeuger durch Wucherer und Großhändler zu vermindern.

Rückblickend läßt sich nachweisen, daß Ägypten unter Nassers Führung die größten wirtschaftlichen und sozialen Erfolge erzielte. In dieser Periode der sozialistischen Orientierung konnten bedeutende Projekte verwirklicht werden. Dazu zählen vor allem: der Bau des Assuan-Hochdammes, die Erweiterung des Eisen- und Stahlkombinates Heluan, die Neulandgewinnung, die Elektrifizierung von 4700 Dörfern sowie die Entwicklung der Kernzweige einer modernen Industrie im Rahmen des Staatssektors und die Ausbildung von über 50 000 dafür benötigten Fachkadern."[820]

Alarmiert durch die sich abzeichnenden Erfolge Ägyptens in seiner Entwicklung auf dem nichtkapitalistischen Weg, „richtete der Imperialismus nun seinen Hauptstoß gegen das Nasser-Regime und arbeitete auf seine Liquidierung hin".[821] Die konzentrierten Bemühungen der USA, der BRD und Israels umfaßten wirtschaftliche und militärische Maßnahmen sowie die Mobilisierung der innerägyptischen Reaktion. Mit Sabotage- und Terroraktionen versuchten die Muslimbrüder, einen konterrevolutionären Umsturz herbeizuführen.

In dieser zugespitzten Situation begann Israel am 5. Juni 1967 seine Aggressionshandlungen gegen Ägypten, Jordanien und Syrien; der Hauptschlag war eindeutig gegen Ägypten gerichtet. Trotz der entschiedenen Proteste der sozialistischen Staaten gegen diese imperialistische Aggression und der Forderungen des UNO-Sicherheitsrates nach sofortiger Feuereinstellung beendete Israel die Kampfhandlungen erst am 10. Juni.[822]

Die Verluste Ägyptens im Sechstagekrieg waren enorm: Neben 11 500 Gefallenen büßte die ägyptische Armee ca. 80 % ihrer gesamten Waffentechnik ein; mit der Okkupation der Halbinsel Sinai durch die Israelis verlor Ägypten etwa 70 % seiner Erdölförderung.[823] Hohe Einbußen an Devisen entstanden durch die Schließung des Suezkanals und den Wegfall der Einnahmen aus dem Touristenverkehr; aus der Kanalzone mußten mehr als 1 Million Ägypter evakuiert werden. Diese wirtschaftlichen Verluste wirkten sich sehr negativ auf die Realisierung der kostenaufwendigen Ent-

818 Ebenda, S. 150.
819 Ebenda, S. 151.
820 Ebenda, S. 162f.
821 Ebenda, S. 163f.
822 Robbe, 1978, S. 141.
823 Geschichte der Araber, Bd. 6, S. 166.

wicklungsprojekte im Untersuchungsgebiet aus und bedeuteten einen empfindlichen Rückschlag für die Vorhaben im Wadi al-ǧadid und im Küstengebiet.

Am 28. September 1970 verstarb der Führer der ägyptischen Revolution, Gamal Abdel Nasser. Zum neuen Präsidenten des Landes wurde Anwar al-Sadat gewählt. Er verfolgte mit seinem „Programm der nationalen Aktion“ zunächst die Überwindung der Auswirkungen der israelischen Aggression.[824] Gleichzeitig bekämpfte er die nasseristischen Linkskräfte und entfernte sie aus allen einflußreichen Positionen des politischen Überbaus[825], womit faktisch die Politik des zunehmenden Abgleitens in eine kapitalistische Entwicklung einsetzte.

Am 6. Oktober 1973 begann der vierte Nahostkrieg mit dem Ziel der Rückgewinnung der an Israel verlorenen arabischen Gebiete. „Ausgerüstet mit sowjetischer Militärtechnik und ausgebildet von sowjetischen Experten, überwand die ägyptische Armee erfolgreich den Suezkanal, zerstörte die Barlev-Linie ... und fügte den Truppen des Aggressors erhebliche Verluste zu.“[826] Gleichzeitig griff die syrische Armee die israelischen Stellungen auf den Golanhöhen an. Acht weitere arabische Staaten erklärten ihre Bereitschaft, Ägypten und Syrien in ihrem Kampf aktiv zu unterstützen und entsandten Truppenverbände. Am 25. Oktober 1973 wurden die Kampfhandlungen eingestellt, der Suezkanal gehörte wieder zu Ägypten.[827]

Sadats Prestige war durch die Ergebnisse des vierten Nahostkrieges erheblich gestärkt worden. Er nutzte es aus zur Abkehr von der Bündnispolitik mit der Sowjetunion. Am 14. März 1976 kündigte Sadat einseitig den Vertrag zwischen Ägypten und der UdSSR über Freundschaft und Zusammenarbeit auf. Nun wurde die Politik der Liberalisierung und der „offenen Tür“ für arabisches und ausländisches Kapital immer mehr vorangetrieben. Ägypten geriet vollkommen in das Fahrwasser einer kapitalistischen Entwicklung. „Im Agrarsektor gab es Erscheinungen der Rückgabe konfiszierten Landes an die Großgrundbesitzer. Die genossenschaftliche Vermarktung der Produktion wurde abgeschafft und die weitere Bildung von Produktionsgenossenschaften eingestellt.“[828]

Eine Erhöhung der sozialen Spannungen in der ägyptischen Bevölkerung war die gesetzmäßige Konsequenz; kennzeichnend für diese jüngste Periode der ägyptischen Geschichte sind die zunehmende Verarmung der Volksmassen und die Abwanderung von Fachleuten ins Ausland.

Vor dem Hintergrund dieser sehr widerspruchsvollen Entwicklung betrachten wir nun die konkrete Situation im Untersuchungsgebiet unter dem Aspekt der Integration der nationalen Minderheiten in den ägyptischen Staat.

## *2. Entwicklungsprojekte für das Küstengebiet und ihre Realisierung*

Getragen von der Absicht, das wirtschaftliche und soziale Lebensniveau im ganzen Land zu heben, „soziale Gerechtigkeit“ innerhalb Ägyptens durchzusetzen und eine „gesunde Gesellschaft“ zu errichten[829], wurde von der ägyptischen Regierung seit

[824] Agaryschew, 1977, S. 276; Robbe, 1978, S. 161f.

[825] Geschichte der Araber, Bd. 6, S. 180.

[826] Ebenda, S. 183.

[827] Ebenda, S. 184; Robbe, 1978, S. 173.

[828] Geschichte der Araber, Bd. 6, S. 193.

[829] Robbe, 1976, S. 164f.

1959 auch im Hinterland der Mittelmeerküste ein abgestimmtes System von wirtschaftlichen und sozialen Maßnahmen in Angriff genommen, dessen Realisierung dem gestellten Ziel dienen sollte.

Entsprechend den konkreten Bedingungen in dieser Region, zielten die geplanten Projekte darauf ab, den Prozeß der Ansiedlung der Aulad Ali weiter zu fördern und damit ihre allseitige Integration in den ägyptischen Staat zu beschleunigen. Gleichzeitig mußten aber auch die Bedingungen für die Viehzucht verbessert werden, um die immer weiter wachsenden Bedürfnisse des ägyptischen Binnenmarktes an Fleisch, Milch und anderen Viehzuchtprodukten abzudecken.

Diese Maßnahmen lagen in den Händen der Provinzverwaltung von Mersa Matruh und der Ägyptischen Wüstenentwicklungsorganisation – General Desert Development Organisation (GDDO) –, die 15 Zweigstellen in einzelnen Sektoren des Entwicklungsgebietes errichtet hatte. Seit Beginn der 60er Jahre wurden die Aktivitäten der ägyptischen Behörden zusätzlich unterstützt durch die Mitwirkung internationaler Organisationen, wie der FOOD AND AGRICULTURE ORGANISATION, dem WORLD FOOD PROGRAM und dem UNITED NATIONS DEVELOPMENT PROGRAM.[830]

Im einzelnen handelte es sich dabei um folgende Projekte:

1. Entwicklung der Landwirtschaft durch Verbesserung und Erweiterung der Bewässerungsanlagen, in erster Linie durch sogenannte Windmühlenpumpen, die das Zisternenwasser aus Tiefen bis zu 20 m auf die Felder bzw. in die Baumkulturen förderten. Bis 1966 wurden mehr als eintausend derartiger Bewässerungsanlagen im Gebiet der Aulad Ali installiert, die sich folgendermaßen im Territorium verteilen[831]:

| | |
|---|---|
| Burg al-Arab | 526 |
| Dhabba | 189 |
| Mersa Matruh | 312 |
| Sidi Barrani und Sallum | 16 |
| Gesamt: | 1043 |

Nach offiziellen ägyptischen Angaben konnten mit diesen Pumpen rund 30000 Feddan bewässert werden.[832] Einschränkend muß jedoch darauf hingewiesen werden, daß durch die mangelnde Wartung und Reparatur dieser Anlagen der größte Teil dieser Windmühlenpumpen bald wieder außer Betrieb war.

Ein weiteres Großprojekt zur Erweiterung der landwirtschaftlichen Nutzfläche wird im Gebiet westlich von Alexandria schrittweise verwirklicht. Es besteht in der Anlage eines Kanals, der vom westlichen Mündungsarm des Nils über Burg al-Arab und Hamman bis auf die Höhe von al-Dhabba geleitet werden soll, d. h. in einer Gesamtlänge von 165 km. Sein Wasser wird dazu verwendet, die Felder angesiedelter Nomaden zu bewässern. Die beiderseits der Kanalufer liegenden Kulturflächen waren bereits 1975 in Größen von jeweils 10 Feddan pro Familie an die „Farmer" der Aulad Ali verteilt worden. Die Bereitstellung der erforderlichen Pumpanlagen sowie die

[830] Alwan, 1966, S. 3.
[831] Ebenda, S. 4.
[832] Marsa Matrouh, 1976, S. 29.

Vermittlung von Erfahrungen für den Anbau landwirtschaftlicher Kulturen wird mit staatlicher Unterstützung über die Genossenschaften realisiert.[833]

2. In engem Zusammenhang mit den Maßnahmen zur Förderung der Landwirtschaft stand die Entwicklung eines Genossenschaftswesens bei den angesiedelten Beduinen. Bis 1976 waren im Gebiet der Westlichen Wüste 43 solcher landwirtschaftlichen Genossenschaften ins Leben gerufen, deren Aufgaben in einer offiziellen ägyptischen Verlautbarung wie folgt charakterisiert werden: „These co-operatives aim at raising the efficiency of grazing land in order to make fodder available for about one million sheep and cattle. Also, these co-operatives help in Bedouin settlement and in distributing subsidies to the local citizens."[834]

Bei den erwähnten „Subsidien" handelt es sich um Hilfsgüter in Gestalt von Lebensmitteln und Futtervorräten, speziell Ölkuchen als Kraftfutter, die von internationalen Organisationen zur Verfügung gestellt werden, um den angesiedelten Beduinen die ersten Jahre zu erleichtern, in denen sie warten müssen, bis die angelegten Baumkulturen (Oliven, Aprikosen, Feigen, Mandeln) die ersten Früchte tragen. Diese Hilfsgüter wurden ausschließlich an Genossenschaftsmitglieder ausgegeben, um die Bereitschaft zur Mitgliedschaft zu erhöhen.[835]

In dieser Situation entwickelte sich bei zahlreichen Genossenschaftsmitgliedern eine Art Versorgungsideologie, genauer gesagt, eine Erwartungshaltung gegenüber staatlicher Unterstützung[836], die der eigentlichen Absicht der Planer, die landwirtschaftliche Produktion im Küstengebiet deutlich zu steigern, entgegenwirkte.

Ein wirklicher Erfolg blieb dieser Art von Genossenschaftswesen versagt, denn es war „aus dem Geist des bürgerlichen ägyptischen Staatsapparates" entstanden, und so ist es nicht verwunderlich, daß es der Verwaltung und den Beamten mehr Macht einräumt als den Genossenschaftsbauern. Die innere genossenschaftliche Demokratie wurde auch hier nicht berücksichtigt.[837] Nachfolgende Behauptung in einer offiziellen ägyptischen Schrift aus dem Jahre 1964 zur Rolle des Genossenschaftswesens bei den Aulad Ali, „. . . thus tyranny and domination of ‚Sheikhs' or chieftains over simple bedouins, is now a thing of the past", muß wohl als vorschnelles Urteil bezeichnet werden.[838]

3. Weideverbesserungs-Projekte: Die mit der Steigerung der Qualität und Ergiebigkeit der Weidegründe verbundenen Maßnahmen standen unter der Schirmherrschaft der GDDO. Sie konzentrierten sich auf ein 60000 Feddan umfassendes Territorium zwischen Mersa Matruh und Sidi Barrani. Zum Programm der Weideverbesserung (Range Improvement) gehörten die Aussaat neuer Sorten, die Steigerung der Bodenqualität durch Düngung, die Fixierung der Wanderdünen und das Ausmerzen von giftigen Wildpflanzen. Hierzu muß leider festgestellt werden, daß sich dieses Projekt als Fehlschlag erwies und die gestellten Ziele nicht erreicht werden konnten. Zu den Ursachen, die zum Scheitern dieses Vorhabens führten, zählt nicht zuletzt die mangelnde Einbeziehung der Aulad Ali bei der Vorbereitung des Projektes, denn die Praxis

[833] FB Stein/Rusch, 1976, S. 348f.; Rusch\Stein, 1977 (b), S. 507.
[834] Marsa Matrouh, 1976, S. 29.
[835] Settlement, 1964, S. 7.
[836] Alwan, 1966, S. 24.
[837] Haikal, 1979, S. 214.
[838] Settlement, 1964, S. 9.

zeigte bald, daß ohne die freiwillige und bewußte Mitarbeit der Beduinen das angestrebte Rotationsverfahren in der Weidenutzung nicht verwirklicht werden konnte.[839]

4. Maßnahmen zur Verbesserung der Qualität der Herdentiere: Hierbei handelte es sich in erster Linie um züchterische Experimente zur Verbesserung der einheimischen Barki-Schafe hinsichtlich ihrer Wollqualität und -quantität. Diese Versuche wurden auf der Forschungsstation Ras al-Hikma – einem ehemaligen Sommersitz des gestürzten Königs Faruq – offensichtlich erfolgreich durchgeführt, indem aus Europa eingeführte Merinos mit Schafen der einheimischen Barki-Rasse gekreuzt wurden. 1966 standen bereits 74 Zuchtböcke der neuen, verbesserten Qualität zur Verfügung: „... the eagerness of the natives to obtain these rams may indicate its success."[840] Nach Ermittlungen der Verfasser an Ort und Stelle bezahlten die Aulad Ali im Jahre 1968 bis zu 30 Ägyptische Pfund für einen Zuchtbock, d. h. den drei- bis vierfachen Preis eines gewöhnlichen Barkischafes.[841]

5. Eng verbunden mit den geschilderten züchterischen Maßnahmen waren die Bemühungen um Erweiterung und Verbesserung der veterinärmedizinischen Versorgung der Herdentiere. An folgenden Orten des Untersuchungsgebietes wurden gut ausgestattete tierärztliche Stationen eingerichtet: Mersa Matruh, Sidi Barrani, Fuka, Hammam und Sallum. Alle diese veterinärmedizinischen Stützpunkte unterhalten mobile Impfstationen und Vorrichtungen zur Bekämpfung äußerer Parasiten; insgesamt leiden sie aber unter Mangel an ausgebildetem Fachpersonal. In Sallum wird zusätzlich noch eine Quarantänestation unterhalten zur veterinärmedizinischen Versorgung des für den Export vorgesehenen Lebendviehs.

6. Förderung des traditionellen Handwerks der Beduinen: Das „Direktorat für Soziale Angelegenheiten" in Mersa Matruh betreut einige hundert Familien der Aulad Ali, deren weibliche Mitglieder sich mit der Herstellung traditioneller Teppiche, Lederarbeiten, Kleidung usw. beschäftigen. Die Förderung besteht in der Gewährung von Krediten für Rohmaterial. Der Absatz der erzeugten Produkte erfolgt über den Genossenschaftsladen in Mersa Matruh.[843]

7. Erweiterung der Volksbildungseinrichtungen: Auf dem Gebiet der Verbesserung des Bildungssystems einschließlich der Bekämpfung des Analphabetentums hat die Provinzverwaltung der Westlichen Wüste große Anstrengungen unternommen und sichtbare Erfolge erzielt. Gab es zu Beginn des Jahrhunderts höchstens einige kleine Koranschulen in diesem Gebiet, so hatte die Entwicklung des Schulwesens bis 1976 folgenden Stand erreicht[844]:

| Art der Schule | Anzahl | Zahl der Schüler | dav. Mädchen |
|---|---|---|---|
| Grundschulen | 50 | 9230 | 2710 |
| Mittelschulen | 8 | 1477 | 438 |
| Oberschulen | 3 | 576 | 164 |
| Handelsschulen | 1 | 57 | 19 |
| Inst. f. Lehrerbildung | 1 | 284 | 91 |

839 Range Improvement, 1966, S. 27ff., 42.
840 Ebenda, S. 41f.
841 FB Stein, 1968, S. 309.
842 Marsa Matrouh, 1976, S. 30.
843 FB Stein, 1968, S. 298.
844 Marsa Matrouh, 1976, S. 15f.

Auffällig und zugleich typisch ist die relativ geringe Anzahl der Mädchen, die eine Schule besuchen. Dies hängt mit der sich hartnäckig behauptenden Vorstellung der Beduinen zusammen, daß die Mädchen für die Hausarbeit geschaffen seien und nicht für eine berufliche Tätigkeit. Besonders offensichtlich wird diese patriarchalische Grundeinstellung, wenn man berücksichtigt, daß unter den Studenten aus den Reihen der Aulad Ali, die an der Universität Alexandria studieren, kein einziges Mädchen zu finden ist. Die Studenten aus der Westlichen Wüste brauchen keine Studiengebühren zu entrichten und bewohnen kostenlos ein eigenes Internat, das die Provinzverwaltung in Alexandria errichten ließ.

Zur Beseitigung des Analphabetentums werden mehrere Zentren mit Abendschulen unterhalten, deren genaue Zahl jedoch im verfügbaren Quellenmaterial nicht ausgewiesen ist. Interessant ist die Tatsache, daß die Zahl der Internatsplätze für die Beduinenkinder noch gesteigert werden soll, denn Internatsschulen sind charakteristisch für Nomaden.[845]

8. Verbesserung der medizinischen Versorgung der Bevölkerung: Ähnliche Fortschritte wie auf dem Gebiet der Volksbildung konnten auf dem Sektor der gesundheitlichen Betreuung der Bevölkerung erzielt werden. An folgenden Orten der Westlichen Wüste wurden Krankenhäuser erbaut, in denen die Patienten kostenlos behandelt werden: Mersa Matruh (hier steht das größte Hospital mit einer Kapazität von 150 Betten), Sidi Barrani, Sallum und Siwa. Die Provinzhauptstadt verfügt außerdem noch über eine Frauenklinik und eine Klinik für Lungenkrankheiten. Weiterhin sind 12 sogenannte „Health Units“, das sind Krankenstationen des „Roten Halbmonds“, über die ganze Breite des Wohngebietes der Aulad Ali verteilt, die auch mit Ambulanzwagen ausgestattet sind, um dringende Fälle von Erkrankungen an Ort und Stelle zu versorgen.[846]

9. Das „Direktorat für Soziale Angelegenheiten“ betreut die zehn in den größeren Orten der Provinz eingerichteten Sozialzentren. Ihr Aufgabenbereich umfaßt ein breites Spektrum: Rentenauszahlung, materielle Unterstützung in Notlagen, Klubaktivitäten für Frauen und Jugendliche, Vermittlung handwerklicher Fähigkeiten etc.; auch die unter Punkt 7 erwähnten Kurse für Erwachsenenbildung werden hier durchgeführt.[847]

10. Pflege der Kultur: Bemerkenswert vielseitig sind die Aktivitäten des in Mersa Matruh eingerichteten Kulturzentrums (Merkaz al-thaqāfi). Hier gibt es eine öffentliche Leihbücherei (Bestand 1976: 5000 Bände), einen Theaterklub, ein Freizeitzentrum für Kinder, eine Folklore-Gruppe, durch die traditionelle Lieder und Tänze der Aulad Ali-Beduinen gepflegt werden, ein Filmtheater, das mit einer mobilen Filmeinrichtung ausgestattet ist, mit der auch abgelegene Gebiete mit Kinovorstellungen aufgesucht werden können.

In diesem Zusammenhang sollen auch die Aktivitäten des „Informationszentrums“ erwähnt werden, das ebenfalls in der Provinzhauptstadt etabliert wurde und in erster Linie mit der Erfüllung ideologischer Aufgaben betraut ist: „It explains and clarifies the achievements accomplished by the Government in various fields. Moreover it puts an end to rumours, and gives citizens a solid ground against the psychological war launched by the enemies.“[848]

[845] Ebenda, S. 16, 18. [846] Ebenda, S. 21.
[847] FB Stein, 1968, S. 242f. [848] Marsa Matrouh, 1976, S. 28.

11. Ein „Regionales Komitee zur Entwicklung des Tourismus" koordiniert unter dem Vorsitz des Gouverneurs der Provinz die verschiedenen Aktivitäten zur Propagierung und Erweiterung des Tourismus in diesem Gebiet, der besonders während der Sommermonate Zehntausende von Badegästen an die Strände der Mittelmeerküste zwischen Alexandria und Mersa Matruh führt. Internationale Hotelkonzerne, wie etwa die „South Pacific Properties", sind an den Entwicklungsprojekten des erwähnten Komitees beteiligt.[849]

Für die Aulad Ali sind die mit dem Touristenverkehr zusammenhängenden Aktivitäten insofern von Interesse, als sie, besonders in Mersa Matruh, als Transportunternehmer für den Personenverkehr, als Dienstleistungspersonal in Hotels und Restaurants, aber auch als Ladenbesitzer am Gewinn teilhaben.

12. Entwicklung einer örtlichen Industrie: Abgesehen von der Ausbeutung und Erschließung nicht unbedeutender Erdölvorkommen in der Westlichen Wüste (Amal-Feld südlich von Mersa Matruh, fünf Produktionssonden bei El-Alamein, Ölhafen bei Sidi Abdelrahman), bei deren Nutzung zahlreiche Aulad Ali als Wächter, Kraftfahrer usw. beteiligt sind, steht die Entwicklung einer örtlichen Industrie noch ganz am Anfang. Es existiert eine Gipsfabrik in der Nähe von Mersa Matruh, in der 1976 neben 453 Angehörigen der Aulad Ali auch 193 Arbeiter aus dem Niltal beschäftigt waren.

Eine Übersicht über die 1976 in der Westlichen Wüste außerhalb der Landwirtschaft und der Erdölindustrie im Lohnverhältnis stehenden Personen hatte nach offiziellen Angaben folgendes Aussehen[850]:

| Arbeitsbereich | Arbeiter aus dem Niltal | Aulad Ali | Gesamt |
|---|---|---|---|
| allgemeiner Sektor, Verwaltung etc. | 98 | 411 | 509 |
| Dienstleistungen (Hotels, Restaurants) | 95 | 42 | 137 |
| Gipsfabrik | 193 | 453 | 646 |
| Insgesamt | 386 | 906 | 1292 |

13. Entwicklung der örtlichen Verwaltung: Erst im September 1961 begann die eigenständige Entwicklung auf dem Gebiet der staatlich gelenkten örtlichen Verwaltung. Bis dahin war das gesamte Gebiet der Westlichen Wüste eine sogenannte „militärische Zone", die von einem Offizier der ägyptischen Armee regiert wurde, wodurch die strategische Bedeutung dieses Gebietes in der Grenzlage zu Libyen eindeutig zum Ausdruck kommt.

Höchstes Verwaltungsorgan der Westlichen Wüste ist heute der Provinzrat (Madjlis al-Muhafiza), der von einem Gouverneur geleitet wird, den der Staatspräsident in sein Amt beruft. Unter den insgesamt 56 Ratsmitgliedern befinden sich 53 Angehörige der Aulad Ali-Beduinen und drei Siwaner[851], die allerdings nicht entsprechend

849 Ebenda, S. 39.
850 FB Stein/Rusch, 1976, S. 341.
851 Ebenda, S. 346.

der traditionellen Stammesstruktur eingesetzt wurden, sondern nach dem Territorialprinzip mit dem erklärten Ziel, den überlieferten Tribalismus ganz bewußt zurückzudrängen. Dies ist erfahrungsgemäß keine leichte Aufgabe, die von heute auf morgen zu lösen ist.[852]

Der Provinzrat arbeitet in neun Kommissionen, die sich in der Regel jeden Monat für zwei Tage zu einer gemeinsamen Beratung in Mersa Matruh einfinden. Zwei Angehörige der Aulad Ali vertraten 1976 die Provinz Westliche Wüste im Parlament der Republik in Kairo[853]. Auf diese Weise haben sich ehemalige Stammesführer der Beduinen in Funktionäre der staatlichen Administration verwandelt.

Beurteilen wir nach der vorangegangenen Charakterisierung der Projekte ihre Auswirkungen auf die Verbesserung der Lebensverhältnisse der Bevölkerung im Küstengebiet, so ergeben sich sehr widersprüchliche Resultate. Positive Ergebnisse lassen sich auf dem Gebiet der Entwicklung der Landwirtschaft feststellen, wo durch verschiedene Bewässerungsmaßnahmen die vorhandene Nutzfläche beträchtlich erweitert werden konnte. Hierdurch wurde der Übergang von der nomadischen Lebensweise zum seßhaften Bodenbau wesentlich gefördert. Der Schwerpunkt für diese Maßnahme liegt eindeutig im östlichen Teil des Küstengebietes, wo demzufolge der erreichte Grad der Seßhaftigkeit am größten ist. Gute Ergebnisse brachten auch die züchterischen Versuche zur Verbesserung der Qualität der einheimischen Schafrassen und die Intensivierung der veterinärmedizinischen Betreuung der Herden im Untersuchungsgebiet. Als Fehlschlag erwiesen sich dagegen die durchgeführten Versuche zur Weideverbesserung, weil die Projektanten es versäumt hatten, die Aulad Ali von Anfang an in die Vorbereitung der entsprechenden Maßnahmen mit einzubeziehen.

Die wohl größten Erfolge erzielte die Regierung auf dem Gebiet der Volksbildung, insbesondere beim Ausbau von Grundschulen im gesamten Wohngebiet der Aulad Ali. Als rückständig erscheint die mangelnde Einbeziehung der Mädchen in den Schulunterricht, denn sie machen anteilmäßig weniger als ein Viertel der Schüler aus. Positive Ergebnisse zeichnen sich auch auf dem Sektor der medizinischen Versorgung der Bevölkerung ab, nachdem anfängliche Vorbehalte der Beduinen gegenüber modernen ärztlichen Behandlungsmethoden abgebaut werden konnten.

Als erfolgreich einzuschätzen sind auch die Bemühungen der zuständigen Organe zur Verbesserung der sozialen und kulturellen Betreuung der angesiedelten Nomaden, obwohl die entsprechenden Einrichtungen nur in den größeren Ansiedlungen konzentriert sind. Die Bestrebungen zur Förderung des Touristenverkehrs in den Badeorten am Mittelmeer und zur Entwicklung einer örtlichen Industrie eröffnen den seßhaft gewordenen Aulad Ali vielseitige Möglichkeiten, ihren Lebensunterhalt auch außerhalb von Viehzucht und Bodenbau zu erwerben.

Den nachhaltigsten Einfluß auf den Prozeß der Integration der Bevölkerung der Westlichen Wüste in den ägyptischen Staat hatte der Aufbau eines örtlichen Verwaltungssystems. Damit war ein Instrument geschaffen worden, mit dem unter aktiver Mitwirkung der Aulad Ali hemmende Faktoren, in erster Linie Überreste des Stammesdenkens, für die weitere Entwicklung der Küstenregion systematisch abgebaut werden konnten.

[852] Vgl. Stein, 1972, S. 254f.
[853] FB Stein/Rusch, 1976, S. 347.

Trotz mancher positiver Auswirkungen, zum Beispiel des unbestreitbaren wirtschaftlichen Aufschwungs dieser Region, erreichte die Zentralregierung nicht alle mit ihren Projekten gesetzten Ziele. Diese Tatsache hatte sicherlich mehrere Ursachen. Unter anderem die, daß die Eigentumsverhältnisse der Beduinen unangetastet blieben. Damit wurden von vornherein die mit manchen Projekten, insbesondere der Genossenschaftsgründung, verfolgten Absichten in Frage gestellt. Unter diesen Bedingungen wurde nicht die soziale Frage gelöst, nicht die angestrebte „soziale Gerechtigkeit" erreicht, sondern nur ihr Gegenteil. Unter Ausnutzung aller Vorteile und Vergünstigungen, die die realisierten Projekte ihnen boten, vermochten es die Angehörigen der Oberschicht, ihren Reichtum ungleich rascher als vordem zu mehren, wodurch sich die Kluft zwischen ihnen und der Masse ihrer Stammesangehörigen noch beträchtlich erweiterte.

Die realisierten Projekte führten andererseits dazu, daß eine immer größere Zahl von Beduinen zur Seßhaftigkeit und damit zu einer qualitativ andersgearteten Wirtschafts- und Lebensweise überging, wodurch ihre Wirtschaft noch enger in die des Niltals einbezogen und damit von ihr abhängig wurde usw., was objektiv ihre weitere Integration in die ägyptische Gesellschaft bedeutete. Diesem objektiv verlaufenden Prozeß aber stehen bis heute die subjektiven Bemühungen der Aulad Ali gegenüber, ihre Integration zu verhindern. Nicht zuletzt resultiert diese „anti-ägyptische" Haltung aus der Entwicklung der Beziehungen zwischen Ägypten und Libyen und den sich daraus für sie ergebenden Konsequenzen.

## *3. Die besonderen Bedingungen im ägyptisch-libyschen Grenzgebiet und ihre Auswirkungen*

### 3.1. Die Entwicklung der politischen Beziehungen zwischen Ägypten und Libyen

Zum besseren Verständnis der Gesamtsituation im Untersuchungsgebiet soll im folgenden die Entwicklung der ägyptisch-libyschen Beziehungen in gedrängter Form dargestellt werden, um im Anschluß daran ihre Rückwirkungen auf die Bevölkerung der Westlichen Wüste zu untersuchen.

Die patriotischen und revolutionären Kräfte Libyens wurden seit der Festigung der ägyptischen Staatsmacht unter Präsident Nasser kontinuierlich und umfassend unterstützt, insbesondere in ihrem antiimperialistischen Kampf für die Beseitigung der ausländischen Militärbasen in Libyen, die auch für Ägypten eine permanente Bedrohung darstellten. „In Ägypten – besonders in der Stadt Alexandria – fanden die libyschen politischen Parteien und Organisationen großen Raum für ihre politische Tätigkeit."[854]

Nach dem Sturz König Idris' I. und der Machtergreifung der Libyschen Freien Offiziere am 1. September 1969 war Ägypten das erste arabische Land, das die neue libysche Regierung diplomatisch anerkannte. „Nasser entsandte trotz der kritischen Lage an der Suez-Kanal-Front sofort eine Brigade der ägyptischen Armee an die libysche Grenze sowie zwei Panzerschiffe und einige U-Boote in die Gewässer von Mersa Matruh, um die libysche Revolution zu verteidigen."[855]

[854] HAIKAL, 1980, S. 36. [855] Ebenda, S. 38.

Auf der 5. in Libyen tagenden Arabischen Gipfelkonferenz verkündeten Nasser, Ghaddafi und Nimeri durch die Unterzeichnung der „Charta von Tripolis" am 27. Dezember 1969 ihre Bereitschaft zur Bildung einer Föderation zwischen Ägypten, Libyen und dem Sudan. Die beabsichtigte staatliche Vereinigung kam bekanntlich nicht zustande, trotz der Verlautbarung mehrerer offizieller Deklarationen.[856] Am 18. Juli 1973 wurde von Libyen aus der „Marsch der Einheit" gestartet, auf dem sich ca. 50000 Libyer mit einem langen Autokonvoi nach Kairo begeben wollten, um ihren festen Willen zur staatlichen Vereinigung mit Ägypten zu demonstrieren. Diese Aktion wurde jedoch kurz vor Mersa Matruh durch ägyptische Gegenmaßnahmen zum Stehen gebracht. Die Anführer des Einheitsmarsches wurden am 20. Juli 1973 von Präsident Sadat in Kairo empfangen und kehrten anschließend nach Libyen zurück.[857]

Inzwischen hatte sich die politische Grundhaltung beider Staaten sehr gegensätzlich entwickelt, und die Vereinigung beider Länder wurde dadurch zur Illusion: „Während Ägypten zur Liberalisierung und Reprivatisierung seiner Wirtschaft überging, wurde in Libyen der Kurs der Verstaatlichung beibehalten. Ägypten schloß sich an den Westen an, Libyen dagegen verfolgte einen antiimperialistischen Weg und unterhielt gute Beziehungen zu den sozialistischen Staaten. Der neue, kapitalistische Kurs Ägyptens, besonders nach der Verkündung der ‚Politik der offenen Tür' und der Verbindung mit den USA, war der Politik der libyschen Regierung entgegengesetzt. An die vorgesehene Vereinigung war unter diesen Umständen nicht mehr zu denken; sie hätte auch für Libyen letztlich eine Schwächung seiner antiimperialistischen Entwicklung bedeutet."[858]

Seit 1974 verschlechterte sich das Verhältnis zwischen Kairo und Tripolis immer mehr; am 24. August 1974 wurden die gegenseitigen diplomatischen Beziehungen abgebrochen, und 1975 veranlaßte die ägyptische Regierung die Schließung der Grenze nach Libyen, was die traditionelle Verbindung der Bewohner diesseits und jenseits der Grenze erheblich beeinträchtigte.

Im August 1975 stattete Präsident Sadat der Provinz Westliche Wüste einen einwöchigen Besuch ab, der ihn auch in die Oase Siwa führte, um den Patriotismus der einheimischen Bevölkerung zu wecken.[859] 1976 verlegte die ägyptische Armeeführung große Teile der Zweiten und Dritten Armee aus der Suez-Kanal-Zone an die libysche Grenze.[860] „Je mehr Libyen auf seinem gewählten antiimperialistischen Weg voranschritt, um so heftigere Angriffe wurden von ägyptischer Seite gegen die libysche Führung gerichtet."[861]

[856] 9.11.1969: Deklaration von Kairo zur Bildung einer Föderation von Ägypten und Libyen; am 27.11.1970 beschloß auch Syrien seine Beteiligung an dieser Föderation; 2.8.1973: Abkommen zur Bildung eines einheitlichen Staates zwischen Libyen und Ägypten. Vgl. HAIKAL, 1980, S. 40.

[857] Jahrbuch Asien – Afrika – Lateinamerika (AAL) 1973, S. 263f.

[858] HAIKAL, 1980, S. 40.

[859] Marsa Matrouh, 1976, S. 43f.

[860] „Der Tagesspiegel" vom 27.7.1977.

[861] HAIKAL, 1980, S. 40.

### 3.2. Die traditionellen Beziehungen der Bevölkerung der Westlichen Wüste zu Libyen und ihre Veränderungen in der Gegenwart

Die zunehmenden politischen Spannungen zwischen der Arabischen Republik Ägypten und der Sozialistischen Libyschen Arabischen Volksjamahiriya hatten weitgehende Konsequenzen für die Bewohner der Westlichen Wüste. Jahrhundertelange Bindungen zu Libyen wurden gestört bzw. ganz unterbrochen. Zur Erklärung dieser Sachlage sei zunächst festgestellt, daß die offizielle Staatsgrenze zwischen beiden Ländern keine ethnische Trennungslinie darstellt, ein Umstand, der in zahlreichen Gebieten der Erde nachzuweisen ist.

Es sei in diesem Zusammenhang daran erinnert, daß Siwas Nachbaroase Djaghbub bis 1926 zu Ägypten gehörte und erst im Rahmen des Milner-Scaliora-Abkommens zwischen den beiden Kolonialmächten Großbritannien und Italien gegen die vordem libysche Grenzstadt Sallum ausgetauscht worden ist.[862] Der Verkehr zwischen Siwa und Djaghbub konnte sich also bis zu diesem Zeitpunkt völlig ungehindert entfalten.

Ein weiterer Umstand für die vordem stabilen Beziehungen zwischen den Bevölkerungen diesseits und jenseits der ägyptisch-libyschen Grenze liegt in der Ethnogenese der Aulad Ali-Beduinen begründet, die, wie bereits erwähnt, erst Ende des 17. Jh. aus der Cyrenaika kommend, ihre heutigen Wohngebiete auf ägyptischem Territorium eingenommen haben. Da jedoch nicht alle Stammesgruppen der Aulad Ali aus Libyen ausgewandert sind, befinden sich nach wie vor verwandte Gruppen auf libyschem Staatsgebiet, mit denen die traditionellen ethnischen Beziehungen aufrecht erhalten worden sind.[863]

Als ideologischer Faktor kommt das über ein Jahrhundert lang währende Wirken der religiös-politischen Senussiya-Bewegung in Betracht, die sowohl die Aulad Ali als auch die Bevölkerung der Oase Siwa beeinflußt hat, in der die Senussiya-Bewegung ihren Anfang nahm, während die Oase Djaghbub bis 1895 den Hauptsitz der Senussiya-Bruderschaft bildete. Es wurde bereits dargestellt, daß diese Sekten-Bewegung in Siwa bis zur Gegenwart ihre Bedeutung behalten hat. Pilgerreisen zum Grabmal des Ordensgründers Sidi Mohammed Ali al-Sanusi in Djaghbub gehörten bis in die jüngste Vergangenheit zu den strikt beachteten religiösen Traditionen der Sanusi-Anhänger in Siwa und Gara.[864]

Nach Lage der Dinge kann man die gesamte Region zwischen Djaghbub, Siwa und Gara als „historisch-ethnographisches Gebiet“ bezeichnen und eine Reihe ökonomischer, sozialer und ethnischer Faktoren zur Begründung dieser These anführen. Diese Kategorie ist von sowjetischen Ethnographen eingeführt worden und charakterisiert bestimmte Gebiete, „deren Bevölkerungen sich durch die Gesamtheit ihrer sozialökonomischen Entwicklung und langwährende Beziehungen wie gegenseitige Beeinflussung, Ähnlichkeiten in Kultur und Lebensweise, ethnographische Besonderheiten geschaffen haben.“[865] Diese Kriterien treffen auf das genannte Gebiet vollinhaltlich

[862] „Images“ No. 504 vom 13. 5. 1939.

[863] FB Stein, 1969, S. 578ff.

[864] Die Bewohner Garas sind ausnahmslos Anhänger der Senussiya. Vgl. FB Stein/Rusch, 1976, S. 185.

[865] Tscheboksarow, 1979, S. 114.

zu und gründen sich auf deutliche Parallelen in der materiellen Kultur, in der Wirtschaft (Bewässerungsbodenbau), Hausbau, Kleidung, Sprache und Ideologie.[866]

Im nordwestlichen Teil des Untersuchungsgebietes, bei den noch nomadisierenden Aulad Ali, sind parallele Erscheinungen nachzuweisen, die sich sowohl auf ethnischem Gebiet äußern, z. B. durch Heiratsbeziehungen mit Stammesangehörigen, die auf libyschem Territorium leben[867], als auch auf ökonomischem Sektor, der im folgenden näher betrachtet werden soll.

Es gehört zu den charakteristischen Merkmalen des nomadischen Wirtschaftslebens, die Wanderbewegungen so zu organisieren, daß die Bedürfnisse nach Weideplätzen und Wasserstellen für die Herdentiere optimal befriedigt werden können. In normalen Jahren vollziehen sich die saisonhaften Wanderbewegungen der Aulad Ali-Beduinen im Rhythmus des Wechsels der Jahreszeiten. Ausnahmen von dieser Regel bilden die Perioden der Dürre infolge des Ausbleibens der Winterregen, wie sie im Untersuchungsgebiet nicht selten sind. In solchen Jahren müssen die Beduinen notgedrungen größere Wanderzüge unternehmen und von den traditionellen Routen abweichen, um ihren Herdenbestand zu retten.

Ein solches Beispiel schildert Alwan aus der jüngeren Vergangenheit: „Large scale movements occurs in years of drought as happened in 1960. It was mentioned in one of the GDDO reports that in that year a great number of bedouins migrated from the UAR to Libya taking with them their flocks.“[868] Die erwähnte Quelle beziffert die Anzahl der abgewanderten Aulad Ali mit über 20000 Menschen. „They took with them more than a half million heads of sheep“.[869] Es steht außer Frage, daß eine Migration von diesem Ausmaß der Wirtschaft des Landes schweren Schaden zufügen muß, vom moralischen Prestigeverlust einmal ganz abgesehen.

Aus dem Zitat ist nicht zu ersehen, ob für diese Abwanderung die Zustimmung der ägyptischen Behörden vorlag oder nicht. Mit großer Wahrscheinlichkeit handelt es sich um eine ganz spontane Entscheidung der von der Dürre betroffenen Nomaden, die aufgrund ihrer genauen Geländekenntnisse über die damals kaum bewachte Grenze ungehindert das besser beregnete Weidegebiet der libyschen Nachbarstämme erreichten.

Man kann ferner mit einiger Berechtigung davon ausgehen, daß die Aulad Ali einen Teil ihrer Herden auf den libyschen Märkten verkauften, um ihren Lebensunterhalt zu sichern und dabei noch Gewinn zu erzielen, weil in Libyen wesentlich höhere Preise für Schlachtvieh gezahlt werden als in Ägypten.[870] Wieviele von den ausgewanderten Beduinen nach dem Ende der Trockenperiode wieder in ihre ursprünglichen Weidegebiete auf ägyptischem Territorium zurückgekehrt sind, geht aus der verfügbaren Literatur leider nicht hervor. Mündliche Berichte von Gewährsleuten im Untersuchungsgebiet ergaben, daß ein großer Teil in Libyen verblieben ist.

[866] Tscheboksarow geht über den hier skizzierten Rahmen noch weit hinaus, indem er feststellt: „In Afrika bilden die nördlich der Sahara liegenden Länder (Ägypten, Libyen, Tunesien, Algerien und Marokko) eine historisch-ethnographische Provinz.“ (1979, S. 115).

[867] FB Stein, 1969, S. 578ff.

[868] Alwan, 1966, S. 7.

[869] Settlement, 1964, S. 2.

[870] Vgl. Ghonaim, 1980, S. 136.

Mitteilungen von Informanten der Aulad Ali während der Felduntersuchung[871] ließen erkennen, daß Jahr für Jahr zahlreiche junge Männer der Aulad Ali illegal die Grenze nach Libyen überschritten haben, um dort Arbeit zu suchen, die sie zum Beispiel als Hilfskräfte in der libyschen Erdölindustrie finden, aber auch in der libyschen Armee. Da diese „Emigranten" nur in den seltensten Fällen über ordnungsgemäße Ausweispapiere verfügen, ist ihnen die spätere Rückkehr nach Ägypten erschwert, wenn nicht ganz unmöglich, besonders seit der anfangs geschilderten Verschlechterung der politischen Beziehungen zwischen beiden Ländern.

Eine ganz ähnliche Situation hinsichtlich der Abwanderung von Arbeitskräften nach Libyen läßt sich auch für Siwa feststellen: 1976 wurde die Zahl der dort tätigen Siwaner mit rund 2000 angegeben.[872] Hierbei handelt es sich wohlgemerkt um geschätzte Angaben, die für Siwa zu hoch gegriffen scheinen, machen sie doch beinahe ein Drittel der Gesamtbevölkerung aus, und dazu ihren produktivsten Teil. Absolut betrachtet fallen sie dagegen kaum ins Gewicht, wenn man berücksichtigt, daß Mitte der siebziger Jahre die Zahl der in Libyen arbeitenden Ägypter mehr als eine halbe Million betrug.[873]

Die Situation änderte sich im März 1976, „als innerhalb von zwei Tagen über 25000 ägyptische Staatsbürger bei Sallum über die Grenze abgeschoben wurden. Dies ging nicht ohne Gewalt ab ... Unter den Vertriebenen befand sich jedoch kein einziger Bewohner Siwas oder der übrigen Westlichen Wüste Ägyptens (d. h. Angehöriger der Aulad Ali – die Verf.)".[874]

Ökonomische Unterschiede, nämlich „das Gefälle von Preisen und Lebensstandard zwischen beiden Ländern"[875], bilden die Ursache für eine weitere Erscheinung im ägyptisch-libyschen Grenzgebiet, an der die Aulad Ali wie auch die Siwaner, wenn auch in vergleichsweise abgeschwächter Form, beteiligt sind: der illegale Warenverkehr von und nach Libyen.

Besonders in den Jahren seit Beginn des libyschen Ölbooms, d. h. nach 1962, hat der Warenschmuggel im Grenzgebiet erheblich an Umfang zugenommen und ist für zahlreiche Angehörige der Aulad Ali zu einer profitablen Einkommensquelle geworden, die allerdings nicht ohne Risiko ist. Allein im Jahre 1969 wurden vor dem Gerichtshof der Provinzverwaltung in Mersa Matruh über 2000 Fälle von entdeckten Schmuggelaktionen geahndet[876]; die Dunkelziffer der erfolgreich durchgeführten Schmugglerfahrten ist sehr hoch.

Den Aulad Ali kommen ihre präzisen topographischen Kenntnisse im Grenzgebiet ebenso zustatten wie der Umstand, daß sie auf libyschem Territorium Verwandte haben, bei denen sie jederzeit Unterschlupf und Hilfe, z. B. bei der Lagerung der „Handelsgüter", finden können. Über den konkreten Charakter dieser Transaktionen äußert sich Ghonaim, ein ägyptischer Gewährsmann, der ebenso wie die Verfasser diese Zustände im Jahre 1976 an Ort und Stelle beobachtet hat: „Sie tragen vor allem Gemüse, Getreide und andere Lebensmittel nach Libyen und bringen Gebrauchsgüter aller Art zurück: z. B. Elektrogeräte (Tonband-, Radio-, Fernsehgeräte, Rasier-

[871] FB Stein/Rusch, 1976, S. 187f.
[872] Daure, 1976.
[873] Haikal, 1980, S. 39.
[874] Ghonaim, 1980, S. 112f.
[875] Ebenda, S. 136.
[876] Stein, 1972, S. 253.

apparate etc.), moderne Gaskocher, Männer- und Frauenbekleidung, Decken, Teppiche, Schreib- und Zeichenmaterial, Genußmittel (Tee, Kaffee, Zigaretten). Teils werden diese Waren ... erst in Mersa Matruh oder in Alexandria und Kairo mit erheblichem Gewinn verkauft."[877]

Dem ist noch hinzuzufügen, daß es sich hierbei überwiegend um westeuropäische bzw. japanische Qualitätserzeugnisse handelt, und weiterhin, daß es in Mersa Matruh und in Alexandria ausgedehnte Marktviertel gibt, die ganz offen „Libyscher Markt" (Sūq al-lībī) bzw. „Schmugglermarkt" (Sūq al-taḥrīb) genannt werden und auf denen, unter den Augen der ägyptischen Obrigkeit, stets großer Andrang von Kauflustigen herrscht.[878]

Waren ursprünglich vor allem Kamele und mitunter, z. B. zwischen Siwa und Djaghbub, auch Esel die üblichen Transportmittel für die Konterbande, so erfolgte in den letzten Jahren eine Modernisierung des Transportes: „Auch kleine Lastwagen (Toyota) werden beim Schmuggel eingesetzt. Sie transportieren ebenso Gemüse (Tomaten, Zwiebeln, Melonen, Kartoffeln usw.), Getreide (insbesondere Reis) und Früchte (Orangen, Feigen, Zitronen, Oliven, Datteln usw.) nach Libyen, außerdem auch lebende Tiere: Ziegen, Schafe und Rinder."[879]

Die Anzahl der auf diese Weise nach Libyen geschmuggelten Tiere ist verständlicherweise nicht zu ermitteln, da diese Transaktionen in aller Heimlichkeit durchgeführt werden und nur ein Bruchteil der Fälle aufgedeckt wird. Als Gegenmaßnahme beschlossen die ägyptischen Behörden u. a. die Reduzierung der Herdenbestände im grenznahen Bereich sowie die deutliche Kennzeichnung der Tiere, damit die schmuggelnden Beduinen nicht behaupten könnten, es handele sich um aus Libyen, stammende Herdentiere.[880]

Auch die Schaffung einer „toten Zone" durch Beseitigung jeglicher Vegetation und Wasserstellen vor der Grenze wurde in Erwägung gezogen, jedoch nicht realisiert. Auch drastische Strafen, wie Beschlagnahme der mitgeführten Waren, des Transportmittels und zusätzliche Geldbußen brachten den illegalen Grenzverkehr nicht zum Erliegen, denn die Gewinne aus dem Warenschmuggel sind weit höher, als sie jemals mit Viehzucht oder Bodenbau erreicht werden könnten.

Der Profit wird zum Teil in geländegängigen Kraftfahrzeugen investiert, die wiederum bei Schmuggelfahrten eingesetzt werden; aber auch in Immobilien wie Hotels, Restaurants und Mietshäusern der Küstenstädte werden die Gewinne angelegt. Dies in zunehmendem Maße nach der Abkehr von der Politik der sozialistischen Orientierung Gamal Abdel Nassers, seit sich unter Präsident Sadat der Kapitalismus wieder frei entfalten konnte.[881]

Unter diesen politischen Verhältnissen war der entsprechende Nährboden vorhanden, auf dem sich bei den Aulad Ali eine Schicht von Großhändlern herausbilden konnte, die sich mit Spekulationsgeschäften befaßt.[882] Sie horten Waren, um die Preise hochzutreiben und sie dann mit erheblichem Profit auf den Markt zu werfen, wenn die Nachfrage entsprechend angewachsen ist. Dabei handelt es sich um Grund-

877 Ghonaim, 1980, S. 136f.

878 FB Stein/Rusch, 1976, S. 58ff., 89.

879 Ghonaim, 1980, S. 137.

880 FB Stein, 1968, S. 301.

881 Haikal, 1980, S. 40.

882 Stein, 1972, S. 256.

nahrungsmittel wie Getreide (Reis, Weizen, Gerste), Mehl, Zucker und Tee (das Hauptgetränk in der Westlichen Wüste), aber auch um Futtermittel, in erster Linie Ölkuchen (Kuzba). Diese Waren stammen z. T. aus den bereits erwähnten Hilfssendungen des UNITED NATIONS WORLD FOOD PROGRAM[883], die den einfachen Menschen unter den Aulad Ali rücksichtslos entzogen wurden und den korrupten Spekulanten enorme Gewinne einbrachten. Man muß solche Erscheinungen als Kennzeichen für die Entwicklung eines parasitären Kapitalismus ansehen, wie er unter dem Sadat-Regime zum Schaden des Volkes charakteristisch geworden ist.

Sowohl durch die geschilderten Spekulationsgeschäfte in Ägypten als auch durch den Warenschmuggel von und nach Libyen wird der sozialökonomische Differenzierungsprozeß bei den Aulad Ali enorm beschleunigt; es zeichnet sich eine deutliche Polarisierung zwischen arm und reich ab, wodurch die Herausbildung von Klassenverhältnissen gefördert wird und damit gleichzeitig die Integration der Aulad Ali in den ägyptischen Staat. Die Masse der angesiedelten ehemaligen Nomaden verwandelt sich im Verlauf dieses Integrationsprozesses in Lohnarbeiter, die in unterschiedlichen Berufsgruppen tätig sind[884], sofern sie nicht als Kleinbauern mit geringem Landbesitz ihren Lebensunterhalt bestreiten.

In spontaner Anpassung an die unter dem Einfluß der Politik Sadats entstandene Situation hat sich bei zahlreichen Großfamilien der Aulad Ali, die der sozialen Oberschicht zuzurechnen sind, eine spezielle Form der Arbeitsteilung herausgebildet: Die Angehörigen der patriarchalischen Großfamilien haben sich auf bestimmte Erwerbszweige spezialisiert, die mit ihrem ökonomischen Gesamtergebnis den Unterhalt gewährleisten und damit unter den schwierigen Bedingungen einer kapitalistischen Entwicklung soziale Sicherheit gewährleisten.

Die älteren Familienmitglieder sind vollseßhaft, sie wohnen im festen Haus, organisieren während der Saison den Gersteanbau und befassen sich mit der Pflege der bewässerten Baumkulturen, während die jungen Männer sich der Zucht von Schafen, Ziegen und Kamelen widmen und zumindest in der Regenzeit ein Zeltleben führen und mit den Herden nomadisieren.

Die meisten dieser Großfamilien besitzen bereits einen Kleinlastwagen – allein in Mersa Matruh waren 1976 mehr als 2000 Kraftfahrzeuge zugelassen[885] – mit denen sie entweder das eigene Vieh von den Weideplätzen zum günstigsten Marktort bringen, mitunter auch Trinkwasser und Zusatzfutter auf entlegene Austriebstrecken transportieren[886] oder aber für Dritte Lohnfuhren ausführen bzw. gelegentlich eine gewinnbringende Schmuggelfahrt über die libysche Grenze organisieren.

Im konkreten Fall gestaltet sich das soeben skizzierte Modell der Arbeitsteilung sehr flexibel und variiert mit den sich bietenden Erwerbsmöglichkeiten von Jahr zu Jahr. Die Einkünfte aus den verschiedenen Erwerbsquellen werden vom Familienoberhaupt verwaltet und kommen anteilig allen Angehörigen der Großfamilie zugute. Auf diese Weise werden traditionelle Verhaltensweisen (aṣabīya) unter modernen Bedingungen konserviert.

Eine Analyse des dargestellten Faktenmaterials führt zu der Schlußfolgerung, daß sich die traditionellen Bindungen der Bevölkerung der Westlichen Wüste zu Libyen

[883] FB Stein, 1968, S. 301ff.
[884] Vgl. Stein, 1981, S. 159ff.
[885] FB Stein/Rusch, 1976, S. 340.
[886] Stein/Rusch, 1978, Abb. 150.

insgesamt hemmend auf den Integrationsprozeß auswirkten. Dafür sind folgende Punkte als Beweis anzuführen:

1. Die Maßnahmen der ägyptischen Behörden zur Unterbindung des illegalen Warenverkehrs im Grenzgebiet und zur Verhinderung des Personenverkehrs, insbesondere der alljährlichen Wallfahrten der Sanusiya-Anhänger nach Djaghbub, waren bei der Bevölkerung der Westlichen Wüste in hohem Grade unpopulär. Sie führten zu Unruhe und Unzufriedenheit bei der betroffenen Bevölkerung und verstärkten die immanente Abneigung gegenüber den ägyptischen Regierungsorganen.
2. Aus der Tatsache, daß die Mehrzahl der Bewohner Siwas und Garas ebenso wie die Aulad Ali in Libyen lebende Verwandte haben, ergibt sich für diesen Bevölkerungsteil eine pro-libysche Orientierung, die dem sich objektiv vollziehenden Integrationsprozeß in den ägyptischen Staat subjektiv entgegenwirkt.
3. Eine weitere Ursache für die „antiägyptische Haltung" der Masse der Bevölkerung der Westlichen Wüste liegt im Weiterbestehen des ethnischen Selbstbewußtseins („Stammesdenken"), während das Bewußtsein, Teil der ägyptischen Nation zu sein, nur in den ersten Ansätzen – etwa bei Funktionären der örtlichen Verwaltung – vorhanden ist.

Eine konsequente Weiterführung der von Nasser begonnenen Politik der sozialistischen Orientierung hätte diesen Transformierungsprozeß beschleunigen können und die Herausbildung eines Staatsbewußtseins gefördert. Durch die Konfrontationspolitik der Regierung Sadat gegenüber Libyen und die damit verbundenen Maßnahmen gegenüber der Bevölkerung im Grenzgebiet wurde dieser Prozeß zunächst aufgehalten.

### *4. Die Verwirklichung des Entwicklungsprogramms der Regierung Nassers in der Oase Siwa und seine Auswirkungen*

In den weitreichenden Plänen der Nasser-Regierung zur Entwicklung der Westlichen Wüste stand die Oase Siwa an letzter Stelle, denn gegenüber der Küstenregion spielte sie nur eine untergeordnete Rolle. Trotz dieser Tatsache aber wurden nach 1952 auch in diesem abgelegenen Gebiet zahlreiche Projekte in Angriff genommen und realisiert, die insgesamt zu einer merklichen Verbesserung des Lebensniveaus seiner Bevölkerung beitrugen.

Ohne die Ergebnisse der nachfolgenden Untersuchung vorwegnehmen zu wollen, kann bereits hier konstatiert werden, daß von seiten Kairos während der Regierungszeit Präsident Nassers wesentlich mehr Investitionen in der Oase getätigt wurden als in den vorangegangenen fast eineinhalb Jahrhunderten ägyptischer Herrschaft in Siwa zusammengenommen.

Um welche Projekte handelte es sich dabei im einzelnen? Sie sollen im folgenden zunächst summarisch aufgezählt werden, bevor wir ihre Auswirkungen auf die Oasenbevölkerung im Detail untersuchen.

1. Auf dem Gebiet der Landwirtschaft war es auch hier das Hauptanliegen der Regierung, die Anbaufläche beträchtlich zu erweitern. Denn in der Oase Siwa liegen etwa 21202 Feddan (=8906 ha) bebaubaren Bodens ungenutzt.[887] Nach dem Schei-

[887] Ghonaim, 1980, S. 190f.

tern diesbezüglicher Pläne von Abbas II. wurden nach dem ersten Weltkrieg auf Anweisung Kairos noch mehrere Anläufe zur Neulandgewinnung gestartet, die jedoch alle ohne Erfolg blieben.[888]

Danach wandte man sich erst 1950 diesem Vorhaben wieder zu. Durch das damalige „General Inspectorate of Desert Irrigation“ wurden Pläne entwickelt, die die Erschließung von vorerst insgesamt 5500 Feddan (=2331 ha) in den Gebieten von al-Zeitun, Abu Shuruf, Qureishit und al-Naqb im Ostteil der Oase sowie in Khamisa im Westen vorsahen. Im zuletzt genannten Gebiet kam das Projekt nicht über die Anlage einiger Be- und Entwässerungsgräben hinaus, in den drei erstgenannten blieb es sogar schon im Planungsstadium stecken. Lediglich in al-Naqb konnten in den folgenden Jahren 350 Feddan (=147 ha) rekultiviert werden. Hauptursache für dieses dürftige Ergebnis war der Mangel an Arbeitskräften in der Oase.[889]

Die Realisierung des Projektes in al-Naqb wurde nur deshalb möglich, weil dafür Zwangsarbeiter eingesetzt wurden. In diesem Gebiet nämlich ließ die ägyptische Regierung 1956 ein Lager für etwa 400 Gefangene errichten, in das überwiegend Mitglieder der von Präsident Nasser verbotenen Kommunistischen Partei Ägyptens interniert wurden. Nur der Arbeit der hier Inhaftierten war es zu verdanken, daß dieses Projekt so weit gedeihen konnte. Denn als das Lager auf Grund immer massiverer Proteste gegen die Kommunisten-Verfolgung durch Nasser schließlich 1967 aufgelöst werden mußte, wurden auch die Arbeiten an diesem Projekt wieder eingestellt. Angefangene Ausschachtungsarbeiten für weitere Be- und Entwässerungsgräben in unmittelbarer Nähe des rekultivierten Landes sind Beweis dafür, daß es ursprünglich in größeren Dimensionen geplant war.[890]

Außer in al-Naqb sind in den letzten zwei Jahrzehnten aber noch weitere, freilich wesentlich kleinere Flächen in verschiedenen Gegenden der Oase rekultiviert worden, und zwar auf Privatinitiative einiger finanzkräftiger Siwaner. Sie ließen sich zu diesem Zweck auf eigene Kosten alte, verlandete Quellen wieder in Gang setzen – wie z. B. unser Hauptgewährsmann Hadj Azmi die Ain Murkida – oder von Fachkräften aus Bahariya neue Brunnen bohren und erhielten so die Möglichkeit, weitere Gärten anzulegen.[891]

Zum Teil lassen sich reiche Wassereigentümer auch in ihren Altbeständen, die bisher nur unzureichend bewässert werden konnten, noch zusätzliche Quellen bohren, um sie intensiver nutzen zu können, z. B. für die Erzeugung von Futterpflanzen. Die Kosten für eine Brunnenbohrung beliefen sich 1976 im Durchschnitt auf 1000–1400 £.E.[892]

Die von der Regierung in Siwa stationierten Landwirtschaftsexperten befassen sich in erster Linie mit der Bekämpfung von Schädlingen und Krankheiten in den landwirtschaftlichen Kulturen und unterweisen die Siwaner in neuen Produktionsmethoden, u. a. in der Anwendung künstlichen Düngers.[893]

2. Auf dem Gebiet der Viehwirtschaft wurden nach 1952 staatlicherseits Anstrengungen unternommen, die Produktivität der einheimischen Tierbestände zu heben

[888] Fakhry, 1973, S. 36. [889] Ebenda; Ghonaim, 1980, S. 184ff., 110ff.

[890] FB Stein/Rusch, 1976, S. 138; Stein/Rusch, 1978, S. 95.

[891] FB Stein/Rusch, 1976, S. 101ff., 815; Ghonaim, 1980, S. 108, 186; Stein/Rusch, 1978, S. 38.

[892] Ghonaim, 1980, S. 108; vgl. auch: Stein/Rusch, 1978, S. 38.

[893] FB Stein/Rusch, 1976, S. 417; Ghonaim, 1980, S. 132f.

und damit das Eigenaufkommen an Fleisch und Milch zu erhöhen. Zu diesem Zweck richtete man eine Veterinärstation ein, die mit einem ägyptischen Tierarzt und zwei Gehilfen besetzt ist und in der erkrankte Tiere kostenlos behandelt werden. Zugleich hat diese Station die Aufgabe, Maßnahmen auf dem Gebiet des vorbeugenden Seuchenschutzes durchzuführen.[894]

Um das Defizit an einheimischen Futtermitteln zu mindern, wird über die 1950 gebildete Genossenschaft zusätzliches Futter – zumeist Weizenkleie, Futtermais und Baumwollabfälle – aus dem Niltal eingeführt und an die Tierhalter zu stark subventionierten Preisen abgegeben, wobei die Menge auf 5 kg pro Schaf und Ziege und 10 kg pro Rind und Esel limitiert ist.[895]

Besonderes Augenmerk galt der Erweiterung des Rinderbestandes und vor allem der Erhöhung seiner Qualität durch die Einführung einer neuen Rinderrasse. Infolge dieser Maßnahme konnte die Gesamtzahl der Kühe von 40 im Jahre 1958 auf 150 im Jahre 1969 und 602 im Jahre 1978 erhöht werden.[896] Das ist ein beachtlicher Fortschritt, wenn man bedenkt, mit welchen Schwierigkeiten die Haltung dieser Tiere in Siwa verbunden ist. Denn in Ermangelung geeigneter Weideflächen kann sie überwiegend nur im Stall bzw. in den ummauerten Hofräumen erfolgen. Das aber wurde in größerem Umfang überhaupt erst möglich durch die grundlegende Veränderung der Siedlungsweise im Verlaufe dieses Jahrhunderts. In der engen Wohnburg dürften kaum Voraussetzungen dafür bestanden haben.

Zwei Faktoren begrenzen bis heute den Besitz von Rindern auf die wohlhabenden Oasenbewohner und stehen damit einer rascheren Vergrößerung ihres Bestandes sehr hinderlich entgegen: Zum einen die Notwendigkeit der Stallhaltung, die die Erzeugung einer entsprechenden Futtermenge (Luzerne) erfordert und damit nur denjenigen möglich ist, die über entsprechend große Gärten verfügen. Zum anderen die hohen Ankaufpreise. Sie betrugen für eine Kuh 1976 immerhin rund 200 £.E., was nach dem damaligen Preisniveau dem Wert des Ernteertrages von sieben Dattelpalmen oder fünf Olivenbäumen entsprach.[898]

3. Von großer Bedeutung für die Oasenbewohner war die Gründung einer staatlich gelenkten Genossenschaft. Mit dieser Maßnahme verfolgte die Zentralregierung das Ziel, die Bevölkerung von den ägyptischen Großhändlern unabhängiger zu machen. Denn diese hatten nach dem zweiten Weltkrieg mit ihren Lastkraftwagen den Handel mit der Oase völlig unter ihre Kontrolle gebracht, was ihnen ein entsprechendes Preisdiktat ermöglichte. „Gegen ihre monopolartige Machtstellung, gegen zu geringe Entgelte für die heimischen Produkte, überhöhte Preise für die importierten Waren und gegen eine unregelmäßige Versorgung war die Bevölkerung hilflos“, schätzt GHONAIM die entstandene Situation ein.[899]

An anderer Stelle seiner Studie heißt es: „Die Besitzer kleinerer Grundstücke in Siwa erhielten vor der Gründung der Landwirtschaftsgenossenschaft ihre benötigten Kredite von den einheimischen und auswärtigen Geschäftsleuten. Zwar variierten die Konditionen zeitlich und individuell, doch waren sie prinzipiell kurzfristig und mit extremen Zinsen belastet. Produktionskosten und Preise lagen daher unverhältnismäßig hoch. Und da der Absatz der landwirtschaftlichen

[894] FB STEIN/RUSCH, 1976, S. 614.
[895] GHONAIM, 1980, S. 126, 133.
[896] FB STEIN, 1969, S. 614; GHONAIM, 1980, S. 123.
[897] GHONAIM, 1980, S. 123.
[898] Ebenda, S. 87, 95.
[899] Ebenda, S. 131.

Erzeugnisse aus der Oase über die gleichen Händler abgewickelt wurde, die allein das notwendige Kapital sowie die Transportmöglichkeiten besaßen, waren die Einwohner Siwas weitgehend von diesen wenigen Geschäftsleuten abhängig."[900]

Dieser Zustand sollte durch die Bildung der Genossenschaft überwunden werden. Sie wurde in Siwa bereits 1950 gegründet, konnte aber erst 1952 richtig wirksam werden. Bei dieser Institution handelt es sich nicht um eine Produktionsgenossenschaft, sondern um eine reine Aufkauf- und Liefergenossenschaft, die die landwirtschaftlichen Erzeugnisse ihrer Mitglieder zu festgesetzten Preisen aufkauft und sie zugleich mit benötigten Grundstoffen und Materialien versorgt.[901]

So stellt sie ihnen u. a. Saatgut, Dünge- und Schädlingsbekämpfungsmittel zur Verfügung und berät sie in Fragen ihrer zweckmäßigsten Anwendung, führt Baumaterialien – insbesondere Holz, Zement und Ziegelsteine – und Futtermittel ein und übernimmt deren Verteilung. Von der Genossenschaft können sich die Mitglieder Geräte, wie z. B. die für die Schädlingsbekämpfung notwendigen Spritzen oder Leitern für die Olivenernte, ausleihen. Und sie gewährt ihnen schließlich auch finanzielle Unterstützung in den ertragsarmen Jahreszeiten bzw. für die Realisierung landwirtschaftlicher Projekte, etwa der Anlage neuer Brunnen oder Gärten. Alle diese Leistungen werden den Mitgliedern als nahezu zinslose Darlehen gewährt, die sie nach Abschluß der Haupterntezeit in Form landwirtschaftlicher Produkte zurückerstatten müssen.[902]

Nach anfänglichen Startschwierigkeiten entwickelte sich die Genossenschaft in den sechziger Jahren zunehmend zu einem bedeutenden Faktor im Wirtschaftsleben der Oase, was seinen Ausdruck u. a. darin fand, daß ihr Stammkapital von £.E. 6000,– im Jahre 1965 auf £.E. 14000,– im Jahre 1969 anstieg.[903] Geleitet wurde sie stets von einem ägyptischen Landwirtschaftsexperten, dem acht bis zwölf einheimische Mitarbeiter zur Seite standen.[904]

Eine wirkungsvolle Hilfe für die Masse der Bevölkerung bildete auch die Eröffnung eines genossenschaftlichen Ladens, durch den die Mitglieder mit Grundnahrungsmitteln versorgt werden, die ursprünglich zum Teil durch den Staat beträchtlich subventioniert wurden. Das betraf insbesondere Reis und Mehl, für dessen Verkauf diese Einrichtung das Monopol besaß und die in unbegrenzten Mengen von der Bevölkerung bezogen werden konnten. Rationiert hingegen war der Verkauf anderer, ebenfalls zu verbilligten Preisen angebotener Waren. Jeder Person standen 1976 monatlich z. B. „100g Tee, 1,25 kg Zucker, ca. 500 g Öl sowie 500 g Bohnen zu, das alles zusammen nur 41,5 Piaster kostet. Wer zusätzliche Mengen benötigt, zahlt höhere Preise, und auch die übrigen Nahrungsmittel (wie Linsen, Teigwaren, Konserven usw.) werden ohne Subventionen in unbeschränkter Menge abgegeben".[905]

4. Neben der Genossenschaft wurde in den fünfziger Jahren in Siwa auch die bereits erwähnte GDDO wirksam. Sie übernahm staatlichen Landbesitz in Taqzirti (55 Feddan), Maragi (3 Feddan), Dakrur sowie das Neulandgebiet von al-Naqb, der Ausgangspunkt für die Entwicklung größerer Staatsfarmen werden sollte.[906]

900 Ebenda, S. 131f. 901 Ebenda; FB Stein, 1969, S. 615ff.
902 Ghonaim, 1980. S. 131ff.
903 FB Stein, 1969, S. 615.
904 Ebenda; Ghonaim, 1980, S. 132f.
905 Ghonaim, 1980, S. 134f.; vgl. auch: FB Stein, 1969, S. 563, 616f.
906 FB Stein, 1969, S. 549.

Weitreichende Pläne hatte sie auch hinsichtlich der Erhöhung des Eigenaufkommens der Oase an Fleisch und Milch. Als eine der ersten Maßnahmen dazu übernahm sie einen Teil der vom ägyptischen Landwirtschaftsministerium nach Siwa eingeführten 500 Friesischen Milchkühe, die den Grundstock für die Verbesserung der Qualität des einheimischen Rinderbestandes bilden sollten.[907]

Die GDDO richtete in der Oase eine Maschinenstation ein, von der sich die einheimischen Bauern Traktoren, Grabenräumgeräte und andere Technik ausleihen konnten. Das war besonders für die Siwaner mit geringerer Landfläche eine wertvolle Hilfe, da sie sich derartige Geräte nicht selbst anschaffen konnten. Um sich von dem seit dem zweiten Weltkrieg bestehenden Monopol privater Unternehmer im Transport zwischen der Oase und dem Niltal unabhängig zu machen und dieses Monopol letztlich zu beseitigen, baute die GDDO in Siwa einen eigenen Fuhrpark mit Lastkraftwagen auf. Er diente in erster Linie der Befriedigung ihrer eigenen Transportbedürfnisse sowie der der Genossenschaft, übernahm bei freien Kapazitäten aber auch bereits Transportleistungen für die einheimische Bevölkerung.[908]

Sie ließ zudem eine moderne Tankstelle errichten, die künftig den Vertrieb des in der Oase benötigten flüssigen Brennstoffes übernahm. Und schließlich betrieb diese staatliche Organisation in Siwa eine Dattelverpackungsanlage und eine hydraulische Ölmühle.[909] Nach eigenen Erhebungen aus dem Jahre 1969 verarbeiten sie jährlich 20 t Datteln und 40–45 t Oliven, die aus den Erträgen ihrer eigenen Ländereien sowie aus dem Aufkommen der Genossenschaft stammten.[910]

5. Beachtliche Erfolge konnten nach 1952 in Siwa auch auf dem Gebiet des Gesundheits- und Sozialwesens erzielt werden. So wurde u. a. die Kostenpflicht für jegliche medizinische Betreuung aufgehoben. Im Jahre 1969 waren neben dem Pflege- und Hilfspersonal ein praktischer Arzt, ein Zahnarzt und drei Arzthelfer in der Oase tätig. Sie mußten noch in dem am Fuße des Aussichtsberges von Siwa-Stadt gelegenen, in den dreißiger Jahren erweiterten Hospital praktizieren, in dem ihnen 16 Bettenplätze zur Verfügung standen.[911]

Da diese medizinische Einrichtung nicht mehr den Ansprüchen an eine moderne Gesundheitsfürsorge entsprach – sie bestand aus mehreren kleinen Gebäuden im Stile gewöhnlicher Wohnhäuser, die zudem nicht untereinander verbunden waren –, errichtete man südlich der ehemaligen Wohnburg ein neues Krankenhaus, das 1974 in Dienst gestellt wurde. Ausgestattet mit 17 Bettenplätzen, einem Operationssaal, modern eingerichteten Behandlungszimmern sowie einer Apotheke, wurde es 1976 von fünf Ärzten, darunter einem Zahnarzt, und rund 20 Krankenschwestern und Angestellten betreut. Ihnen standen zudem ein eigenes Notstromaggregat sowie ein Krankenwagen zur Verfügung.[912]

Lag die durchschnittliche Zahl der pro Tag behandelten Patienten 1969 noch bei 15[913], war sie sieben Jahre später bereits auf über 50 angestiegen. Dennoch konnte auch zu diesem Zeitpunkt die neue medizinische Einrichtung ihrer Aufgabe noch

907 Ghonaim, 1980, S. 123.

908 FB Stein, 1969, S. 616.

909 Ebenda; Ghonaim, 1980, S. 97.

910 FB Stein, 1969, S. 616.

911 Ebenda, S. 624; Stein/Rusch, 1978, S. 94.

912 Stein/Rusch, 1978, S. 94.

913 FB Stein, 1969, S. 623.

nicht voll gerecht werden, besonders was den vorbeugenden Gesundheitsschutz anbelangte. Ursachen dafür waren u. a. Unwissenheit und traditionelle Anschauungen der Bewohner, aber auch Umweltbedingungen und sozialökonomische Verhältnisse. Die folgenden Beispiele mögen das belegen.

Nach Auskunft des Stomatologen hatte er in den zwei Jahren seiner Tätigkeit in Siwa bereits über 500 Zähne ziehen müssen, im gleichen Zeitraum aber nur zwei plombiert, da den Einheimischen die vorbeugende Zahnerhaltung noch weitgehend unbekannt war. Auch bei der Geburtshilfe gab es starke Vorbehalte zu überwinden. Die Frauen vertrauten sich noch immer lieber ihren traditionellen, unausgebildeten Wehmüttern an als den Ärzten. Seit es unter ihrer Obhut des öfteren zu ernsten Komplikationen gekommen war, für die jede Hilfe zu spät kam, begaben sich zwar immer mehr Schwangere zur Entbindung in die Klinik, aber es waren noch längst nicht alle.[914]

Wie schon erwähnt, wurden bereits seit dem Ende des vorigen Jahrhunderts immer wieder Maßnahmen ergriffen, um der Mücken- und Fliegenplage zu begegnen, die die Ursache weit verbreiteter Infektionskrankheiten unter der einheimischen Bevölkerung ist. Leider waren diese Maßnahmen, die nach 1952 verstärkt fortgeführt wurden, bisher kaum von Erfolg, weil das Problem der Abwässer noch nicht gelöst werden konnte. Sie fließen nach wie vor in offenen Kanälen aus den Siedlungen ab und bilden eine nahezu ideale Brutstätte für die Krankheitsüberträger.[915]

Hemmend auf die Effektivität der gesundheitlichen Betreuung der Masse der Oasenbewohner wirkten sich schließlich auch die bestehenden sozialökonomischen Verhältnisse aus. Auf dieses Problem werden wir an anderer Stelle noch ausführlicher eingehen.

Trotz der vorgenannten Einschränkungen sind die nach 1952 auf dem Gebiet des Gesundheitswesens in Siwa eingeleiteten Maßnahmen positiv zu bewerten. Sie führten insgesamt zu einer wesentlich besseren medizinischen Betreuung der Bevölkerung, was u. a. in dem Rückgang der Kindersterblichkeit seinen Ausdruck findet.[916] Von nicht zu unterschätzender Bedeutung war schließlich auch die Einführung einer staatlichen Rentenzahlung an Alte und Invaliden. Zwar ist sie recht bescheiden, sichert den Betroffenen aber dennoch immerhin ein Auskommen.[917]

6. Die zweifellos bedeutendsten Fortschritte aber wurden auch in der Oase auf dem Gebiet des Bildungswesens erreicht. Bereits vier Jahre nach der ägyptischen Revolution konnte in Siwa-Stadt die „Amon-Schule“ eingeweiht werden, die erste staatliche Schule in der Geschichte der Oase überhaupt.[918] Zwar gab es vordem auch schon einige Bildungseinrichtungen, jedoch handelte es sich dabei ausnahmslos um Koranschulen, die Ende des 19. Jh. von beiden Sekten in ihren Moscheen und in den dreißiger Jahren dieses Jahrhunderts auf Geheiß des Khediven in der neuerbauten „Fuad-Moschee“ eingerichtet worden war und von ihren geistlichen Oberhäuptern betrieben wurden. Sie vermittelten den Schülern Grundkenntnisse im Lesen und Schreiben des Arabischen, wobei sich der Lehrinhalt auf die Wiedergabe und Interpretation des Koran beschränkte.[919]

[914] FB Stein/Rusch, 1976, S. 384; Stein/Rusch, 1978, S. 94.
[915] FB Stein/Rusch, 1976, S. 384.
[916] Vgl. Ghonaim, 1980, S. 74.
[917] FB Stein/Rusch, 1976, S. 902.
[918] FB Stein/Rusch, 1976, S. 390; Ghonaim, 1980, S. 160.
[919] Dumreicher, 1931, S. 34.

Trotz dieser Einschränkung und des Umstandes, daß diese Schulen nur einen Teil der Kinder erfaßten, legten sie aber dennoch den Grundstein für die Überwindung des Analphabetentums in der Oase. Betrug die Analphabetenrate im Jahre 1907 noch 96,3%, konnte sie bis 1947 immerhin schon auf 85,5% reduziert werden. In Zahlen ausgedrückt ergibt sich für die Zunahme der „Schreib- und Lesekundigen in Siwa" innerhalb dieses Zeitraumes folgendes Bild:

| | 1907 | 1927 | 1937 | 1947 |
|---|---|---|---|---|
| Männliche Einwohner | 129 | 219 | 340 | 401 |
| Weibliche Einwohner | – | 8 | 18 | 58 |
| Gesamtzahl | 129 | 227 | 358 | 459 |

Hinzuzufügen bleibt, daß bis 1960 insgesamt 19 Siwaner das Abitur bestanden hatten und einer den Abschluß einer höheren Bildungseinrichtung besaß.[920]

Einen unvergleichlich rascheren Aufschwung aber nahm das Bildungswesen in Siwa nach 1952: 1976 gab es in der Oase bereits fünf Grundschulen (1. bis 6. Klasse), eine Mittelschule (7. bis 9. Klasse) und einen Kindergarten. Der Kindergarten sowie drei der Schulen befinden sich in Siwa-Stadt: die schon erwähnte Amon-Schule, die 1972 eröffnete Nassir-Schule, die erste Mittelschule in der Oase, und die Sabucha-Schule, in der 1974 der Unterricht aufgenommen worden ist. Die übrigen drei Grundschulen befinden sich in Aghurmi (eröffnet 1956) sowie im Westteil der Oase, in den Orten Khamisa und Maragi. Die letztgenannte war erst im Herbst 1975 in Betrieb genommen worden, während die in Khamisa bereits seit 1972 besteht.[921]

Mit der Einrichtung dieser Schulen war eine Grundvoraussetzung dafür geschaffen worden, daß bis auf wenige Ausnahmen alle siwanischen Kinder am Unterricht teilnehmen konnten, zumal dieser kostenlos erteilt wurde. Die Ausnahmen bildeten die Orte Abu Schuruf und Zeitun sowie einige abgelegene Weiler im Gebiet von Khamisa. In diesen Ansiedlungen gab es weder Schulen noch Koranschulen, und ihre Einrichtung war nach Auskunft der dafür zuständigen Schulbehörde auch nicht geplant, da die geringe Zahl der hier lebenden Kinder einen derartigen Aufwand nicht rechtfertigen würde.[922] Im Ostteil der Oase gab es 1976 insgesamt rund 25 schulpflichtige Kinder, in den Weilern waren es noch weniger.[923] Abhilfe könnte hier zwar durch den Einsatz eines geländegängigen Schulbusses bzw. durch die Schaffung eines öffentlichen Transportnetzes innerhalb der Oase geschaffen werden – doch für beides fehlt es offensichtlich noch an den dafür notwendigen materiellen Voraussetzungen.

Aber auch dort, wo die Möglichkeiten zum Schulbesuch gegeben waren, wurden sie noch nicht von allen Kindern genutzt. Amtlichen Angaben zufolge betrug 1976 die Zahl der Schüler in den fünf Grundschulen insgesamt 660: 506 Knaben und 154 Mädchen. In der Mittelschule waren 82 Schüler, darunter drei Mädchen, registriert, was eine Gesamtschülerzahl von 745 ergibt.[924] Vergleicht man diese Angaben mit der auf der Grundlage der Volkszählung von 1960 ermittelten Bevölkerungsstruktur – neuere

[920] Ghonaim, 1980, S. 159.

[921] FB Stein/Rusch, 1976, S. 389f.; Ghonaim, 1980, S. 159f.

[922] FB Stein/Rusch, 1976, S. 390.

[923] FB Stein/Rusch, 1976, S. 782; Ghonaim, 1980, S. 161.

[924] FB Stein/Rusch, 1976, S. 389; vgl. auch: Ghonaim, 1980, S. 159f.

Daten dieser Art waren den Autoren leider nicht zugänglich –, so ist schon zwischen ihnen eine erhebliche Diskrepanz festzustellen. Denn bereits zu diesem Zeitpunkt wurden in der Oase 1014 Kinder im Alter zwischen fünf und vierzehn Jahren gezählt, 525 Jungen und 489 Mädchen.[925]

Berücksichtigt man den im Vergleich mit früheren Bevölkerungserhebungen festzustellenden Trend, daß der Anteil der Kinder an der Gesamtbevölkerung ständig stieg – u. a. eine Folge der allgemeinen Verbesserung ihrer Lebensbedingungen und insbesondere der Gesundheitsfürsorge –, kann man annehmen, daß die Zahl der Schulpflichtigen auch zwischen 1960 und 1976 absolut zugenommen hat, sich aber das Verhältnis von Knaben zu Mädchen kaum wesentlich verändert haben dürfte.

Den natürlichen Zuwachs eingerechnet, ist für das Jahr 1976 demzufolge eine ungefähre Einschulungsquote bei den Jungen von über 90 %, bei den Mädchen dagegen aber nur erst von etwa 30 % anzunehmen. Das bedeutet, daß die Schulpflicht, die für die in den Einzugsbereichen der Schulen lebenden Kinder vom 5. Lebensjahr an besteht, noch nicht voll durchgesetzt werden konnte, insbesondere was die Mädchen anbetraf.

Diese Erscheinung hatte vornehmlich subjektive Ursachen, die in erster Linie in den noch vorhandenen traditionellen Denkweisen der Bewohner zu suchen sind. U. a. äußerten sie sich darin, daß viele Eltern den Nutzen der Schulbildung zwar für die Jungen anerkannten, nicht aber für die Mädchen, oder darin, daß sie sich weigerten, letztere gemeinsam mit den Jungen in eine Schule zu schicken. Um den davon betroffenen Mädchen dennoch eine Bildungschance einzuräumen, waren 1976 spezielle, nur ihnen vorbehaltene Klassen in der Fuad-Moschee eingerichtet worden, deren Lehrer dem Direktor der Amon-Schule unterstand.[926]

Die im Anhang wiedergegebene Statistik aller siwanischen Schulen sagt fernerhin aus, daß sich der Anteil der Mädchen in den höheren Klassenstufen ständig verringerte. War ihr Verhältnis zu den Jungen in den ersten beiden Klassen noch annähernd 1 : 2, betrug es in der sechsten Klasse nur noch 1 : 8 und sank in der Mittelschule gar auf 1 : 27 ab. Einer der Gründe für diese Erscheinung dürfte die bereits erwähnte Furcht vieler Eltern gewesen sein, die Mädchen wären, besonders mit zunehmendem Alter, „moralisch“ gefährdet, wenn man sie gemeinsam mit den Jungen in eine Schule schickte. Die Hauptursache aber war offensichlich in dem Festhalten alter Gewohnheiten zu suchen, denen zufolge Mädchen bereits im Alter zwischen 10 und 13 Jahren zu verheiraten waren, womit sie – den traditionellen Anschauungen gemäß – ins Haus verbannt wurden, was natürlich auch eine Fortsetzung ihres Schulbesuches ausschloß.

1975 konnten in der Amon-Schule 51 %, in der Schule von Aghurmi 54,5 % der Schüler der 6. Klasse die Abschlußprüfung der Grundschule erfolgreich bestehen. Einerseits ein durchaus positives Ergebnis, denn in Mersa Matruh waren es mit 55 % kaum mehr.[927] Andererseits machen diese Zahlen deutlich, daß einem effektiven Schulbesuch noch manche Hemmnisse entgegenstanden. So zum Beispiel der Umstand, daß die meisten Eltern selbst noch Analphabeten sind. Sie können ihren Kindern keine Hilfe bei den Hausaufgaben geben, häufig fehlt ihnen auch noch das nötige Verständnis für die mit dem Schulbesuch verbundenen Pflichten. Das drückt sich u. a. darin

[925] Ghonaim, 1980, S. 74.

[926] FB Stein/Rusch, 1976, S. 390.

[927] Ebenda.

aus, daß in den Augen vieler Eltern die Hilfe der Kinder im Haushalt bzw. im Garten offensichtlich noch den Vorzug vor einem regelmäßigen Schulbesuch besitzt.

Des weiteren fehlt es den meisten Kindern an den einfachsten Unterrichtshilfen. In Maragi hing die Durchführung des Schulunterrichts überhaupt noch ganz vom jeweiligen Zustand des altersschwachen Jeeps der Stadtverwaltung ab. Denn da der einzige Lehrer dieser Schule seine Hauptwohnung in der Stadt hatte, wurde er von diesem Gefährt jeden Donnerstag von Maragi abgeholt und am Sonnabend wieder hingebracht. Es war aber nicht selten, daß das Fahrzeug sich in der Werkstatt befand bzw. vom Stadtrat so beansprucht wurde, daß die Schule in Maragi häufig tagelang geschlossen bleiben mußte.[928]

Ein weiteres Problem hatte sich bei Eröffnung der ersten Schulen aus der Tatsache ergeben, daß sie in Ermangelung einheimischer Lehrer zunächst ausschließlich mit Lehrkräften aus dem Niltal besetzt werden mußten. Diese aber waren des Siwanischen nicht mächtig, so daß die ersten Klassenstufen zunächst vorwiegend dazu genutzt werden mußten, die Schüler Arabisch zu lehren, um sich überhaupt mit ihnen verständigen zu können. Diese, aus der Situation heraus unumgänglichen Maßnahmen aber waren bei vielen Oasenbewohnern auf heftige Kritik und Ablehnung gestoßen, weil sie darin eine Diskriminierung ihrer eigenen Muttersprache zu erkennen glaubten.

Inzwischen aber konnte dieser Zustand durch die Ausbildung einheimischer Lehrkräfte überwunden werden. 1976 waren bereits alle Lehrer in der Amon-Schule Siwaner, in den übrigen Schulen alle Direktoren und zumindest die Hälfte des Lehrkörpers. Dadurch können heute die Kinder bis zur vierten Klasse in ihrer Muttersprache unterrichtet werden. Zugleich lernen sie Arabisch als Zweitsprache, die von der fünften Klasse an das Siwanische als Unterrichtssprache ablöst.[929]

Trotz aller Probleme, die bis heute einer rascheren Entwicklung des Bildungswesens in der Oase noch hemmend entgegenstehen und zu deren endgültiger Überwindung es sicherlich noch eines längeren Zeitraumes bedarf, sind die Bemühungen der Zentralregierung auf diesem Gebiet insgesamt durchaus sehr positiv zu bewerten. Sie schufen die Voraussetzungen für die allmähliche Erhöhung des allgemeinen Bildungsniveaus der Oasengemeinschaft und eröffneten zugleich siwanischen Jugendlichen erstmals die Chance, Zugang zu höheren Bildungseinrichtungen zu erlangen, von denen sie bis dahin völlig ausgeschlossen waren.

Daß einige von ihnen diese Möglichkeit bereits genutzt hatten, beweist die Entwicklung innerhalb der Lehrerschaft. Sie deutet zugleich an, daß es in der Perspektive durchaus möglich sein könnte, die heute noch bestehende Notwendigkeit der Entsendung zahlreicher ägyptischer Experten in die Oase mehr und mehr abzubauen, indem man sie durch ausgebildete einheimische Kader ersetzt. Dadurch könnten nicht nur beträchtliche Kosten eingespart werden, sondern es würden sich zugleich auch die Reibungspunkte zwischen Oasenbewohnern und Ägyptern, die immer noch bestehen und das Verhältnis Siwas zum Niltal nicht unerheblich belasten, verringern.

Allerdings ist die Realisierung der Möglichkeit, zu einer höheren Bildung zu gelangen, für die Siwaner nicht problemlos. Denn der Besuch der Oberschule ist nur in Mersa Matruh, der einer Universität nur im Niltal möglich. Das aber bedeutet nicht

[928] Ebenda, S. 744; Ghonaim, 1980, S. 148.
[929] FB Stein/Rusch, 1976, S. 390.

nur lange Trennung von zu Hause und die Eingewöhnung in eine sowohl ortsmäßig wie auch ethnisch weitgehend fremde Umgebung, sondern dieser Aufenthalt ist auch sehr kostenaufwendig. Zwar erhalten Oberschüler wie Studenten eine staatliche Beihilfe, jedoch ist sie so minimal – 1976 waren es monatlich £.E. 5,– –, daß sie bei weitem nicht zur Deckung der notwendigsten Lebenshaltungskosten ausreichte, geschweige denn zur Finanzierung eines gelegentlichen Besuches im Elternhaus.[930] Aus diesen Gründen ist der Besuch von Bildungseinrichtungen außerhalb der Oase nur den Kindern wohlhabender Familien möglich. Und sie nutzen unseren Erfahrungen nach diese Chance, nicht zuletzt in der Hoffnung, daß ein höheres Bildungsniveau den Reichtum ihrer Familie mehren wird.

Der Vollständigkeit halber sei noch erwähnt, daß es auch Bestrebungen gab, das Analphabetentum unter den Erwachsenen zu reduzieren. Zu diesem Zweck fanden täglich zwischen 16 und 18 Uhr Kurse in der Fuad-Moschee statt, die unter Leitung des Direktors der Nassir-Schule standen. An ihnen nahmen 1976 insgesamt rund 120 Frauen und 40 Männer teil.[931]

7. Auf dem Gebiet des Verkehrs- und Transportwesens konnten ebenfalls Fortschritte erzielt werden. U. a. wurde eine regelmäßige Busverbindung zwischen Mersa Matruh und Siwa eingerichtet, die wöchentlich einmal befahren wird. Zweimal in der Woche landet auf dem etwa 15 Kilometer vom Stadtzentrum neuerbauten Flugplatz eine Passagiermaschine aus der Provinzhauptstadt, die maximal 28 Personen Platz bietet.[932] Beide Verkehrsverbindungen werden durch staatliche Unternehmen betrieben und beträchtlich subventioniert. Eine Busfahrt auf der rund 300 km langen Strecke kostete 1976 beispielsweise nur £.E. 1,5[933], ein Preis, der selbst für weniger bemittelte Oasenbewohner noch erschwinglich war. Allerdings kamen sie kaum jemals in den Genuß dieser günstigen Reisemöglichkeiten. Ursache dafür war die mit der zunehmenden administrativen und ökonomischen Integration zwangsläufig verbundene starke Ausweitung der Dienst- und Geschäftsreisetätigkeit von und nach Siwa.

Immer häufiger erschienen Beamte in der Oase, um die ihnen hier unterstehenden Einrichtungen zu inspizieren. Ebenso hatten die zahlreichen, zeitweise in Siwa eingesetzten Beamten und Experten des öfteren in ihren übergeordneten Dienststellen in Mersa Matruh bzw. im Niltal zu tun. Sie nutzten natürlich jede sich bietende Gelegenheit, um ihren vorübergehenden Aufenthaltsort für einige Zeit verlassen zu können. Nicht nur, um wieder einmal eine Abwechslung in ihr ansonsten ziemlich eintöniges und abgeschiedenes Leben zu bringen, sondern vor allem, um ihre daheimgebliebenen Familien zu besuchen, denn die meisten weilten ohne Angehörige in der Oase.[934]

Auch viele Angehörige der siwanischen Oberschicht befanden sich unseren Beobachtungen nach häufig außerhalb Siwas. Teils in Ausübung ihrer offiziellen Funktionen, teils zur Regelung ihrer zunehmend enger und vielfältiger werdenden privaten Geschäftsbeziehungen zum Niltal. Zudem war der Trend nicht zu übersehen, daß die Reichen es in immer stärkerem Maße vorzogen, ihre „freie Zeit“ in den größeren Städten Ägyptens zu verbringen, da sie ihnen ein angenehmeres und abwechslungsreicheres Leben boten, als sie es von daheim gewohnt waren. Schließlich wurde ins-

[930] Vgl. Ghonaim, 1980, S. 161f.

[931] FB Stein/Rusch, 1976, S. 390; Ghonaim 1980, S. 161.

[932] FB Stein/Rusch, 1976, S. 405; Ghonaim, 1980, S. 146f.

[933] FB Stein/Rusch, 1976, S. 715.

[934] Vgl. auch: Ghonaim, 1980, S. 150ff.

besondere der Bus auch noch von vielen der in Siwa stationierten Armeeangehörigen zur Heimfahrt in den Urlaub benutzt.

Allein die Transportansprüche des vorgenannten Personenkreises, der das Vorkaufsrecht für Bus- und Flugtickets besaß bzw. es sich kraft seines Amtes oder seines Geldbeutels erwarb, konnten 1976 durch die beiden öffentlichen Verkehrseinrichtungen kaum noch voll befriedigt werden. Denn pro Woche vermochten sie zusammen insgesamt maximal nur 120 Personen in beide Richtungen zu befördern. Aber diese Kapazität wurde kaum jemals erreicht. Entweder, weil der Bus durch Schaden ausfiel, oder – und das war weit häufiger der Fall –, weil schlechtes Flugwetter, insbesondere die gefürchteten Sandstürme, den Start des Flugzeuges verhinderten.[935]

Das verringerte natürlich noch zusätzlich die Chance für die übrigen Oasenbewohner und die zahlreichen in der Oase tätigen ägyptischen Arbeiter, jemals einen Platz in diesen Beförderungsmitteln zu erhalten. Dennoch aber brauchten auch sie nicht auf die Fahrt an die Küste oder ins Niltal zu verzichten. Auch für sie gab es noch genügend, wenn auch unbequemere Transportmöglichkeiten, und zwar die Überlandtransporter, von denen täglich mehrere nach Siwa kamen. Ihre Fahrer nahmen neben der Fracht auch gern Personen mit, gelangten sie dadurch doch in den Genuß eines zusätzlichen Verdienstes.[936]

Diese Fahrzeuge bewältigten seit dem zweiten Weltkrieg den gesamten, von Jahr zu Jahr an Umfang zunehmenden Waren- und Gütertransport zwischen dem Niltal und der Oase. Sie bringen von Nahrungs- und Konsumgütern über Baustoffe bis hin zu Futter- und Düngemitteln alles, was in Siwa benötigt wird: auf der Rückfahrt sind sie stets hochbeladen mit Datteln und/oder Oliven. 1976 befuhren ein Tankwagen und neun Lastkraftwagen staatlicher und privater Unternehmen die Strecke Alexandria-Siwa im ständigen Liniendienst. Außerdem wurden bei Bedarf noch zusätzliche Fahrzeuge eingesetzt, insbesondere zur Zeit der Dattelernte.[937]

Die rund 600 Kilometer lange Distanz legen die schweren Transporter, eingerechnet einer Rast in Mersa Matruh, in etwa 24 Stunden zurück, wovon für den zweiten Teilabschnitt allein schon zwischen 10 und 15 Stunden benötigt werden. Denn von diesen 300 Kilometern sind nur die ersten 120 km und die letzten 25 km asphaltiert. Die restlichen rund 150 km sind Wüstenpiste auf zwar weitgehend festem, aber sehr unebenem felsigen Untergrund. Im Jahre 1976 war zudem die dünne Teerdecke der Straße durch die ständige hohe Belastung schon derart angegriffen, daß mancher Fahrer es vorzog, neben ihr auf der unbefestigten Piste zu fahren.

Diese komplizierten Wegeverhältnisse setzen die Fahrzeuge ununterbrochenen Erschütterungen, verbunden mit einer enormen Staubentwicklung, aus und verlangen nicht nur von den Fahrern große physische Anstrengungen, sondern sie beanspruchen auch das Material in extremer Weise. Zahlreiche, mit Achsbrüchen, Reifenpannen und anderen Schäden liegengebliebene Wagen entlang der Piste sind beredter Ausdruck dafür.[938]

Der hohe technische Verschleiß verteuerte die Transportkosten erheblich. Für die Beförderung einer Tonne Fracht auf dieser Strecke wurden 1976 bis zu £.E. 15,– ver-

935 FB Stein/Rusch, 1976, S. 405; Ghonaim, 1980, S. 147.

936 FB Stein/Rusch, 1976, S. 405.

937 Ebenda; Ghonaim, 1980, S. 145.

938 FB Stein/Rusch, 1976, S. 405; Ghonaim, 1980, S. 140ff.; Maugham, 1950, S. 86.

langt, womit die Frachtrate etwa doppelt so hoch war wie im Niltal. Das wiederum hatte zur Folge, daß die Preise für die importierten Waren wesentlich über denen lagen, die anderenorts in Ägypten für sie verlangt wurden, und daß auch der Profit, den die siwanischen Exporteure aus ihren Kulturen zu erzielen vermochten, entsprechend geringer war.[939]

Der Verkehr innerhalb der Oase war 1976 im Gegensatz zu dem mit der Außenwelt noch kaum motorisiert. Nach Angaben GHONAIMS soll es im Frühjahr jenes Jahres insgesamt „9 Traktoren mit Anhängern, 15 Kleinlastwagen, 7 Großlastwagen und 5 private Personenkraftwagen" in Siwa gegeben haben.[940] Diese Zahlen erscheinen uns nach unseren eigenen Beobachtungen während des viermonatigen Aufenthaltes noch zu hoch gegriffen. So konnten wir in dem genannten Zeitraum lediglich einen fahrtüchtigen Traktor ausmachen, nämlich den unseres Gewährsmannes Haj Azmi. PKW, die Siwanern gehörten, wurden nicht beobachtet. Auch an Kleinlastwagen ermittelten wir lediglich vier: den Mazda von Scheich Hassan in Maragi, die zwei Fahrzeuge, die dem Maʿmur bzw. dem Stadtrat unterstanden, sowie den Krankenwagen der Klinik.[941]

Vermutlich schloß diese Angabe auch einige der sogenannten „Schmugglerwagen" ein, die des öfteren in Siwa auftauchten und möglicherweise auch hier registriert waren, die aber für den Verkehr innerhalb der Oase kaum verwendet wurden. Ähnliches trifft auch auf die schweren Lastkraftwagen zu, die sich sowohl ausschließlich im Besitz des bereits erwähnten Scheichs Ali Heda befunden haben dürften. Denn außer ihm besaß unserer Kenntnis nach noch kein anderer Siwaner einen derartigen Fahrzeugtyp.[942]

Auf Grund eigener Beobachtungen müssen wir annehmen, daß die Zahlenangaben GHONAIMS, über deren Quelle er leider keinerlei Auskunft gibt, sowohl bereits ausrangierte Fahrzeuge der GDDO – auf deren Technikstützpunkt u. a. mehrere Traktoren in längst schrottreifem Zustand zu sehen waren[943] – als auch Fahrzeuge der in der Oase stationierten Armee-Einheit einschlossen. Diese Annahme ergibt sich u. a. aus der Behauptung des Autors, Vertreter des Stadtrates von Siwa besuchten regelmäßig die Oase Gara in ihrem *eigenen* Fahrzeug.[944] An Ort und Stelle konnte dieses jedoch eindeutig als Armeefahrzeug identifiziert werden, das auch von einem Armeeangehörigen in Uniform gesteuert wurde.[945] Aber selbst für den Fall, daß die Angaben GHONAIMS den Realitäten am nächsten gekommen sein sollten, ist auch dieser Fahrzeugbestand, gemessen an den Transportbedürfnissen der Oase insgesamt, als sehr bescheiden zu betrachten.

Aus diesem Grund ist der Esel bis heute das wichtigste Transportmittel der Oasenbewohner geblieben. Im Gegensatz zu früher aber, als er ausschließlich als Last- und Reittier genutzt wurde, wird er in der Gegenwart überwiegend als Zugtier vor zweirädrigen, luftbereiften Karren, von den Einheimischen „Karusa" genannt, eingesetzt.[946]

GHONAIM irrt sich, wenn er behauptet, die einspännige Karusa sei ein „traditio-

[939] FB STEIN/RUSCH, 1976, S. 405; GHONAIM, 1980, S. 145.
[940] GHONAIM, 1980, S. 148.
[941] FB STEIN/RUSCH, 1976, S. 722, 728.
[942] FB STEIN/RUSCH, 1976, S. 862; MAUGHAM, 1950 S. 86.
[943] FB STEIN/RUSCH, 1976, S. 723.
[944] GHONAIM, 1980, S. 149.
[945] FB STEIN/RUSCH, 1976, S. 834.
[946] Ebenda. S. 722; GHONAIM, 1980, S. 148 f.

nelles“ Verkehrsmittel der Oasenbewohner.[947] In keiner Quelle des 19. und frühen 20. Jh. findet sie Erwähnung. Den ersten Hinweis überhaupt enthält die 1936 erschienene Studie CLINES. Auf einer Strichzeichnung ist dort ein der Karusa ähnliches Gefährt abgebildet, jedoch noch mit großen Holzrädern, wie sie bis heute im Niltal üblich sind.[948] Da der Autor in seiner Beschreibung des Verkehrswesens in der Oase diesen Karren nicht erwähnt und es sich bei der Abbildung um einen „Hochzeitswagen“ handelt, scheint er auch Anfang der dreißiger Jahre noch keine Bedeutung als Transportmittel gehabt zu haben. Das nimmt auch nicht wunder, wenn man bedenkt, daß diese Art Wagen im Niltal von je zwei Rindern gezogen wird und damit für einen Esel wohl zu schwer gewesen sein dürfte. Erst nachdem man ihn durch Verkleinerung der ursprünglichen Ladefläche und des Radius der Räder den Bedingungen der Oase besser angepaßt hatte, wurde er für die Oasenbewohner wirtschaftlich nutzbar. 1969 waren noch einige Karusa mit eisenbereiften Holzrädern in Gebrauch[949], 1976 gab es sie nicht mehr.

Seine heutige Verbreitung fand der Eselkarren jedoch erst, als es in größerem Umfang möglich wurde, die herkömmlichen Räder durch luftbereifte zu ersetzen. Das war erst in der Zeit nach dem zweiten Weltkrieg der Fall. Durch diese Neuerung ließen sich die Karusa, für die in der Regel abgefahrene PKW-Reifen verwendet werden, wesentlich leichter fortbewegen. Vor allem auf den Hauptwegen innerhalb der Siedlungs- und Anbauzentren, da deren Oberfläche durch das ständige Befahren im Laufe der Zeit derart abgeschliffen und planiert worden ist, daß der harte Salztonboden einer Betonpiste ähnelt.

Mit der Karusa war eine Form des Transports gefunden, die gegenüber früheren weitaus effektiver war. Auf ihrer Ladefläche kann ein Esel ein Vielfaches von dem fortbewegen, was er auf seinem Rücken zu tragen vermag. Zudem ist sein Führer selbst beim Transport von Lasten nicht mehr wie ehedem gezwungen, neben dem Tier herzulaufen. Durch die Einführung der Eselkarren wurde der Transport wesentlich erleichtert und zugleich bedeutend intensiviert, zumindest jener innerhalb der Siedlungen und der angrenzenden Gartengebiete; denn für die Verbindung zwischen der Stadt und den Dörfern in den Außenbezirken der Oase konnten sie kaum wirksam werden.

Die jeweils rund 35 km lange Distanz können die Esel mit einer Karusa nur mit Mühe bewältigen, zumal die unbefestigten Wege außerhalb der Anbauzentren in einem sehr schlechten Zustand sind. Sie führen zumeist durch Salzsümpfe, sind sehr uneben und stellenweise versumpft. Deshalb wird eine solche Fahrt, die zwischen sechs und zehn Stunden und länger in Anspruch nimmt, nur selten unternommen. Die Rückfahrt kann dann frühestens am nächsten Tag angetreten werden, denn vorher haben sich die erschöpften Esel nicht wieder erholt.[950]

Da es 1976 innerhalb der Oase noch keine öffentlichen Verkehrsmittel gab, lebten die Bewohner der Außenbezirke in ziemlicher Isoliertheit, insbesondere die in Abu-Schuruf und Zeitun. Etwas günstiger war die Lage der ehemaligen Nomaden von Maragi, denn der geländegängige Wagen ihres Scheichs fuhr häufig in die Stadt und wurde dabei auch als „Taxi“ verwendet.[951]

[947] GHONAIM, 1980, S. 148. [948] CLINE, 1936, S. 49.
[949] FB STEIN, 1969, S. 259.
[950] FB STEIN/RUSCH, 1976, S. 791; vgl. auch: GHONAIM, 1980, S. 148f.
[951] FB STEIN/RUSCH, 1976, S. 824.

8. Im Zuge der Verwaltungsreform von 1962, die die bis dahin in der Westlichen Wüste bestehende, noch aus der Zeit um die Jahrhundertwende stammende militärische Administration durch eine zivile ablöste, erhielt Siwa das Stadtrecht zugesprochen und wurde damit vollständig in das Verwaltungssystem Ägyptens integriert.[952]

Diese Maßnahme hatte weitreichende Konsequenzen zur Folge. So wurde der traditionelle „Scheich-Rat" aufgelöst und durch einen Stadtrat ersetzt, dem 25 Mitglieder angehören. Fünf von ihnen werden durch den Gouverneur der Provinz ernannt, 20 von der Oasenbevölkerung gewählt. Die Wahl dieser Abgeordneten, von denen drei die Oase zugleich im Provinzparlament von Mersa Matruh vertreten, erfolgt nach dem Territorialprinzip. Damit verfolgte man die Absicht, die überkommene und immer noch einflußreiche „Stammesgliederung" zu überwinden.

Dem Stadtrat, der in der Regel einmal monatlich zusammentritt, bei Bedarf auch häufiger, obliegt die Beratung und Entscheidung aller öffentlichen Angelegenheiten. Jedoch wurde seine Entscheidungsbefugnis – und damit die Möglichkeit einer echten Selbstverwaltung der Siwaner – von vornherein durch die Tatsache erheblich eingeschränkt, daß die beiden wichtigsten Machtfunktionen, nämlich die des Präsidenten dieses Gremiums sowie die des Maʿmurs, die beide zu den vom Gouverneur ernannten Abgeordneten gehören, ausschließlich Beamten aus dem Niltal vorbehalten sind. Sie haben die Aufgabe, den Willen der Zentralregierung gegenüber dem Rat zu vertreten und vor allem durchzusetzen.

Die Kontrolle über die öffentliche Ordnung obliegt dem Mamur, dem Polizeichef, dem einige einheimische Polizisten unterstehen. Er verhandelt auch kleinere Strafsachen, dagegen werden größere, die einer gerichtlichen Verfolgung bedürfen, an das Provinzgericht in Mersa Matruh verwiesen. In Siwa selbst gibt es keinen Richter mehr.[953]

In der Oase war 1976 ein Teil der ägyptischen Armee stationiert, die dem Befehl eines Generals unterstand. Sie greift zwar nicht in die internen Verwaltungsangelegenheiten ein – ihre Aufgabe besteht in der Sicherung des Grenzgebietes –, ist jedoch präsent und könnte im Notfall jedwede Unruhen sofort unterdrücken.[954]

9. Von den übrigen, nach der ägyptischen Revolution in Angriff genommenen Projekten in der Oase seien noch diejenigen kurz erwähnt, die das Leben ihrer Bewohner unmittelbar beeinflußten.

An erster Stelle muß hier wohl die Errichtung eines Kraftstromwerkes genannt werden. Aus Kostengründen – das Öl muß in Tankwagen aus Mersa Matruh herangeschafft werden – liefert es zwar nur zwischen 19 und 24 Uhr Strom, so daß z. B. Kühlaggregate noch nicht durchgehend betrieben werden können. Dennoch aber erleichtert es das Leben der Bevölkerung in mancherlei Hinsicht. Die zu dieser Zeit anfallenden häuslichen Arbeiten können bequemer erledigt werden, andere von den heißen Tagesin die kühleren Abendstunden verlegt werden, so u. a. auch die Erledigung der Hausaufgaben durch die Schüler. Die Stromversorgung erleichtert den Verkauf in den Geschäften ebenso wie die Arbeit in den Dienstleistungseinrichtungen, die für gewöhnlich alle bis gegen 22 Uhr geöffnet haben. Sie ermöglicht die Beleuchtung der Straßen und anderes mehr. Allerdings waren 1976 nur erst Siwa-Stadt und Aghurmi an das Stromnetz angeschlossen.

[952] Stein/Rusch, 1978, S. 13f.

[953] FB Stein, 1969, S. 618f., 872.

[954] FB Stein/Rusch, 1976, S. 796f.

Gleiches gilt auch für das neuerstandene Wasserwerk[955], dessen Netz bereits viele der im Siedlungszentrum der Oase gelegenen Häuser versorgte. Dadurch entfiel für ihre Bewohner zum einen das mühselige Heranschaffen des Wassers aus den z. T. in beträchtlicher Entfernung gelegenen Quellen. Zum anderen ist diese Art der Wasserversorgung hygienischer als die vordem übliche. Zwar führen die Quellen in der Regel sauberes Wasser, das man ohne Bedenken auch zum Trinken nutzen kann. Die Gemeinschaftsbrunnen in der Stadt jedoch bilden hiervon eine Ausnahme. An ihnen werden die Tiere getränkt, die Frauen waschen hier ihre Wäsche usw., so daß trotz des ständig nachfließenden Wassers seine Verschmutzung letztlich doch nicht ganz zu verhindern ist.

Als letztes Projekt sei schließlich noch das Vorhaben erwähnt, Siwa für den Touristenverkehr zu erschließen.[956] Aber diese Absicht konnte bis 1976 erst in sehr bescheidenem Umfang in die Tat umgesetzt werden, obwohl die Oase viel Sehenswertes bietet und vor allem für den historisch interessierten Touristen gewiß ein Anziehungspunkt ist. Aber die Voraussetzungen für einen Besuch waren noch äußerst ungünstig. Abgesehen von den schlechten Wegeverhältnissen zur Oase gab es hier – außer vier Zimmern im Sozialzentrum sowie einigen Betten im Gästehaus der GDDO, die aber zumeist durch Dienstreisende belegt waren – noch keine Unterbringungsmöglichkeiten[957], es fehlten öffentliche Transportmittel innerhalb der Oase genauso wie Restaurants, die europäischen Ansprüchen genügen würden.

Trotz dieser ungünstigen Voraussetzungen weilten im Verlauf unseres Aufenthaltes des öfteren einige europäische und amerikanische Touristen in Siwa. Sie alle fuhren mit Souvenirs aus der Oase zurück. Es handelte sich überwiegend um Kleidungsstücke, Silberschmuck und Flechterzeugnisse aus alten Beständen, für die ihre ehemaligen Besitzer keine Verwendung mehr hatten. Aber dieser Vorrat wird bald aufgebraucht sein, so daß der Tourismus möglicherweise eines Tages wieder zur Belebung einiger bereits weitgehend aufgegebener traditioneller handwerklicher Tätigkeiten – wie Töpferei und Flechterei – führen könnte.

Mit diesem Ausblick in die Zukunft wollen wir die Aufzählung der unserer Ansicht nach wesentlichsten Projekte abschließen, die während der Regierungszeit Präsident Nassers von seiten der Zentralregierung in Siwa in Angriff genommen worden waren. Sie zeugen von einer zweifellos veränderten Politik gegenüber der Oasenbevölkerung und trugen objektiv dazu bei, deren Lebensbedingungen zu verbessern, zumindest im Siedlungszentrum der Oase. Denn die Dörfer in den Außenbezirken, insbesondere die im Ostteil, konnten zunächst nur in sehr begrenztem Maße davon profitieren.

Trotz der insgesamt positiven Bilanz bleibt aber festzustellen, daß nicht alle in Angriff genommenen Maßnahmen in der geplanten Weise realisiert werden konnten bzw. nicht die Wirkung erreichten, die man sich von ihnen erhofft hatte. Das betraf insbesondere die Zielstellung, die ursprünglich mit der Gründung der Genossenschaft und den Projekten der GDDO verfolgt worden war.

Diese Tatsache hatte sicherlich mehrere Ursachen, von denen einige bereits genannt wurden. So beispielsweise die Vorbehalte vieler Siwaner gegen die ärztliche Behand-

[955] Stein/Rusch, 1978, S. 14.

[956] Marsa Matrouh, 1976, S. 10, 38.

[957] Während unseres Aufenthaltes in der Oase im Frühjahr 1976 hatte man z. B. eine Touristengruppe mangels anderer Möglichkeiten in der neuerbauten, aber noch nicht eröffneten Grundschule von Aghurmi unterbringen müssen. (FB 1976, S. 794.)

lung und den Schulbesuch ihrer Kinder, die hohe Analphabetenrate, die schlechten Wegeverhältnisse zur und innerhalb der Oase usw. Sie und andere wirkten sich zweifellos hemmend auf die Realisierung der Projekte aus. Die Hauptursachen für ihr teilweises Scheitern waren sie jedoch nicht. Sie ist unseres Erachtens in dem unveränderten Fortbestehen der vor der ägyptischen Revolution innerhalb der Oasengemeinschaft vorhandenen sozialökonomischen Verhältnisse zu suchen.

Zwar wurde, wie schon erwähnt, 1952 als eine der ersten Maßnahmen der revolutionären Regierung ein Bodenreformgesetz erlassen, das das individuelle Eigentum an Grund und Boden im ganzen Lande auf maximal 100 Feddan begrenzte, jedoch wurde dieses Gesetz in Siwa faktisch nicht wirksam. Denn hier war ja weniger das Eigentum am Boden als vielmehr das an den Quellen entscheidende Voraussetzung für den Anbau landwirtschaftlicher Kulturen. Sie aber wurden von der Reform nicht erfaßt.

Das bedeutete, daß selbst im Falle der Enteignung eines Gartens seinem Besitzer die Eigentumsrechte an dem Wasser, mit dem er bisher bewässert wurde, nicht verloren gegangen wären. Er hätte es an den neuen Besitzer verpachten können und diesen dadurch von sich abhängig gemacht. Es wäre ihm aber auch möglich gewesen, das Wasser zur Anlage eines neuen Gartens auf einen Teil des Brachlandes zu leiten und den alten Garten überhaupt nicht mehr zu bewässern, womit die Enteignung ebenfalls ihren Sinn verloren hätte.

Aber ein solcher Fall trat in Siwa nicht auf, zumal es zu diesem Zeitpunkt bis auf eine Ausnahme offenbar niemanden gab, der über eine größere als die erlaubte Landfläche verfügte.[958] Die Ausnahme bildete Scheich Ali Heda, von dem GHONAIM behauptet, er habe „vor der Landreform 1952 über insgesamt 500 Feddan (=210 ha)“ verfügt.[959] Allerdings schweigt er sich darüber aus, wieviel es heute sind, ob 400 Feddan davon tatsächlich enteignet wurden. Das erscheint angesichts der folgenden Fakten zumindest zweifelhaft.

Zum einen ist es ein offenes Geheimnis unter den Oasenbewohnern, daß nur wenige Gärten und Quellen des geschäftstüchtigen Scheichs unter seinem Namen registriert sind. Um seine wahren Besitzverhältnisse zu verschleiern, läßt er die Mehrzahl von ihnen unter den Namen von Verwandten bzw. Klienten laufen. Zum anderen vermochte er sich noch kurz vor Inkrafttreten des Reformgesetzes in den Besitz der Plantage in Zeitun zu bringen, die bis heute sein Eigentum ist und als die ertragreichste in der ganzen Oase gilt. Sie gehörte ehedem der Senussiya-Sekte und war damit faktisch Eigentum ihres damaligen Oberhauptes, des früheren Königs von Libyen, Idris al-Sanusi. Da das Reformgesetz jedoch die Enteignung des gesamten in ausländischem Besitz befindlichen Bodens verfügte, konnte Ali Heda Zeitun für einen Spottpreis aufkaufen und sie so der Verstaatlichung entziehen.[960]

So blieb unserer Kenntnis nach die Plantage von Abu Shuruf, die ebenfalls dieser Sekte gehörte, das einzige Landstück von größerer Bedeutung, welches im Zuge der Bodenreform in Siwa enteignet wurde, und zwar offenbar einschließlich der Rechte an der sie bewässernden Quelle. Die Plantage untersteht heute der Provinzverwaltung

[958] Insofern ist die diesbezügliche Passage bei GHONAIM, 1980, S. 132, irreführend; sie erscheint für den uneingeweihten Leser als auf Siwa bezogen, betrifft in Wirklichkeit jedoch ausschließlich die Situation im Niltal.

[959] GHONAIM, 1980, S. 94.

[960] FB STEIN/RUSCH, 1976, S. 149; STEIN/RUSCH, 1978, S. 97.

von Mersa Matruh, die zwei Drittel ihres Ertrages beansprucht. Ein Drittel steht den Einwohnern von Abu Shuruf zu, die sie bearbeiten.[961]

Da die Bodenreform die Wasserrechte der Siwaner nicht antastete, blieben die Grundlagen ihrer bisherigen gesellschaftlichen Verhältnisse und damit diese selbst unangetastet, konnte die soziale Frage in der Oase nicht gelöst werden. Im Gegenteil, sie spitzte sich gerade nach der ägyptischen Revolution weiter zu. Die seitdem eingetretenen Veränderungen führten zu einer Verschärfung der sozialökonomischen Differenzierung und förderten den Prozeß der Polarisierung innerhalb der Oasengemeinschaft.

Wesentlichen Anteil daran hatte der aufkommende LKW-Transport. Mit diesem neuen Transportmittel konnten jetzt faktisch alle Güter nach Siwa gebracht werden, auch diejenigen, deren Transport durch Kamelkarawanen unrentabel bzw. überhaupt nicht möglich gewesen war, wie z. B. Stalldung und chemische Düngemittel, flüssiger Brennstoff, Viehfutter, Baumaterialien, Kanister für die Olivenkonservierung usw. Dadurch eröffneten sich für die reichen Siwaner wesentlich günstigere Möglichkeiten der Realisierung ihres Mehrproduktes, als das bis dahin der Fall gewesen war. Diese Tatsache führte nicht nur zur Verschärfung der Ausbeutung und des Konkurrenzkampfes innerhalb der Oasengemeinschaft, sondern auch zu teilweise beträchtlichen Veränderungen in ihrer Wirtschaft wie auch in ihrer Lebensweise.

An erster Stelle muß hier wohl der Handel mit dem Niltal genannt werden, der infolge der neuen Transportmöglichkeiten innerhalb kurzer Zeit sowohl qualitativ als auch quantitativ enorm anstieg, während der mit den traditionellen Handelspartnern rapide zurückging. Ja, bis auf die Versorgung der im Frühjahr und Herbst auf ihren Zügen zu bzw. von den weiter südlich gelegenen Weideplätzen Siwa passierenden Herden kam er faktisch völlig zum Erliegen.

Das hatte seine Ursachen zum einen darin, daß die Aulad Ali die Produkte, die sie ursprünglich aus der Oase bezogen hatten, in zunehmendem Maße in der Küstenregion selbst erzeugten. Zum anderen, weil sich den Siwanern im Niltal eben offenbar günstigere Möglichkeiten der Realisierung ihrer Exportkulturen boten, selbst unter dem Aspekt, daß sich dadurch die Transportstrecke verdoppelte und somit auch die Kosten.

Von dort konnten sie jetzt faktisch alle Güter beziehen, derer sie bedurften bzw. die sie bezahlen konnten. Nahrungsmittel und Konsumgüter aller Art – von Grundnahrungsmitteln über frische bzw. konservierte Gemüse und Früchte bis hin zu Stoffen, Uhren und Transistorradios reichte seitdem die breitgefächerte Palette des von den einheimischen Läden geführten Angebotes – gehören ebenso dazu, wie die oben bereits genannten.[962]

Das beträchtlich erweiterte Warenangebot weckte bei der Oasenbevölkerung neue Bedürfnisse, deren Befriedigung unmittelbar von der Menge der erzeugten Exportkulturen abhing. Daraus resultierte ein gegenüber vordem weit größerer Anreiz für die Gartenbesitzer, ihr Aufkommen an diesen Kulturen zu erhöhen. Und dieses Bestreben führte zu bemerkenswerten Veränderungen in ihrem Hauptproduktionszweig.

Durch den Einsatz von Stalldung und chemischem Dünger, die Anlage neuer Brunnen usw. konnte eine Erhöhung der Ernteerträge erreicht werden. Wer die Möglichkeiten dazu hatte, legte sich auf eigene Rechnung neue Gärten an bzw. vergrößerte die vorhandenen. Diese und andere Maßnahmen führten in den letzten Jahrzehnten

961 Stein/Rusch, 1978, S. 96.
962 Ebenda, S. 98; Ghonaim, 1980, S. 131ff.

zu einer beachtlichen Ausweitung des Anbaus von Exportkulturen, wie folgender Zahlenvergleich belegt: Wurde ihr Bestand Mitte dieses Jahrhunderts auf rund 230000 Dattelpalmen und 25000 Olivenbäume geschätzt[963], betrug er nach Auskunft eines kompetenten Landwirtschaftsexperten 1976 bereits 500000 respektive 250000 Bäume[964], während GHONAIM ihn für das gleiche Jahr auf 250000 bzw. 150000 bis 200000 bezifferte.[965] Da es sich in allen Fällen um grobe Schätzwerte handelt, ist nicht zu entscheiden, welche der beiden letztgenannten Angaben den Realitäten am nächsten kam. Ungeachtet dessen aber bezeugen beide eine Zunahme dieser Fruchtbäume, insbesondere der Oliven, deren Zahl unseren Erhebungen zufolge im Vergleichszeitraum um annähernd das Zehnfache anwuchs.

Ursache dafür war die große Nachfrage nach eingelegten Oliven im Niltal. Sicherlich bestand diese auch schon vordem, aber damals gab es noch keine ökonomisch vertretbare Möglichkeit, die dafür erforderlichen Konservierungsbehälter – heute benutzt man große Blechkanister dazu – in die Oase zu bringen. Diese Möglichkeit ergab sich erst mit dem Einsatz der großen Überlandtransporter. Da eingelegte Oliven gegenüber dem Olivenöl bzw. den bis dahin exportierten getrockneten Oliven einen höheren Gewinn abwarfen – das aus 100 kg Frischmasse zu gewinnende Öl brachte 1976 £.E. 12,– bis 14,–, die gleiche Menge eingelegt aber £.E. 25,– bis 30,–[966] –, gingen die Siwaner innerhalb weniger Jahre dazu über, fast die gesamte Olivenernte auf diese Weise zu verarbeiten.

Zum Zeitpunkt unseres Aufenthaltes in der Oase brachte der durchschnittliche Ernteertrag eines Olivenbaumes jährlich rund £.E. 40,– ein, der einer Dattelpalme aber nur etwa £.E. 30,–.[967] Diese Tatsache sowie der drastische Rückgang der Nachfrage an Datteln von seiten der Aulad Ali werden Hauptursachen dafür gewesen sein, daß die Zahl der Dattelpalmen nicht im gleichen Maße stieg. Es war nicht zu übersehen, daß die in den sechziger und siebziger Jahren neugewonnenen Anbauflächen vorwiegend, z. T. sogar ausschließlich, mit Olivenbäumen besetzt worden waren.

Während die Produktion von Exportkulturen sowie die von Luzerne – die Erhöhung des Rinderbestandes hatte eine beträchtliche Erweiterung des Anbaus von Futterpflanzen notwendig gemacht – in den letzten 20 Jahren bedeutend zunahm, war im gleichen Zeitraum die von Gemüse und insbesondere von Getreide merklich rückläufig. Bis auf einige kleine Flächen wurde 1976 Getreide in der Oase überhaupt nicht mehr angebaut.

Ein Grund dafür war sicherlich, daß Reis und Mehl im Genossenschaftsladen ausreichend angeboten wurden, noch dazu zu stark subventionierten Preisen, so daß sich der in Siwa nicht leichte Getreideanbau kaum noch lohnte. Und ähnliches galt auch für das Gemüse. Es wurde ebenfalls in ausreichender Menge aus dem Niltal eingeführt und war daher zwar teurer als das selbsterzeugte, aber zumindest für Besitzer größerer Gartenflächen war es rentabler, es auf dem Markt zu erwerben als durch ihre Arbeiter anbauen zu lassen. Arbeitskräfte benötigte man dringender für die Pflege der Exportkulturen, zumal sie nicht in ausreichendem Maße zur Verfügung standen. Und dieser

[963] Vgl. FAKHRY, 1973, S. 26f.

[964] FB STEIN/RUSCH, 1976, S. 898.

[965] GHONAIM, 1980, S. 88f.

[966] Ebenda, S. 97.

[967] Ebenda, S. 87, 95.

Umstand war sicherlich ein weiterer Grund für den beträchtlichen Rückgang des arbeitsaufwendigen Gemüse- und Getreideanbaues.

Der Mangel an Arbeitskräften in Siwa, der bereits die ersten Landwirtschaftsprojekte zu Beginn dieses Jahrhunderts scheitern ließ, hat sich seitdem ständig vergrößert. Bis zum heutigen Tag sind die Frauen, die etwa die Hälfte der erwachsenen Bevölkerung ausmachen, von der Produktion ausgeschlossen, sieht man einmal ab von den von ihnen ausgeführten handwerklichen Tätigkeiten, Flechterei und Töpferei, die jedoch zunehmend an Bedeutung verloren. So beschränkt sich das Arbeitskräftepotential von jeher auf die arbeitsfähige männliche Oasenbevölkerung. Und sie nahm im Laufe dieses Jahrhunderts sowohl relativ als auch absolut ständig ab. So sagen es wenigstens die vorliegenden Statistiken aus.

Folgt man den Berechnungen GHONAIMS, verringerte sich die Zahl der Männer im Alter zwischen 20 und 50 Jahren „von 1105 im Jahre 1927 (=29,1 % der Gesamtbevölkerung) auf 855 im Jahre 1937 (21,1 %), dann auf 745 im Jahre 1947 (19,8 %) und lag schließlich 1960 bei nur 624 (16,3 %).“[968] Dazu sei angemerkt, daß sicherlich auch einige Männer über 50 noch am Produktionsprozeß teilnahmen. Ganz gewiß aber die Jugendlichen bzw. jungen Männer im Alter zwischen 15 und 20. Aber selbst wenn man letztere vollständig in die Gesamtzahl der Arbeitsfähigen einbezieht, erhöht diese sich zwar, die Tendenz ihrer Verringerung aber bleibt erhalten. Denn zählte man in dieser Altersgruppe 1927 147 Personen, waren es 1960 140.[969]

Die Abnahme der Zahl der arbeitsfähigen männlichen Oasenbewohner, in erster Linie wohl eine Folge der Abwanderung in andere Gebiete, war begleitet von einer beträchtlichen Zunahme des Anteils der Kinder im Alter von 0–15 Jahren an der Gesamtbevölkerung. Betrug dieser 1927 nur 24,2 % (=922 Kinder), stieg er bis 1960 auf 40,6 % (=1560 Kinder) an.[970] Eine derart drastische Veränderung der Altersstruktur brachte naturgemäß eine wesentlich höhere Belastung für die Familienväter mit sich. „Die durchschnittliche Zahl von Personen, die von einem männlichen Ernährer unterhalten werden müssen“, stellt GHONAIM fest, „stieg von 3,4 im Jahre 1927 auf 4,7 im Jahre 1937, erhöhte sich auf 5,1 im Jahre 1947 und lag schließlich bei 6,2 im Jahre 1960. Mit anderen Worten: Innerhalb von 35 Jahren wurde die Ernährungsbelastung in Siwa fast verdoppelt.“[971]

Trotz der ständigen Zunahme der Oasenbevölkerung in den letzten beiden Jahrzehnten – sie stieg offiziellen Angaben zufolge von 3839 im Jahre 1960 auf 5169 im Jahre 1966 und soll 1976 bereits 7200 betragen haben[972] – verbesserte sich das Angebot an einheimischen Arbeitskräften auch in diesem Zeitraum nicht. Im Gegenteil, es nahm gegenüber 1960 noch weiter ab. Diese rückläufige Tendenz hatte vor allem zwei Gründe.

Mit der völligen administrativen Integration der Westlichen Wüste in das ägyptische Verwaltungssystem im Jahre 1962 wurde auch die bis dahin bestehende Befreiung ihrer männlichen Bevölkerung von der Wehrpflicht in der ägyptischen Armee aufgehoben. Das bedeutete, daß die jungen Männer in Ausübung dieser Pflicht fortan mehrere Jahre von der Oase abwesend waren. Einige kehrten nie wieder an ihre

968 Ebenda, S. 111.
969 Ebenda, S. 74.
970 Ebenda.
971 Ebenda, S. 75.
972 Ebenda, S. 70.

alten Arbeitsplätze zurück. Sie schlugen entweder eine Karriere in der Armee oder Polizei ein oder nutzten die Chance, nach erfolgreicher Absolvierung des aktiven Wehrdienstes in den öffentlichen Staatsdienst übernommen zu werden.[973]

Ansonsten aber hörte die Abwanderung aus der Oase ins Niltal faktisch auf. Vor allem seit der Jahrhundertwende hatten zahlreiche landlose Siwaner ihrer Heimat den Rücken gekehrt, um in Kairo, Alexandria oder einer anderen größeren Stadt ihr Auskommen zu suchen. Wenngleich sie hier auf Grund fehlender Qualifikation in der Regel nur in minder bezahlten Beschäftigungen, vornehmlich im Dienstleistungsbereich, Anstellung fanden, zogen sie diese offenbar der Arbeit in den heimischen Palmgärten vor. Aber seit der zweiten Hälfte dieses Jahrhunderts, als die Zuwachsrate der Bevölkerung des Niltals explosiv zu steigen begann, gingen den Siwanern selbst diese Beschäftigungsmöglichkeiten verloren.

Dafür aber eröffneten sich ihnen neue und zudem noch wesentlich lukrativere im benachbarten Libyen, und zwar in der rasch aufstrebenden Erdölindustrie, deren Bedarf an Arbeitskräften das dünn besiedelte Land aus eigenen Ressourcen bald nicht mehr zu decken in der Lage war. Die sich dadurch bietenden Chancen zogen in der Folgezeit viele Siwaner an, da sie dort das Zwei- bis Dreifache verdienen konnten.[974] Offizielle Angaben über die Gesamtzahl der 1976 in Libyen tätigen Siwaner waren nicht zu erhalten. Aber fast jede der von uns befragten Familien gab an, wenigstens einen, manche aber auch zwei und mehr Söhne dort arbeiten zu haben. Da zu diesem Zeitpunkt in der Oase über 600 Familien gezählt wurden, kann man davon ausgehen, daß etwa 1000 Siwaner in den libyschen Ölfeldern tätig waren.[975]

Einige holten ihre Familien nach und blieben für immer dort. Die meisten aber kehrten nach ein paar Jahren zurück und bauten sich mit dem ersparten Geld eine neue Existenz auf, indem sie sich Wasseranteile kauften bzw. Quellen bohren ließen und mit ihnen neue Gärten anlegten.

Die Lücke, die die massenweise Abwanderung einheimischer Arbeitskräfte nach Libyen hinterließ, wurde jedoch annähernd durch die Zuwanderung von Saidis aus dem Niltal kompensiert. Denn da dort das Wachstum der Bevölkerung das des Arbeitsplatzangebotes weit überstieg, war eine immer größere Zahl landloser Dorfbewohner gezwungen, sich ihren Lebensunterhalt außerhalb dieser Region zu suchen.

Viele von ihnen gingen ebenfalls nach Libyen. Ein Teil aber zog es vor, in Siwa Arbeit aufzunehmen. Nicht zuletzt deshalb, weil sie von hier aus günstigere Besuchsmöglichkeiten zu ihren daheimgebliebenen Familien hatten. Solche Möglichkeiten bestanden für die in Libyen Tätigen kaum, da sich die meisten von ihnen dort ohne gültige Reisedokumente, d. h. faktisch illegal, aufhielten und deshalb das Gastland kaum zu gelegentlichen Besuchen in der Heimat verlassen konnten. Auf Grund der sich verschärfenden Spannungen zwischen den beiden Nachbarländern kam es – wie bereits erwähnt – im März 1976 zur Ausweisung aller Ägypter, die ohne gültige Papiere in Libyen weilten. Innerhalb von zwei Tagen wurden über 25000 Personen über den Grenzkontrollpunkt Sallum in ihre Heimat abgeschoben. Einige der Betroffenen wählten damals ihren Weg statt ins Niltal nach Siwa in der Hoffnung, bei günstigerer Entwicklung der politischen Beziehungen rasch wieder an ihre alten Arbeitsplätze zurückkehren zu können.

[973] Ebenda, S. 150; vgl. auch: FAKHRY, 1973, S. 36.
[974] Vgl. FAKHRY, 1973, S. 36f.
[975] Vgl. auch: GHONAIM, 1980, S. 80.

Für die Oase wirkte sich diese Aktion günstig aus, führte sie doch zu einer spürbaren Zunahme des Angebotes an Arbeitskräften, obwohl die im Nachbarstaat tätigen Siwaner von dieser Ausweisung nicht betroffen waren, eine Maßnahme, die beweist, wie sehr auch die libysche Regierung um die Bevölkerung der Westlichen Wüste wirbt. Diejenigen Zuwanderer, die über entsprechende Erfahrungen und Kenntnisse verfügten, wurden für einen Tageslohn von 150–200 Piastern (P. T.) als Bauarbeiter beschäftigt. Die Mehrzahl von ihnen aber fand Arbeit in den Gärten der Wasserbesitzer, die ihnen dafür täglich 100–125 Piaster zahlten, währenddessen die einheimischen Zaggala für die gleiche Tätigkeit zwischen P. T. 150 und 200 erhielten.[976]

Dieser Unterschied in der Vergütung war teilweise sicherlich berechtigt. Denn die Arbeitsproduktivität letzterer war in der Regel höher als die der Saidis, da sie in der Oase wesentlich andere Produktionsbedingungen und -methoden antrafen als sie es vom Niltal her gewohnt waren. Zugleich aber war es auch Ausdruck der Haltung der Siwaner den „auswärtigen“ Arbeitskräften gegenüber. Einerseits waren diese auf sie angewiesen, waren die Zuwanderer zur Aufrechterhaltung der Produktion in der Oase unbedingt notwendig. Andererseits aber wurden sie von der einheimischen Bevölkerung gemieden, ja geradezu verachtet.[977]

Die Saidis bildeten eindeutig die unterste soziale Schicht in Siwa. Niemand sorgte sich um ihre Unterkunft. Sie schliefen in provisorisch errichteten Hütten aus Palmwedeln in den Gärten, in verlassenen, meist schon zerfallenen Häusern oder auch in Grabkammern und ernährten sich von den Früchten der Gärten. Wer die entsprechenden Piaster erübrigen konnte, nahm gelegentlich ein warmes Mahl in einer der Garküchen ein, die sich auf dem Marktplatz von Siwa befanden und ebenfalls von Saidis betrieben wurden. Diese Einrichtungen wurden von den Einheimischen konsequent gemieden, wie sie überhaupt jedem geselligen Kontakt mit den Saidis aus dem Wege gingen. Einzige Höhepunkte in ihrem Leben waren unseren Beobachtungen zufolge nur die Zahltage. Dann sah man sie in Scharen auf die Post eilen, um ihre mühsam verdienten Piaster auf ein Sparbuch bzw. den daheimgebliebenen Familien zu überweisen.[978]

Besonders drastisch wurde uns die Lage dieser „Gastarbeiter“ bei einem Besuch der Plantage von Zeitun vor Augen geführt. In dieser, Scheich Ali Heda gehörenden ausgedehnten Anlage waren derzeit fünf Saidis beschäftigt, über deren Arbeits- und Lebensbedingungen uns ihr Vorarbeiter, Fuad Ramadan, folgendes berichtete: Auf der Suche nach Arbeit war er, Sohn eines landlosen Fellachen aus dem Niltal, 1970 mit seiner Frau nach Siwa gekommen, wo er von Ali Heda als Vorarbeiter auf dessen Besitzung in Zeitun eingestellt worden war. An der inmitten der Plantage gelegenen Quelle hatte er sich eine aus Palmwedeln geflochtene Hütte errichtet, in der seine Frau unterdessen fünf Kinder zur Welt gebracht hatte. Keines seiner Familienangehörigen hatte seitdem auch nur ein einziges Mal dieses abgelegene Fleckchen Erde verlassen. Dafür fehlten ihm sowohl die Möglichkeiten als auch die finanziellen Mittel.

Sein mündlich vereinbarter Abeitsvertrag legte fest, daß Fuad gerade soviel von den Ernteerträgen der Plantage entnehmen durfte, wie er für den Unterhalt seiner

[976] Ghonaim, 1980, S. 118.

[977] Die Verachtung, die die Siwaner gegenüber den Saidis hegten, kam u. a. darin zum Ausdruck, daß zahlreiche Spottlieder über sie in der Oase kursierten (FB Stein/Rusch, 1976, S. 267).

[978] FB Stein/Rusch, 1976, S. 805; Stein/Rusch, 1978, S. 77.

Familie bedurfte. Alles andere zum Leben unbedingt Notwendige ließ ihm der Garteneigentümer auf Bestellung aus seinen Läden, die er in Siwa-Stadt unterhielt, liefern. Die Kosten für diese Waren wurden ihm vom Lohn abgezogen. Der Rest seines Verdienstes blieb in Verwahrung seines Arbeitgebers, der ihn so an die Plantage fesselte. Über die Höhe seiner Ersparnisse aus über fünf Jahren harter Arbeit vermochte dieser Analphabet ebensowenig Auskunft zu geben wie über etwaige Urlaubs- oder Sozialversicherungsansprüche. Dennoch war er froh, überhaupt eine Möglichkeit gefunden zu haben, seine Familie ernähren zu können.

Zu den gleichen Bedingungen waren auch die übrigen vier in Zeitun tätigen Arbeiter eingestellt worden, die ohne Familien hier lebten.[979] Sicherlich ist dieses Beispiel besonders kraß und nicht unbedingt repräsentativ für die Masse der in Siwa arbeitenden Saidis. Wesentlich günstiger aber waren auch deren Lebensbedingungen nicht.

Für die weitere gesellschaftliche Entwicklung der Oasengemeinschaft hatte die massenweise Ersetzung der Zaggala durch auswärtige Arbeitskräfte eine nicht zu übersehende Konsequenz: Sie zerriß endgültig den Schleier, der durch die mannigfaltigen verwandtschaftlichen Beziehungen der Zaggala zu den Wassereigentümern jahrhundertelang die bestehenden Ausbeutungs- und Abhängigkeitsverhältnisse verdeckt hatte und ersetzte sie durch eindeutige Lohnabhängigkeitsverhältnisse.

Die Saidis waren aber nicht die einzigen Ägypter, die 1976 in der Oase tätig waren. Außer ihnen gab es dort noch die Gruppe der Experten und Beamten, die einen unvergleichlich höheren sozialen Status einnahmen. Sie waren Staatsangestellte, die von ihren Dienststellen für einen begrenzten Zeitraum – zumeist für zwei bis drei Jahre – in die Oase delegiert worden waren, um hier mangels einheimischer Fachkräfte notwendige fachliche Aufgaben zu erfüllen bzw. staatliche Interessen gegenüber den Siwanern wahrzunehmen.[980]

Ihnen waren für die Dauer ihres Einsatzes wesentliche Vergünstigungen geschaffen worden. So hatte man für ihre Unterbringung im Zentrum von Siwa-Stadt einen modernen Wohnkomplex errichtet, der in unmittelbarer Nachbarschaft zu ihren Wirkungsstätten lag. Dadurch ersparten sie sich die in den großen Städten normalerweise üblichen aufwendigen Transportkosten zum Arbeitsplatz. Auch die Wohnungsmieten lagen beträchtlich unter dem Niveau der dort zu zahlenden, so daß sie trotz der zum Teil höheren Preise für Nahrungs- und Konsumgüter insgesamt immer noch wesentlich geringere Ausgaben als im Niltal hatten. Des weiteren wurde ihnen nach erfolgreicher Absolvierung ihrer Tätigkeit in Siwa ein größeres Mitspracherecht bei der Wahl ihres späteren Arbeitsplatzes eingeräumt. Aber trotz dieser und anderer Vorteile, die sich aus einer zeitweiligen Delegierung in die Oase für sie ergaben, sah die Mehrzahl der Experten und Beamten einen solchen Einsatz nach wie vor als eine Art „Strafversetzung" an, die sie so bequem und schnell wie irgend möglich hinter sich zu bringen trachteten.[981]

Diese Haltung hatte mehrere Ursachen. Eine davon war, daß viele der Annehmlichkeiten und Möglichkeiten, die eine Großstadt zu bieten hatte, in Siwa fehlten. Nicht zuletzt deshalb waren auch die meisten ihrer Familien im Niltal geblieben. Hinzu

979 FB Stein/Rusch, 1976, S. 148ff.; Stein/Rusch, 1978, S. 97f.

980 Vgl. auch: Ghonaim, 1980, S. 150.

981 Ebenda, S. 150ff.

kommt, daß die Frauen schon allein aus sprachlichen Gründen kaum Kontakt zu ihresgleichen gefunden hätten. Denn die Siwanerinnen waren zumeist des Arabischen noch nicht mächtig genug, um eine Konversation in dieser Sprache führen zu können. Ganz davon abgesehen hätten sie sie sicherlich genauso gemieden, wie die Männer ihre ägyptischen Partner.[982]

Denn die einheimische Bevölkerung hegte noch immer eine starke Abneigung gegenüber den Niltalbewohnern. Dieser Tatbestand konnte keinem verborgen bleiben, der sich längere Zeit in Siwa aufhielt. Man pflegte Kontakte zu ihnen nur im Rahmen des Notwendigen, das heißt, soweit sie für die Erfüllung der Arbeitsaufgaben unbedingt erforderlich waren oder dem einzelnen einen persönlichen Nutzen versprachen. Darüber hinaus aber verschloß man sich ihnen nach Möglichkeit.

Die Folge davon war, daß nicht nur die Saidis, die ihrer niedrigen sozialen Stellung wegen sowohl von den Oasenbewohnern als auch von den Experten und Beamten gemieden wurden, ihre Freizeit in den Gärten bzw. in ihren Garküchen unter sich verbrachten, sondern auch letztere. Sie traf man abends entweder in den am Marktplatz gelegenen Teestuben oder in ihren eigenen Gemeinschaftsräumen, wohin sich selten ein Siwaner begab, zumal er dort auch kaum erwünscht war.[983] Ohnehin waren in den Augen der meisten hier Versammelten die Einheimischen zu „dumm und primitiv", als daß es sich lohnte, auch die Freizeit noch mit ihnen gemeinsam zu verbringen. Diese arrogante Haltung, die insbesondere bei den Beamten ausgeprägt war, kam in vielen ihrer Äußerungen und Handlungen zum Ausdruck.

So verbot beispielsweise der Präsident des Stadtrates in unserem Beisein den einheimischen Mitgliedern dieses Gremiums zum wiederholten Male die Benutzung ihrer Muttersprache in seiner Gegenwart. Denn er war dieser Sprache nicht mächtig und hielt ihre Erlernung offenbar auch für unter seiner Würde.[984] GHONAIM versteigt sich in seiner Studie sogar zu der Behauptung, das Siwanische sei eine „Geheimsprache", die die Oasenbewohner nur benutzen würden, um den Beamten zu schaden.[985]

Ein anderes Beispiel dieser Art lieferte der amtierende Maʿmur. Er berichtete uns von der Konfiskation eines Kastens „Rum", weil er für die Siwaner ein generelles Alkoholverbot erlassen hatte, um sich die durch Trunkenheit möglicherweise entstehenden Konflikte zu ersparen. Für ihn und seine Beamtenkollegen galt diese Verfügung allerdings nicht, so daß die konfiszierten Flaschen nicht vernichtet wurden.[986]

Derartig diskriminierende Handlungen einzelner Vertreter der Beamten und Experten, deren Aufzählung sich beliebig fortsetzen ließe, waren natürlich nicht dazu angetan, die ablehnende Haltung der Oasenbewohner ihnen gegenüber abzubauen. Sie wurden außerdem noch verstärkt durch Maßnahmen, deren Ergreifung für den Staat sicherlich unumgänglich war, die aber mit den Interessen der Siwaner heftig kollidierten, wie etwa die Unterbindung ihres profitablen Warenschmuggels mit Libyen.

Angesichts der von uns beobachteten Gesamtsituation im Verhältnis der Oasenbewohner zu den Niltalbewohnern können wir der Einschätzung GHONAIMS nicht folgen, der zur Rolle und Stellung der Experten in der Oase feststellt: „Die auswärtigen Angestellten und Beamten, die die eigentlich tragende Schicht in Wirtschaft und Ver-

[982] Ebenda, S. 152.

[983] Ebenda.

[984] FB STEIN/RUSCH, 1976, S. 98.

[985] GHONAIM, 1980, S. 116.

[986] FB STEIN/RUSCH, 1976, S. 388.

waltung von Siwa bilden, befinden sich gegenüber den auswärtigen Tagelöhnern in erheblich besserer Position ... In Siwa werden sie von der einheimischen Bevölkerung nicht argwöhnisch oder mißgünstig als Eindringlinge betrachtet, wie das sonst so häufig der Fall ist, wo Fremde die Führungs- und Spitzenpositionen innehaben. Sie werden vielmehr durchaus respektiert, ja, sie stehen in hohem Ansehen, da sie sich um die Sorgen und Probleme der Oasenbewohner kümmern und ihre traditionellen Sitten und Gebräuche achten."[987]

Aus diesen wenigen Sätzen wird deutlich, daß der Autor in dieser Hinsicht die gleiche überhebliche Position gegenüber der Oasenbevölkerung bezieht, wie sie viele der Experten und Beamten an den Tag legten. Eine Position, die wahrlich nicht dazu beitrug, den Prozeß der Integration dieser nationalen Minderheit zu fördern. Deren Einstellung diesem Bestreben gegenüber wurde deutlich in dem Fakt, daß sie alle Niltalbewohner als „al-Masri", als „Ägypter" bezeichneten, nicht aber sich selbst und die Aulad Ali. Ja, sie faßten es als schwere Beleidigung auf, wenn man sie als solche bezeichnete.

Anzumerken bleibt in diesem Zusammenhang jedoch noch folgendes: Während die siwanische Oberschicht als Wortführer der Oasengemeinschaft einerseits alles tat, um die oppositionelle Haltung gegenüber den Niltalbewohnern in der breiten Masse wachzuhalten, war es andererseits gerade sie, die diese Haltung am häufigsten aufgab, dann nämlich, wenn es ihr von Nutzen war.

Beispielsweise empfingen sie ihre Geschäftspartner aus dem Niltal stets mit größter Aufmerksamkeit. Wir erlebten es mit, wie sie eine zur Abnahme der Abschlußprüfung in der Mittelschule in die Oase gesandte Prüfungskommission hofierten. Sie konnte gar nicht alle Einladungen wahrnehmen. Das Motiv dieser ungewöhnlichen Gastfreundschaft war klar, die Gastgeber erhofften sich davon eine positivere Benotung ihrer Sprößlinge.[988]

Diese und andere Beispiele, die man vor der Öffentlichkeit möglichst zu verbergen trachtete, bewiesen, daß das Klasseninteresse letztlich immer über das ethnische Selbstbewußtsein triumphierte.

Im Jahre 1969 waren Experten und Beamte aus dem Niltal in folgenden Positionen beschäftigt[989]:

| Einrichtung | Ämter | Gesamtzahl |
|---|---|---|
| Rat der Stadt | 1 Präsident | |
| | 2 Verwaltungsbeamte | |
| | 1 Preiskontrolleur | |
| | 1 Standesbeamter | 5 |
| Krankenhaus | 1 Dentist | |
| | 1 praktischer Arzt | |
| | 3 Arzthelfer | 5 |
| GDDO | 1 Agronom | |
| | 1 Facharbeiter | 2 |
| Genossenschaft | 1 Leiter | 1 |

[987] GHONAIM, 1980, S. 152.
[988] FB STEIN/RUSCH, 1976, S. 874f.
[989] FB STEIN, 1969, S. 560f.

Fortsetzung der Tabelle

| Einrichtung | Ämter | Gesamtzahl |
|---|---|---|
| Social Unit | 1 Direktor | |
| | 1 Sekretär | |
| | 1 Kindergärtnerin | 3 |
| Meteorolog. Dienst | 1 Direktor | |
| | 1 Angestellter | 2 |
| Polizei | 1 Maʿmur | |
| | 1 Polizeischreiber | 2 |
| Post- & Telegraphenamt | je 1 Leiter | 2 |
| Schulwesen | 1 Direktor | |
| | 10 Lehrer | 11 |
| Zollwesen | 1 Direktor | |
| | 2 Beamte | 3 |
| Veterinärstation | 1 Veterinär | |
| | 2 Helfer | 3 |
| Moschee | 2 Geistliche | 2 |
| Tankstelle | 1 Leiter | 1 |
| Kraftwerk | 4 Ingenieure bzw. Techniker | 4 |
| | Total: | 46 |

Sieben Jahre später waren in diesen Bereichen folgende, nach Herkunftsgebieten getrennte Arbeitskräfte beschäftigt[990]

| Tätigkeitsbereich | Siwa | Nachbaroasen | Oberägypten | Unterägypten |
|---|---|---|---|---|
| Verwaltung (Rathaus) | 50 | 5 | | 6 |
| Polizei | 10 | | | 3 |
| Landwirtschaftsbereich | 9 | 1 | | 2 |
| Versorgungsbereich | 1 | | | 1 |
| Veterinärmedizin | 1 | | | 1 |
| Sozialwesen | 3 | | 1 | 4 |
| Gesundheitswesen | 10 | 3 | | 10 |
| Wetterdienst | 5 | | | 4 |
| Grundschulbereich | 15 | 1 | | 10 |
| Realschulbereich | 2 | | | 8 |
| Zollamt | | | | 3 |
| Niederlassung der GDDO | 1 | | 1 | 1 |
| Religionswesen | 10 | | | 4 |
| Nachrichtendienst u. Post | 5 | | | 3 |
| Summe: | 122 | 10 | 2 | 60 |

Der Vollständigkeit halber sei vermerkt, daß neben den genannten Experten noch etliche Sicherheitsbeamte aus dem Niltal in der Oase tätig waren.[991]

[990] Ghonaim, 1980, S. 151.
[991] FB Stein/Rusch, 1976, S. 169.

Ein Vergleich beider Tabellen weist aus, daß die Zahl der in Siwa tätigen Spezialisten und Beamten 1976 um etwas mehr als die Hälfte gegenüber 1969 angestiegen war. Die Aufstellung GHONAIMS macht darüber hinaus das Ausmaß deutlich, in dem infolge der Entwicklung in der Oase Siwaner im arbeitsfähigen Alter bereits außerhalb der Gärten Beschäftigung gefunden hatten. Denn bei den zahlenmäßig ausgewiesenen Personen handelte es sich ausschließlich um männliche Arbeitskräfte, da auch im Jahre 1976 noch nicht eine einzige Siwanerin in irgendeinem dieser Bereiche tätig war. Selbst die Erzieherinnen im Kindergarten stammten aus dem Niltal.[992]

Die Aufstellung erfaßte jedoch bei weitem noch nicht alle außerhalb des Hauptproduktionszweiges Tätigen. Mindestens 70 von ihnen waren im Versorgungsbereich beschäftigt, nämlich in den rund 40 Privatläden, je drei Fleischereien und Bäckereien sowie in den Teestuben in Siwa-Stadt. Mehrere Siwaner arbeiteten an der Tankstelle und in der Reparaturwerkstatt für LKW und Karusa. Ferner gab es u. a.: drei traditionelle Schmiede, zwei Tischler, einen Schuhmacher, einen Friseur sowie mehrere Hirten, die alle von ihrem Beruf lebten. Schließlich waren über 50 Saidis und Arbeiter aus Bahriya als Bauleute bzw. Brunnenbauer tätig.[993]

Somit können wir über die Gesamtzahl der 1976 nicht mehr in den Gärten beschäftigten männlichen Oasenbewohner eine ziemlich genaue Aussage treffen. Sie umfaßte rund 250 Siwaner, 72 Experten und Beamte aus dem Niltal sowie über 50 auswärtige Bauleute und Brunnenbauer, zusammen also annähernd 400 Personen. Keine Angaben waren hingegen über die verbleibende Zahl der männlichen Oasenbewohner im arbeitsfähigen Alter zu erhalten, die ja nahezu identisch gewesen sein muß mit den im Hauptproduktionszweig tätigen Arbeitskräften, also den selbst noch produktiv tätigen Gartenbesitzern, den Zaggala und den Saidis. Für 1976 lag keine detaillierte Statistik der Bevölkerung vor, sondern lediglich ihre inoffizielle Gesamtzahl, die mit 7200 ausgewiesen wurde.

Dabei handelte es sich um die Zahl der in diesem Jahr ausgegebenen Berechtigungsscheine für den Bezug der rationierten Nahrungs- und Genußmittel zu verbilligten Preisen[994], was bedeutete, daß sie die auswärtigen Arbeitskräfte einschloß, da diese als ägyptische Staatsbürger den gleichen Anspruch auf diese subventionierten Waren hatten wie die Siwaner. Diese Zahl bedeutete gegenüber dem derzeit letzten offiziellen Zensus im Jahre 1966 eine Zunahme der Bevölkerung um 3,9 %. Eine durchaus reale Zuwachsrate, wenn man in Betracht zieht, daß sie von 1960 bis 1966 sogar 5,8 % betragen haben soll.[995] Würde man davon ausgehen können, daß sich der in den letzten Jahrzehnten abzeichnende Trend hinsichtlich der Entwicklung der Bevölkerungsstruktur auch weiterhin kontinuierlich fortsetzte, wären zu diesem Zeitpunkt etwa 45–50 % der Gesamtbevölkerung im nichtarbeitsfähigen Alter zwischen 0 und 15 bzw. über 50 Jahre gewesen[996], also rundgerechnet etwa 3400 Personen.

Legte man schließlich das langjährig ermittelte durchschnittliche Verhältnis zwischen männlicher und weiblicher Bevölkerung im Alter zwischen 15 und 50 Jahren zugrunde, das ursprünglich leicht zugunsten ersterer, seit ihrer zunehmenden Abwanderung leicht zugunsten letzterer tendierte, im Schnitt aber eine annähernde Parität

[992] Ebenda, S. 894.

[993] GHONAIM, 1980, S. 128ff.

[994] Ebenda, S. 70.

[995] Ebenda.

[996] Ebenda, S. 74f.

zwischen beiden Geschlechtern auswies[997], so käme man für 1976 in dieser Altersgruppe auf rund 1 900 Männer und ebensoviele Frauen. Abzüglich der 400 nicht mehr im Hauptproduktionszweig Tätigen verbleiben für diesen Bereich also noch rund 1 500 Arbeitskräfte.

Aber dieses Ergebnis ist nicht exakt, da es entscheidende Veränderungen unberücksichtigt lassen muß. Insbesondere die beträchtliche Abwanderung von Siwanern und die Zuwanderung von Saidis, über deren zahlenmäßiges Ausmaß keine konkreten Angaben zu erhalten waren, die aber die Bevölkerungsstruktur sicherlich verändert haben dürften. Trotz dieser Einschränkung sind wir auf Grund unserer Beobachtungen der Ansicht, daß die Gesamtzahl der 1976 im Bodenbau Tätigen keinesfalls mehr als 1 500 betragen haben wird, eher sind es vermutlich weniger.

Aber selbst wenn man von dieser Zahl ausgeht und nur die unterste Grenze des geschätzten Baumbestandes zugrunde legt, also 250 000 Dattelpalmen und 150 000 Olivenbäume, so entfielen allein bei diesen beiden Kulturen auf jede Arbeitskraft die Pflege von je 165 Palmen und 100 Olivenbäumen. Setzt man sie ins Verhältnis zur derzeit insgesamt bebauten Bodenfläche, die offiziellen Angaben zufolge rund 3000 Feddan betragen haben soll[998], so hatte jede von ihnen zwei Feddan zu bearbeiten, d. h. zu bewässern, mit der Hacke aufzulockern, zu düngen, zu jäten, ihren Baumbestand zu pflegen, Luzerne und Gemüse anzubauen, die Be- und Entwässerungsgräben und Zäune in einem ordnungsgemäßen Zustand zu halten usw.

Lediglich während der Zeit der Ernte, die insbesondere bei Oliven sehr arbeitsintensiv war, erhielten sie zusätzliche Hilfe. In dieser Zeit, zwischen Oktober und Dezember/Januar, wurden alljährlich rund 500 Saisonarbeiter zusätzlich beschäftigt, die durch Arbeitsvermittler im Niltal angeworben wurden.[999]

Als Fazit der Arbeitskräftesituation im Hauptproduktionszweig Siwas läßt sich feststellen, daß das durch die massenweise Abwanderung der Siwaner nach Libyen in der Oase entstandene Arbeitskräftedefizit unseren Beobachtungen zufolge durch die Zuwanderung von Saidis annähernd wieder ausgeglichen wurde. Sie deckte aber lediglich die unmittelbar bestehende Nachfrage. Ein Überangebot an Arbeitskräften war 1976 nicht zu registrieren. Schon allein deshalb war das im staatlichen Entwicklungsplan für 1976–80 enthaltene Projekt, in diesem Zeitraum die Anbaufläche in der Oase von 3000 auf 19000 Feddan zu erweitern[1000], völlig irreal, es sei denn, man hätte es vermocht, Hunderte von Familien aus dem Niltal für ständig hier anzusiedeln.

Zudem wäre dieses Vorhaben noch durch einen weiteren Umstand zusätzlich erschwert worden, nämlich die zunehmende Entvölkerung der östlichen Randgebiete. Sie resultierte aus den im Vergleich zu Siwa-Stadt wesentlich ungünstigeren Lebensbedingungen. So gab es hier unter anderem weder Bildungsmöglichkeiten noch eine Strom- und Wasserversorgung. Die ärztliche Betreuung erfolgte nur sehr selten und sporadisch, für Notfälle stand keine Telefonverbindung zur Verfügung, da die Randgebiete nicht an das Fernsprechnetz angeschlossen waren. Schließlich waren auch die Verkehrsmöglichkeiten zur Stadt sehr ungünstig, die Bewohner ausschließlich auf ihre Esel angewiesen. Aus diesen und anderen Gründen wird ihre Abwanderung in

997 Ebenda, S. 70, 74f.

998 Vgl. Marsa Matrouh, 1976, S. 43.

999 Ghonaim, 1980, S. 115.

1000 Marsa Matrouh, 1976, S. 45. Nach Ghonaim, 1980, S. 191, beträgt die Gesamtfläche der kultivierbaren Böden in der Oasendepression insgesamt etwa 21 202 Feddan.

die Stadt erklärlich. Lebten 1927 in Zeitun und Abu Shuruf immerhin noch 105 Personen, so waren es im Jahre 1976 nur noch 74[1001], wobei die alte Wehrsiedlung Zeitun bereits seit längerer Zeit völlig aufgegeben worden war.[1002]

Aber gerade in diesem Gebiet liegt der größte Teil kultivierbarer Brachflächen. Zudem gibt es hier die günstigsten Bewässerungsbedingungen, denkt man allein an die weitaus ergiebigste Quelle der Oase, die Ain Qureshit, deren Wasser seit Jahrhunderten ungenutzt abfließen. Die Fluktuation der Bevölkerung machte nicht nur die Neulanderschließung unmöglich, sondern gefährdete selbst den Fortbestand der neuangelegten Plantage von al-Naqb.

Die explosionsartige Zunahme der Bevölkerung im Niltal war nicht nur Garant dafür, daß in der Oase kein Arbeitskräftedefizit entstand, sondern garantierte zugleich auch den Absatz der hier erzeugten Exportkulturen. Die Nachfrage nach ihnen war so groß, daß auch eine erhöhte Produktion ausreichenden Absatz fand. Dabei erzielten die siwanischen Wassereigentümer offenbar beträchtliche Gewinne.

Den bereits an anderer Stelle erwähnten Angaben Ghonaims zufolge erbrachte 1976 der durchschnittliche Ertrag einer Palme £.E. 30,–, der eines Olivenbaumes £.E. 40,–. Somit konnte von einem Feddan Land, auf dem der Anbau von je 50 dieser Bäume durchaus möglich war, ein Erlös von £.E. 3500,– erzielt werden. Zieht man davon die Produktionskosten ab, die den Berechnungen des gleichen Autors zufolge bei etwa 30 % lagen, so verblieb ein Reingewinn von rund £.E. 2500,–.

Davon ausgehend kann man in etwa ermessen, welche Erlöse alljährlich aus dem Absatz der Exportkulturen nach Siwa flossen, wobei zu berücksichtigen ist, daß ein Teil ihres Gesamtaufkommens für die Eigenversorgung der Oasenbevölkerung verbraucht wurde. Aber allein schon der Verkauf der Erträge von je 100000 Bäumen – sicherlich lag das Exportvolumen in Wirklichkeit noch höher, insbesondere bei Oliven – erbrachte bereits eine Nettoeinnahme von £.E. 7 Millionen.

Umgerechnet auf den Kopf der Bevölkerung bedeutete das ein jährliches Nettoeinkommen von rund £.E. 1000,– pro Person. Das jedoch ist eine rein rechnerische Größe, denn der nach Abzug der 30 % Produktionsunkosten, in denen die Löhne der in den Gärten tätigen Zaggala und Saidi bereits enthalten sind, verbleibende Reingewinn von nahezu £.E. 5 Millionen floß ausnahmslos in die Taschen der Wassereigentümer, wobei hinsichtlich seiner Verteilung große Unterschiede bestanden.

Über die Gesamtzahl der Wassereigentümer in Siwa und die Größe ihrer jeweiligen Wasseranteile waren auch für das Jahr 1976 keine Auskünfte zu erhalten. Generell aber war innerhalb dieser sozialen Schicht eine große Differenziertheit festzustellen. Sie reichte von Scheich Ali Heda, dem wohl derzeit unbestritten reichsten Siwaner, bis hinunter zu jenen Familien, die mit den ihnen zur Verfügung stehenden geringen Wasseranteilen durch eigene Arbeit gerade soviel zu produzieren vermochten, wie zum Unterhalt ihrer Familien notwendig war, deren Einkommen kaum über denen der Gartenarbeiter lagen.

Da die kleinen und mittleren Wassereigentümer innerhalb dieser Schicht zahlenmäßig dominierten, floß der größte Teil des Exporterlöses in die Hände der kleinen Gruppe sehr reicher Wassereigentümer, die ihre Profite zudem durch die Monopolisierung des Handels innerhalb der Oase und zunehmend auch durch Transport-

[1001] Vgl. Ghonaim, 1980, S. 71.

[1002] FB Stein/Rusch, 1976, S. 155f.; Stein/Rusch, 1978, S. 96f.

leistungen mit eigenen Kraftfahrzeugen noch erhöhen konnten und damit zugleich die Mehrzahl der Wassereigentümer von sich abhängig machte.

Unsere Beobachtungen ergaben, daß die reichen Wassereigentümer ihre beträchtlichen Gewinne in erster Linie zur Verbesserung ihrer Lebensbedingungen einsetzten. So ließen sie sich von auswärtigen Fachkräften moderne Häuser aus importierten Baustoffen errichten und statteten sie mit wertvollen Teppichen sowie mit Möbeln aus. Letztere wurden allerdings noch kaum genutzt, sondern erfüllten vorerst lediglich eine Repräsentationsfunktion, waren Aushängeschild des Wohlstandes ihrer Eigentümer. Dieses Geltungsbedürfnis fand seinen Ausdruck auch darin, daß sie den traditionellen Silberschmuck ihrer Frauen zunehmend durch solchen aus Gold ersetzten.[1003]

Des weiteren schafften sie sich all die Geräte an, die sie unter den gegebenen Bedingungen in der Oase bereits nutzen konnten, wie diverse Haushaltsgegenstände, Radios u. ä. Einige besaßen sogar schon Fernsehgeräte.[1004] Sie erwarben also all jene Waren, die der Markt im Niltal ihnen offerierte und die sie in irgendeiner Weise dazu verwenden konnten, ihr Leben in heimischer Umgebung angenehmer zu gestalten. Schließlich verbrauchten sie nicht unbeträchtliche Mittel für die Finanzierung der oft monatelangen „Erholungsreisen“ ins Niltal.

Ein Teil der Gewinne wurde auch im Bodenbau investiert. So nutzten viele die Möglichkeit, durch den Einsatz von importierten Düngemitteln die Erträge ihrer Gärten zu steigern. Und mancher ließ sich, wie bereits erwähnt, auf eigene Kosten zusätzliche Quellen bohren, um vorhandene Gärten besser bewässern zu können bzw. um sich damit bisher ungenutzte Brachflächen zu erschließen. Insgesamt gesehen jedoch erschien es uns, als seien die im Hauptproduktionszweig getätigten Investitionen geringer gewesen als die Aufwendungen für die Verbesserung der Lebensbedingungen und für Luxusgüter.

Diese Erscheinung hatte sicherlich mehrere Gründe. Einer davon war, daß die traditionellen Anbaumethoden, die man im Laufe von Jahrhunderten entwickelt und erprobt hatte, den geographischen Bedingungen der Oase nahezu ideal angepaßt waren. Sie aber schlossen den Einsatz moderner Technik weitgehend aus – es sei denn, man hätte sie grundlegend verändert, wozu jedoch kaum Veranlassung bestand.

Ein weiterer Grund war, daß nicht alle reichen Wassereigentümer die sich aus den veränderten ökonomischen und gesellschaftlichen Bedingungen ergebenden neuen Möglichkeiten für die Mehrung ihres Reichtums wahrnahmen. Das traf insbesondere auf diejenigen zu, die der älteren Generation angehörten. Ihr zumeist noch niedriges Bildungsniveau – manche von ihnen waren des Schreibens und Lesens kaum kundig – und das Festhalten an überkommenen Denk- und Lebensweisen hinderten sie daran, sich die neuen Bedingungen nutzbar zu machen. Hinzu kam, daß ihre Söhne zumeist in Libyen arbeiteten und sie so niemanden hatten, der sie darauf aufmerksam machte. Dem Zustand ihrer Gärten nach zu urteilen, ersparten sie sich hier jedwede Investition, wie auch die Beschäftigung einer ausreichenden Zahl fremder Arbeitskräfte. Sie ernteten ihre ungepflegten Baumbestände faktisch nur noch ab und waren offenbar mit den Einnahmen aus den dadurch stark geminderten Erträgen zufrieden.

Andere Wassereigentümer, insbesondere die jüngeren, nutzten dagegen jede sich bietende Chance zur Bereicherung konsequent aus. Von den diesbezüglichen Praktiken

[1003] Stein/Rusch, 1978, S. 79, 282.
[1004] Ebenda, S. 275.

Ali Hedas war bereits mehrfach die Rede. Auch unser Hauptgewährsmann, Haj Azmi, ist ein Beispiel dafür. Er, der Sohn eines Scheichs, hatte die Übernahme dieser traditionellen Würde von seinem Vater ausgeschlagen, um sich ganz seinen geschäftlichen Ambitionen widmen zu können. Neben den alten Gärten, die ihm als Erbteil überkommen waren, hatte er sich im Gebiet von Khamisa auf einer ehemaligen Brachfläche von etwa 1,5 Feddan einen weiteren angelegt, der künftig noch beträchtlich vergrößert werden sollte. Quellwasser dafür war genügend vorhanden.

Haj Azmi begann dieses Projekt, nachdem er mit dreizehn anderen Teilhabern eine verlandete Quelle aus dem Altertum wieder nutzbar gemacht hatte. Da ihm sein Wasseranteil aber zu gering erschien, ließ er sich innerhalb seines Gartens noch eine weitere Quelle bohren, die ihm allein gehörte. Dieser Garten, der sich in einem sehr gepflegten Zustand befand, enthielt ausschließlich Fruchtbäume, die alle bereits fruchttragend waren, und zwar: 54 Dattelpalmen, 36 Oliven-, 10 Feigen-, 6 Zitronen-, 8 Guaven-, 4 Granatäpfel- und 2 Aprikosenbäume sowie einen Weinrebenkomplex. Bearbeitet wurde er von einem Arbeiter, der dafür monatlich £.E. 15,– Lohn erhielt. Außerdem durfte er mit seiner Familie das von Haj Azmi nahe dem Garten neuerbaute Gehöft mietfrei bewohnen.[1005] Haj Azmi besaß einen Traktor, der von seinem Sohn gefahren wurde und mit dem er alle in seinen Gärten anfallenden Transporte selbst bewältigen konnte. Gegen entsprechenden Fuhrlohn übernahm er außerdem Transporte für andere Oasenbewohner.[1006]

In Siwa-Stadt ließ sich unser Hauptgewährsmann 1976 von Fachkräften aus Mersa Matruh gerade ein modernes Wohnhaus errichten. Nach seiner Fertigstellung plante er innerhalb seines geräumigen Gehöftes den Bau mehrerer Stallungen, die einen größeren Rinderbestand sowie eine Hühner- und Entenfarm aufnehmen sollten.[1007] So, wie Haj Azmi, waren auch andere reiche Wassereigentümer mit der Realisierung ähnlicher Projekte beschäftigt.

Einige von ihnen betätigten sich überdies aktiv im Binnenhandel. Ihnen gehörte die Mehrzahl der fast 40 Läden in Siwa-Stadt, die restlichen wurden von Großhändlern aus Alexandria betrieben.[1008] Aus diesen Läden belieferten sie nicht nur ihre Landarbeiter, deren Schulden dann jeweils vom Lohn abgezogen wurden, sondern auch viele Wassereigentümer und vor allem -pächter. Mangels eigener finanzieller Mittel erhielten diese ihre Waren auf Kredit, den sie mit ihren Ernteerträgen zurückzuzahlen hatten, wodurch sie in eine zunehmende Abhängigkeit von den Ladenbesitzern gerieten.

Schließlich soll in diesem Zusammenhang nicht unerwähnt bleiben, daß die reichsten Siwaner, unter ihnen Ali Heda, ihre aus dem Hauptproduktionszweig erzielten Gewinne teilweise bereits außerhalb der Oase investierten, u. a. in Grundstücks- und Häuserkäufen in Mersa Matruh bzw. dem Niltal. Über das Ausmaß dieses Gewinntransfers war nichts in Erfahrung zu bringen. Er wurde sicherlich auch nur von wenigen betrieben. Dennoch ist dieser Fakt ein weiterer Beweis dafür, daß sich die reichsten Siwaner, die ja überwiegend noch den Titel eines „Scheichs" trugen, unter den neuen Bedingungen allmählich zu Unternehmern entwickelten.

[1005] FB Stein/Rusch, 1976, S. 815ff.

[1006] Ebenda, S. 903.

[1007] Ebenda, S. 889.

[1008] Ebenda, S. 899; vgl. auch: Ghonaim, 1980, S. 135.

Diese Entwicklung konnte auch durch die progressiven Maßnahmen, die während der Regierungszeit Präsident Nassers in der Oase eingeleitet wurden, nicht aufgehalten werden, obwohl ihnen weitgehend eine nichtkapitalistische Entwicklungskonzeption zugrunde lag. Da aber in Siwa die bestehenden privaten Eigentumsverhältnisse an den Hauptproduktionsmitteln unangetastet blieben, hatten diese Projekte nicht den mit ihnen beabsichtigten Effekt, bzw. sie waren letztlich ganz zum Scheitern verurteilt. Denn auf Grund ihrer ökonomischen und sozialen Stellung vermochten es die Angehörigen der Oberschicht, diese entweder in ihrem Interesse auszunutzen oder aber sie zu unterlaufen, so daß sie für die breite Masse der Oasenbevölkerung, deren Lage ja in erster Linie verbessert werden sollte, nicht oder nicht in vollem Umfang wirksam wurden. Dafür einige Beispiele.

Trotz des geänderten Wahlsystems, mit dem die traditionelle „Stammesstruktur" innerhalb der Oasengemeinschaft überwunden werden sollte, waren nach wie vor noch alle Scheichs im obersten Gremium Siwas, dem Stadtrat, vertreten und gaben hier von siwanischer Seite aus eindeutig den Ton an.[1009] Im Gegensatz zu vielen ärmeren Familien waren die Angehörigen der Oberschicht in der Lage, ihre Kinder von jeglicher Garten- und Hausarbeit zu befreien und ihnen so einen kontinuierlichen Schulbesuch zu ermöglichen, wie es ihnen auch nicht schwerfiel, die mit einem Studium ihrer Kinder verbundenen beträchtlichen Kosten aufzubringen.

Sie und ihre Familienangehörigen sah man kaum einmal in den öffentlichen Sprechstunden des Krankenhauses. Sie besuchten die Privatsprechstunden der Ärzte in den Nachmittags- und Abendstunden. Zwar waren diese kostenpflichtig, dafür aber garantierten sie ihnen eine wesentlich bessere Behandlung als das in den öffentlichen Sprechstunden der Fall war.

Die reichen Wassereigentümer waren nicht nur einfache Mitglieder der Genossenschaft. Einige von ihnen gehörten auch dem Vorstand an und hatten somit die Möglichkeit, dessen Entscheidungen maßgeblich zu beeinflussen, insbesondere, was die Verteilung der von dieser Organisation importierten Materialien – Düngemittel, Viehfutter, Baustoffe usw. – betraf, die sie ja zu wesentlich günstigeren Preisen erhielten als die auf eigene Rechnung eingeführten.

Offenbar waren die Reichen nur des Bezugs dieser Materialien wegen der Genossenschaft beigetreten, nicht aber wegen des Absatzes ihrer Exportkulturen. Diese verkauften sie nach wie vor zum weitaus größten Teil an ihre privaten Geschäftspartner im Niltal. Jedenfalls betrug das Aufkommen der Genossenschaft an Datteln und Oliven 1975/76 weniger als 20 % der insgesamt exportierten Menge.[1010] Diese Tatsache aber bedeutete, daß die mit der Gründung der Genossenschaft ursprünglich verfolgte Zielsetzung – Beseitigung der ökonomischen Abhängigkeit der Oasenbevölkerung von den ägyptischen Großhändlern – nicht erreicht worden war.

Eine analoge Entwicklung war auf dem Gebiet des Handels innerhalb Siwas zu verzeichnen. Die Eröffnung eines Genossenschaftsladens vermochte das bis dahin bestehende Monopol privater Händler nicht zu brechen. Zwar war jeder der Oasenbewohner eingetragenes Mitglied dieser Handelseinrichtung, jedoch bezogen sie von ihr lediglich die verbilligten Nahrungs- und Genußmittel, die ihnen zustanden bzw. die sie bar bezahlen konnten. Alle übrigen Waren kauften sie nach wie vor in

[1009] Vgl. u. a.: Stein/Rusch, 1978, S. 78.
[1010] FB Stein/Rusch, 1976, S. 880.

den Privatläden, da diese ihnen jederzeit Kredit einräumten, was im Genossenschaftsladen nicht der Fall war.[1011] Das Resultat war, daß die Privatläden weiterhin florierten und ihren Eigentümern offenbar lohnende Gewinne einbrachten, während der Genossenschaftsladen 1976 nur ein kümmerliches Dasein führte und sich sein Angebot lediglich auf subventionierte Waren beschränkte.

Neben dem Fortbestehen privater Eigentumsverhältnisse an den Hauptproduktionsmitteln in der Oase waren aber auch wachsende wirtschaftliche Probleme, vor die sich der ägyptische Staat gestellt sah, Ursache dafür, daß nicht alle Entwicklungspläne im vorgesehenen Umfang realisiert werden konnten. Besonders deutlich kommt das am Schicksal der GDDO zum Ausdruck, die 1976 nur noch ein Schattendasein führte. Viele ihrer weitreichenden Projekte für Siwa, vor allem die Gewinnung von Neuland und der Aufbau ausgedehnter Staatsfarmen, waren in den Anfängen steckengeblieben bzw. über das Stadium der Planung gar nicht erst hinausgekommen. Aber selbst das in den sechziger Jahren Geschaffene konnte nicht aufrechterhalten werden.

So waren 1976 beispielsweise von der Technikstation nur noch einige Schrotteile übriggeblieben. Und die der GDDO einstmals unterstellte Farm al-Naqb, das einzige vom Staat aus realisierte Neulandgewinnungsprojekt von Bedeutung, war in Privathand überführt worden. Nach der Auflösung des Internierungslagers verfügte die GDDO offenbar weder über die Mittel noch über die Arbeitskräfte, um diese Farm aufrechterhalten zu können. Aus diesem Grunde wurde ihre 200 Feddan große Nutzfläche 1968 unter 26–28 siwanische Interessenten aufgeteilt und diesen zum Eigentum überlassen. Zusätzlich erhielt jeder Käufer noch eine Kuh aus dem Bestand der GDDO. Die Kaufsumme sollte im Laufe von 20 Jahren abgezahlt werden. Zinsen wurden nicht erhoben.[1012]

Durch diese Maßnahme hatten die Bewohner von Abu Shuruf, die bis dahin ausschließlich als Landarbeiter tätig waren, erstmals die Gelegenheit, eigenen Boden einschließlich der zu seiner Bewässerung erforderlichen Wasseranteile zu erwerben. Elf machten davon Gebrauch. Die restlichen 15–17 Grundstücke aber wurden von Personen aufgekauft, die außerhalb dieser Region ansässig waren. Dabei handelte es sich ausnahmslos um Wassereigentümer, die natürlich kein Interesse daran hatten, in diese abgelegene Gegend umzusiedeln. Da sie niemanden fanden, der die Gärten für sie bearbeitete, wurden sie nur sehr notdürftig gepflegt, was eine erhebliche Ertragsminderung zur Folge hatte.[1013]

Die beträchtlichen wirtschaftlichen Schwierigkeiten des ägyptischen Staates äußerten sich zum Zeitpunkt unseres Aufenthaltes in der Oase auch darin, daß die Belieferung des Genossenschaftsladens mit subventionierten Waren mengenmäßig eingeschränkt wurde.

Als Fazit der Entwicklung Siwas in der Periode zwischen 1952 und 1976 läßt sich feststellen: Die in der Amtsperiode Präsident Nassers in Siwa initiierten Entwicklungsprojekte, die zum Teil erst nach 1970 vollendet wurden, wie beispielsweise der Bau des Krankenhauses und die Einrichtung weiterer Schulen, brachten für die

[1011] Ghonaim, 1980, S. 135f.

[1012] Ebenda, S. 186.

[1013] Vgl. FB Stein/Rusch, 1976, S. 769; Ghonaim, 1980, S. 188f.

Oasenbevölkerung insgesamt eine spürbare Verbesserung ihrer Lebensbedingungen.

Dennoch konnten sie in kaum einem Fall im ursprünglich geplanten Umfang realisiert werden bzw. erreichten sie nicht das angestrebte Ziel. Neben Finanzierungsschwierigkeiten, dem Mangel an Arbeitskräften und anderen Gründen sowie auch dem politischen Kurswechsel der ägyptischen Regierung nach dem Tode von Nasser ist dieser Umstand vor allem auf das Fortbestehen der vor 1952 in der Oase vorhandenen privaten Eigentumsrechte an den Hauptproduktionsmitteln zurückzuführen. Auf Grund ihrer unangetasteten ökonomischen Position gelang es der reichen Oberschicht, alle Vorteile, die sich aus den vom Staat realisierten Maßnahmen ergaben, ihren Interessen nutzbar zu machen, wodurch sie ihren Besitz noch rascher als vordem zu mehren vermochte.

Die Masse der Oasenbewohner einschließlich der kleinen Wassereigentümer und insbesondere der -pächter wurde zunehmend von ihnen abhängig. Aus ihren kleinen Gärten, die sie mit eigener Arbeitskraft zu bearbeiten gezwungen waren, erwirtschafteten, sie gerade genug, um ihre Familien ernähren zu können. Gewinne erzielten sie kaum, so daß ihnen die Inangriffnahme größerer Projekte wie etwa der Bau moderner Häuser, die Anlage neuer Brunnen und Gärten, der Erwerb von Traktoren oder LKW usw., die alle sehr kostenaufwendig waren, nicht möglich war.

Während die Reichen so immer reicher wurden und sich einige von ihnen allmählich zu Unternehmern entwickelten, wurde die Masse der Siwaner immer ärmer und abhängiger, wobei die Oasengesellschaft insgesamt zunehmend kapitalistische Züge annahm, wenn auch in sehr deformierter Form. Dieser Trend setzte sich unter den veränderten politischen Bedingungen nach 1970 verstärkt fort.

Der Differenzierungsprozeß, dessen Ursache vor allem in den nun weitaus günstigeren Verwertungsmöglichkeiten für das in der Oase erzeugte Mehrprodukt zu suchen ist, führte dazu, daß die reichen Wassereigentümer einen noch größeren Teil der Hauptproduktionsmittel und der siwanischen Exportkulturen als vordem in ihren Händen konzentrierten und damit den Handel mit dem Niltal fast vollständig kontrollierten. Er löste zugleich eine stärkere Individualisierung der Kleinfamilien sowie die Herausbildung größerer Unterschiede in der Lebensweise zwischen den Angehörigen der Oberschicht und der Masse der Bevölkerung aus.

Die Entwicklung nach 1952 hatte eine im Vergleich zu vorangegangenen Perioden weitaus umfassendere und tiefgreifendere Integration der Oase in den ägyptischen Staat zur Folge. Die Einbeziehung Siwas in das Verwaltungssystem, der Ausbau der Oase als Militärstützpunkt, vor allem aber die realisierten Entwicklungsprojekte sowie die Veränderungen im Handel bewirkten, daß die Oase in wachsendem Maße vom Niltal abhängig wurde.

So war beispielsweise die Aufrechterhaltung der Mehrzahl der realisierten Entwicklungsprojekte vom Einsatz ägyptischer Fachkräfte sowie von einer staatlichen Finanzierung abhängig. Die weitgehende Reduzierung des Etagenanbaus in den Gärten und insbesondere die fast vollständige Einstellung der Eigenerzeugung von Körnerfrüchten zugunsten der für die Wassereigentümer gewinnbringenderen Exportkulturen machte die Siwaner vom Import dieser Hauptnahrungsmittel abhängig, auch waren sie nun zunehmend auf den Import anderer Nahrungsmittel und Konsumgüter angewiesen. Die beginnende Mechanisierung und die Stromerzeugung machten den Import flüssiger Brennstoffe und der Export von Oliven, deren

Anbau seit der Mitte dieses Jahrhunderts ständig ausgedehnt worden war, die Belieferung mit Blechkanistern notwendig. Die Aufzählung derartiger Beispiele ließe sich noch beliebig fortsetzen.

Dieser Integrationsprozeß war begleitet von einer erheblichen Reduzierung der Zahl der ethnischen Besonderheiten, durch die sich die Siwaner in früheren Jahrhunderten von allen benachbarten Ethnien unterschieden. Ein solcher Trend war insbesondere auf dem Gebiet der materiellen Kultur festzustellen. Wie generell in allen Gesellschaften zu beobachten, in denen industriell gefertigte Konsumgüter Eingang finden, war auch bei den Siwanern eine Nivellierung ihres alltäglich benutzten Kulturbesitzes eingetreten, der sich von dem der umwohnenden Ethnien kaum noch unterschied.

So waren unseren Beobachtungen zufolge 1976 beispielsweise viele der ehedem aus Bast oder Ton selbstgefertigten Haushaltsgegenstände bereits durch solche aus Plaste oder Aluminium ersetzt worden. Mit Ausnahme der Umhänge für die Frauen hatte importierte Konfektionskleidung die traditionelle Tracht weitgehend verdrängt, und Glühlampen bzw. mit Gas oder Petroleum betriebene Leuchten ließen die ursprünglich benutzten Tonlämpchen, in denen Olivenöl verbrannt wurde, schon in Vergessenheit geraten. Im Ergebnis dessen war die Weberei in der Oase bereits vollständig aufgegeben und auch Töpfern und Flechten nur noch von wenigen Frauen ausgeübt worden.[1014]

Neben diesen und anderen generell zu beobachtenden Veränderungen in der Lebensweise der Oasenbewohner gab es einige Innovationen, die sehr kostenaufwendig waren und daher vorerst nur das Leben der reichen Familien beeinflußten. Dazu gehörten u. a. die erwähnte Errichtung moderner Wohnhäuser aus importierten Baumaterialien, aus dem Niltal eingeführte Möbel, die allerdings mehr Repräsentationscharakter trugen und noch kaum benutzt wurden, Goldschmuck, der den traditionellen Silberschmuck der Siwa-Frauen ersetzte, und anderes mehr. Und schließlich konnten es sich die Reichen auch leisten, ihre traditionelle Nahrung durch importierte Nahrungs- und Genußmittel zu ergänzen.[1015]

Aber nicht nur in der materiellen Kultur der Siwaner waren Veränderungen zu konstatieren – obwohl sie hier am augenfälligsten waren – sondern auch im Bereich der geistigen Kultur, besonders in den Sitten und Gebräuchen. So erlebten wir es beispielsweise mehrfach, daß uns bei Besuchen an Stelle des traditionellen Tees, ohne den ein Gast niemals empfangen wurde, dessen Zubereitung aber eine längere Zeit in Anspruch nimmt[1016], nur eine Flasche Cola gereicht wurde. Bei einer Hochzeit waren wir Augenzeuge, wie die Braut an Stelle des früher üblichen Bades in der Ain Tamuzi lediglich noch mit einem Jeep um die Quelle gefahren wurde, ohne dabei auszusteigen.[1017]

Auffallend war auch, daß batteriebetriebene transportable Radio-Kassettenrecorder, die bereits weit verbreitet waren, die aktive Ausübung des Gesangs eingeschränkt hatten. Dabei konnten wir allerdings feststellen, daß häufig Kassetten abgespielt wurden, die von besonders talentierten siwanischen Sängern mit Volksliedern be-

[1014] Vgl. Stein/Rusch, 1978, S. 74.

[1015] Rusch/Stein, 1977 (b), S. 506; Stein/Rusch, 1978, S. 79.

[1016] Stein/Rusch, 1978, S. 79, 92.

[1017] FB Stein/Rusch, 1976, S. 882.

sungen worden waren. Eine Erscheinung, die wir auch bei den Aulad Ali beobachteten.[1018]

Eine Ursache für den allgemeinen Rückgang bzw. die Veränderung der traditionellen Kultur ist die zunehmende sozialökonomische Differenzierung. Aus Zeitmangel und vor allem aus finanziellen Gründen war es der Masse der Oasenbewohner z. B. immer weniger möglich, aufwendige Feste auszurichten, zumal auch die früher vorhandene Bereitschaft zur gegenseitigen Hilfe und Unterstützung bei derartigen Anlässen immer geringer geworden war.

Eine weitere Ursache sehen wir in der rapiden Zunahme von „Fremdeinflüssen“ in den letzten 20 bis 30 Jahren, durch die die relative Isoliertheit der Oasengemeinschaft weitgehend aufgehoben wurde. Die wesentlich günstigeren Verkehrsmöglichkeiten zwischen Siwa und der Küste, die selbst ärmeren Oasenbewohnern Besuchsreisen außerhalb Siwas ermöglichen, die ständige Anwesenheit Hunderter von „Fremden“ – wie ägyptische Beamte und Experten, Armeeangehörige, Saidis und Touristen – in der Oase, die nach 1952 entstandenen Bildungseinrichtungen, die jahrelange Arbeit Hunderter von Zaggala in Libyen usw. konfrontierten die Oasenbewohner mit vielfältigen neuen Ideen, Lebens- und Denkweisen. Das führte dazu, daß der Bildungs- und Informationshorizont der Masse der Bevölkerung, der bis dahin auf die Oase begrenzt war, eine große Erweiterung erfuhr, was sich allmählich auch in ihren Handlungen und Haltungen niederzuschlagen begann.

Die Kontakte zur – arabisch sprechenden – Umwelt führten außerdem dazu, daß sich die Zweisprachigkeit bei den Siwanern zunehmend durchsetzte, zumindest bei der männlichen Bevölkerung. Dadurch wurden sie in die Lage versetzt, sich mit den „Fremden“ direkt zu verständigen. Zugleich konnten sie sich über das Medium Radio nun selbst über die Vorgänge außerhalb der Oase unterrichten. Einige Reiche besaßen auch schon Fernsehgeräte. Allerdings konnten sie damit vorerst nur das libysche Programm empfangen, da die Reichweite des ägyptischen Fernsehfunks zu gering war.

Trotz der zahlreichen Veränderungen, die die Entwicklung in der Oase seit 1952 in der Frage der ethnischen Identität mit sich gebracht hatte, blieben die Siwaner dennoch auch weiterhin als besondere ethnische Gemeinschaft kenntlich. Mehr noch, während einerseits die Zahl ihrer ethnischen Merkmale zurückging – ein objektiver Prozeß, den sie nicht aufzuhalten vermochten –, hielt andererseits ihre Opposition gegen „die Ägypter“ weiterhin unvermindert an und stärkte damit ihr ethnisches Selbstbewußtsein.

Das hatte vielerlei Gründe. Einer resultierte aus dem Bemühen der siwanischen Oberschicht, durch eine vordergründige Propagierung des ethnischen Sonderstatus die bestehenden Ausbeutungs- und Abhängigkeitsverhältnisse innerhalb der eigenen Gesellschaft zu verschleiern und dadurch ihre ökonomische und soziale Stellung zu erhalten und auszubauen. Ein weiterer Grund war zweifellos die sich aus den Grenzsicherungsmaßnahmen des ägyptischen Staates für die Siwaner zwangsläufig ergebenden unpopulären Konsequenzen. Sie unterbanden nicht nur ihre traditionellen Beziehungen zur libyschen Bevölkerung, sondern vor allem den gewinnbringenden Schmuggel, den sie bis dahin unter Ausnutzung dieser Beziehungen betrieben hatten.

[1018] Ebenda, S. 837.

Die Hauptursache für die ablehnende Haltung der Siwaner war unserer Erkenntnis nach jedoch die Negierung ihres Status als nationale Minderheit durch die Vertreter der Zentralregierung. Obwohl sie durch ihre gewählten Abgeordneten sowohl im Stadtrat von Siwa als auch im Provinzparlament von Mersa Matruh vertreten waren, hatten diese letztlich kaum Entscheidungsbefugnis. Die eigentliche Macht in der Westlichen Wüste lag in den Händen des von der Zentralregierung ernannten Gouverneurs der Provinz sowie dem von ihm für die Oase eingesetzten Mamur und Präsidenten des Stadtrates, die grundsätzlich Nicht-Siwaner waren. Sie brachten in der Regel wenig Verständnis für die Probleme der einheimischen Bevölkerung auf und mißbrauchten in nicht wenigen Fällen ihre Macht. Die Oasenbewohner versuchten deshalb zwar, ihnen ihre internen Angelegenheiten so weit als möglich zu verbergen, um sie auf traditionelle Weise unter sich zu regeln. Aber durch die Tätigkeit mehrerer ägyptischer Geheimdienste in der Oase war ihnen selbst das kaum noch möglich.

Diese Situation führte zu einem permanenten Spannungsverhältnis zwischen den Siwanern und den in der Oase lebenden Ägyptern aus dem Niltal und trug wesentlich dazu bei, daß die objektiv sich vollziehende Integration Siwas in die sich formierende ägyptische Nation noch nicht begleitet war von einer Assimilation der Siwaner, nicht einmal in Ansätzen.[1019]

### *5. Der Stand der Assimilierung der in Maragi ansässig gewordenen Schahibat-Beduinen in die siwanische Gesellschaft*

Im Westteil der Oase Siwa vollzog sich seit dem vergangenen Jahrhundert ein weiterer Integrationsprozeß, der sich im Gegensatz zu dem der Aulad Ali und Siwaner in den ägyptischen Staat, der wesentlich unter der Einwirkung der Zentralregierung erfolgte, sporadisch durchsetzte. Wie bereits erwähnt, siedelten sich die Schahibat im 19. Jh. im Gebiet von Maragi an. Damals waren sie noch reine Viehzüchter und mieden den Kontakt mit der Oasenbevölkerung. Die Untersuchungen der Verfasser im Jahre 1976 ergaben ein beträchtlich verändertes Bild.

Das Gebiet von Maragi umfaßt drei verschiedene Siedlungszentren: Muschendid, Khamisa und Bahi al-Din. Die Mehrzahl der Bevölkerung bilden die erwähnten Schahibat. Nach dem Zensus von 1966 zählten sie 558 Menschen, bis 1976 hatte sich die Anzahl auf über 700 erhöht.[1020] Ihr offizielles Oberhaupt ist Scheikh Hussein Mohammed Wahida, der seine Gemeinschaft gegenüber dem Stadtrat von Siwa vertritt. Neben den rund 40 Großfamilien der Schahibat leben im Gebiet von Maragi noch elf siwanische Familien in enger Nachbarschaft mit den Arabern.

In der Wirtschaft der Schahibat existieren heute Bodenbau und Viehzucht nebeneinander und halten sich ihrer Bedeutung nach in etwa die Waage. Im Gegensatz zur früheren nomadischen Lebensweise spielt bei den Bewohnern von Maragi die Kamelzucht keine Rolle mehr. Scheikh Misbah besitzt als einziger noch eine Kamelherde, die weit entfernt von der Siedlung gehalten wird.[1021]

Die Masse der Herdentiere – allein in Bahi al-Din wurde ihre Zahl mit 3000 Stück

[1019] Vgl. Rusch/Stein, 1977 (a), S. 462f.; 1977 (b), S. 505.
[1020] FB Stein/Rusch, 1976, S. 112.
[1021] Stein/Rusch, 1978, S. 126.

angegeben[1022] – sind Schafe und Ziegen. In den Gehöften werden noch Kaninchen, Hühner und Tauben gehalten, und jede Familie hat mindestens einen Esel als Transportmittel. Erst neueren Datums ist die mit Stallhaltung verbundene Rinderzucht mit dem Ziel der Milchgewinnung. Die Schafe werden gemeinsam mit den Ziegen tagsüber auf die Weide getrieben, bei Weideknappheit auch in weiter abgelegene unbewohnte Oasengebiete. Der Hirtenlohn beträgt 15 Piaster pro Tier und Monat. Als Zusatzfütterung verwenden die Schabibat Ölkuchen (kuzba), der in den siwanischen Ölmühlen zu erwerben ist. An die Nomadentradition erinnert die Herstellung von Milchkonserven (Trockenmilch „kischk“) während der Melkperiode.[1023]

Auf dem Gebiet des Anbaus von Nutzpflanzen halten sich die Beduinen von Maragi völlig an das siwanische Vorbild. Sämtliche Anbaumethoden, Arbeitsinstrumente und -techniken sind von den Siwanern übernommen worden, einschließlich der Art der Bewässerung und der Verteilung des Quellwassers.[1024] Die Anbauflächen sind im Vergleich zu Siwa relativ klein, da sie von den umgebenden Salzseen und der Wüste eingegrenzt werden. Im Gebiet von Maragi gibt es 18 nutzbare Quellen, während andere inmitten der Salzsümpfe entspringen und dort ungenutzt versickern.

Wie in Siwa trägt jede zur Bewässerung der Plantagen brauchbare Quelle eine besondere Bezeichnung, so etwa in Bahi al-Din[1025]:

| | |
|---|---|
| ʿAin Garmumen, | ʿAin Tagilsi, |
| “ Abu Huili, | “ Zwar, |
| “ Sahba Ibrahim Genawi, | “ Gabbar, |
| “ Nasr Abu Zeid, | “ Zaggan. |
| “ Bandi | |

Und im Weiler ʿAzba von Bahi al-Din:

| | |
|---|---|
| ʿAin Serrar | ʿAin Sama |
| “ Sudani | “ Hagg ʿAli |
| “ Hamuden | “ Sama |
| “ Hagawi | “ Drazila |
| “ al-Humar | “ Sidi Sliman. |

An der jährlich notwendigen Reinigung der Quellen und Bewässerungsgräben vom Schlick beteiligen sich die jeweiligen Nutzer gemeinsam.

Ebenso wie in Siwa bilden in Maragi Dattelpalmen und Olivenbäume die hauptsächlichsten Anbaupflanzen. Die Bäume machen jedoch im Vergleich zu den siwanischen Gärten einen weniger gepflegten Eindruck. Man merkt bereits am äußeren Erscheinungsbild, daß den ehemaligen Nomaden noch die nötige Erfahrung fehlt, die Fruchtbäume so zu pflegen, daß sie maximale Erträge bringen. Außer den genannten Hauptkulturen werden in Maragi folgende Nutzpflanzen kultiviert: Feigen, Weintrauben, Granatäpfel, Tomaten, Gurken, Zwiebeln, Bohnen und Pfeffer-

1022 FB Stein/Rusch, 1976, S. 117.

1023 FB Stein/Rusch, 1976, S. 393; FB Stein, 1969, S. 578, 581.

1024 FB Stein/Rusch, 1976, S. 99; FB Stein, 1969, S. 577.

1025 FB Stein/Rusch, 1976, S. 120f.

minztee. Diese Anbauprodukte dienen ausschließlich dem Bedarf des eigenen Haushalts und kommen nicht auf den Markt.[1026]

Eine wichtige Rolle in der Landwirtschaft spielt auch der Anbau von Luzerne als Futter für die Haustiere. Es handelt sich dabei um die mehrjährige Art „Bersīm hiǧazi", die bei guter Bewässerung und regelmäßigem Schnitt 7 bis 8 Jahre hintereinander geerntet werden kann. Das Grünfutter wird täglich frisch geschnitten und dient in erster Linie der Ernährung der Esel, Rinder und Kaninchen, während Schafe und Ziegen ihr Futter auf der Weide suchen und nur in Notzeiten mit der kostbaren Luzerne gefüttert werden.

Im Verlauf der Ansiedlung der Schahibat hat sich ihre Wohnweise von Grund auf geändert. Die ehemals vorherrschenden Nomadenzelte sind durch feste Wohngebäude ersetzt worden. Es handelt sich dabei um ebenerdige Lehmhäuser mit flachem Dach, die in den meisten Fällen außerhalb der Pflanzungen errichtet sind, um der dort herrschenden Mückenplage zu entgehen. Neben dem eigentlichen Wohnbereich im Innern der Häuser besitzt jedes Gebäude in der Regel einen gesonderten Raum mit weißgetünchten und bemalten Wänden, in dem die Gäste empfangen werden.

In vielen Fällen wird, besonders in der heißen Jahreszeit, neben dem Haus noch ein Zelt errichtet, weil man hier angenehmer schlafen kann als im Innern der Häuser. Bei festlichen Gelegenheiten wie Hochzeit, Todesfall oder Besuch hoher Gäste wird ein besonderes Festzelt errichtet, zu dessen prächtiger Ausstattung gemeinschaftlich beigetragen wird; die Frauen bringen zu diesem Zweck ihre schönsten Teppiche herbei. In der Bedeutung, die dem Festzelt nach wie vor beigemessen wird, kommt die hohe Wertschätzung gegenüber der traditionellen Behausung deutlich zum Ausdruck. Beim Bau der festen Häuser werden Spezialisten aus Siwa hinzugezogen, bei den Hilfsarbeiten unterstützen sich die Nachbarn gegenseitig.

Die einzigen öffentlichen Gebäude in Maragi sind die beiden Moscheen, in Khamisa und Bahi al-Din jeweils eine, in denen sich Araber und Siwaner gemeinsam zum Gebet versammeln, sowie die Schulgebäude in Muschendid und Bahi al-Din.

Auf dem Gebiet des Handwerks dominieren in Maragi eindeutig die traditionellen Formen. Die Frauen und Mädchen der Schahibat weben am horizontalen Webstuhl (minschāz) die farbenprächtigen Wollteppiche, von denen sie drei verschiedene Arten unterscheiden: Bukatiff, Schilif und Huwaya. Handgewebte Zeltbahnen aus Ziegenhaar werden nach unseren Beobachtungen in Maragi immer seltener hergestellt. Bei den noch als „Zweitwohnung" verwendeten Zelten handelt es sich ausschließlich um leichte Sommerzelte (kresch), die aus maschinell gefertigter Leinwand hergestellt werden.[1027]

Im Handwerk der in Maragi ansässigen Siwaner überwiegen die traditionellen Flechtarbeiten aus gefärbtem Palmstroh sowie die bereits geschilderten mehrfarbigen Stickereien auf der Frauenkleidung. Die ehemals verbreitete Töpferei wird heute kaum noch betrieben. Das Schmiedehandwerk ist auf die wenigen professionellen Schmiede in Siwa-Stadt beschränkt; von ihnen beziehen auch die Bewohner Maragis ihre landwirtschaftlichen Geräte, in erster Linie Eisenblatthacken zur Bodenbearbeitung und gezähnte Stielsicheln.[1028]

[1026] Ebenda, S. 121.

[1027] FB Stein, 1968, S. 274.

[1028] FB Stein/Rusch, 1976, S. 108.

Eine analoge Situation wie auf dem Gebiet des Handwerks läßt sich auch für die Kleidung und den Schmuck der Einwohner Maragis feststellen: das unverkennbare Überwiegen der traditionellen Züge. Jede ethnische Gruppe hält noch weitgehend an den überlieferten Kleidungsstücken fest, wobei die Frauen besonders konservativ zu sein scheinen. Modernisierungserscheinungen zeigten sich am ehesten in der Männerkleidung, besonders bei den Vertretern der jungen Generation, die bereits europäische Kleidungsstücke wie Hosen, Jackets, Oberhemden, Pullover und moderne Schuhe als Alltagskleidung übernehmen. Bei festlichen Gelegenheiten allerdings greifen auch sie auf die traditionellen Kleidungselemente zurück.

Die meisten Neuerungen auf technischem Gebiet zeigen sich im Bereich des Transportwesens. Hierzu gehört sowohl die Übernahme der zweirädrigen „Karusa", als auch die Verwendung von handelsüblichen Fahrrädern für den Nahverkehr. Drei der wohlhabenden Araber in Maragi sind bereits im Besitz von Kraftfahrzeugen. Es handelt sich um geländegängige Kleinlastwagen japanischer Herkunft (Pritschenwagen vom Typ Toyota und Mazda), die zu unterschiedlichen Zwecken eingesetzt werden: für Personentransport, Warenverkehr, vor allem Viehtransporte, Schmuggelfahrten nach Libyen usw. Da es noch keine öffentliche Verkehrsverbindung zwischen Siwa und Maragi gibt, bestreiten diese Wagen auch den größten Teil des Personentransportes zum Markt in Siwa.[1029]

Die Handelsbeziehungen der Bewohner Maragis vollziehen sich auf verschiedenen Ebenen. Sowohl in Muschendid als auch Bahi al-Din befindet sich jeweils ein kleiner Laden (dukān), in dem einheimische Händler ein bescheidenes Warensortiment anbieten, u. a. Tee, Zucker, verschiedene Konserven, Streichhölzer, Zigaretten.[1030]

Für größere Einkäufe muß der Markt von Siwa aufgesucht werden, der mit seinen zahlreichen Geschäften ein wesentlich größeres Warenangebot aufzuweisen hat als die örtlichen Verkaufsstellen. Angesichts der großen Entfernung zwischen Maragi und dem Markt von Siwa werden häufig Sammeleinkäufe getätigt, bei denen die Aufträge der Nachbarn mit erledigt werden. Nach arabischer Sitte ist der Marktbesuch ausschließlich eine Angelegenheit der Männer. Über den Markt von Siwa erfolgt auch der Verkauf der erzeugten Produkte, also Lebendvieh, Datteln und Oliven. Schafe und Ziegen sowie Milchprodukte werden in der Regel direkt an die Verbraucher verkauft, während der Absatz der Bodenbauprodukte über die Agenten der Großhändler vor sich geht.

Die am meisten profitablen Geschäfte werden von Maragi aus jedoch meist auf libyscher Seite abgeschlossen, überwiegend in der Nachbaroase Djaghbūb. Auf Grund der unterschiedlichen Preissituation beider Länder werden auf libyscher Seite erheblich höhere Preise für Schlachtvieh und Landwirtschaftsprodukte als in Ägypten erzielt. Dieser ökonomische Anreiz genügt, um das Risiko des illegalen Warenverkehrs auf sich zu nehmen.

Die Transaktionen werden noch dadurch erleichtert, daß die Schahibat westlich der ägyptischen Staatsgrenze Verwandte haben, bei denen sie Herberge und Unterstützung finden. Für den Erlös der verkauften Herden kaufen die Beduinen zum Teil hochwertige Konsumgüter, wie Transistorradios, Kassettenrecorder, Fernsehgeräte, Uhren und andere Luxuswaren, durch deren Weiterverkauf sie in Siwa einen erheb-

[1029] Ebenda, S. 111; FB Stein, 1969, S. 578.
[1030] FB Stein/Rusch, 1976, S. 112.

lichen Profit erzielen.[1031] Sogar in der politisch recht angespannten Situation von 1976, als die Grenze nach Libyen faktisch geschlossen war, wurde ein Beduine aus Maragi von den ägyptischen Zollbeamten in Siwa gerichtlich belangt, weil er versucht hatte, seine Schafherde heimlich über die Grenze nach Libyen zu treiben.

Es ist bezeichnend für die Grundhaltung der Aulad Ali, daß sie das offizielle Verbot der ägyptischen Regierung für den unkontrollierten Handel mit Libyen als Eingriff in ihre angestammten Rechte betrachten und deshalb bei jeder sich bietenden Gelegenheit dagegen verstoßen. Hier tritt offen der Widerspruch zutage, zwischen dem ethnischen Selbstbewußtsein der Beduinen und dem sich erst in Ansätzen entwickelnden Staatsbewußtsein.

Die engen Bindungen der Schahibat zu Libyen finden ihren Ausdruck auch in den Heiratsbeziehungen. Durch die von den Beduinen traditionell bevorzugte Form der Bint Al-ʿAmm-Heirat, eine spezielle Form der Stammesendogamie[1032], kommt es immer wieder zu Eheschließungen mit ihren Stammesangehörigen auf libyschem Territorium. Bei der üblichen Virilokalität der Ehe geht zum Beispiel eine Frau aus Maragi nach der Hochzeit mit ihrem Mann zu dessen Wohnsitz in Djaghbūb. Daß durch dieses Verfahren auch ein Wechsel der Staatsbürgerschaft erfolgt, interessiert sie wenig.[1033]

Wie stark das ethnische Selbstbewußtsein bei den angesiedelten Beduinen Maragis noch entwickelt ist, offenbarte sich in aller Deutlichkeit bei einem Besuch des Gouverneurs der Westlichen Wüstenprovinz in Bahi al-Din am 6. April 1976. Der hohe Gast und seine zahlreiche Gefolgschaft wurden von den Bewohnern des Ortes mit einem großen Transparent empfangen, auf dem zu lesen war: „Der Stamm der Schahibat begrüßt den Herrn Gouverneur und die verehrten Gäste!“[1034]

Die ostentative Verwendung ihres Ethnonyms und des Begriffes „Stamm“ (qabīla) gegenüber einer offiziellen Regierungsdelegation „zeugt von der klaren Erkenntnis der Mitglieder des Ethnos, daß sie eine besondere Einheit bilden und sich von den Angehörigen analoger Gemeinschaften unterscheiden. Für jede derartiger Einheiten, ob sie groß oder klein ist, stellt die Bezeichnung einen Faktor dar, der sie nach innen vereint und nach außen abgrenzt“.[1035]

Es muß dahingestellt bleiben, ob eine scharfe Abgrenzung gegenüber der Delegation ägyptischer Staatsfunktionäre durch das gezeigte Transparent zum Ausdruck gebracht werden sollte oder nicht. Auf jeden Fall offenbarte dieses Ereignis die Widersprüche zwischen dem subjektiven Bewußtsein der Schahibat und den Erwartungen der offiziellen Vertreter der Staatsmacht sehr deutlich; denn objektiv sind sowohl die Siwaner als auch die Araber von Maragi Staatsbürger der Arabischen Republik Ägypten. Damit ist jeder zu Steuerzahlungen verpflichtet. Die männlichen Bürger erhalten mit dem 18. Lebensjahr von den Behörden eine offizielle Kennkarte und müssen drei Jahre in der ägyptischen Armee dienen. Nicht wenige Bewohner der Westlichen Wüste entziehen sich jedoch dieser Pflicht, indem sie nach Libyen gehen, um dort zu arbeiten.

Neben dem bewußten Festhalten an den Traditionen ihrer nomadischen Vergan-

[1031] FB Stein, 1969, S. 578.
[1032] Vgl. Dostal, 1959, S. 13.
[1033] FB Stein, 1969, S. 596f.
[1034] FB Stein/Rusch, 1976, S. 113f.
[1035] Bromlej, 1977, S. 91.

genheit zeichnet sich bei den seßhaft gewordenen Beduinen von Maragi aber auch schon eine neue Entwicklungsrichtung ab: die Annäherung an die in unmittelbarer Nachbarschaft lebenden Siwaner. Man erkennt hier nach der Definition von BROMLEJ das Anfangsstadium eines ethnischen Prozesses, der auf eine Assimilierung beider ethnischer Gruppen hinausläuft.[1036]

Die Übernahme siwanischer Anbau- und Bewässerungsmethoden sowie der traditionellen Arbeitsinstrumente sind eindeutige Anpassungen im ökonomischen Bereich. Die Verfasser beobachteten wiederholt, wie Araber und Siwaner gemeinsam arbeiteten, um Bewässerungsgräben auszuheben zur Erschließung neuer Anbauflächen. Ferner halfen sie sich gegenseitig beim Hausbau. Diese Erscheinungen repräsentieren Kooperationsbeziehungen, die in den sozialen Bereich übergreifen. Weiterhin hat sich im Gebiet von Maragi eine Zweisprachigkeit herausgebildet: Jede der beiden ethnischen Gruppen beherrscht zugleich auch das Idiom der anderen, einschließlich der Frauen.[1037] Bilinguismus ist nach BROMLEJ ein wichtiges Merkmal für ethnische Veränderungen.[1038]

Als fördernder Faktor der sich abzeichnenden Annäherung der beiden Ethnien ist schließlich das gemeinsame Bekenntnis zum Islam hervorzuheben: „Neben der Sprache ist die Religion für die kontaktierenden Ethnien von Wichtigkeit. Ihr Einfluß ist, wie auch die Wirkung anderer Kulturkomponenten, insgesamt dem Einfluß sprachlicher Unterschiede in vielem ähnlich: Die Ähnlichkeit der Kultur beschleunigt in der Regel die Einigungsprozesse, die Verschiedenartigkeit hemmt sie.“[1039]

Das stärkste Argument für das Vorhandensein eines ethnischen Annäherungsprozesses in Maragi bildet die Durchbrechung der früher strikt eingehaltenen Endogamie, die in BROMLEJS theoretischen Untersuchungen nachdrücklich als „Stabilisator des Ethnos“ hervorgehoben worden ist.[1040] Im Gegensatz zu den bereits vorher zitierten Berichten BELGRAVES und AZADIANS aus den zwanziger Jahren, die deutlich die Einhaltung der Endogamie durch jede der beiden ethnischen Gruppen betonen und zudem ein offensichtlich sehr distanziertes Verhältnis zwischen Siwanern und Schahibat bestätigen, hatten sich in einer rund 50 Jahre währenden Entwicklung Verhältnisse herausgebildet, die siwanisch-arabische Zwischenheiraten ermöglichten.[1041]

Die Befragung von Gewährsleuten im Untersuchungsgebiet ergab, daß es in den letzten Jahren wiederholt Heiraten zwischen Siwanern und Araberinnen und auch zwischen Siwanerinnen und Arabern gegeben hat. Entsprechend den patriarchalischen Traditionen beider ethnischer Gruppen wird die Abstammung der Kinder jeweils in der väterlichen Linie festgelegt.

In einer 1977 veröffentlichten Untersuchung stellten die Verfasser die Hypothese auf, daß in diesen Mischehen „erste Ansätze für eine Auflösung der stammesmäßigen Bindungen zugunsten einer territorialen Organisationsform vorhanden“ seien.[1042] Die Richtigkeit einer solchen Vermutung müßte durch spätere Untersuchungen erst noch überprüft werden.

[1036] Ebenda, S. 145ff.
[1037] FB STEIN, 1969, S. 580; RUSCH/STEIN, 1977 (a), S. 461.
[1038] Bromlej, 1977, S. 145f.
[1039] Ebenda, S. 148.
[1040] Ebenda, S. 106ff.
[1041] FB STEIN, 1969, S. 580.
[1042] RUSCH/STEIN, 1977 (a), S. 461.

# Schlußbemerkungen

Den Hauptanteil der Bevölkerung der Westlichen Wüste Ägyptens bilden in der Gegenwart etwa 120000 Aulad Ali-Beduinen und 6000 Siwaner. In Herkunft und Sprache unterscheiden sie sich sowohl untereinander als auch von der Bevölkerung des Niltals. Bis zu Beginn des 19. Jh. waren beide Ethnien politisch unabhängig. Mit der Unterwerfung und nachfolgenden schrittweisen Eingliederung ihres Siedlungsgebietes in den ägyptischen Staat wurden sie im Verhältnis zur ägyptischen Bevölkerung des Niltals zu „nationalen Minderheiten“, um deren Integration sich seitdem die jeweilige Regierung in unterschiedlichem Maße und mit unterschiedlichen Methoden bemüht, was in der vorliegenden Arbeit bewiesen werden konnte.

Wie die Analyse ihrer sozialökonomischen Verhältnisse zu diesem Zeitpunkt ergab, dominierten in beiden Gemeinschaften vorkapitalistische Klassenverhältnisse. Diese waren, besonders im sozialen Bereich, zwar noch mit zahlreichen Merkmalen aus der Gentilperiode behaftet, jedoch waren sie den neuen gesellschaftlichen Bedingungen angepaßt und hatten dadurch einen neuen Inhalt erhalten.

Infolge der Spezifik beider Wirtschaftsformen – der Nomadenviehzucht bzw. des Oasen-Bewässerungsbodenbaus – bildete nicht, wie sonst in Agrargesellschaften allgemein zu beobachten ist, das Eigentum am Boden, der hier im Überfluß vorhanden ist, sondern das an Vieh respektive Quellwasser die Basis der sozialökonomischen Differenzierung. Diese Hauptproduktionsmittel waren zu Beginn des vorigen Jahrhunderts ausnahmslos Großfamilieneigentum und damit unter den in beiden Gemeinschaften herrschenden strengen patriarchalisch-islamischen Verhältnissen de facto Privateigentum der Großfamilienoberhäupter. Auf der Grundlage dieses Privateigentums hatten sich vielfältige Ausbeutungs- und Abhängigkeitsverhältnisse herausgebildet, die zu einer starken sozialökonomischen Differenzierung führten.

Zu welchem Zeitpunkt und auf welche Weise sich das Privateigentum an den Hauptproduktionsmitteln herauszubilden begann, läßt sich nicht exakt ermitteln. Wahrscheinlich ist, daß bei den Nomaden diese Eigentumsform schon seit dem Aufkommen des Nomadismus bestand, zumindest aber gegenüber eventuellem Kollektiveigentum größerer blutsverwandtschaftlicher Einheiten vorherrschte. Diese Annahme ergibt sich aus den bisherigen Erkenntnissen über die generelle Entwicklung des Nomadismus als spezielle Wirtschaftsform in ariden Gebieten.

Nicht mehr zu rekonstruieren ist der Prozeß der Herausbildung des Privateigentums an den Quellen in Siwa. Überreste von ursprünglichem Gemeinschaftseigentum der Clans an bestimmten kleineren Grundstücken sollen noch zu Beginn dieses Jahrhunderts bestanden haben, von einem kollektiven Eigentum an Quellwasser wird hingegen nicht berichtet. In der Nachbaroase Gara allerdings konnte ein solches von den

Autoren noch 1976 nachgewiesen werden.[1043] Daraus könnte man den Schluß ziehen, daß es möglicherweise ursprünglich auch in Siwa Gemeinschaftsquellen gegeben hat.

Andererseits deuten die bisherigen archäologischen Funde – vor allem das Grabmal des „Si-Amun“ – darauf hin, daß bereits im Altertum erhebliche Reichtumsdifferenzierungen unter der Oasenbevölkerung bestanden. Ob sie damals schon aus ähnlichen sozialökonomischen Verhältnissen resultierten wie im vorigen Jahrhundert, ist nicht exakt zu ermitteln, aber wahrscheinlich.

Ökonomische Basis dieser Verhältnisse im vorigen Jahrhundert bildete der intensive Bewässerungsbodenbau. Er ermöglichte vor allem durch den Anbau der Dattelpalme die Erzeugung eines erheblichen Mehrproduktes und schuf damit die Grundvoraussetzungen für eine Reichtumsdifferenzierung überhaupt. Da die Besiedlung einer Oase generell nur durch künstliche Bewässerung der bebauten Flächen möglich und der Anbau der Dattelpalmen in Siwa schon für das Altertum verbürgt ist, müßten die ökonomischen Grundlagen für die Herausbildung von Privateigentum bereits zur damaligen Zeit gegeben gewesen sein. Ob sie schon damals in dem Maße wie im vorigen Jahrhundert realisiert wurden, ist nicht zu ermitteln.

Begünstigt wurde die Herausbildung privater Eigentumsverhältnisse an den Hauptproduktionsmitteln bei den Aulad Ali und Siwanern durch die Art und Weise ihrer Produktion. Im Gegensatz zu zahlreichen Agrargesellschaften im subsaharischen Afrika beispielsweise, in denen die vorherrschende Wirtschaftsweise im 19. Jh. noch ein bedeutendes Maß kollektiver Arbeiten erforderte – wie etwa die arbeitsintensiven Rodungsarbeiten beim Wanderfeldbau –, konnte sowohl die Viehhaltung der Nomaden als auch der Bewässerungsbodenbau und insbesondere der Anbau der Dattelpalmen der Oasenbauern von Anfang an auf individueller Basis erfolgen. Lediglich die von Zeit zu Zeit erforderliche Reinigung der ummauerten Quellen bedurfte der Arbeit einer größeren Gemeinschaft.

Von nicht zu unterschätzender Bedeutung für die sozialökonomische Entwicklung war weiterhin die Tatsache, daß sich sowohl das von den Aulad Ali als auch von den Siwanern erzeugte Mehrprodukt durch große Haltbarkeit auszeichnete. Während das Vieh unmittelbar und direkt zur Reichtumsanhäufung genutzt wurde, ermöglichte die lange Haltbarkeit getrockneter Datteln und Oliven, daß diese zu jeder Jahreszeit verfügbar waren und selbst über große Entfernungen ausgetauscht werden konnten. Dadurch befanden sich die Siwaner im Vorteil gegenüber den Agrargesellschaften, in denen zwar die ökonomischen Voraussetzungen für die Erzeugung eines beachtlichen Mehrproduktes im Hauptproduktionszweig gegeben waren, diese Produkte sich auf Grund ihrer raschen Vergänglichkeit – wie etwa die von den Baganda in großem Umfang erzeugten Kochbananen – für den Fernhandel nicht eigneten.

Schließlich profitierten beide Gemeinschaften davon, daß der Transsaharahandel durch ihr Siedlungsgebiet führte. Die Beduinen, indem sie sich zum Teil mit ihren Lastkamelen selbst daran beteiligten, die Siwaner dadurch, daß die Oase sich zu einem bedeutenden Rastplatz für die Karawanen entwickelte. Diese deckten hier ihren Bedarf an Datteln und belieferten dafür die Bewohner mit den von ihnen gewünschten Waren.

1043 Vgl. Rusch/Stein, Die Bevölkerung der Oase Gara in der Westlichen Wüste Ägyptens. In: Jahrbuch des Museums für Völkerkunde zu Leipzig, Band XXXVII, S. 183–199.

Wichtigste Handelspartner der Siwaner aber waren die Beduinen, seit dem 17. Jh. insbesondere die Aulad Ali. Zwischen beiden Gemeinschaften entwickelten sich enge ökonomische Beziehungen auf der Basis des Austausches von Datteln und handwerklichen Erzeugnissen für Lebendvieh und Viehzuchtprodukte, wodurch im Laufe der Zeit eine regelrechte gegenseitige ökonomische Abhängigkeit entstand. Jedoch trug sie den Charakter einer gesellschaftlichen Arbeitsteilung und führte nicht zur Unterwerfung von einem der Partner; beide waren in diesem Handel gleichberechtigt.

Die große Nachfrage nach Datteln und der Umstand, daß ihr Abtransport aus der Oase von den Karawanen der Beduinen übernommen wurde, was den Oasenbauern den beschwerlichen, wesentlich weniger effektiven Transport mit Eseln in das Niltal ersparte, boten genügend Anreiz, die Erzeugung dieser Früchte zu erweitern, wie überhaupt die Tatsache des unmittelbaren Nebeneinanderbestehens derart unterschiedlicher Wirtschaftsformen erst den großen Umfang des Austausches zwischen ihnen erklärt. Denn zwischen benachbarten Ethnien, die unter denselben Umweltbedingungen gleiche oder ähnliche Wirtschaftsformen entwickelten, konnten sich auf dieser gesellschaftlichen Entwicklungsstufe derart umfangreiche Austauschbeziehungen nicht herausbilden, zumindest nicht mit den Hauptnahrungsprodukten.

Über den Handel vermochten die Siwaner nicht nur alle Güter des täglichen Bedarfs zu erwerben, die sie nicht selbst herstellten, sondern zum Beispiel auch Eisen und Sklaven, was wesentlich zur Steigerung des landwirtschaftlichen Anbaus beitrug.

Diese und andere Faktoren wirkten sich zweifellos fördernd auf die gesamtgesellschaftliche Entwicklung der Oasengemeinschaft aus und trugen dazu bei, daß schon sehr früh die gentilgesellschaftlichen Verhältnisse überwunden wurden und sich vorkapitalistische Klassenverhältnisse auszubilden begannen.

Andererseits deutet die Analyse dieser Verhältnisse zu Beginn des 19. Jh. darauf hin, daß sie sich, einmal ausgebildet, offenbar über einen historisch sehr langen Zeitraum erhalten haben, sich aber qualitativ nicht wesentlich veränderten; eine Erscheinung, die auch bei den Aulad Ali zu beobachten ist. Bei letzteren ist sie ursächlich auf ihre besondere Wirtschaftsform, die Nomadenviehzucht, zurückzuführen, die in jedem Fall nur extensiv betrieben werden kann und daher zu einer qualitativen Höherentwicklung nicht fähig ist.

Im Gegensatz dazu betrieben die Siwaner von Anfang an einen intensiven Bewässerungsbodenbau, vergleichbar dem im Niltal. Dennoch erreichten sie bei weitem nicht die gesellschaftliche Entwicklungshöhe wie die Bevölkerung dort. Hauptursache dafür war unseres Erachtens die stets nur geringe Gesamtzahl der Oasenbewohner. Dadurch fehlte ihnen die quantitative Potenz, die für das eigenständige Erreichen eines höheren vorkapitalistischen Entwicklungsniveaus erforderlich ist. Sie schloß beispielsweise eine differenzierte gesellschaftliche Arbeitsteilung in größerem Umfang aus. In Siwa war eine Arbeitsteilung nur in bescheidenem Ausmaß möglich, unter anderem deshalb, weil die Mehrzahl der arbeitsfähigen Männer im Bodenbau dringend benötigt wurde. Die im Hauptproduktionszweig anfallenden Arbeiten waren durchweg mit körperlich schwerer Arbeit verbunden, die eine Einbeziehung der Frauen von vornherein weitgehend ausschloß.

Die kleine Oasengemeinschaft, die kaum mehr Mitglieder zählte als andernorts größere Dorfgemeinschaften, war auch Ursache für das lange Fortbestehen gentilgesellschaftlicher Überreste. Verstärkt durch die geographisch isolierte Lage und die

Notwendigkeit, in Wohnburgen auf engstem Raum zusammenleben zu müssen, verhinderte sie die Auflösung der blutsverwandtschaftlichen Einheiten und damit die Entfremdung ihrer Angehörigen voneinander selbst noch unter den Bedingungen vorkapitalistischer Klassenverhältnisse.

Zwar bestimmten unter diesen Bedingungen im Scheichrat die reichsten Wassereigentümer, die zugleich die Funktionen der Clanoberhäupter bekleideten, eindeutig die Geschicke der Oasengemeinschaft. Da dieses Gremium jedoch über kein von der Masse der Bevölkerung getrenntes bewaffnetes Machtorgan verfügte, das seine Entscheidungen notfalls auch gegen deren Willen durchzusetzen vermocht hätte, mußte es noch weitgehend auf die allgemeine Meinung Rücksicht nehmen, zumal der Rat aufgrund interner Auseinandersetzungen seiner Mitglieder um die Vorherrschaft bei weitem keine Interesseneinheit bildete.

Einer drastischen Verschärfung der Ausbeutung der Masse der Bevölkerung durch die Wassereigentümer stand zudem entgegen, daß für das erzielte Mehrprodukt über den Handel – abgesehen von Eisen und Sklaven – nur Güter eingetauscht werden konnten, die für eine Erhöhung des Lebensstandards, nicht aber des Produktionsniveaus genutzt werden konnten.

Bei den Aulad Ali hatte die Beibehaltung blutsverwandtschaftlicher Strukturen andere Ursachen. Bei ihnen war sie die einzig mögliche soziale Organisationsform, da die nicht-ortsfeste Lebensweise eine Organisierung der Gesellschaft auf territorialer Basis ausschloß. Trotzdem trugen auch bei ihnen die gesellschaftlichen Verhältnisse längst nicht mehr urgemeinschaftlichen Charakter.

Siwaner als auch Aulad Ali wiesen im Vergleich untereinander wie mit der Bevölkerung des Niltals im 19. Jh. zahlreiche ethnische Besonderheiten auf, die praktisch in allen Lebensbereichen, besonders aber in ihrer materiellen und geistigen Kultur und Sprache festzustellen waren, was seinen Ursprung in der unterschiedlichen ethnischen Herkunft hat. Jedoch waren die im vergangenen Jahrhundert festzustellenden Besonderheiten nicht mehr völlig identisch mit denjenigen, die bei der Abspaltung von der jeweiligen, in anderen Regionen beheimateten „Muttergemeinschaft“ existierten.

Sie waren seitdem den neuen Umwelt- und Lebensbedingungen angepaßt worden und hatten vor allem durch Kontakte zu anderen Ethnen Modifizierungen und Ergänzungen erfahren. Besonders vielfältig waren Fremdeinflüsse, denen sich die Siwaner in ihrer langen Geschichte ausgesetzt sahen. Sie reichten von Kontakten zur altägyptischen, griechischen und römischen Kultur bis hin zu Einflüssen, die von den in der Oase ansässig gewordenen Sklaven und freiwilligen Zuwanderern aus verschiedenen Regionen, den Transsaharakarawanen und den Beduinen ausgegangen waren. Durch diese Kontakte gelangten neue Ideen in die Oase, die zum Teil von ihrer Bevölkerung aufgenommen und entsprechend ihren Bedürfnissen in die eigene Kultur integriert wurden. Trotz dieser Einflüsse vermochte die Oasenbevölkerung ihre Identität als besondere ethnische Einheit berberischen Ursprungs zu bewahren.

Seit der Unterwerfung zu Beginn des 19. Jh. durch die Truppen Mohammed Alis wird das Territorium der Westlichen Wüste von Ägypten beansprucht; seitdem bemühen sich die Regierungen in Kairo um die Integration dieser Bevölkerung in den Staat. Entsprechend der dabei verfolgten unterschiedlichen Politik konnten in der Arbeit drei Hauptetappen herausgearbeitet werden: die erste umfaßte den Zeitraum vom Beginn bis zum Ende des 19. Jh.; daran schloß sich die zweite Etappe an, die 1952 endete, die dritte, noch nicht abgeschlossene Etappe begann mit der ägyptischen Revolution. Sie wurde in der Arbeit nur bis zum Jahre 1976 behandelt.

Einzige Regierungsmaßnahme von Bedeutung in der ersten Phase gegenüber den Aulad Ali war die Zwangsansiedlung ihrer Stammesführer im Nildelta mit dem Ziel, durch sie eine Kontrolle über ihre Stammesmitglieder zu erreichen. Diese Maßnahme beeinträchtigte zwar den politischen Zusammenhalt der Beduinen und reduzierte ihre militärische Schlagkraft. Sie hatte jedoch zunächst keinen Einfluß auf die Lebensweise der Masse ihrer Angehörigen, die nach wie vor im Hinterland der Mittelmeerküste nomadisierte, was ihre Unterwerfung und effektive verwaltungsmäßige Integration in den ägyptischen Staat zu diesem Zeitpunkt noch nicht möglich machte. Aus diesem Grunde blieben sie auch von jeglichen Verpflichtungen dem Staat gegenüber befreit.

Nachhaltigere Auswirkungen hatte die Politik der Zentralregierung in der ersten Etappe bereits in Siwa, obwohl auch hier die Errichtung einer wirksamen Verwaltung nicht vor dem Ende des 19. Jh. gelang. Auf Grund ihrer zumeist unzureichenden Präsenz in der Oase vermochten es deren Bewohner, auch nach der gewaltsamen Unterwerfung im Jahre 1820 durch zahlreiche Widerstandsaktionen ihre Unabhängigkeit faktisch wieder zurückzugewinnen. Diese Perioden der „Selbstbestimmung“ waren nur von begrenzter Dauer, denn von den wiederholt nach Siwa entsandten Truppen wurden deren Bewohner letztlich immer wieder zur Kapitulation und zur Zahlung der ihnen auferlegten Tribute gezwungen. Jede dieser Strafaktionen führte durch Zerstörung und willkürlichen Raub zu weiteren materiellen Verlusten sowie zur physischen Vernichtung bzw. Deportation der Mehrzahl der einheimischen Anführer, wodurch die Autorität des Scheichrates erheblich eingeschränkt wurde.

Sie wurde zudem beeinträchtigt durch das Bemühen der Zentralregierung, einzelne seiner Mitglieder als ihre Vollzugsbeamten in der Oase zu gewinnen, indem sie ihnen – analog den Stammesführern der Aulad Ali – die Funktion eines ʿOmda übertrug. Doch diese Absicht blieb ohne sichtbaren Erfolg. Die angesehensten Scheichs widersetzten sich diesem Ansinnen. Nur einige weniger einflußreiche fanden sich im Interesse ihrer eigenen Machtentfaltung gegen den Willen der Mehrheit der Siwaner zur Zusammenarbeit mit der Regierung bereit. So verstärkten sich die sozialen Auseinandersetzungen innerhalb der herrschenden Oberschicht, deren ökonomische Grundlagen nicht angetastet worden waren. Sie brachte die seit langem in Stagnation verharrende gesellschaftliche Entwicklung in der Oase wieder in Bewegung. Ausdruck dieser sozialen Konflikte war die Zunahme der gewaltsamen Auseinandersetzungen zwischen den beiden in der Oasengemeinschaft bestehenden Fraktionen.

Da die Zentralregierung bis zum Ende des vergangenen Jahrhunderts keine Neuerungen einführte, die der einheimischen Bevölkerung in irgendeiner Weise zugute gekommen wären, reduzierte sich ihre Politik auf administrative umd militärische Maßnahmen zur Ausbeutung der Siwaner in Form von Tributen. Diese Politik, die den Siwanern keinen Nutzen, wohl aber beträchtliche Verluste brachte, erzeugte bei ihnen eine starke „anti-ägyptische“ Haltung.

Ende des 19. Jh. trat ein qualitativer Wandel in den Machtverhältnissen in der Westlichen Wüste ein, der seine Ursache im Kampf der europäischen kapitalistischen Mächte um die Aufteilung des afrikanischen Kontinents in koloniale Einflußsphären hatte. Im Verlauf dieses Wettlaufs gewann die Westliche Wüste als Grenzgebiet zu

Libyen wachsende strategische Bedeutung. Deshalb wurde sie auf Betreiben Großbritanniens, das Ägypten faktisch seit 1882 zu seinem Protektorat gemacht hatte, zur militärischen Zone erklärt – ein Status, der bis in die ersten Jahre nach der ägyptischen Revolution beibehalten wurde – und einem britischen Kommandeur unterstellt. Die in diesem Gebiet stationierten bewaffneten Kräfte wurden so verstärkt und reorganisiert, daß sie in der Lage waren, die Bewohner jederzeit wirkungsvoll unter Kontrolle zu halten. Zugleich reorganisierte man das ägyptische Verwaltungssystem in dieser Region, das ebenfalls dem Befehlshaber unterstand.

Den auf diese Weise von der Protektoratsmacht gesicherten militärischen Schutz der Westlichen Wüste nutzte die politisch praktisch entmündigte Oberschicht im Niltal, vor allem der Vizekönig als mächtigster Großgrundbesitzer Ägyptens, dazu aus, wenigstens ihre ökonomischen Ambitionen erfolgreicher als bisher zu verfolgen.

Das militärisch-strategisch wie auch wirtschaftlich bedeutendste Projekt in dieser Zeit war der Bau der Eisenbahnlinie von Alexandria entlang der Mittelmeerküste, die 1907 bereits bis Mersa Matrouh fertiggestellt war. Die Eisenbahnlinie hatte großen Einfluß auf den weiteren Prozeß der Seßhaftwerdung der Aulad Ali, der mit der Zwangsansiedlung der Stammesführer begann, außer ihnen bis dahin aber nur wenige weitere Familien erfaßt hatte. Die Bahnstationen entwickelten sich sehr bald zu Markt- und Handelszentren, wo sich die Beduinen in der Folgezeit zunehmend feste Häuser errichteten.

Dieser Ansiedlungsprozeß, der bis zur ägyptischen Revolution im wesentlichen spontan, d. h. noch ohne direkte Einflußnahme von seiten der Zentralregierung verlief, führte zu zahlreichen qualitativen Veränderungen in der Lebensweise der Aulad Ali. Während die Männer nach wie vor die größte Zeit des Jahres mit ihren Herden die traditionellen Weidegründe aufsuchten, blieben Frauen, Kinder und alte Männer nun ständig in ihren festen Behausungen an der Küste und wandten sich in verstärktem Maße dem Bodenbau zu. Dadurch reduzierte sich allmählich die Notwendigkeit des Bezugs bestimmter Bodenbauerzeugnisse aus Siwa und dem Niltal.

Ein weiterer Wandel vollzog sich in der Zusammensetzung der Herden. Eisenbahn und Lastkraftwagen lösten die weitaus langsameren Lastkamele als Transportmittel ab, so daß ihre Zahl zugunsten der Haltung von Schafen und Ziegen verringert wurde, die bessere Absatzchancen boten.

Die seßhafte Lebensweise weckte bei den Beduinen neue Bedürfnisse nach dem Besitz auch solcher Konsumgüter, auf die man beim bisherigen Nomadisieren hatte verzichten müssen. Diese Nachfrage führte zur Intensivierung des Handels mit den Großhändlern aus Alexandria.

Die Entwicklung im Küstengebiet führte schließlich dazu, daß eine zunehmende Zahl von Beduinen, vor allem aus den ärmeren Familien, die Viehzucht ganz aufgab und sich neuen Berufen zuwandte. Möglichkeiten dazu boten sich besonders zahlreich in Mersa Matrouh, das sich innerhalb kurzer Zeit von einer kleinen griechischen Kolonie zur „Hauptstadt“ der Westlichen Wüste entwickelte.

Durch den Übergang zur Seßhaftigkeit schufen die Aulad Ali-Beduinen selbst die Voraussetzungen für eine effektive verwaltungsmäßige und ökonomische Integration.

In Siwa war der Beginn der zweiten Phase gekennzeichnet durch das schlagartige Aufhören der gewaltsamen Auseinandersetzungen zwischen den beiden Fraktionen sowie zwischen der Oasenbevölkerung und der Zentralregierung, die die gesellschaftliche Entwicklung im 19. Jh. wesentlich mitgeprägt hatten. Da die Ursachen, die diese Auseinandersetzungen ausgelöst hatten, nach wie vor bestanden, ist diese plötzliche Veränderung nicht auf einen Gesinnungswandel der Siwaner zurückzuführen, wie das in mehreren Literaturquellen aus jener Zeit behauptet wird, sondern einzig mit der verstärkten militärischen Präsenz in der Westlichen Wüste zu erklären. Sie garantierte den ägyptischen Administratoren erstmals eine tatsächliche Machtausübung in der Oase.

Nach dem Scheitern weitreichender Neulandgewinnungs-Vorhaben, die 1905 auf Geheiß und zugunsten Abbas Hilmi II. geplant worden waren, wurden von seiten der Zentralregierung erstmals in den zwanziger und dreißiger Jahren unseres Jahrhunderts einige Entwicklungsprojekte in Siwa vollendet. Jedoch sollten sie in erster Linie den Einfluß der Zentralregierung in der Oase stärken. Ganz eindeutig zeigte sich diese Absicht bei der Errichtung eines neuen Verwaltungskomplexes. Mit der Fertigstellung des bereits vor dem ersten Weltkrieg begonnenen Baus einer zentralen Moschee und ihrer Besetzung mit einem Imam aus Kairo, der in ihren Räumen die erste staatlich gelenkte Koranschule in der Oase eröffnete, wurde versucht, den nicht immer regierungskonformen Ideen der beiden in Siwa agierenden islamischen Sekten zu begegnen. Die Gewinne aus der dem Landwirtschaftsministerium unterstehenden Dattelverpackungsanlage flossen ausnahmslos in die Staatskasse. So profitierte die Oasenbevölkerung eigentlich nur von der Tätigkeit der eingesetzten Landwirtschaftsexperten sowie von der Erweiterung des Hospitals und seines Personalbestandes, wodurch ihnen erstmals eine, wenn auch sehr begrenzte medizinische Betreuung ermöglicht wurde.

Eine wesentlich nachhaltigere Integrationswirkung ging von dem seit dem Ende des 19. Jh einsetzenden Prozeß der Veränderung auf dem Gebiet des nicht vom Staat kontrollierten Handels aus, in dessen Verlauf Großhändler aus dem Niltal die traditionellen Handelspartner der Siwaner aus diesem Geschäft verdrängen konnten. Mangels geeigneter Möglichkeiten überließen sie den Transport der Waren zwischen dem Niltal und der Oase zunächst auch weiterhin den Karawanen der Aulad Ali. Jedoch büßten diese ihre Transportfunktion in dem Maße ein, wie die Eisenbahn sowie die nach dem ersten Weltkrieg verstärkt eingesetzten Lastkraftwagen sie übernahmen.

Von Anfang an verstanden es die reichsten siwanischen Wassereigentümer, den Handel mit den Großhändlern weitgehend in ihren Händen zu konzentrieren. Sie eröffneten Läden in der Oase, aus denen sie die Bewohner mit den importierten Waren belieferten und über die sie sich mittels eines Warenkreditsystems die Ernteüberschüsse ihrer Kunden an Exportkulturen sicherten. Dadurch erlangten sie faktisch das Handelsmonopol sowohl innerhalb der Oase als auch mit den Großhändlern.

Die Einfuhr landwirtschaftlicher Produkte und industriell gefertigter Erzeugnisse aus dem Niltal führte unter anderem dazu, daß der Anbau von Körnerfrüchten in Siwa nahezu eingestellt und auch die handwerkliche Produktion stark rückläufig wurde. Dadurch aber wurde die Bevölkerung der Oase zunehmend von der Einfuhr dieser Waren aus dem Niltal abhängig und ihre Wirtschaft in die Ägyptens integriert.

Gegenüber dem traditionellen Austausch mit den Beduinen, der ein Austausch zwischen gleichberechtigten Partnern war – nicht zuletzt deshalb, weil beide auf annähernd gleicher gesellschaftlicher Entwicklungsstufe standen –, trugen die neuen Handelsbeziehungen von Anbeginn an einen qualitativ anderen Charakter. Auf Grund ihrer ökonomischen Stärke und Überlegenheit vermochten es die ägyptischen Großhändler, den Handel mit den Siwanern zu bestimmen, insbesondere die Preise zu diktieren, und sie damit wirtschaftlich in ihre Abhängigkeit zu bringen. Diese Tendenz verstärkte sich noch nach dem zweiten Weltkrieg, als die Großhändler den Transport völlig in ihre Hände nahmen.

Insgesamt führte die Entwicklung im Zeitraum von der Jahrhundertwende bis 1952 zu bedeutenden Veränderungen in der Lebensweise der Bevölkerung der Westlichen Wüste und förderte ihre Integration. Dieser Prozeß war verbunden mit der Herausbildung deformierter kapitalistischer Elemente in beiden Gemeinschaften, obwohl vorkapitalistische Ausbeutungs- und Abhängigkeitsverhältnisse zunächst weiterhin dominierten, und damit auch dem Beginn einer verstärkten „Ägyptisierung“ bei gleichzeitiger Reduzierung ihrer ethnischen Besonderheiten, speziell im Bereich der materiellen Kultur.

Die stärksten Integrationsimpulse gingen von den nicht staatlich kontrollierten Handelsbeziehungen aus, die von ägyptischen Großhändlern aus Alexandria zur Bevölkerung der Westlichen Wüste geknüpft wurden. Die Zentralregierung konnte in dieser Periode im Vergleich zur vorangegangenen ihren Einfluß in diesem Gebiet zwar ebenfalls verstärken, im wesentlichen jedoch lediglich mit Hilfe militärischer Gewalt. Außer dem Bau der Eisenbahnlinie wurde von ihr nur wenig getan, um die Lebensbedingungen ihrer Bevölkerung zu verbessern und dadurch ihr Vertrauen zu gewinnen. Durch die Umwandlung ihres Siedlungsgebietes in eine militärische Zone wurde die Bevölkerung einer Militäradministration unterworfen, was der Aufhebung ihres Rechts auf Selbstverwaltung gleichkam. Diese Politik trug nicht dazu bei, die „antiägyptische“ Haltung der Bevölkerung abzubauen.

Hinzu kam noch ein weiterer Faktor: Im Gegensatz zu der Mehrzahl der Angehörigen der Oberschicht, die im Interesse ihrer weiteren Bereicherung zur Zusammenarbeit mit der herrschenden Klasse im Niltal bereit waren, stand die Masse der Bevölkerung dem objektiv verlaufenden Integrationsprozeß schon deshalb ablehnend gegenüber, weil er für sie unter anderem mit einer verstärkten Ausbeutung verbunden war, die die sozialökonomische Differenzierung und damit die sozialen Konflikte in ihren Gemeinschaften weiter zuspitzte.

Die revolutionären Ereignisse in Ägypten vom Juli 1952 und die sich daraus ergebenden politischen und sozialökonomischen Veränderungen übten einen nachhaltigen Einfluß auf die Lebensverhältnisse der Bevölkerung der Westlichen Wüste aus, wenn auch mit merklicher zeitlicher Verzögerung. Erster und wichtigster Schauplatz der revolutionären Maßnahmen waren das Niltal und das Deltagebiet. Standen in den ersten Jahren nach der ägyptischen Revolution zur Festigung der neuen Staatsmacht antifeudale und antikoloniale Maßnahmen im Vordergrund, so sah sich die Regierung Nasser Ende der fünfziger Jahre vor die dringende Aufgabe gestellt, die vorhandene landwirtschaftliche Nutzfläche zur Sicherung der Ernährungsgrundlage der schnell wachsenden Bevölkerung des Landes planmäßig und in großem Stil zu erweitern.

Neben der Neulandgewinnung in der „Befreiungsprovinz“ und den Möglichkeiten, die sich aus dem Bau des neuen Assuan-Hochdammes ergaben, bildete das Projekt „Wadi al-ǧadid“ („Neues Tal“) die dritte Säule im Programm der planmäßigen Neulanderschließung in Ägypten. Zur Realisierung dieses Vorhabens wurde 1959 eine spezielle Organisation zur Entwicklung der Wüstengebiete (GDDO) ins Leben gerufen, die ein umfangreiches Programm zur Erschließung von Neuland in einem 90000 km$^2$ großen Gebiet der Westlichen Wüste in Angriff nahm.

Dieses Programm stand im Mittelpunkt eines abgestimmten Systems ökonomischer und sozialer Maßnahmen, die seit 1959 im Siedlungsgebiet der Aulad Ali und der Siwaner begonnen und schrittweise realisiert wurden. Sie zielten darauf ab, das wirtschaftliche, soziale und kulturelle Lebensniveau dieser nationalen Minderheiten qualitativ zu verbessern, den Prozeß der endgültigen Ansiedlung der Beduinen zu beschleunigen und ihre allseitige Integration in den ägyptischen Staat zu fördern. Gleichzeitig sollten durch Optimierung und Erweiterung des landwirtschaftlichen Anbaus und der Weidewirtschaft Bedingungen geschaffen werden, die den wachsenden Bedarf des ägyptischen Binnenmarktes an Nahrungsgütern abdecken konnten. Diese Maßnahmen lagen im Verantwortungsbereich der an Stelle der bisherigen Militäradministration neugeschaffenen Provinzverwaltung von Mersa Matrouh unter Einbeziehung der Aulad Ali und Siwaner und der GDDO.

Die seit Beginn der sechziger Jahre realisierten Projekte brachten viele positive Veränderungen mit sich, die die Lebensbedingungen der Bevölkerung der Westlichen Wüste im Vergleich zu früher in vielfältiger Weise verbesserten. Durch die Anlage neuer Bewässerungssysteme, die Bereitstellung staatlich subventionierter Saat-, Dünge- und Schädlingsbekämpfungsmittel, die Einrichtung von Maschinen- und Traktorenausleihstationen, den Einsatz von Landwirtschaftsexperten und Veterinärmedizinern, die Einführung neuer Haustierrassen, die Gründung von Aufkaufgenossenschaften etc. wurden günstigere Bedingungen für die Intensivierung und Erweiterung von Bodenbau und Viehzucht geschaffen. Durch umfangreiche Investitionen in den Bereichen des Gesundheits- und Bildungswesens schuf man die Voraussetzungen, daß jedem Einwohner eine kostenlose medizinische Behandlung möglich wurde und seit Beginn der siebziger Jahre fast alle Schulpflichtigen am Unterricht teilnehmen konnten. Staatlich subventionierte Grundnahrungsmittel verbesserten die Ernährungssituation besonders für die ärmeren Bevölkerungsschichten, zahlreiche neueingerichtete Verkehrsverbindungen zu billigen Tarifen erweiterten die Reisemöglichkeiten in der Westlichen Wüste entscheidend. Hinzu kamen technische Maßnahmen auf den Gebieten der Elektrifizierung, der Trinkwasser- und Abwasserversorgung, der Rentenzahlung, der kulturellen Betreuung usw.

Trotz dieser insgesamt positiven Bilanz der Entwicklung in der Regierungszeit Präsident Nassers bleibt festzustellen, daß manche der vorgesehenen Projekte nicht oder nicht im ursprünglich geplanten Umfang realisiert werden konnten bzw. mit ihnen nicht die angestrebte Zielsetzung erreicht wurde.

Neben Finanzierungsschwierigkeiten – verursacht vor allem durch die in Zusammenhang mit der israelischen Aggressionspolitik notwendigen drastischen Erhöhung der Verteidigungskosten und dem Mangel an Arbeitskräften, besonders in Siwa – ist dies vor allem auf das Fortbestehen der vorhandenen Produktionsverhältnisse bei Aulad Ali und Siwanern zurückzuführen. Da die Bodenreformgesetze sich ausschließlich auf das Eigentum an Grund und Boden bezogen, blieben sie in der Westlichen Wüste wirkungslos, weil hier die Eigentumsverhältnisse an Vieh bzw. Quellwasser entscheidend waren.

Auf Grund ihrer unangetasteten ökonomischen Positionen verstand es die reiche Oberschicht der Vieh- bzw. Wassereigentümer, alle Vorteile, die sich aus den vom Staat realisierten Maßnahmen ergaben, ihren Interessen nutzbar zu machen, wodurch sie ihren Besitz noch rascher als vordem vermehrten. Diese Maßnahmen, die eingeleitet worden waren, um die Masse der Bevölkerung von der Ausbeutung durch Großgrundbesitzer und -händler zu befreien oder ihre Abhängigkeit von ihnen zumindest zu lockern, bewirkten hier das Gegenteil. Sie führten zu einer zunehmenden sozialökonomischen Differenzierung.

Die unter den neuen Bedingungen günstigeren Verwertungsmöglichkeiten für das erzeugte Mehrprodukt waren die Ursache dafür, daß die Reichen nun einen noch größeren Anteil an den Hauptproduktionsmitteln in ihren Händen konzentrieren konnten und damit den Handel mit den Großhändlern kontrollierten. Auf diese Weise entwickelten sie sich zu kapitalistischen Unternehmern, die ihre Gewinne in solche profitträchtige Projekte investierten, wie beispielsweise in Mietshäuser, Hotels und Dienstleistungsbereiche, die besonders mit dem aufblühenden Tourismus dieser Region in Zusammenhang standen. Damit begann die allmähliche Verflechtung der Oberschicht der Aulad Ali und der Siwaner mit der ägyptischen Bourgeoisie.

Dieser Prozeß war begleitet von einem verstärkten Eindringen kapitalistischer Elemente in die Gesellschaft der Aulad Ali und der Siwaner. In der Oase wurde er zusätzlich beschleunigt durch die massenweise Ablösung der einheimischen Zaggala durch Landarbeiter aus Oberägypten. Auf diese Weise wurden die vorkapitalistischen Ausbeutungs- und Abhängigkeitsverhältnisse, die noch durch viele Gentilbande verschleiert gewesen waren, endgültig ersetzt durch kapitalistische Lohnarbeit.

Der allgemeine Trend zu einer deformierten kapitalistischen Entwicklung wurde weiter verstärkt durch die veränderten politischen Bedingungen nach 1970, denen der Großteil der von der Regierung Nasser eingeführten Vergünstigungen für die Masse der Bevölkerung zum Opfer fiel.

Die geschilderte Entwicklung in der Westlichen Wüste nach der ägyptischen Revolution hatte im Vergleich zu den vorangegangenen Perioden eine weitaus umfassendere und nachhaltigere Integration der Bevölkerung in den ägyptischen Staat und damit in sein Gesellschaftssystem zur Folge. Ausdruck dieser Integration war ihre zunehmende Abhängigkeit vom Niltal in fast allen Lebensbereichen, ein weiterer merklicher Rückgang ihrer ethnischen Besonderheiten, vor allem in der materiellen Kultur und ihre umfassende „Ägyptisierung“.

Diesem objektiv verlaufenden Integrationsprozeß stand ein nach wie vor stark ausgeprägtes ethnisches Selbstbewußtsein entgegen. Es äußerte sich in einer betont offenen „antiägyptischen“ Haltung, die zur Folge hatte, daß sowohl die Aulad Ali als auch die Siwaner immer noch nur die aus dem Niltal gebürtige Bevölkerung als „Ägypter“ bezeichnete und eine Identifizierung mit ihr strikt ablehnte, wie sie auch gesellige Kontakte zu ihr nach Möglichkeit mied. Vor allem aber kam diese Haltung darin zum Ausdruck, daß in dem betreffenden Ethnen bis in die Gegenwart hinein eine starke Abneigung gegen Zwischenheiraten besteht, so daß die Integration noch nicht begleitet war von einer Assimilation. Anfänge eines Assimilationsprozesses konnten hingegen zwischen den im Westteil der Oase Siwa lebenden Schahibat-Beduinen und Siwanern beobachtet werden, obwohl Zwischenheiraten auch bei ihnen noch selten sind. Bedeutungsvoll war, daß es gegen derartige Verbindungen lange nicht mehr so große gesellschaftliche Vorbehalte gab, wie sie sonst generell zu beobachten sind. Ursache hierfür ist, daß die Angehörigen beider Ethnien in Maragi gleichberechtigt nebeneinander leben und zunehmend gleiche Interessen verfolgen.

Die starke Aversion der Aulad Ali und der Siwaner gegenüber der Hauptbevölkerung Ägyptens, die andererseits auch bei vielen Ägyptern, insbesondere bei den in der Westlichen Wüste tätigen, ihnen gegenüber zu beobachten ist, hatte sich im 19. Jh. im Ergebnis der Unterwerfung dieses Gebietes unter die ägyptische Staatsmacht und der nachfolgend von ihr ausgeübten Repressalien herausgebildet und bis zur ägyptischen Revolution unvermindert gehalten.

Die nach 1952 eingeleiteten Maßnahmen ließen sie zunächst in den Hintergrund treten, da sie die Lebensbedingungen erheblich zu verbessern und damit eine der Hauptursachen für diese Haltung abzubauen versprachen. Diese Aversion nahm jedoch in dem Maße wieder zu, wie die ursprünglich geplanten Projekte nicht die erhofften Ergebnisse bzw. Auswirkungen brachten und sich auf Grund der politischen Entwicklung nach 1970 die Konsequenzen der veränderten Politik wieder massiv gegen die Interessen der Masse der Bevölkerung richteten.

Unseren Beobachtungen aus dem Jahre 1976 zufolge sind davon insbesondere hervorzuheben:

- die weitere Zuspitzung der sozialen Frage, die sich aus der verstärkten kapitalistischen Entwicklung ergab;
- die wegen der Eskalation der politischen Spannungen zwischen Ägypten und Libyen getroffenen Maßnahmen im Grenzgebiet, die die traditionellen verwandtschaftlichen und religiösen Bindungen seiner Bevölkerung zu Libyen wie ihren einträglichen Grenzschmuggel und die Arbeitsaufnahme im Nachbarland erschwerten oder ganz unterbrachen;
- das stark eingeschränkte Recht auf Selbstbestimmung. Dieses Recht wurde der Bevölkerung der Westlichen Wüste durch die Verwaltungsreform zu Beginn der sechziger Jahre zwar formal gewährt, in der Praxis jedoch konnte es von vornherein kaum wirksam werden. Zum einen deshalb, weil die Mehrzahl der Abgeordneten der Siwaner und der Aulad Ali ihrer jeweiligen Oberschicht angehörte, die zunehmend mehr Gemeinsamkeiten mit der ägyptischen Bourgeoisie als mit der Masse der Angehörigen ihrer ethnischen Gemeinschaft hatte, von der sie gewählt worden war. Zum anderen deshalb, weil auch nach der Verwaltungsreform die entscheidenden Machtpositionen im administrativen System der Westlichen Wüste durch die Zentralregierung besetzt wurden. Die von ihr ernannten Beamten, die ausnahmslos aus dem Niltal stammten, hatten die Politik ihrer Regierung durchzusetzen, notfalls auch gegen den Willen der Abgeordneten, wobei sie ihre Macht nicht selten mißbrauchten.

Die Analyse der gesellschaftlichen Entwicklung der Bevölkerung der Westlichen Wüste Ägyptens seit dem Beginn des 19. Jh. beweist, daß die Einbeziehung nationaler Minderheiten in das Wirtschafts- und Gesellschaftssystem des Staates, auf dessen Territorium sie leben, mit ihrer allseitigen Integration verbunden ist. Unter kapitalistischen, profitorientierten gesellschaftlichen Bedingungen führt dieser Integrationsprozeß zur zunehmenden Ausbeutung, Unterdrückung und Diskriminierung der nationalen Minderheiten und erzeugt dadurch bei ihnen Widerstand gegen diesen objektiv verlaufenden Prozeß.

Eine echte Verwirklichung des Rechtes auf Selbstbestimmung ist nur unter nichtkapitalistischen Bedingungen möglich. Nur eine von Ausbeutung, Unterdrückung und Diskriminierung wirklich freie, vom Prinzip der völligen Gleichberechtigung getragene Gesellschaftsordnung garantiert die allseitige Entfaltung nationaler Minderheiten, wodurch dann allmählich auch die Vorbehalte abgebaut werden, die ihrer Assimilation bis heute im Wege stehen.

# Anhang

## A

Übersicht über die von CLINE 1936, S. 13ff. ermittelten Herkunftslegenden der siwanischen Gentes und Sub-Gentes:

| Gentes/ Sections | „Ahnherr“ | Herkunft |
|---|---|---|
| ÖSTLICHE | | |
| *Ladadsa* | Mansur | „from the tribe called the Awlad Mehamid, who live in the West“ |
| Sharamta | Nueir, „son of Mansur“ | |
| Joasis | Salam, „the son of ʿAli, the son of Adas the son of the same Mansur“ | |
| Draʾat | ʿAmr Bu Draʿa, „The son of ʿAli the son of Adas the son the same Mansur“ | |
| (Basis) | „In this section are ten or fifteen people called the Basis, who have descended from Negro slaves“ | |
| *Zenayyin* | „no common ancestor“ | |
| Lahmadat | ʿAbd el Qassim | „from the Western tribe called the Awlad Sliman“ |
| Izhamat | Zaham, „the brother of the same ʿAbd el Qassim“ | |
| Lhebeirat | Mahmud | „a man from Mecca“ |
| Awlad Hussein | Sheikh Hussein esh Sherif | „from Mecca“ |
| *Hedadiin* | Hadad | „came from India“ |
| Makhalif | Makhluf, „son of Hadad“ | |
| Lasakara | Asakr, „son of Hadad“ | |
| *Oran* | Ibrahim Gatli Oran | „came to Siwah from the West in very early times“ |
| *Aweinat* | Baghi | „these were the aboriginal gens of Siwah“ |
| WESTLICHE | | |
| *Tarwa n Musa* | Musa, son of Braʿasa | „from a tribe of Arabs in the West“ |
| Rawaja | Raja, son of Musa | |
| (Barni) | In this section are fifteen or twenty people of the family called Barni, descendants of | |

Fortsetzung der Tabelle

| Gentes/ Sections | „Ahnherr“ | Herkunft |
| --- | --- | --- |
| | Negro slaves, who were kept by the Rawaja | |
| Lhwatna | Bu Jazia, son of Musa | |
| Legrazat | Salama, son of Musa | |
| Baʿakara | unbekannt/unknown | „he lived in Siwa long before 850 A.H. (1446 A.D.) |
| *Serahana* | Khaluf Serhani | „from a tribe of Bedawin living north-west of Siwah“ |
| *Shehaim* | Hwara Mahmar | „from the desert east of Siwah“ |
| (Gadur) | „This gens also includes the Gadur section, named from Abu Gadura, a Jew who came to Siwah about 200 years ago“ | |
| AHURMI | | |
| *Kesharna* | Keshur | „from the Amrus Bedawin northwest of Siwah“ |
| *Jeiri* | ʿAbd er Rahman | „from Aujilah“ |
| *Baʿuna* | Awana | „from the Zuweyyah Bedawin“ |
| *Smayyin* | ? | |

## B

Offizielle Angaben über die Gesamtzahl der 1976 in Siwa eingeschulten Kinder (FB Stein/Rusch 1976, S. 389f.):

1. Amon-Schule (eröffnet 1956)

|  |  |  |
| --- | --- | --- |
| 1. Klasse | 35 Jungen/10 Mädchen = | 45 Schüler |
| 2. Klasse | 70 Jungen/17 Mädchen = | 87 Schüler |
| 3. Klasse | 51 Jungen/16 Mädchen = | 67 Schüler |
| 4. Klasse | 54 Jungen/10 Mädchen = | 64 Schüler |
| 5. Klasse | 45 Jungen/ 5 Mädchen = | 50 Schüler |
| 6. Klasse | 64 Jungen/ 9 Mädchen = | 73 Schüler |
| | 319 Jungen/67 Mädchen = | 386 Schüler |

2. Ahurmi-Schule (eröffnet 1956)

|  |  |  |
| --- | --- | --- |
| 1. Klasse | 9 Jungen/ 5 Mädchen = | 14 Schüler |
| 2. Klasse | 14 Jungen/12 Mädchen = | 26 Schüler |
| 3. Klasse | 8 Jungen/ 2 Mädchen = | 10 Schüler |
| 4. Klasse | 14 Jungen/ 9 Mädchen = | 23 Schüler |
| 5. Klasse | 9 Jungen/ 1 Mädchen = | 10 Schüler |
| 6. Klasse | 16 Jungen/ 2 Mädchen = | 18 Schüler |
| | 70 Jungen/31 Mädchen = | 101 Schüler |

3. Mschendid-Schule (eröffnet 1972)

| | | | |
|---|---|---|---|
| 1. Klasse | 2 Jungen/ | 3 Mädchen = | 5 Schüler |
| 2. Klasse | 11 Jungen/ | 11 Mädchen = | 22 Schüler |
| 3. Klasse | 14 Jungen/ | 5 Mädchen = | 19 Schüler |
| 4. Klasse | 21 Jungen/ | 2 Mädchen = | 23 Schüler |
| | 48 Jungen/ | 21 Mädchen = | 69 Schüler |

4. Sabucha-Schule (eröffnet 1974)

| | | | |
|---|---|---|---|
| 1. Klasse | 32 Jungen/ | 13 Mädchen = | 45 Schüler |
| 2. Klasse | 30 Jungen/ | 17 Mädchen = | 47 Schüler |
| | 62 Jungen/ | 30 Mädchen = | 92 Schüler |

5. Bahidin-Schule (eröffnet 1975)

| | | | |
|---|---|---|---|
| 1. Klasse | 7 Jungen/ | 5 Mädchen = | 12 Schüler |

Für die einzelnen Klassenstufen der Grundschulen ergibt sich daraus folgendes Bild:

| | | | |
|---|---|---|---|
| 1. Klasse | 85 Jungen/ | 36 Mädchen = | 121 Schüler |
| 2. Klasse | 125 Jungen/ | 57 Mädchen = | 182 Schüler |
| 3. Klasse | 73 Jungen/ | 23 Mädchen = | 96 Schüler |
| 4. Klasse | 89 Jungen/ | 21 Mädchen = | 110 Schüler |
| 5. Klasse | 54 Jungen/ | 6 Mädchen = | 60 Schüler |
| 6. Klasse | 80 Jungen/ | 11 Mädchen = | 91 Schüler |
| | 506 Jungen/ | 154 Mädchen = | 660 Schüler |

6. Secondary-(Preparatory)-Schule (eröffnet 1972)

| | | | |
|---|---|---|---|
| 1. Klasse | 42 Jungen/ | 1 Mädchen = | 43 Schüler |
| 2. Klasse | 20 Jungen/ | 1 Mädchen = | 21 Schüler |
| 3. Klasse | 17 Jungen/ | 1 Mädchen = | 18 Schüler |
| | 79 Jungen/ | 3 Mädchen = | 82 Schüler |

# C

## Protokoll über die Analyse von zwei Steinsalzproben aus Siwa und Gara

In beiden Proben wurde der Hauptbestandteil NaCl volumetrisch als Chlorid bestimmt. In der Natur liegt Steinsalz vorwiegend durch $CaSO_4$ und $MgSO_4$ verunreinigt vor, so daß ohne großen Fehler von der Cloridmenge auf die NaCl-Menge geschlossen werden kann. Auch die emissionsspektralanalytischen Daten rechtfertigen diesen Analysengang.

Nur ein Nebenbestandteil – $CaSO_4$ – wurde quantitativ bestimmt (ebenfalls volumetrisch).

Parallel zu den beiden Proben wurde als Vergleich handelsübliches Speisesalz analysiert.

| | NaCl Masse % | $CaSO_4$ Masse % |
|---|---|---|
| Siwa | 94,54 | 3,1 |
| Gara | 98,44 | 0,42 |
| Speisesalz | 99,47 | 0,09 |

Alle anderen Bestandteile wurden qualitativ mit Hilfe der Emissionsspektralanalyse ermittelt. Durch Ausmessung von Linienschwärzungen konnten noch gewisse Aussagen über mengenmäßige Verteilungen dieser Bestandteile erzielt werden.

| | stark | mittel | schwach | Spuren |
|---|---|---|---|---|
| Siwa (Salzkern) | Ca | Sr, Fe, Mg | Al | Mn, Cu, Si |
| Siwa (Kruste) | Ca | Sr, Fe, Mg, Al, Mn, Cu, Si | – | – |
| Gara | Ca | Sr, Mg | Al, Fe | Cu, Si |
| Speisesalz | – | Ca, Sr, Mg | – | Al, Cu |

Durch Röntgenfeinstrukturanalyse konnte in keiner der Proben Bittersalz nachgewiesen werden.

## Summary

*Presentation and analysis of the socio-economic, political and ethnic development of the population of Egypt's Western Desert and of the process of its integration into the state of Egypt from the beginning of the nineteenth century to 1976*

Overcoming the multi-ethnic structure of the population in developing countries is shown to be a protracted and complicated process requiring, among other things, the solution of the problem of national minorities. Such problems are investigated in this work with the population of Egypt's Western Desert as a concrete example.

The people living in this area now mainly consist of approximately 120,000 Aulad Ali bedouins and 6,000 Siwans. Their origins distinguish them both from each other and from the population of the Nile valley. The inhabitants of the oasis are descended from the Berbers living in the western part of North Africa, as is also shown by their native tongue. Apparently in ancient times their forefathers settled in Siwa and some smaller neighbouring oases, of which only Gara is still inhabited. In contrast, the Aulad Ali only occupied their present living area in the hinterland of the Mediterranean coast since the 17th century. Previously their grazing lands were further westwards in the Djebel al-akhdar region in Cyrenaica. Their forefathers were nomadic herdsmen who emigrated from the Arabian peninsula with the spread of Islam to North Africa.

With the subjugation and gradual incorporation of their living area in the Egyptian state from the beginning of the 19th century, both previously politically independent ethnic groups became „national minorities" relative to the main population of Egypt, from which point of time successive Egyptian governments have endeavoured to different degrees and with different methods to integrate them.

On the basis of the materialist concept of history the authors have sought to portray the development of both ethnic groups in association with the historical development of north-east Africa and to comprehend the individual manifestations in their complexity and their reciprocal dependence. In this way the first comprehensive Marxist-Leninist survey has been made of the ethnography and history of the population in the region investigated.

The theoretical emphasis in this work is placed on the following problem-complexes:

- Emergence of pre-capitalist relations of exploitation and dependence and their transformation into dependence on changed social structure.
- Reciprocal relations between sedentary and nomadic peoples as a result of the first social division of labour and the further development of these relations to the dissolution of nomadism.
- Significance of trade for the deepening of social economic differentiation and the role of the quantitative factor for social progress.
- Integration of national minorities, the relation of guided and spontaneous integration as well as the influence of central governmental policy on the process of integration; the significance of the subjective factor on the course of integration (the role of ethnic self-consciousness).

– Specific features of ethnic communities and their development under the conditions of changed social economic relations.

The material which the authors collected during fieldwork in Siwa and in the territory of the Aulad Ali together with the available scientific literature on this territory provided the basis for this work. The literature was written exclusively by bourgeois authors who dealt in most cases with particular aspects of archaeology, history, ethnography, economics etc. but largely neglected the production relations; it is for this reason that this question is given special attention here.

The present study covers the period from the beginning of the 19th century up until 1976 when the two authors concluded their fieldwork which Stein had commenced in 1968 and 1969. The period prior to this is dealt with, but merely in summary form, in chapter 1 evaluating the traditional accounts of Greek, Roman and Arab historians.

The second chapter contains a detailed consideration and analysis of the social economic, political and ethnic relations among the Siwans and Aulad Ali at the beginning of the 19th century. In chapters 3 and 4 the development of the two ethnic groups during the period from the government of Mohammed Ali to the Egyptian revolution, that is between 1952 und 1976, is dealt with, particular attention being given to the process of their integration into the Egyptian state.

## *1. The level of development of the Siwans and the Aulad Ali at the beginning of the 19th century*

The inhabitants of the Western Desert of Egypt live under varying natural conditions: the Aulad Ali in hot semi-desert with little rainfall, the Siwans in an oasis depression which normally receives no rainfall. Their settlement was only possible because ground water comes to the surface. At the beginning of the 19th century dependent on their geographic milieu each of the two ethnic groups had a different way of life: the bedouins from extensive nomadic animal husbandry, the oasis inhabitants by cultivation of the soil, which, as in the case of all oases was only possible with intensive irrigation.

Animal husbandry played a dominant role in the economic life of the Aulad Ali, cultivation of the soil was only sporadically carried out, in contrast hunting and gathering possessed a certain significance in supplementing the available foodstuffs. Their entire activity was directed to maintaining and increasing their herds of camels, sheep and goats. The breeding of horses and asses for transport was of comparatively little importance.

The herds followed seasonal grazing patterns in the widely spread pasture areas of the Mediterranean coast, as well as being pastured at some uninhabited oases in the Libyan desert. Decisive for the economical use of the natural pastures was the presence of permanent water. In this region this came mostly from water holes in which water from the winter rainy season was stored.

The nomad's tent was ideally adapted to the mobile way of life which restricted the material cultural items transported to a minimum. The most important handicrafts were carpet weaving and leather work.

The main item grown by the Siwans during the last century as in ancient times was the date palm. Its fruit provided the staple food for man and beast alike. At the same time it was the only significant trading article. For their own use the oasis inhabitants grew in their gardens numerous vegetables and fruits, particularly olives, as well as cereals (barley, wheat, rice) which completely or very nearly completely met their own requirements.

Narrow limits were set to holding animals in the oasis because of the general lack of suitable pasture land within reach of the centres of settlement, as well as by the very restricted space in the two walled-in areas in which the population lived. As a result the livestock kept by a family was usually a few milking goats and some small animals, as well as one or two asses, which were indispensible as they were the only means of transport used both for riding and as pack-animals. These last had to be fed on green fodder from the gardens.

The Siwans practised the handicrafts of basketry using the split fronds of date palms, pottery, weaving, and blacksmithing.

In both ethnic groups there was a clearly natural division of labour, whereby the women among the Aulad Ali were largely excluded from the main production process and totally excluded among the Siwans. Their responsibility was to keep house, look after the children and carry out handicraft work, although they did not make large baskets and mats nor carry out blacksmithing.

Only the Siwan silversmiths who crafted jewelry for the women and the blacksmiths who, using imported crude iron, made heavy hoes with iron blades and rod sickles — still the only tools for tillage — produced their wares for the market and thus made a living from their craft. All other items were made by the individual to meet his own needs although this did not exclude individuals with special skills also producing additional wares for exchange. The reason that in both communities the social division of labour had developed so little was because, on the one hand, the nomadic way of life of the animal holders stood in the way of the emergence of a group of craftsmen and, on the other hand, the numerically small oasis community whose requirements of handicraft products was altogether so limited that economically it did not require the emergence of a large social group of craftsmen.

The economic operations of both groups were optimally adapted to the geographical environment of each — so well indeed, that for example, the oasis dwellers even today still use unchanged the traditional methods of tillage, despite a number of changes in other aspects of their life. These methods, while requiring extreme physical effort, guaranteed the creation of a stable, relatively high surplus product. This conclusion can be drawn from the frequently reported fact that annually thousands of camel loads of dates were exported from Siwa. In this connection it was important that this fruit could be stored for long periods. Perishable crops would not have been suitable for export owing to the great distances to the nearest markets in the Nile valley.

The Aulad Ali also produced a considerable surplus product from their livestock, but its creation was not as stable as in Siwa.

On the basis of the exchange of these surplus products — dates in return for livestock and animal products — close economic relations between and a mutual dependence of the two ethnic groups developed, which in the past could be observed between sedentary and nomadic peoples in many parts of the world and which, to an extent, still exist today. However, this dependence bore the character of a social division of labour and did not lead to the subjugation of either partner. They were equals in this trade.

The exchange with the nomads as well as with the trans-Saharan caravans provided the oasis dwellers for the first time with the opportunity to realise to a greater degree the surplus product they had created than was possible with caravans of asses before the introduction of the camel into this region. At the same time the Aulad Ali with their transport camels took over as intermediaries the exchange between Siwa and the Nile Valley.

This exchange brought the Siwans slaves and iron, thereby contributing to the extension and intensification of their agricultural production. Other than this they could only exchange their dates for goods, whether from the Aulad Ali or from the Nile valley, which raised their standard of living but not the niveau of their production.

In both communities being investigated precapitalist class relations were dominant at the beginning of the 19th century although these were still encumbered in the social sphere with many features from the gentile period which, nevertheless had so adapted to the new social conditions that they had acquired a new content.

Production relations were not based, as is usually the case observed in agricultural societies generally, on the ownership of land which here was available in excess, but on the ownership of livestock and of water sources. These main means of production at the beginning of the last century were, without exception, the property of the extended family and thus, under the strictly patriarchal-Islamic relations prevailing in both communities, were de facto the private property of the head of the family.

On the basis of this private property diverse exploitive and dependence relations had developed, which had led to a marked social economic differentiation. The process of differentiation had been encouraged in both societies by, among others, the following factors:

– production had always taken place largely on an individual basis and provided the possibility for producing a considerable surplus product;
– this surplus product was characterised by being able to be kept for a long time. While animals could be used directly for the accumulation of wealth, dried dates could be stored for a long period so that they were available at any time of the year and, moreover, could be exchanged over long distances;
– the trans-Sahara trade passed through the area in which the two communities lived.

It is no longer possible to establish how the process of privatisation took place. As the manner of production of both ethnic groups apparently have qualitatively hardly changed over the centuries, its beginnings must go back as far as the Aulad Ali are concerned to the phase of the emergence of nomadism and with the Siwans back to ancient times. The very varied types of graves in the rocks at the oasis provide evidence that in ancient times there must have been already present a differentiation according to wealth among its inhabitants.

At the end of the 18th century there was in both societies a social group of animal or water owners, each of which was greatly differentiated within itself. Their members included a numerically small group of very rich heads of extended families who had concentrated most of the livestock or water sources in their hands and who were no longer active in production, to the small owners who by their own work with their few animals or limited share of water were just able to produce sufficient that was absolutely necessary for the upkeep of their families. The first mentioned formed the actual upper stratum who on the basis of their dominant economic position held all leading social functions which were manipulated in the interest of maintaining and enlarging their economic and non-economic power.

In addition to these owners there was a numerically large group of men in both communities who owned nothing – women were excluded from ownership of livestock and water – who because of their economic position were forced to obtain their livelihood in the service of the rich. The great majority of these 'propertyless' people made up the group of young, unmarried men who, under the prevailing Islamic-patriarchal relations, irrespective of the wealth of the heads of their extended families, themselves disposed of no wealth and consequently were forced to work. They were, like the slaves and the increasing stratum of permanently propertyless married men in Siwa exploited by the wealthy minority as hired herdsmen, garden wage labour, servants or, in the case of the last named stratum, as leaseholders.

The social organisation both of the Aulad Ali and the oasis population was based on blood relationship, that is, it still manifested the genealogical principle typical of the gentile period.

Although in the literature the Aulad Ali are referred to frequently as one tribe, in reality they actually formed a loose association of three different, politically independent tribes. A genetical connection existed between them which was supported by an old tribal legend. The nomads who were subjugated by the Aulad Ali when these spread into their present grazing areas were first obliged to pay tribute and later were integrated into a tribal organisation of their own, the 'Murabitīn'.

As is observed with nomads world-wide, there was no continuous contact between the various groups making up a tribe, also a tight leadership was lacking. The actual cell of social life was the 'camp community', a group usually consisting of several extended families, which moved and settled together. As a rule it was under the leadership of the richest of its heads of family and was in all matters fairly independent. Only in time of war or crisis did the tribe as a whole, and thereby its chief, gain greater significance.

The Siwans consisted of six gentes, which in their turn were subdivided into several sub-gentes. The leadership of these social units was in each case the wealthiest chief of the extended families making up the unit, whose position within his family was generally inherited.

The chiefs of the gentes and sub-gentes regulated the internal matters of their communities and together constituted the 'council of sheiks', which guided the developments of the oasis community as a whole. Its deliberations were public in the sense that any married male Siwan could take part and voice his opinion, but the decisions of the council members were final and thereby binding for all.

The gentes were grouped in two fractions, the 'eastern' und the 'western'. The origin of this division, which is found in other Berber communities, is still unexplained.

The units of blood relationship were during the last century essentially only organisational and political units. They did not dispose of any communal property in the main means of production, and consequently had no economic basis, and the relations of their members one with the other were determined by individual property relationships.

The persistance of these gentile social structures had different causes in the two communities. For the nomads it was the only possible form of organisation as their non-sedentary way of life excluded an organisation of the society on a territorial basis.

The chief cause with the Siwans was apparently the smallness of their community. This together with the geographically isolated position and the necessity of having to live in the very restricted space of a walled-in dwelling area prevented the breaking-up of the blood relationship units, leading thereby to the alienation of their members from each other, even under the conditions of pre-capitalist class relations.

Characteristic for both ethnic groups was also, that once their production relations were established, they apparently have persisted for an historically long period, without any essential change. The cause of this phenomenon with the Aulad Ali was derived from the specific of their form of subsistence, nomadic animal husbandry, which can only be carried out extensively and consequently is not capable of higher development.

In contrast thereto the Siwans from the very beginning carried out intensive irrigation agriculture, similar to that in the Nile valley. However they did not reach by a long way the level of social development as the population there. The chief cause in our view was the limited number of the oasis population. As a consequence they lacked the quantitative potential which is necessary for reaching on their own accord a higher precapitalist level of development. For example, the limited numbers excluded a differentiated social division of labour on a comprehensive scale. In Siwa a division of labour was only possible on a modest scale, amongst other reasons because the majority of men who could work were urgently required in agriculture. The necessary work in the main branch of production was always associated with hard physical labour which from the outset virtually excluded the involvement of women.

The Siwans and the Aulad Ali both in comparison with each other and with the population of the Nile valley demonstrated many ethnic peculiarities which clearly characterised them as particular, independent ethnic communities or parts thereof. Alongside the differences in language and anthropological type there were clearly recognisable differences in probably every aspect of life, beginning with the methods of obtaining their food, handicraft production, material culture, mode of living and settlement through to customs, habits, conceptions of thought and belief. One very significant differentiating characteristic operative to the present day was the feeling of each ethnic group of belonging to their respective community, their ethnic self-consciousness, which finds expression amongst other ways in the maintenance of endogamy, and their marked psychic individuality.

Decisive factors for these differences between Siwans and the bedouins, for the formation of their specific ethnic characteristics were, amongst others, their different origin and historical past, the geographical milieu, which extensively stamped the method of their production as well as its level of development.

The investigation showed, that not these factors in themselves, but the entirety of those particularities stamped by them in the course of historical development created the ethnic characteristics of the two communities, e.g. the individuality in producing a livelihood, in the fashioning of items of material culture, the particularities in the mode of habitation, customs and habits, etc. 'Ethnic characteristics' in themselves do not exist. They are moreover historical manifestations which with appropriate change in the conditions which created them, likewise change or can indeed be lost completely.

## *2. The main stages of the process of integration of the population of the Western Desert into the Egyptian state*

### 2.1. The period from 1820 to 1900

After its consolidation in the Nile valley at the beginning of the 19th century Mohammed Ali, the pasha of Egypt, began to extend his power over the Western Desert and its previously politically independent population. From this time on Egypt has laid claim to this region. Its government has endeavoured since then to integrate the Aulad Ali and the Siwans. According to the differing policies followed to secure this aim, three main stages can be differentiated. The first encompasses the entire 19th century; this was followed by the second stage which ended in 1952; the third, not yet completed, stage began with the Egyptian revolution.

The most significant action towards the Aulad Ali during the first stage was the forced settlement of the tribal leaders in the Nile delta in the neighbourhood of Damanhur where they received land. This action which had the intention of controlling the leaders and at the same time, through them, to obtain control over the members of the tribe, did in effect impair the political cohesion of the bedouins and reduced their military striking power. However, this had at first no influence on the way of life of the majority of the tribe, which, as before, continued to live as nomads in the hinterland of the Mediterranean coast, which, at the time, prevented their subjugation and effective administrative inclusion in the Egyptian state: for this reason they remained free of any obligation towards the state.

The policy of the central government in the first stage had lasting effects in Siwa, although here also the establishment of an effective administration was not attained before the end of the 19th century. Because of the government's generally inadequate presence in the oasis the inhabitants were able, even after their violent subjugation in 1820, through many acts of resistance to regain effectively their independence. These periods of 'self-determination' were only of limited duration, as troops were repeatedly sent to Siwa whose inhabitants were time and again forced to capitulate and to pay the tribute imposed on them. Each of these punitive actions led to further material losses by destruction and wilful theft as well as to physical destruction or deportation of the majority of the local leaders, so that the authority of the 'council of sheiks' was greatly reduced.

Its authority was further impaired by the endeavours of the central government to win over some of its members as its representative with executive power at the oasis, whereby they were given – analogous to the tribal leaders of the Aulad Ali – the function of ʿOmda. But this intention had no apparent success. The most respected sheiks resisted these demands. Only a few of the less influential were ready in the interest of extending their own power to cooperate with the government. In this way the social struggle increased among the ruling upper stratum, the economic basis of which had not been violated. This brought the social development in the oasis which for a long time had remained stagnant once again in movement. These social conflicts were expressed in the increase in violent clashes between the two fractions existing in the oasis community.

As the central government up until the end of last century introduced no innovations which would have been to the benefit of the indigenous population, its policy was reduced to administrative and military measures for the exploitation of the Siwans in the form of tribute. This policy which brought no gain but instead considerable losses to the oasis inhabitants, created among them a strong 'anti-Egyptian' attitude. This at the same time favoured the infiltration of two Islamic sects, the Medaniya and Senussiya, which in the first half of the 19 th century won many followers among the Siwans. These apparently believed to have found a means in the sects' religious teachings with the help of which they could again obtain their independence.

## 2.2. The period from 1900 to 1952

At the end of the 19th century a qualitative change in the power relations in the Western Desert occured. It had its origin in the struggle of the European capitalist powers around the division of the African continent into spheres of colonial influence in which this territory as frontier region to Libya obtained an increasing strategic significance. As a consequence at the instigation of Great Britain – which in 1882 had made Egypt virtually its protectorate – the region was declared a military zone (a status retained even during the first years of the Egyptian revolution) and placed under a British commander. The armed forces stationed in the region were so reinforced and reorganised that they were in a position at any time to hold its inhabitants effectively under control. At the same time the region's administrative system was reorganised and also placed under the military commanding officer. The upper stratum in the Nile valley and above all the viceroy, Egypt's largest landowner, which had been virtually stripped of political power, exploited the situation created by the protectorate power whereby, in the manner described, it had secured the military protection of the Western Desert, at least to achieve, more successfully than previously, its economic ambitions in the region.

The most important project both strategically and economically during this period was the construction of the railway line from Alexandria along the Mediterranean coast which by 1907 was completed to Mersa Matruh. The railway line had a great influence in furthering the settling of the Aulad Ali, which had begun with the forced settlement of their tribal leaders, but which beyond these had affected only few other families. The railway stations very soon developed into market and trade centres, where the bedouins during the following period increasingly erected fixed dwellings.

This process of settlement, which up until the Egyptian revolution proceeded essentially spontaneously, that is to say not directly influenced by the central government, led to numerous qualitative changes in the way of life of the Aulad Ali. While the men as previously spent the greater part of the year with their herds at the traditional pastures, the women, children and old men now remained permanently in their fixed dwellings on the coast and turned increasingly to agriculture. In this way the need was gradually reduced for acquiring certain agricultural products from Siwa and the Nile valley.

A further change began to take place in the composition of the herds. The railway and motor lorries took over from the slower camels as means of transport with the result that their numbers decreased in favour of sheep and goats, which offered better chances for marketing.

The sedentary way of life raised new needs among the bedouins to acquire such consumption goods which they had to forgo during their previous nomadic life. This demand led to an intensification of trade with the wholesale merchants in Alexandria.

The development in the coastal areas led ultimately to an increasing number of bedouins, particularly among the poorer families, who gave up animal breeding completely and turned to new occupations. Such possibilities were offered in abundance at Mersa Matruh and within a short period of time it developed from a small Greek colony to the 'capital' of the Western Desert.

By changing over to a sedentary life-style the Aulad Ali themselves created the preconditions for their effective administrative and economic integration.

In Siwa the beginning of the second phase of integration was marked by the cessation of the violent clashes between the two fractions as well as between the oasis population and the central government, which significantly marked the social development during the 19th century. Because the causes which had led to these conflicts still remained, this sudden change cannot be ascribed to a 'change of heart' of the Siwans, which is asserted in many publications dealing with this period, but simply to the increased military presence in the Western Desert. For the first time this guaranteed to the Egyptian administrators the actual exercise of power in the oasis.

This was favoured by the changed mode of settlement of the Siwans which decisively weakened their power to resist as previously they were protected by the walls around their fortresses. Further, the religious sects came to terms with the situation. This was particularly the case of the Senussiya who, in the interest of the important economic basis which they had in the meantime created for themselves in the oasis, were prepared to cooperate with the central government, to the extent that they restrained their adherents under the threat of excommunication to obey the instructions of the Maʿmur.

Following the failure of extensive proposals for utilisation of previously unused land, which in 1905 on the orders of and for the advantage of Abbas Hilmi II had been planned, it was only in the 1920s and 1930s that some development projects were completed in Siwa by the central government primarily for strengthening its influence at the oasis.

The process of change in trade manifest since the end of the 19th century led to essential and permanent consequences in respect to integration. In the course of this process the wholesale merchants in the Nile valley were able to displace the traditional trading partners of the Siwans. Because of a lack of other suitable possibilities they left the transport of goods between the Nile valley and the oasis at first and indeed later, to the Aulad Ali. Nevertheless, movement by caravan lost its transport function to such an extent being taken over by the railway and after World War II increasingly by motor lorries.

From the start the wealthiest water owners in Siwa understood how to concentrate the greater part of the trade with the wholesale merchants in their hands. They opened shops at the oasis which provided the inhabitants with imported goods. Further, using a credit system with such goods they were able to secure their costumers' harvest surpluses of crops for export. In this way they obtained a virtual trade monopoly in the oasis.

The import of agricultural products and manufactured goods from the Nile valley led, among other things, to the situation that the cultivation of grain in Siwa virtually ceased and their own handicraft production declined considerably. Thereby the population at the oasis became increasingly dependent on goods from the Nile valley and their economy was further integrated with that of Egypt.

In contrast with the traditional exchange with the bedouins, which was an exchange between equal partners, not at least because both stood on approximately the same level of social development, the new trade relations from the very beginning had a qualitatively different character. On the basis of their economic strength the wholesale merchants were able increasingly to manipulate the trade with the Siwans, particularly to dictate the prices and thereby to make the Siwans dependent on them. This tendency increased still further after the second world war, as the wholesale merchants took the transport entirely into their hands.

As a whole the development in the period from the turn of the century to 1952 led to significant changes in the way of life of the population in the Western Desert and promoted their integration. This process was associated with the penetration of deformed capitalist elements into both communities, although at first pre-capitalist relations of exploitation and dependence still dominated. This process signalled the commencement of 'Egyptisation' and at the same time the reduction of their ethnic particularities, notably in the sphere of their material culture.

The most powerful impulse for integration came from the trade relations not controlled by the state, which were established by the wholesale merchants, particularly in Alexandria with the population of the Western Desert. The central government during this in contrast with the previous period, did indeed strengthen its influence in this region but only with the help of military force. With the exception of the construction of the railway line little was done to improve the living conditions of the population and thereby to win their confidence. By transforming their region into a military zone they became subject to a military administration which was tantamount to abolishing their right to self-determination. This policy did nothing to lessen the 'anti-Egyptian' attitude of the population.

In contrast to the majority of the members of the upper stratum, who were ready to cooperate with the ruling class in the Nile valley in the interest of their own enrichment, the masses of the population rejected the objectively developing integration process, because for them it was associated with a more intense exploitation.

### 2.3. The period from 1952 to 1976

The revolutionary events in Egypt of July 1952 and the resulting political and social economic changes exercised a lasting influence on the relations of life of the population in the Western Desert, although with a noticeable temporal delay. The first and most important arena of the revolutionary events was the Nile valley. In the first years after the revolution anti-feudal and anti-colonial measures to consolidate the new state power stood in the foreground, but towards the end of the 1950s the government of Nasser was faced with the urgent task of extending the available agricultural land systematically and on a large scale. Alongside obtaining new land for agriculture in the 'liberation province' and the possibilities which arose from the construction of the new Assuan-dam, the third pillar in the program of systematically opening-up new land was the project 'Wādi al-ǧadīd' (New Valley). To carry this proposal into effect a special organisation for the development of the desert regions (GDDO) was established in 1959 which tackled a comprehensive program for the opening-up of new land in a 90,000 km$^2$ region of the Western Desert.

This program was the central point of a system of economic and social measures, which had been commenced in 1959 in the settlement area of the Aulad Ali and the Siwans. Their aim was to improve qualitatively the economic, social and cultural niveau of life of these national minorities, to accelerate the process of permanent settlement of the bedouins and to encourage their all-round integration into the Egyptian state.

At the same time by improvement and extending agriculture and pastoralism, conditions would be created to cover the increasing requirements of the Egyptian home market for foodstuffs. The measures were in the sphere of responsibility of the Mersa Matruh province administration with the involvement of the Aulad Ali and Siwa as well as the GDDO. The Mersa Matruh province administration had been recently created to replace the previous military administration.

The projects carried out since the beginning of the 1960s brought with them many positive changes which objectively improved in various ways the living conditions of the population in the Western Desert. In spite of this generally positive development in the time of President Nasser's government it must be stated that many of the projects considered could not be carried out or not carried out to the planned extent, as the target aimed at could not be reached.

Besides problems of financing and the lack of labour, particularly in Siwa, this situation can be attributed primarily to the persistence of the existing production relations of the Aulad Ali and Siwans. Because the land reform related exclusively to property in land, they had no application to property in animals and water sources. Because their economic position was not infringed the wealthy upper stratum of animal and water sources owners were able to use advantages derived from the measures carried out by the state for their own benefit, whereby they increased their property even more quickly than before. The measures which were introduced in order to free the mass of the population from the exploitation of the large land owners and wholesale merchants, or at least to loosen their dependence on them, here had the opposite effect.

Under the new conditions the more favourable possibilities of turning the surplus product produced into cash was the cause that the wealthy were able to concentrate a still greater part of the chief means of production in their hands than previously. In this way they developed into capitalist entrepreneurs, who invested their earnings in such potentially profit making projects as, for example, tenement houses, hotels and service industries associated particularly with the blossoming tourism in this region. In this way began the gradual integration of the upper stratum of the Aulad Ali and the Siwans with the Egyptian bourgeoisie. The process was accompanied by a more intensive penetration of capitalist elements into the society of the Aulad Ali and Siwans. This process was further accelerated in the oasis by the massive replacement of indigenous workers by rural labourers from upper Egypt. In this way the pre-capitalist exploitation and dependence relations still obscured by many gentile bonds were finally replaced by capitalist wage labour.

The general trend towards a deformed capitalist development was further strengthened by the changed political situation after 1970, to which the great part of the concessions for the mass of the population introduced by the Nasser government, fell victim.

In comparison with the previous periods the development in the Western Desert after the Egyptian revolution had as a consequence a much more embracing and lasting integration of the population into the Egyptian state and its social system. The expression of this integration was their increasing dependence in nearly all aspects of life in the Nile valley, a further marked decline of their ethnic characteristics and the commencement of their 'Egyptisation'.

This objective developing process of integration was met, as previously, by a strongly marked ethnic self-consciousness, that came to expression, among other ways, by a strong antipathy to marriages between the various ethnic groups so that the integration was not yet accompanied by an assimilation. The beginnings of an assimilation process could first be observed only between the Schahibat bedouins in the western part of the oasis and the Siwans.

The strong aversion of the Aulad Ali and the Siwans towards the main population of Egypt which clearly was based on reciprocity had developed in the 19th century as a result of the subjugation of this region by the Egyptian state power and the following reprisals taken by that power, and was maintained unabated until the Egyptian revolution.

At first the measures introduced after 1952 allowed this aversion to retreat into the background, as they promised considerably to improve the living conditions and thereby to demolish one of the causes for this attitude. However, as the originally planned projects did not bring the hoped for results or effects, and because the consequences of the changed policy following the political development after 1970 were again directed solidly against the interests of the masses of the population, this aversion increased accordingly.

The measures taken in the frontier region because of the escalation of the political tension between Egypt and Libya, operated particularly negatively in this respect arising from the drastically worsening of the social question. These measures made more difficult or broke completely the traditional ties of its population with Libya and, above all, because of the curtailment of the right of self-administration. This right was formally conceded to the population of the Western Desert by the administrative reforms at the beginning of the 1960s, but in practice never became effectively operative.

The social development of the Aulad Ali and the Siwans since the beginning of the 19th century shows that the inclusion of national minorities in the economic and social system of the state on the territory of which they live, is connected with their all-round integration. This integration process leads under capitalist conditions nonetheless to increasing exploitation, oppression and discrimination of the national minorities and therefrom creates with them resistance against this objective developing process.

# Bibliographie


ABOU ZEID, A., The Sedentarization of Nomads in the Western Desert of Egypt. In: International Social Science Journal, XI/4. 1959.

–, The nomadic and semi-nomadic tribal populations of the Egyptian Western Desert and the Syrian Desert. In: Bulletin of the Faculty of Arts of the Alexandria University, vol. XIII. 1963.

AGARYSCHEW, A., Gamal Abdel Nasser. Leben und Kampf eines Staatsmannes. Berlin 1977.

AL-IZZ, M. S., Landforms of Egypt. Kairo 1971.

ALI, F. M., Outstanding Variations in Rainfall on the North Coast of Egypt. In: Bulletin de l'Institut du Désert d'Egypte. No. 1. Kairo 1952.

ALIMEN, M.-H. (Hrsg.), Fischer-Weltgeschichte, Band 1: Vorgeschichte. Frankfurt/M. 1966.

AL-WARDI, A., Soziologie des Nomadentums. Neuwied und Darmstadt 1972.

ALWAN, A. S., Report on the Impact of World Food Program Aid on the Settlement of the Nomads in the North Western Coastal Zone of the UAR. Alexandria 1966.

ALWAN, A. S. and H. SINGH, Land Tenure and Settlement Situation in the North Western Coastal Region, U.A.R. Alexandria 1968.

ASCHERSON, P., Die Bewohner der libyschen Wüste. In: Zeitschrift für Ethnologie, Heft 8. Braunschweig 1876.

AWAD, M., The assimilation of nomads in Egypt. In: Geographical Review, vol. 46. New York 1954.

–, Settlement of nomadic and semi-nomadic tribal groups in the Middle East. In: Bulletin de la Societé Géographique d'Egypte, tome XXXII. Kairo 1954.

AZADIAN, A., L'Oasis de Siouah et ses sources. In: Bulletin de l'Institut d'Egypte, tome IX. Kairo 1927.

BALL, J., Problems of the Libyan Desert: The artesian water supplies of the Libyan Desert. In: Geographical Journal, vol. 70. London 1927.

BAER, G., Some Aspects of Bedouin Sedentarization in 19th Century Egypt. In: Die Welt des Islams, Neue Serie, Bd. V, Nr. 1–2. Leiden 1957.

BAGNOLD, A. R., Libyan Sands. London 1935.

BASSET, B., Le Dialecte de Syouah. In: Publications de l'école des lettres d'Alger, vol. V. Paris 1890.

BASSET, A., La langue Berbère. In: Handbook of African Languages, part I. London 1969.

BATES, O., Siwan Superstitions. In: Cairo Scientific Journal, No 55. Alexandria 1911.

–, The Eastern Libyans. London 1914.

BEADNELL, H. J. L., An Egyptian Oasis. London 1909.

BEBEL, A., Die Mohammedanisch-Arabische Kulturperiode. Stuttgart 1884.

BELGRAVE, G. D., Siwa. The Oasis of Jupiter Ammon. London 1923.

BLISS, H., Wandlungen in den ägyptischen Oasen bei den Bemühungen zur Erschließung der Libyschen Wüste. In: Die Umschau in Wissenschaft und Technik, Heft 5. Frankfurt/M. 1964.

BOECK, A., Pindari Opera. Leipzig 1821.

BRÄUNLICH, E., Beiträge zur Gesellschaftsordnung der arabischen Beduinenstämme. In: Islamica, Bd. 6. Berlin 1933.

BREASTED, J. H., Ancient Records of Egypt. Chicago 1906.

BRECCIA, E. V., Mit König Fuad zur Oase des Ammon. In: Die Schwalben (April/Mai). Mailand 1925.

BRIGGS, L. C., Notes sur la sédentarisation des nomades au Sahara. In: Annales de Géographie, LXX. Paris 1961.

–, The living races of the Saharan Desert. New York 1969.

BROMLEJ, J. V., Ethnos und Ethnographie. In: Veröffentlichungen des Museums für Völkerkunde zu Leipzig, Heft 28. Berlin 1977.

BROWNE, W. G., Travels in Africa, Egypt and Syria from the year 1792 to 1798. London 1799.

BRUGSCH, H., Reise nach der großen Oase el Khargeh in der Libyschen Wüste. Leipzig 1874.

BURCKHARDT, H., Über den Besuch der Oase Siwah 1893. In: Verhandlungen der Gesellschaft für Erdkunde, Band XX. Berlin 1893.

CAILLIAUD, F., Voyage á Méroe ... a Syouah et dans cinq autres oasis, fait dans les années 1819, 1820 et 1822, tome I et II. Paris 1826.

CAMPBELL, D., Camels through Libya. A desert adventure from the fringes of the Sahara to the Oases of Upper Egypt. London 1935.

CASKEL, W., Die Bedeutung der Beduinen für die Geschichte der Araber. Köln und Opladen 1953.

CLINE, W., An antique Pipe-bowl from the Siwa-Depression. In: MAN. London 1929.

–, Notes on the people of Siwah and el-Garah in the Libyan Desert. In: General Series in Anthropology, No. 4. Paris 1936.

COURTOIS, C., Histoire du chameau nordafricain. In: Les Vandales et l'Afrique. Paris 1955.

DAHL, G. and A. HJORT, Having Herds. Pastoral Herd Growth and Houshold Economy. Stockholm 1976.

DAURE, D., Siwa Revisité. In: AFP-Bulletin (18. 5. 1976). 1976.

DEMOULIN, F., Le nomadisme en Afrique du Nord et au Sahara. In: La nature. Paris 1929.

DESPOIS, J., La colonisation italienne en Libye. Paris 1935.

DICKSON, H. R. P., The Arab of the Desert. London 1959.

Die Nomaden in Geschichte und Gegenwart (Veröffentlichungen des Museums für Völkerkunde zu Leipzig, Heft 33). Berlin 1981.

DOSTAL, W., The evolution of Bedouin life. L'antica Societa Beduina. Rom 1959.

DOZY, R. P., Dictionnaire détaillé des noms des vêtements chez les Arabes. Amsterdam 1945.

DRAZ, O., Some desert plants and their uses in animal feeding. In: Publications de l'Institut du Désert, No 2. Kairo 1954.

DÜMICHEN, J., Die Oasen der Libyschen Wüste. Ihre alten Namen und ihre Lage nach den Berichten der altägyptischen Denkmäler. Straßburg 1877.

DUMREICHER, A. v., Fahrten, Pfadfinder und Beduinen in den Wüsten Ägyptens. München 1931.

DUN, T. J., From Cairo to Siwa. London 1933.

DUVEYRIER, M., La confrèrie musulmane de Sidi Mohamed Ben Ali Es Senousi. Paris 1864.

EHRENBERG, V., Alexander und Ägypten. In: Beihefte zum alten Orient, Heft 7. Leipzig 1926.
ENGELS, F., Der Ursprung der Familie, des Privateigentums und des Staats. Berlin 1952.
Enzyklopädie des Islam. Leiden 1914.
EVANS-PRITCHARD, E., The Sanusis of Cyrenaica. London 1944.

FAGE, J. D., An Atlas of African History. Suffolk 1958.
FAKHRY, A., Siwa Oasis. Its History and Antiquities. Kairo 1944.
–, The Necropolis of El Bagawat in Kharga Oasis. Kairo 1951.
–, The Oases of Egypt, vol I: Siwa Oasis. Kairo 1973.
FALLS, J. C. E., Beduinen-Lieder der Libyschen Wüste. Kairo 1908.
–, Siwa, die Oase des Sonnengottes in der Libyschen Wüste. Mainz 1910.
–, Drei Jahre in der Libyschen Wüste. Freiburg/Br. 1911.
FEILBERG, C. G., La tente noir. Kopenhagen 1944.
FIELD, H., Camel brands and graffiti from Iraq, Syria, Jordan, Iran and Arabia. In: Supplement to the Journal of American Oriental Studies. No 15. Baltimore 1952.
FIETZ, W., Vom Äquadukt zum Staudamm. Eine Geschichte der Wasserversorgung. Leipzig 1966.
FINK, W., Libyens „Grüne Revolution". In: Neues Deutschland (10/11. November 1977). Berlin 1977.
FREEMAN-GRENVILLE, G. S. P., Chronology of African History. London 1973.

GABRIEL, A., Die Wüsten der Erde und ihre Erforschung. Berlin 1961.
GARDI, R., Sahara. Monographie einer großen Wüste. Bern 1970.
GEILINGER, W., Im Herzen Libyens. Die Oase Siwa. In: Atlantis, 2. Jg. 1930.
GHANEM, J. S., Wool studies of Barki sheep under desert conditions. In: Bulletin de l'Institut du Désert, Tome X/2. Kairo 1960.
GHONAIM, O., Die wirtschaftsgeographische Situation der Oase Siwa. Stuttgarter Geographische Studien, Band 94. Stuttgart 1980.
GOLDZIHER, I., Über Totenverehrung im Heidentum und im Islam. In: Muhammedanische Studien, Band I. Halle 1888.
GRÄF, E., Das Rechtswesen der heutigen Beduinen. In: Beiträge zur Sprach- und Kulturgeschichte des Orients, Band 5. Köln 1952.
GRÜNAU, B., Bericht über eine Reise nach Siwah. In: Zeitschrift der Gesellschaft für Erdkunde zu Berlin, Band 34, Nr. 3. Berlin 1899.
GRÜNEBAUM, G., Die Wirklichkeitsweite der früharabischen Dichtung. Wien 1937.
GRÜNERT, H. und W. KÖNIG, Die Nomadenviehzucht als wirtschaftlich-kultureller Typ. Bericht vom 3. EAZ-Kolloquium, Leipzig 1973. In: Ethnographisch-Archäologische Zeitschrift, Nr. 15. Berlin 1974.
GRUBITZSCH, J., Läßt sich die Sahara stoppen? In: Leipziger Volkszeitung (27./28. 8. 1977). Leipzig 1977.

HAIKAL, A. F., Stand und Probleme der ökonomischen und sozialen Struktur der Landwirtschaft in der Phase der sozialistischen Orientierung von 1961–1971 in Ägypten (Dissertation B, Karl-Marx-Universität Leipzig). Leipzig 1979.
–, Die Rückwirkungen der ägyptischen Revolution auf den Freiheitskampf der Libyer. In: Libya–History, Experiences and Perspectives of a Revolution. Berlin 1980.
HAMDAN, G., Studies of Egyptian Urbanism. Kairo 1959.
–, Evolutions of Irrigation Agriculture in Egypt. In: A history of land use in arid regions. Paris (UNESCO) 1961.

Hamilton, J., Wanderings in North Africa. London 1856.

Handwörterbuch des Islam. Leiden 1941.

Hartmann, M., Lieder der Libyschen Wüste. In: Abhandlungen für die Kunde des Morgenlandes. Band XI, No. 3. Leipzig 1899.

Hartmann, R., Zur heutigen Lage des Beduinentums. In: Die Welt des Islams. Band 20. 1938.

Hassan, F. A., Archaeological Explorations of the Siwa Oases Region, Egypt. In: Current Anthropology, vol. 19. No. 1. Chicago 1978.

Hassanein, A. M., The lost Oases. London 1925.

–, Rätsel der Wüste. Leipzig 1926.

Heffening, W., Studien zur Geschichte und Kultur des Nahen und Fernen Ostens. Leiden 1935.

Helck-Otto, Kleines Wörterbuch der Ägyptologie. Wiesbaden 1956.

Henninger, J., Die Familie bei den heutigen Beduinen Arabiens und seiner Randgebiete. Ein Beitrag zur ursprünglichen Familienform der Semiten. In: Internationales Archiv für Ethnographie, Band XLII. Leiden 1943.

Herzog, R., Die küstennahen Nomaden der Westsahara. In: Völkerforschung. Berlin 1954.

–, Seßhaftwerden von Nomaden. In: Forschungsberichte des Landes Nordrhein-Westfalen, Nr. 1238. Köln und Opladen 1963.

–, Die Sahara und ihre Randgebiete, Band II: Humangeographie, Abschnitt 4: Die Völker. München 1972.

Hess, J.-J., Von den Beduinen des inneren Arabiens. Leipzig und Zürich 1938.

Hildebrand, G., Cirenaika, das Gebiet künftiger Besiedlung. Bonn 1904.

Hitti, P. K., History of the Arabs. London 1960.

Hohler, Report on the Oasis of Siva. Kairo 1900.

Hornemann, F., Tagebuch seiner Reise von Cairo nach Murzuck, der Hauptstadt des Königreichs Fezzan in Afrika in den Jahren 1797 und 1798, aus der deutschen Handschrift desselben herausgegeben von Karl König. Weimar 1802.

Hoskins, G. A., Visit to the Great Oasis of the Libyan Desert. London 1837.

Houghton, G. W., They flew through Sand. Kairo 1934.

Hussein, I., Status of hydrological investigations in the Egyptian Deserts, U.A.R. Kairo 1963.

–, Geophysical investigations in the New Valley Project Area, United Arab Republic. Kairo 1964.

Hutschenreuter, K., Die ethnisch-nationalen Prozesse und die Staatsgestaltung im subsaharischen Afrika. Dissertation B, Karl-Marx-Universität Leipzig. Leipzig 1975.

Ibn Khaldoun, The Muqaddimah. London 1958.

Images: Giarabub – Oasis perdue par l'Egypte (No. 504 vom 13. 5. 1939). 1939.

Jahrbuch Asien – Afrika – Lateinamerika (AAL). Berlin 1973.

Jarvis, C. S., Three deserts. London 1936.

Jennings-Bramley, W., A journey to Siwa in September and October 1896. In: The Geographical Journal, vol. 10. 1897.

John, J. A. St., Adventures in the Libyan Desert and the Oasis of Jupiter Ammon. London 1849.

Jomard, M., Voyage à l'Oasis de Thèbes et dans les dèserts situés à l'Orient et à l'Occident de la Thèbaide. Paris 1821.

KABO, V. R., Zum Problem der Rekonstruktion der Vergangenheit aus ethnographischem Material. In: Ethnographisch-Archäologische Zeitschrift, Jg. 17. Berlin 1976.

KADDAH, M. T., The Soils and Water Supply of Burg al-Arab Farm. In: Bulletin de l'Institut du Dèsert d'Egypte, Tome IV/1. Heliopolis 1954.

KAHLE, P., Neuarabische Volksdichtung aus Ägypten. Leipzig 1909.

–, Die Aulad ʿAli-Beduinen der Libyschen Wüste. In: Der Islam. Band IV. 1913.

KAUFMANN, C. M., Ein altchristliches Pompeji in der libyschen Wüste. Die Nekropolis der Großen Oase. Mainz 1902.

KEES, H., Das alte Ägypten. Eine kleine Landeskunde. Berlin 1955.

KEIMER, L., L'horreur des Egyptiens pour les démons du désert. In: Bulletin de l'Institut d'Egypte, tome XXVI. Kairo 1944.

KING, W. J. H., Mysteries of the Libyan Desert. London 1925.

KLENGEL, H., Zwischen Zelt und Palast. Leipzig 1972.

KLIPPEL, E., Études sur le Folklore Bédouin de l'Egypte. In: Bulletin de la Societé Khédiviale de Géographie, VII/1. Kairo 1907.

–, Der weiße Beduine. Braunschweig 1940.

KOSING, A., Nation in Geschichte und Gegenwart. Berlin 1976.

KREBS, W., Die neolithischen Rinderhirten der Sahara und die Masai. In: Schriften zur Geschichte und Kultur des Alten Orients, Band 13: Ägypten und Kusch. Berlin 1977.

KRUMBIEGEL, I., Kamele. In: Die neue Brehm-Bücherei, Heft 50. Leipzig 1952.

KUBIK, J., The Arab Republic of Egypt. In: The changing face of the Third world: Regional and National Studies. Leiden/Budapest 1978.

LACKANY, O., Local History of the Egyptian Riviera. Alexandria 1960.

LAOUST, E., Siwa: Son Parler. In: Publications de l'Institut des hautes études marocaines, tome XXIII. Paris 1932.

LECLANT, J., Témoignes des sources classiques sur les pistes menant á l'Oasis d'Ammon. In: Bulletin de l'Institut Français d'Archéologie Orientale, tome XLIX. Kairo 1950.

LENIN, W. I., Werke, Band 1–40. Berlin 1955ff.

LITTLE, O. H., Notes on travels in the Egyptian deserts. Den Haag 1926.

–, The deep bores in Kharga and Dakhla Oases and their effect on the future of the Oases. Kairo 1942.

LUTSKY, V., Modern History of the Arab Countries. Moskau 1969.

MAHMUD, M. A., Siwan Customs. In: Harvard African Studies, vol. I. Cambridge/Mass. 1917.

MARCAIS, G., Les Arabes en Berbérie du XI au XIV siècle. Paris 1913.

MARKOV, G. E., Kocevniki Azii. Moskau 1967.

–, Die Turkmenen der Oase von Bacharden. In: Jahrbuch des Museums für Völkerkunde zu Leipzig, Band XXIX. Berlin 1973.

Marsa Matrouh (Veröffentlichung der Provinzverwaltung, in Englisch). 1976.

MARX, K. und F. ENGELS, Werke (MEW), Band 1–39. Berlin 1956ff.

MAUGHAM, R., Journey to Siwa. London 1950.

MCBURNEY, C. B. M., The Stone Age of Northern Africa. London 1960.

MEHLIS, C., Die Berberfrage. Braunschweig 1909.

MEINARDUS, O. A. F., Monks and Monasteries of the Egyptian Deserts. Kairo 1961.

MELTZER, H., Der Fetisch im Heiligtum des Zeus Ammon. In: Philologus, Band 63. 1904.

MIGAHID, A. M. and A. A. ABDELRAHMAN, Studies in the water economy of Egyptian Desert plants. In: Bulletin de l'Institut du Désert d'Egypte, tome III/1. Heliopolis 1953.

MIGAHID, A. M. and A. A. ABDELRAHMAN, The ecological amplitude of the desert fodder grass „Panicum turgidum". In: Bulletin l'Institut du Désert d'Egypte, tome VIII. Kairo 1958.

Milne, L. G., A history of Egypt under Roman rule. London 1898.

MINUTOLI, H., Reise zum Tempel des Jupiter Ammon in der Libyschen Wüste und nach Oberägypten in den Jahren 1820 und 1821. Berlin 1824.

MITWALLY, M., Economic Development in the Egyptian Oases. In: Bulletin de l'Institut du Désert d'Egypte, tome I. Heliopolis 1951.

–, History of the relations between the Egyptian Oases of the Libyan Desert and the Nile Valley. In: Bulletin de l'Institut du Désert d'Egypte, tome II. Heliopolis 1952.

MONTASIR, A. H., Habitat factors and plant distribution in Egypt. In: Bulletin de la Société Géographique d'Egypte. Kairo 1954.

MORAES FARIAS, P. F., The Almoravids: Some questions concerning the character of the movement during its periods of closest contact with the Western Sudan. In: Bulletin de l'Institut Fondamental d'Afrique Noir. Dakar 1967.

MOSCATI, S., Geschichte und Kultur der semitischen Völker. Zürich und Köln 1961.

MÜHLHOFER, F., Beiträge zur Kenntnis der Cyrenaika. Wien 1923.

MURRAY, G. W., Sons of Ishmael. London 1935.

–, Early camels in Egypt. In: Bulletin de l'Institut du Désert d'Egypte, tome II/1. Heliopolis 1952.

–, The artesian water beneath the Libyan desert. In: Bulletin de la Société de Géographie d'Egypte, tome XXV. Kairo 1953.

NARDUCCI, V. G., Superstizioni e talismani della Cirenaica. In: Rivista Cirenaica illustrata. Bengazi 1935.

–, Superstizione libiche. In: Contributo agli studi di ethnografica Libica, I. Tripoli 1938.

NEWBOLD, D. and W. B. K. SHAW, An exploration in the South Libyan desert. In: Sudan Notes and Records, vol. XI. Khartoum 1928.

OLDEROGGE, D. A. und I. I. POTECHIN, Die Völker Afrikas. Band 1. Berlin 1961.

OPPENHEIM, M. v., Die Beduinen. Band 1: Die Beduinenstämme in Mesopotamien und Syrien. Leipzig 1939.

–, Band 2: Die Beduinenstämme in Palästina, Transjordanien, Sinai und Hedjaz. Leipzig 1943.

PACHO, M. J. R., Voyage dans la Marmarique et la Cyrénaika. Paris 1827.

PARTHEY, G., Orakel und Oase des Ammon. In: Abhandlungen der Königlichen Akademie der Wissenschaften zu Berlin. Berlin 1862.

PAULITSCHKE, P., Ethnographie Nordostafrikas. Berlin 1896.

PERŠIC, A. I., Die Frage nach der Spezifik der Klassengenese bei Nomaden in der sowjetischen historischen und ethnographischen Literatur. In: Jahrbuch des Museums für Völkerkunde zu Leipzig, Band XXXII. Berlin 1980.

QUIBELL, J. E., A visit to Siwa. In: Annales du Service des Antiquités. Kairo 1898.

Qur'ān, Der Heilige. Zürich 1959.

RACKOW, E., Das Beduinenkostüm in Tripolitanien. In: Baessler-Archiv, Band 25. Berlin 1943.

Rackow, E. und W. Caskel, Das Beduinenzelt. Nordafrikanische und arabische Zelttypen mit besonderer Berücksichtigung des zentralalgerischen Zeltes. In: Baessler-Archiv, Band XXI. Berlin 1938.

Raf'at, G., Ganna al-sahrā. Siwa aw wāha Amūn. Kairo 1963.

Range Improvement projects in the Coastal Zone of the Western Desert of Egypt (Veröffentlichung der GDDO). 1966.

Rathmann, L., Araber stehen auf. Berlin 1960.

—, Der arabische Raum zwischen Reaktion und Fortschritt. Bilanz und Entwicklungstendenzen des Jahres 1966. In: Asien, Afrika, Lateinamerika. 1967.

Rathmann, L. (Leiter des Autorenkollektivs), Geschichte der Araber, Band 1 und 2. Berlin 1971.

—, Geschichte der Araber, Band 3 und 4. Berlin 1974.

Reintjens, H., Die soziale Stellung der Frau bei den nordarabischen Beduinen unter besonderer Berücksichtigung ihrer Ehe- und Familienverhältnisse. In: Bonner Orientalistische Studien, Neue Serie, Band 30. Bonn 1975.

Reisch, M., Siwa, Sinai und Sid. Autoreise durch die drei Wüsten Ägyptens. Bern 1958.

Reitz, W., Bei Berbern und Beduinen. Stuttgart 1926.

Remelé, Ph., Die Rohlf'sche Expedition nach der libyschen Wüste 1873–1874. o. J.

Rhotert, H., Libysche Felsbilder. Darmstadt 1952.

Riad, M., Native Plough in Egypt. In: Bulletin de la Société de Géographie d'Egypte, tome XXXIII. Kairo 1960.

Robbe, M. (Leiter des Autorenkollektivs), Aufbruch am Nil. Politik und Ideologie in der ägyptischen Befreiungsbewegung unter Gamal Abdel Nasser. Berlin 1976.

—, Kein Friede in Nahost? Die Araber, ihr Befreiungskampf und Israel. Berlin 1978.

Robecchi-Bricchetti, L., All'oasi di Giove Ammone. Mailand 1900.

Robinson, A. E., The camel in antiquity: In: Sudan Notes and Records, vol. 19. Khartoum 1936.

Robinson, M., Islam et capitalisme. Paris 1966.

Rohlfs, G., Die Depression der Oase des Jupiter Ammon. In: Petermanns Mitteilungen, Band XVI, Heft VI. Gotha 1869.

—, Von Tripolis nach Alexandrien. 2 Bände. Bremen 1871.

—, Drei Monate in der libyschen Wüste. Cassel 1875.

—, Reise von Tripolis nach der Oase Kufra. Leipzig 1881.

Ronart, St. and N. Ronart, Concise Encyclopaedia of Arabic Civilizations, Vol. 1: The Arab East. Amsterdam 1959.

—, Vol. 2: The Arab West. Amsterdam 1966.

Roolvink, R., Historical Atlas of the Muslim Peoples. Amsterdam 1957.

Rusch, W., Klassen und Staat in Buganda vor der Kolonialzeit. In: Veröffentlichungen des Museums für Völkerkunde zu Leipzig, Heft 25. Berlin 1975.

—, Die Nomaden in Geschichte und Gegenwart. Bericht über ein Internationales Symposium in Leipzig. In: Asien, Afrika, Lateinamerika, Band 4. Berlin 1976.

—, Zu einigen Aspekten der Staatsgenese im subsaharischen Afrika. In: Jahrbuch des Museums für Völkerkunde zu Leipzig, Band XXXII. Berlin 1980.

Rusch, W. und L. Stein, Siwaner und Aulad Ali-Beduinen heute. Bericht über einen gemeinsamen Forschungsaufenthalt in der Arabischen Republik Ägypten, 1976. In: Ethnographisch-Archäologische Zeitschrift, 18. Jg., Heft 3. Berlin 1977 (a).

—, Integrationsprobleme nationaler Minderheiten, dargestellt am Beispiel der Bevölkerung der Oase Siwa. In: Asien, Afrika, Lateinamerika, Band 5, Heft 3. Berlin 1977 (b).

—, Problems of Social Differentiation in National Minorities as shown by the example of the Aulad Ali Bedouins and the Peasants of the Oases in the Western Desert of the Arab Republic of Egypt. In: Social Classes and Anti-Imperialist Struggle in Africa and the Middle East. Berlin 1978 (a).

RUSCH, W. und L. STEIN, Problems of Ethnic Consolidation and Integration in the Western Desert of Egypt. In: African Studies. Dedicated to the IVth International Congress of Africanists in Kinshasa. Berlin 1978 (b).

–, Die Bevölkerung der Oase Gara in der Westlichen Wüste Ägyptens. In: Jahrbuch des Museums für Völkerkunde zu Leipzig, Band XXXVII. Berlin 1986.

SCHAMP, H., Vorläufiger Bericht über eine Reise nach Ägypten. In: Die Erde, 96. Jg., Heft 3. Berlin (West) 1965.

–, Ägypten. Das Land am Nil im wirtschaftlichen und sozialen Umbruch. Frankfurt/M. 1966.

SCHIENERL, P., Fingerringe aus der Oase Siwa (Ägypten). In: Tribus, Veröffentlichungen des Lindenmuseums Stuttgart, Nr. 26. 1977.

SCHIFFER, B., Die Oase Siwa und ihre Musik. Bottrop 1936.

SCHIFFERS, H., Die Sahara und die Syrtenländer. Gegenwart, Vergangenheit und Zukunft der größten Wüste der Erde. Stuttgart 1950.

SCHINKEL, H.-G., Haltung, Zucht und Pflege des Viehs bei den Nomaden Ost- und Nordostafrikas. In: Veröffentlichungen des Museums für Völkerkunde zu Leipzig, Heft 21. Berlin 1970.

SCHMIDT, J.-L., Die Entwicklungsländer. Ursprung, Lage, Perspektive. Berlin 1976.

SCHÖLCH, A., The Egyptian Bedouins and the 'Urabiyun, 1882. In: Die Welt des Islams, Neue Serie, Band XVII. Leiden 1976/77.

SCHOLZ, J. M. A., Reise in die Gegend zwischen Alexandria und Paraetonium, die libysche Wüste, Siwa, Egypten, Palästina und Syrien in den Jahren 1820 und 1821. Leipzig 1822.

SCHUBARTH-ENGELSCHALL, K., Arabische Berichte muslimischer Reisender und Geographen des Mittelalters über die Völker der Sahara. In: Abhandlungen und Berichte des Staatlichen Museums für Völkerkunde Dresden, Band 27. Berlin 1967.

SCHUBERT, J., Paralipomena Mongolica. Wissenschaftliche Notizen über Land, Leute und Lebensweise in der Mongolischen Volksrepublik. In: Veröffentlichungen des Museums für Völkerkunde zu Leipzig, Heft 19. Berlin 1971.

SCHWEINFURTH, G., Arabische Pflanzennamen aus Ägypten, Algerien und Jemen. Berlin 1912.

SEIWERT, W.-D., Ökonomische und soziale Bedingungen für die wirtschaftliche Integration der Hirtennomaden in den arabischen Ländern. In: Jahrbuch des Museums für Völkerkunde zu Leipzig, Band XXIX. Berlin 1973.

SELLNOW, I., Vorwort zu: Das Verhältnis von Bodenbauern und Viehzüchtern in historischer Sicht. Berlin 1968.

SELLNOW, I. (Leiterin des Autorenkollektivs), Weltgeschichte bis zur Herausbildung des Feudalismus. Berlin 1977.

SETHE, K., Die ägyptischen Bezeichnungen für die Oasen und ihre Bewohner. In: Zeitschrift für ägyptische Sprache und Altertumskunde, Band LVI. Berlin 1920.

Settlement of Western Desert Bedouins (Veröffentlichung der GDDO). 1964.

SILVA-WHITE. A., From Sphinx to Oracle. Through the Libyan Desert to the Oasis of Jupiter Ammon. London 1899.

SIMPSON, G. E., The heart of Libya. The Siwa Oasis, its people, customs and sport. London 1929.

SONNEN, P. J., Die Beduinen am See Genezareth. Köln 1952.

STAFFE, A., Die Frage der Herkunft des Kamels in Afrika. In: Zeitschrift für Tierzucht, Nr. 46. 1940.

STANLEY, C. B., A report on the Oasis of Siwa. Kairo 1911.

STEIN, L., Die Šammar-Ğerba. Beduinen im Übergang vom Nomadismus zur Seßhaftigkeit. In: Veröffentlichungen des Museums für Völkerkunde zu Leipzig, Heft 17. Berlin 1967.

—, Ethnographische Untersuchungen im Wadi al-gadid (VAR), 1968. In: Jahrbuch des Museums für Völkerkunde zu Leipzig, Band XXVI. Berlin 1969.

—, Sozialökonomischer Wandel bei Oasenbauern und Beduinen. In: Ethnographisch-Archäologische Zeitschrift, Jahrgang 11. Berlin 1970.

—, Wandel traditioneller Machtorgane im arabischen Raum unter besonderer Berücksichtigung der Verhältnisse bei den Aulad Ali-Beduinen in der Arabischen Republik Ägypten. In: Jahrbuch des Museums für Völkerkunde zu Leipzig, Band XXVIII. Berlin 1972.

—, Wandervolk der Wüste. Leipzig 1974.

—, Feldforschungsberichte (Tagebücher). 1968, 1969 und 1976 (1976 mit W. Rusch).

—, Neue Berufe für Beduinen – Versuch einer Analyse. In: Die Nomaden in Geschichte und Gegenwart. Veröffentlichungen des Museums für Völkerkunde zu Leipzig, Band 33. Berlin 1981.

Stein, L. und W. Rusch, Die Oase Siwa. Unter Berbern und Beduinen der Libyschen Wüste. Leipzig 1978.

Steindorff, G., Durch die Libysche Wüste zur Amonsoase. Bielefeld und Leipzig 1904.

Stumme, H., Eine Sammlung über den berberischen Dialekt der Oase Siwa. In: Berichte über die Verhandlungen der Königlich-Sächsischen Gesellschaft der Wissenschaften zu Leipzig, Philologisch-historische Klasse, 66. Band, 2. Heft. Leipzig 1914.

Tarn, W. W., Alexander the Great. Cambridge 1948.

Thomas, E. S., Catalogue of the Ethnographical Museum of the Royal Geographical Society of Egypt. Kairo 1924.

Tokarew, S. A., Die Religion in der Geschichte der Völker. Berlin 1976.

Toni, Y., Social mobility and relative stability among the Bedouins of the Cyrenaika. In: Bulletin de la Société de Géographie d'Egypte, tome XXXVI. Kairo 1964.

Toussoun, O., La conquête égyptienne de Siwa en 1820. In: Bulletin de la Société d'Archéologie d'Alexandrie, tome XXXV. Alexandria 1942.

Tscheboksarew, N. N. und I. A. Tscheboksarewa, Völker, Rassen, Kulturen. Leipzig 1979.

Vardiman, H. H., Nomaden. Schöpfer einer neuen Kultur im Orient. Wien 1977.

Vögele, H. H., Die Falknerei – eine ethnographische Darstellung. Neudamm 1931.

Voigt, M., Hauptlinien und Tendenzen der wirtschaftlichen Entwicklung und der Wirtschaftspolitik in Ägypten (VAR) bis zu Beginn der antikapitalistischen Maßnahmen (1952–1960/61). Habilitationsschrift. Karl-Marx-Universität Leipzig. Leipzig 1968.

—, Zu Versuchen der Schaffung einer staatlich gesteuerten Wirtschaftspolitik in Ägypten (erste Hälfte des 19. Jh.). In: Jahrbuch des Museums für Völkerkunde zu Leipzig, Band XXXII. Berlin 1980.

Walker, W. S., The Siwi language. London 1921.

Wallert, I., Die Palmen im alten Ägypten. Berlin 1962.

Walz, R., Zum Problem der Domestikation der altweltlichen Kameliden. In: Zeitschrift der Deutschen Morgenländischen Gesellschaft, Neue Folge, Band 26. 1951.

Wansleb, J. M., Beschreibung von Aegypten im Jahr 1664, herausgegeben von Paulus. Jena 1794.

WEHR, H., Arabisches Wörterbuch für die Schriftsprache der Gegenwart. Leipzig 1956.

WELLHAUSEN, J., Die Ehe bei den Arabern. In: Nachrichten von der Gesellschaft der Wissenschaften zu Göttingen. 1893.

–, Reste arabischen Heidentums, 2. Ausgabe. Berlin und Leipzig 1927.

WENDT, P., Besuch in der „Perle der Wüste" – Oasenmetropole Ghadames – ein Spiegelbild der großen Fortschritte im neuen Libyen. In: Neues Deutschland (17./18.6.1978). Berlin 1978.

WHITE, G. E., Science and the future of arid lands. Paris 1960.

WINKLER, H., Ägyptische Volkskunde. Stuttgart 1936.

WINLOCK, H. E., Ed Dakhla Oasis. Journal of a Camel Trip made in 1908. New York 1934.

WORSLEY, R. R., The Soils of the Libyan Oases. In: Technical and Scientific Service of the Ministry of Agriculture. Bulletin No. 91. Kairo 1930.

WUSTMANN, I., Beduinenkinder in der Libyschen Wüste. In: Ärztliche Jugendkunde, 55. Jg., Heft 11/12. Leipzig 1964.

YOSHIMOTO, T., Settlement and Water Supply in Kharga Oasis, Western Desert of Egypt. Kairo 1968.

ZITTEL, K., Briefe aus der libyschen Wüste. München 1875.

Abb. 1 Blick auf den westlichen Teil der Oase Siwa
mit Zeugenbergen aus Kalksandstein im Hintergrund (Foto L. STEIN, 1976)

Abb. 2 Zelte der Aulad Ali-Beduinen
am Westrand der Oase Siwa (Foto L. STEIN, 1976)

Abb. 3 Blick auf die teilweise schon verfallene Wohnburg von Siwa (Foto H. MAURER, nach 1920)

Abb. 4 Die Wohnburg von Siwa im Jahre 1920 (Foto H. Maurer)

Abb. 5 Ruinen der Altstadt von Siwa (Foto L. Stein, 1976)

Abb. 6 Die traditionelle Lehmarchitektur dominiert in Siwa bis zur Gegenwart (Foto L. STEIN, 1969)

Abb. 7 Eine der großen Wasserquellen von Siwa mit gemauerter Einfassung (Foto L. STEIN, 1976)

Abb. 8 Die Quelle dient gleichzeitig als Badeplatz (Foto L. STEIN 1969)

Abb. 9 Der Dattel-Lagerhof von Abu Schuruf (Foto W. RUSCH, 1976)

Abb. 10 Abmessen der getrockneten Datteln für den Verkauf (Foto W. Rusch, 1976)

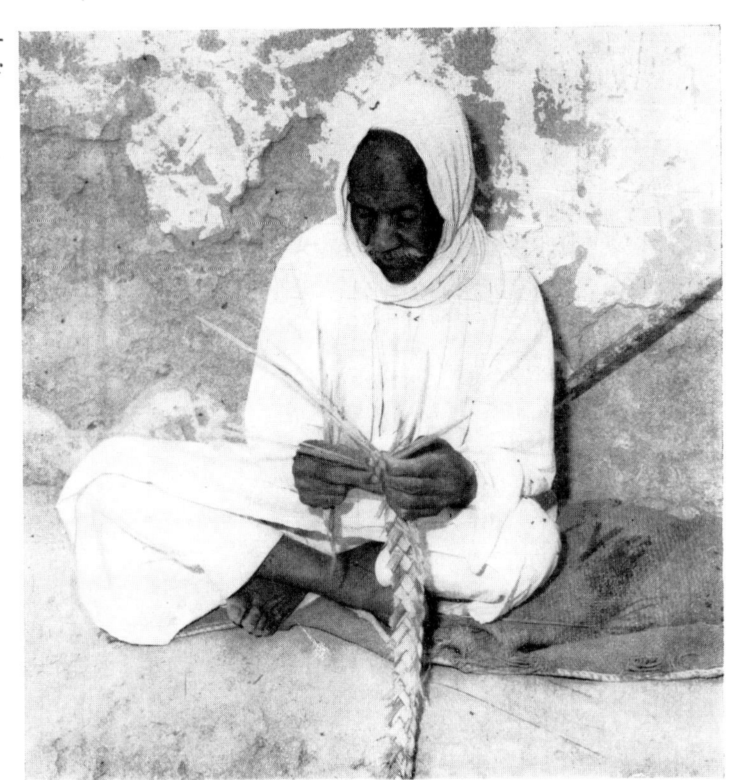

Abb. 11 Flechten der Palmstreifen ist eine Aufgabe der alten Männer
(Foto L. STEIN, 1976)

Abb. 12 Die Flechtstreifen werden zu Körben vernäht
(Foto L. STEIN, 1976)

Abb. 13 Palmstämme werden für den Hausbau gespalten. Keile und Hammer sind aus Olivenholz gefertigt (Foto W. Rusch, 1976)

Abb. 14 Auffangen von Palmsaft zur Herstellung von Legbi (Palmwein) (Foto L. Stein, 1969)

Abb. 15 Die Ölmühle von Siwa, links die Presse zur Gewinnung des Olivenöls (Foto W. Rusch, 1976)

Abb. 16 Das Auspressen des Olivenöls erfordert große physische Anstrengungen (Foto L. Stein, 1976)

Abb. 17 Die breite Eisenblatthacke und die gezähnte Stielsichel sind die wichtigsten landwirtschaftlichen Arbeitsgeräte in Siwa (Foto L. Stein, 1976)

Abb. 18 Der Schmied fertigt die Arbeitsgeräte auf Bestellung (Foto L. Stein, 1976)

Abb. 19 Siwanische Mädchen im traditionellen Silberschmuck, der bei festlichen Anlässen getragen wird (Foto H. MAURER, um 1920)

Abb. 20 Siwanische Braut im Hochzeitskleid und -schmuck (Foto H. STEIN, 1969)

Abb. 21 Bei festlichen Gelegenheiten tragen die Siwanerinnen an jedem Finger einen silbernen Ring (Foto I. Hänse, 1970)

Abb. 22 Siwanische Mädchen in traditioneller Kleidung (Foto H. Maurer, um 1920)

Abb. 23 Knabe aus Siwa mit charakteristischem Haarschopf (Foto H. MAURER)

Abb. 24 Traditionelle Mädchentracht um 1920 (Foto H. MAURER)

Abb. 25 Mitglieder der Medaniya-Sekte bei einer Andacht in der Moschee von Sabukha (Foto W. RUSCH, 1976)

Abb. 26 Der mit Geschenken geschmückte Lebensbaum („Bisbasa") als Teil der siwanischen Hochzeitszeremonie (Foto W. Rusch, 1976)

Abb. 27 Siwanische Hochzeitsgeschenke: es dominieren traditionelle Handwerkserzeugnisse, aber auch importierte Industriewaren sind darunter (Foto L. STEIN, 1976)

Abb. 28 Scheich Abdul Qadir Ma'rif vertritt die Haddidin/Liffaya im Stadtrat von Siwa (Foto L. STEIN, 1976)

Abb. 29 Fladenbrot wird im tönernen Backofen gebacken (Foto H. STEIN, 1969)

Abb. 30 Scheich Abdallah Abu Bakr Muhammad ist Repräsentant der Aulad Musa im Stadtrat von Siwa (Foto L. STEIN, 1976)

Abb. 31 Siwanische Knaben bei einem Festessen (Foto L. STEIN, 1976)

Abb. 32 Händler auf dem Marktplatz von Siwa (Foto L. Stein, 1969)

Abb. 33 Bohrung einer neuen Quelle durch Brunnenbauer aus Bahriya (Foto W. RUSCH, 1976)

Abb. 34 Schüler in Maragi beim Morgensport (Foto L. STEIN, 1976)

Abb. 35 Moderne Technik im Einsatz beim Bau des Flughafens in der Nähe von Siwa (Foto L. STEIN, 1969)

Abb. 36 Der Kindergarten im Sozialzentrum von Siwa (Foto W. Rusch, 1976)

Abb. 37 Tanzende Mädchen im Kindergarten (Foto L. STEIN, 1968)

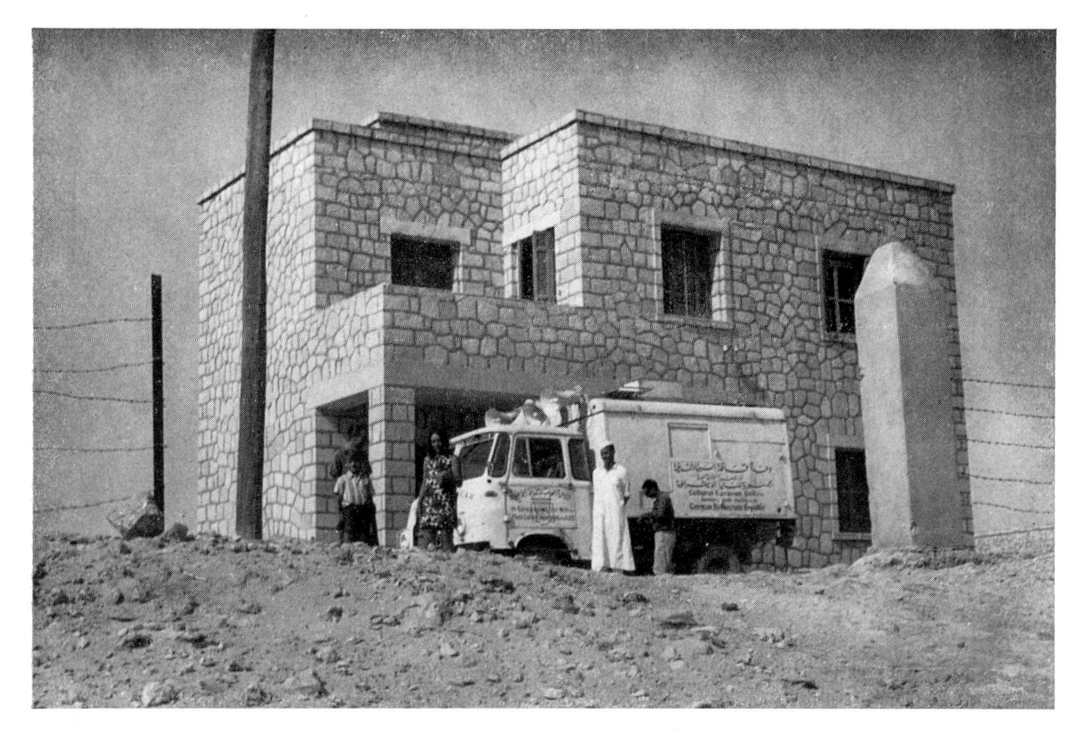

Abb. 38 Das Gästehaus am Ostrand der Oase (Foto L. STEIN, 1969)

Abb. 39 Ein Linienbus verbindet die Oase mit der Mittelmeerküste (Foto U. KOHLS, 1968)

Abb. 40 Sommerzelt der Aulad Ali-Beduinen am Ostrand von Siwa (Foto L. STEIN, 1968)

Abb. 41 Am horizontalen Webstuhl fertigen die Beduinenfrauen farbige Teppiche aus Schafwolle (Foto L. STEIN, 1969)

Abb. 42 Frauen der Schahibat-Beduinen in ihrer traditionellen Kleidung (Foto L. Stein, 1976)

Abb. **43** Hirten der Aulad Ali mit einer Ziegenherde (Foto L. STEIN, 1969)

Abb. 44 Seßhaft gewordener Beduine mit einem Dromedar als Zugtier (Foto L. STEIN, 1968)

ISBN 3-05-000581-5

ISSN 0075-8671